Thomas Kasperzak:

STADTSTRUKTUR, KRIMINALITÄTSBELASTUNG UND VERBRECHENSFURCHT –

Darstellung, Analyse und Kritik verbrechensvorbeugender Maßnahmen im Spannungsfeld kriminalgeographischer Erkenntnisse und bauplanerischer Praxis

EMPIRISCHE POLIZEIFORSCHUNG

Herausgegeben von

Thomas Feltes

und

Hans-Jürgen Kerner

Band 14

Thomas Kasperzak

Stadtstruktur, Kriminalitätsbelastung und Verbrechensfurcht.

Darstellung, Analyse und Kritik verbrechensvorbeugender Maßnahmen im Spannungsfeld kriminalgeographischer Erkenntnisse und bauplanerischer Praxis

2000

FELIX VERLAG · HOLZKIRCHEN/OBB.

Kasperzak, Thomas:
Stadtstruktur, Kriminalitätsbelastung und Verbrechensfurcht -
Darstellung, Analyse und Kritik verbrechensvorbeugender Maßnahmen
im Spannungsfeld kriminalgeographischer Erkenntnisse und bauplanerischer Praxis

Holzkirchen/Obb.: Felix, 2000.
(Empirische Polizeiforschung; Bd. 14)
ISBN 3-927983-14-4

© 2000 by Felix-Verlag GbR, Sufferloher Str. 7, D-83607 Holzkirchen/Obb.
Alle Rechte vorbehalten
Gesamtherstellung: WB-Druck GmbH & Co Buchproduktions-KG, Rieden
Printed in Germany 1999
ISBN 3-927983-14-4

Gedruckt auf chlorfrei gebleichtem Papier

Vorwort

Die vorliegende Arbeit wurde im Wintersemester 2000/2001 von der Albert-Ludwigs-Universität Freiburg i. Brsg. als Dissertation angenommen. Ihre Ausarbeitung und Fertigstellung war nur durch die Unterstützung einzelner Personen möglich, denen ich an dieser Stelle danken möchte.

Für das Gelingen der vorliegenden Arbeit gilt mein Dank in erster Linie meinem Doktorvater, Herrn em. Prof. Dr. Dr. h.c. mult. Günther Kaiser, der mir im Hinblick auf deren Gestaltung den unabdingbaren und notwendigen Freiraum zur gedanklichen Entstehung und Entwicklung gewährte und der sich zugleich als Ansprechpartner und Ratgeber für konkret zu behandelnde Probleme gezeigt und diese Arbeit stets kritisch begleitet hat.

Danken möchte ich auch dem Direktor des Max-Planck-Instituts für ausländisches und internationales Strafrecht, Herrn Prof. Dr. Hans-Jörg Albrecht, der sich bereiterklärte, das Zweitgutachten für diese Arbeit zu erstellen.

Besonderen Dank schulde ich Herrn Prof. Dr. jur. habil. Thomas Feltes, M.A., Rektor der Fachhochschule Villingen-Schwenningen – Hochschule für Polizei –, der die vorliegende Arbeit nicht nur initiiert, sondern mich über den gesamten Zeitraum der Bearbeitung unterstützt und mich durch seine Ideen und Vorschläge stets dazu ermutigt hat, deren Fertigstellung voranzutreiben, ohne dabei den für diese Thematik so notwendigen praxisnahen Bezug außer acht zu lassen.

Bei der Konzeption des empirischen Teils der Arbeit bedanke ich mich ferner bei Herrn Prof. Dr. Helmut Kury vom Max-Planck-Institut für ausländisches und internationales Strafrecht, dessen fachliche und methodische Anregungen in die Erstellung des Fragebogens mit einflossen und der mich ebenfalls stets darin bestärkte, die Arbeit durchzuführen und zu Ende zu bringen.

Mein persönlicher Dank gilt zudem Herrn Dr. Joachim Obergfell-Fuchs, der mich bei der statistischen Auswertung des empirischen Datenmaterials – ein naturgemäß nicht streng juristisches Betätigungsfeld – unterstützt und sich bei sämtlichen anstehenden Problemen als stets hilfsbereiter Ansprechpartner erwiesen hat.

Danksagen möchte ich an dieser Stelle Herrn Prof. Dr. Hagen Gülzow, der durch sein persönliches Wirken an der Hochschule für Polizei den Grundstein für diese Arbeit gelegt hat. Es war ihm leider nicht mehr vergönnt, ihre Fertigstellung zu erleben.

Frau Rektorin Monika Krüger und Herrn Assessor Thomas Raedler möchte ich ganz herzlich für ihre Mühe bei der Korrektur der Arbeit danken; ferner danke ich Frau Rechtsanwältin Anja Feldberg, LL.M., für die Überarbeitung der englischen Zusammenfassung.

Nicht zuletzt gilt mein besonderer persönlicher Dank meiner Frau Isabella und meiner Tochter Celina, die meine Arbeit und den damit verbundenen Zeitaufwand mit viel Toleranz und Verständnis bedacht haben. Ihnen widme ich dieses Buch.

Freiburg, im Dezember 2000   *Thomas M. Kasperzak*

Inhaltsverzeichnis

Vorwort I

Abkürzungsverzeichnis VII

Einführung 1

1. Kapitel: Stadtstruktur und Kriminalitätsbelastung 7

I. Überblick 7

II. Begriff und Aufgaben der Kriminalgeographie 9
   1. Terminologie und Definition 9
   2. Gegenstand und Ziele der Kriminalgeographie 12
   3. Historische Entwicklung 13

III. Kriminalität im Hell- und Dunkelfeld 17
   1. Registrierte Kriminalität (Hellfeld) 18
   2. Nicht registrierte Kriminalität (Dunkelfeld) 21

IV. Konzepte, Maßnahmen und Lösungsansätze auf kriminalpräventiver
    und repressiver Ebene 25
   1. Überblick 25
   2. Ebenen der Prävention 27
   3. Verteilungsmodelle von Kriminalität auf räumlicher Ebene 29
   4. Kommunale Kriminalprävention 31
   5. Kommunale Präventionsgremien 37
   6. Community Policing 39
   7. Privatisierung von Sicherheit 42
   8. Videoüberwachung 48
   9. Theorie der Broken Windows 53
   10. Strategie der Zero Tolerance 55

V. Zusammenfassung 59

2. Kapitel: Überblick kriminalgeographischer Erkenntnisse ausländischer Studien über Maßnahmen auf städtebaulicher Ebene 65

3. Kapitel: Ergebnisse ausgewählter kriminalgeographischer Studien in Deutschland seit dem Jahr 1968 81

I. Überblick 81

II. Zur Erklärung delinquenten Verhaltens von Kindern und Jugendlichen (Opp 1968) 84

III. Kriminalgeographie – Ermittlung und Untersuchung der Beziehung zwischen Raum und Kriminalität (Herold 1968) 86

IV. Kriminalitätsatlas der Bundesrepublik Deutschland und West-Berlins (Hellmer 1972) 88

V. Nürnberg – Kriminalgeographie einer Großstadt (Helldörfer 1974) 90

VI. Zur angewandten Kriminalgeographie der Ballungsgebiete – Stadtgeographische Analyse subkultureller Phänomene (Wiebe 1978) 91

VII. Empirische Kriminalgeographie (Schwind/Ahlborn/Weiß 1978) 92

VIII. Identitätstheorie und Gemeindekriminalität (Hellmer 1978) 96

IX. Strukturbedingungen urbaner Kriminalität (Frehsee 1979) 97

X. Wohnhausarchitektur und Kriminalität (Rolinski 1980) 100

XI. Kriminalität in Neumünster (Enquête-Kommission 1983) 104

XII. Strukturen der Kriminalität in Solingen (Plate/Schwinges/Weiß 1985) 107

XIII. Kriminalität in Landau (Ammer 1990) 110

XIV. Die sichere Stadt (Institut Wohnen und Umwelt 1995) 113

XV. Zusammenfassung der Ergebnisse 116

4. Kapitel: Stadtstruktur und Verbrechensfurcht 121

I. Überblick 121

II. Historische Entwicklung 122

III. Heutiger Stand der Forschung 123

IV. Zusammenfassende Erkenntnisse über die spezifischen Relationen zwischen Stadtstruktur und Verbrechensfurcht 130

5. Kapitel: Expertenwissen über Kriminalgeographie – eine Untersuchung in ausgewählten Kommunen Deutschlands 135

I. Überblick 135

II. Formulierung der Haupthypothesen 139

III. Operationalisierung der Hypothesen 141
    1. Untersuchungsanordnung 141
        1.1 Untersuchungsinstrument 141
        1.2 Auswahl der Befragungsorte 142
        1.3 Auswahl der Adressaten 142
        1.4 Stichprobenziehung 144
    2. Durchführung der Untersuchung 145
        2.1 Versand der Fragebogen 145
        2.2 Rücklauf und Rücklaufanalyse 146

IV. Statistische Auswertung und Verrechnung 153
    1. Deskriptive Darstellung der erhobenen Variablen 154
    2. Auswertung und Darstellung von Variablenzusammenhängen 173

V. Diskussion der Ergebnisse und Überprüfung der Hypothesen 243
    1. Hypothese 1: Bekanntheitsgrad bisheriger kriminalgeographischer Studien 243
    2. Hypothese 2: Mutmaßlicher Bekanntheitsgrad bisheriger kriminalgeographischer Studien 245

3. Hypothese 3: Bekanntheitsgrad der Ergebnisse kriminalgeographischer Studien ... 247
4. Hypothese 4: Realisierung städtebaulicher Maßnahmen aufgrund studienbezogener Empfehlungen ... 249
5. Hypothese 5: Generelle Durchführung städtebaulicher Maßnahmen ... 251
6. Hypothese 6: Erfolg und Auswirkungen städtebaulicher Maßnahmen ... 254
7. Hypothese 7: Erforderlichkeit weiterer städtebaulicher Maßnahmen ... 255
8. Hypothese 8: Zweckmäßigkeit künftiger kriminalgeographischer Untersuchungen ... 257
9. Hypothese 9: Eignung kriminalgeographischer Studien für praxisnahe Empfehlungen ... 259
10. Hypothese 10: Wirksamkeit städtebaulicher Maßnahmen ... 261

VI. Zusammenfassung der empirischen Ergebnisse ... 262

6. Kapitel: Integration und Bewertung ... 277

7. Kapitel: Zusammenfassung ... 289

Executive Summary ... 297

Literaturverzeichnis ... 303

Anhang I ... 331

Anhang II ... 335

Abkürzungsverzeichnis

AO	Abgabenordnung 1977
ArchKrim	Archiv für Kriminologie, Lübeck
BewHi	Bewährungshilfe, Fachzeitschrift für Bewährungs-, Gerichts- und Straffälligenhilfe, Bonn
BGBl.	Bundesgesetzblatt
BKA	Bundeskriminalamt
bzgl.	bezüglich
DRiZ	Deutsche Richterzeitung, Karlsruhe
DuD	Datenschutz und Datensicherheit, Wiesbaden
f., ff.	folgende, fortfolgende
GA	Goltdammer's Archiv für Strafrecht, Heidelberg
Hrsg.	Herausgeber
JGG	Jugendgerichtsgesetz
JVA	Justizvollzugsanstalt
JZ	Juristenzeitung, Tübingen
Krim	Kriminalistik, Heidelberg
KrimJ	Kriminologisches Journal, München
KritJ	Kritische Justiz, Baden-Baden
LKA	Landeskriminalamt
MschrKrim	Monatsschrift für Kriminologie und Strafrechtsreform, Köln
NJW	Neue Juristische Wochenschrift, München, Frankfurt/M.
NVwZ	Neue Zeitschrift für Verwaltungsrecht, München, Frankfurt/M.
PKS	Polizeiliche Kriminalstatistik
SPSS	Statistical Products and Service Solutions
StGB	Strafgesetzbuch
StV	Strafverteidiger, Frankfurt/M.
u.a.	und andere, unter anderem
VerwArch	Verwaltungsarchiv, Zeitschrift für Verwaltungslehre, Verwaltungsrecht und Verwaltungspolitik, Köln u.a.
WIK	Zeitschrift für Wirtschaft, Kriminalität und Sicherheit, Forch
ZRP	Zeitschrift für Rechtspolitik, Frankfurt/M.

„Stadt ist und bleibt – hoffentlich – als Substrat die Konzentration des pulsierenden menschlichen Lebens, mit vielen Vorteilen, jedoch auch mit manchem Nachteil. Kriminalität und Kriminalitätsfurcht dürfen dabei die Vorteile aber nicht annähernd aufwiegen."

Edwin Kube
Städtebau als Aspekt kommunaler Kriminalprävention.
In: Festschrift für Günther Kaiser zum 70. Geburtstag, 1998, 858.

Einführung

Die Planung des neuen Stadtteils „Rieselfeld" war ausschlaggebend dafür, daß die Freiburger Polizeidirektion im Jahre 1994 an die Hochschule für Polizei in Villingen-Schwenningen mit der Bitte herangetreten war, sie bei der kriminologischen Bewertung der Bauleitplanung in Freiburg zu beraten. Aus diesem Anlaß und vor dem Hintergrund der Tatsache, daß wenige tatsächlich verwertbare Studien über den Zusammenhang von Stadtstruktur, objektiver Kriminalitätsbelastung und subjektiver Verbrechensfurcht existieren, soll die vorliegende Arbeit die diesbzgl. Zusammenhänge in den bisher erschienenen empirischen Studien aufzeigen sowie der Frage nachgehen, ob und inwieweit die bereits gewonnenen Erkenntnisse bei der Planung und Durchführung zeitlich nachgelagerter städtebaulicher Projekte verwertet und umgesetzt worden sind.

Diese Untersuchung kann nach ihrem Umfang und ihrer Zielsetzung lediglich einen Ausschnitt aus der grundsätzlichen Fragestellung nach einem möglichen Zusammenhang zwischen Kriminalität als sozialtypisches Phänomen und deren Ursachen innerhalb der baulichen Umwelt darstellen. Bewußt außer acht gelassen, weil in diesem Rahmen nicht mehr sinnvoll darstellbar, wurde hierbei das Phänomen der strafbaren Handlung als Ergebnis eines interaktionistischen Prozesses zwischen dem Täter und seiner sozialen Umwelt, in dem Wechselwirkungen zwischen personenspezifischen, sozialpsychologischen und soziologischen Variablen ablaufen. Daher konnten Situationen und Tatgelegenheiten (deren Bezugspunkt außerhalb der städtebaulichen Struktur liegt) nicht berücksichtigt werden, die möglicherweise die Umstände dafür begünstigen, daß sich ein Mensch sozial abweichend verhält.

Die vorliegende Arbeit soll zunächst zeigen, welche baulichen Strukturmerkmale nach dem bisherigen Stand der Forschung bestimmte Gebiete zu bevorzugten Tatorten werden lassen. Dabei werden einige ausgewählte kriminalgeographische Studien der Vergangenheit unter dem Gesichtspunkt der Zielsetzung, Methodik und der Ergebnisse einander gegenübergestellt und deren – voneinander unabhängig erzielte – Erkenntnisse verglichen. Ferner wird unter Berücksichtigung des internationalen Forschungsstandes der Blick auf diejenigen Lösungsansätze gerichtet, die sich die empirisch gesicherten Erfahrungen dieses Bereiches zunutze machen.

Diese Untersuchung will sich jedoch nicht auf eine bloß deskriptive Darstellung von bereits veröffentlichtem Schrifttum beschränken, um sich damit in die nahezu unüberschaubare Menge der kriminalgeographischen Literatur einzureihen. Im empirischen Teil dieser Arbeit wird daher ein neuer Weg beschritten: Ausgehend von der kriminologisch häufig anzutreffenden Forderung, anhand von nachfolgenden Evaluationen die Effizienz bisheriger empfohlener städtebaulicher Maßnahmen zu überprüfen, soll u.a. betrachtet werden, ob und in welchem Umfang die aufgrund der objektiven Kriminalitätsverteilung in kriminalgeographischen Studien gefundenen Erkenntnisse auf der Ebene der Städteplanung und -gestaltung in die Praxis umgesetzt worden sind. Dabei kann die vorliegende Arbeit nur ein Schritt in unbetretenes Neuland sein; sie soll daher auch nur als einführende Übersicht verstanden werden.

Aus Kapazitätsgründen bleibt im Rahmen dieser Abhandlung jedoch kein Raum für Methodendiskussionen, nicht zuletzt aufgrund der von der wissenschaftlichen Statistik angebotenen vielfältigen Möglichkeiten mathematischer Analysemethoden[1]. Einen nachhaltigen Eindruck vom zuweilen akribisch geführten wissenschaftlichen Methodenstreit kann man beispielsweise aus den Beiträgen von *Kury/Obergfell-Fuchs/*

---

[1] Vgl. dazu *Rupprecht*, Kriminalstruktur, 1974, 483.

Würger[2], der Erwiderung von *Wetzels/Pfeiffer*[3] nebst der Replik von *Kury/Obergfell-Fuchs*[4] gewinnen.

Über die Frage, wie einflußreich die baulich–räumliche Struktur oder einzelne Strukturelemente auf das soziale Handeln bzw. abweichende Verhalten der mit ihr konfrontierten Menschen sind, besteht in der Kriminologie und der Sozialwissenschaft nur insoweit Einigkeit hinsichtlich der Begünstigung oder Behinderung bestimmter Verhaltensmuster, so daß die Architektur und das Wohnungswesen ins Blickfeld rücken[5]. Seit der erst ab 1953 bundeseinheitlich geführten polizeilichen Kriminalstatistik sind in den vergangenen Jahren – nicht zuletzt in Deutschland – diverse Studien erschienen, die sowohl die geographische Verteilung als auch die Zusammenhänge zwischen Wohnraumstruktur und registrierter Kriminalität aufzuzeigen versuchen[6]. Städteplaner, Kriminologen und Soziologen sind sich heute weitgehend darüber einig, „daß zwischen Ausmaß und Formen städtischer Kriminalität und den Lebensbedingungen und Strukturen in der Stadt ein Zusammenhang besteht", wenngleich über die Art der Zusammenhänge und den diesbezüglichen Wechselwirkungen wiederum keine Einigkeit besteht[7]. Sogar in den Justizvollzugsanstalten kann nach verschiedener Auffassung die Architektur einen gewalthemmenden Faktor darstellen und damit zu einer Reduzierung des Gewaltniveaus beitragen[8].

Nach *Feltes* unterliegt jeder Mensch dem Phänomen der „Reduktion von Komplexität", wonach versucht wird, komplexe Situationen und Erleben in möglichst einfachen, verstehbaren und damit nachvollziehbaren Zusammenhängen und Erklärungen zu interpretieren[9] – eine Art Einfachheitspostulat, welches wir in uns tragen und das eine offenbar angeborene Eigenschaft unseres Denkapparates darstellt. Trotz des in dieser Hinsicht bescheidenen Erkenntnisstandes werden zum Thema „Städte-

---

[2] *Kury/Obergfell-Fuchs/Würger*, Zur Regionalverteilung der Kriminalität in Deutschland, 1995.
[3] *Wetzels/Pfeiffer*, Regionale Unterschiede der Kriminalitätsbelastung in Westdeutschland, 1996.
[4] *Kury/Obergfell-Fuchs*, Zur Regionalverteilung von Kriminalität, 1997.
[5] Vgl. *Kube*, Städtebau, Wohnhausarchitektur und Kriminalität, 1982, 7.
[6] Ausführlicher dazu in Kapitel 3, Seite 81 ff.
[7] *Grymer*, Strukturelle Gewalt, 1981, 4 f.
[8] *Gravier/Le Goff/Devaud*, Gewalt im Gefängnis, 1998, 281.
[9] *Feltes*, Alltagskriminalität, Verbrechensfurcht und Polizei, 1997, 540.

bau und Kriminalität" laut *Kube* oft starke Behauptungen aufgestellt bzw. bisher weitgehend noch nicht verifizierte Hypothesen als Tatsachen kundgetan[10].

Kriminologische Studien außerhalb Deutschlands, namentlich aus dem anglo-amerikanischen Raum, gaben Anlaß zu der Hoffnung, daß ein unmittelbarer Einfluß der Wohnhausarchitektur auf die Höhe der Kriminalität nachzuweisen sei[11]. Diese Erwartungshaltung wurde jedoch von *Rolinski* zerstört[12]. Er wies 1980 nach, daß ein monokausaler Zusammenhang zwischen städtebaulicher Architektur und darauf beruhender Kriminalitätsbelastung nicht besteht. Seine Studien bezogen sich jedoch nur auf die Erkenntnisse der aus München und Regensburg erhobenen Daten. Andere, bereits zum damaligen Zeitpunkt vorgelegenen Untersuchungen[13], die kriminogene Zusammenhänge hätten aufweisen können, wurden nicht berücksichtigt.

Was hat zahlreiche Autoren, Forschungsinstitute und staatliche Behörden dazu bewogen, zeit- und kostenintensive Studien durchzuführen bzw. durchführen zu lassen, deren Ziel es war, Erkenntnisse über die Herkunft von Kriminalität sowie ihre Ursachen auf städtebaulicher Ebene zu gewinnen – oder, wie *Kube* es formulierte: „Wie reagieren Menschen auf eine bestimmte bauliche Umwelt und wie verhalten sie sich in ihr?"[14]

Rolinski nahm bereits vor über 20 Jahren an, daß es vor allem zwei Sachverhalte sind, die eine eingehende Beschäftigung mit der Frage des Zusammenhangs zwischen Städtebau und Kriminalität erfordern[15]: die (in früheren Jahren) noch kontinuierlich zunehmende Kriminalität, insbesondere im Bereich der Jugenddelinquenz, sowie der Umstand, daß sich in Städten mit über 500.000 Einwohnern signifikant

---

[10] *Kube* (Fn. 5), 9.
[11] Hier ist insbesondere auf die Arbeit „Defensible Space" von *Newman* hinzuweisen, der die Verteilung der Straftaten innerhalb von Miethäusern in New York untersuchte und zu dem Ergebnis kam, daß die Kriminalitätsrate nahezu proportional zur Gebäudehöhe steigt (vgl. auch Kapitel 2, Seite 65 f.).
[12] Hierzu ausführlich unter Kapitel 3, Seite 100 ff.
[13] Z.B. von *Opp* (Kapitel 3, Seite 84 ff.) oder *Frehsee* (Kapitel 3, Seite 97 ff.).
[14] *Kube*, Ziele des Symposiums, 5.
[15] Vortrag vom 21.06.1979 in Passau im Rahmen der Europäischen Wochen (Begegnung zwischen junger Universität und Stadt).

EINFÜHRUNG

mehr Delikte pro Einwohner ereignen, als dies in ländlichen Bezirken der Fall ist[16]. Er nimmt diese, durch entsprechendes Zahlenmaterial der polizeilichen Kriminalstatistik unterlegten Tendenzen der Kriminalitätsentwicklung zum Anlaß, in großstädtischen Baustrukturen einen Faktor für Kriminalität zu sehen, weist jedoch mahnend darauf hin, daß sich Verallgemeinerungen sowie die Übertragung von Einzelergebnissen auf alle Großstädte ohne gesonderte empirische Untersuchungen verbieten[17]. Insbesondere ließen sich diejenigen Befunde, die *Newman* in seiner grundlegenden Arbeit „Defensible Space" für New York hat nachweisen können, nicht auf deutsche Verhältnisse übertragen[18]. Zum Ergebnis einer diesbzgl. Disparität Deutschlands im Vergleich zu den Vereinigten Staaten gelangte auch *Jordan*, der feststellte, daß sich die von ihm (für die Stadt Wiesbaden) ermittelten Daten sozialer Problematik in Hochhaussiedlungen und Siedlungen mit maximal 4-geschossiger Bauweise nicht signifikant unterschieden[19].

Der Tatsache, daß es innerhalb des weltweiten Kriminalitätsanstieges dennoch Ausnahmen mit gleichbleibender oder gesunkener Kriminalität gibt, legt *Rolinski* die Annahme zugrunde, „daß jede Untersuchung, die sich allein auf Baustrukturen und Kriminalität beschränkt, Wesentliches – nämlich die Sozialstruktur der Bewohner – außer acht lassen würde"[20]. Eine Baustruktur könne man daher nur im Zusammenhang mit der jeweiligen Kriminalitätsstruktur einer Stadt sehen[21].

---

[16] *Rolinski*, Städtebau und Kriminalität, 1979, 3.
[17] *Rolinski* (Fn. 16), 5.
[18] *Rolinski* (Fn. 16), 23.
[19] *Jordan*, Mensch und bauliche Umwelt aus der Sicht des Städteplaners, 1979, 15.
[20] *Rolinski* (Fn. 16), 6.
[21] *Rolinski* (Fn. 16), 24.

1. Kapitel:

Stadtstruktur und Kriminalitätsbelastung

I. Überblick

Die Synthese „Stadtstruktur und Kriminalitätsbelastung" ist thematisch dem Wissenschaftszweig der Kriminalgeographie zuzuordnen. Die kriminalgeographische Forschung stößt bei ihrer Arbeit auf vielfältige Probleme, wie z.B. Probleme des Datenschutzes, der Vergleichsdaten und der Methodik, so daß *Schwind* die Auffassung vertritt, man müsse sich entscheiden, „ob man alle Möglichkeiten der Kriminalitätsbekämpfung nutzen will oder ob der Datenschutz den Vorrang verdient"[1].

Der Umfang und die Komplexität der vorhandenen Literatur veranlaßt manchen Autor, von einem „Kriminalpräventiven Datendschungel" zu sprechen[2]. Ungeachtet dessen konstatiert *Kube*, daß es trotz einer Fülle von Material zu Städtebau und kriminellem Verhalten an einer theoretischen Durchdringung der Stoffsammlung fehle[3], wenngleich die Tatortstruktur unter dem Mikroaspekt in kriminologisch-kriminalistischen Untersuchungen weitgehend vernachlässigt worden sei[4]. Welche genauen Beziehungen zwischen Kriminalität und dem Wohnen in Hochhäusern, Wohnsilos oder Satellitenstädten bestehen, insbesondere wie Menschen auf eine bestimmte bauliche Umwelt reagieren, ist in Deutschland noch wenig untersucht[5]. *Steinhilper* bemängelt dabei besonders, daß Fragen über die Beziehung zwischen Raum und Kriminalität von Wissenschaft und Praxis auffallend spät gestellt worden seien, obwohl sie vielleicht vorrangig für die Kriminalitätsvorbeugung von Bedeutung sind[6].

Daß die Konzepte von *Newman*, zumindest was den nordamerikanischen Raum anbelangt, auch heutzutage noch Beachtung finden, zeigt sich daran, daß bei der Re-

---

[1] *Schwind*, Kriminalgeographie, 1983, 249 f.
[2] Siehe dazu *Northoff/Füsting*, Kriminalpräventiver Datendschungel, 1996.
[3] *Kube*, Städtebauliche Prävention, 1996, 766.
[4] *Kube*, Städtebau, Architektur und Kriminalität, 1978, 20.
[5] *Redeker*, Kriminalgeographie – Ziele, Methoden und Anwendung, 1981, 87.
[6] *Steinhilper*, Kriminalitätsatlas Bochum, 1981, 306.

strukturierung von Wohngebieten Newmans Erkenntnisse als Orientierung dazu dienen, einen Rückgang der Kriminalität sowie der Kriminalitätsfurcht zu erreichen[7].

Nicht überall finden diese Handlungsweisen jedoch Anklang. Gerade in Deutschland erfahren Newmans Ergebnisse keineswegs eine ungeteilte Rezeption, was manche Fachleute gar zu der Aussage verleitet, es handele sich um ein „Gerede" über die kriminalitätsfördernden Eigenschaften des modernen Städtebaus, das nicht hinreichend untersucht sei[8]. Aus rein geographischer Sicht wird die Verwendung des Raumkonzeptes als Deutung von Kriminalität in den bisherigen kriminalgeographischen Ansätzen vereinzelt sogar als „kriminologische Variante des Raumfetischismus" bezeichnet; hiernach sind weder die Hochhausarchitektur (im Sinne von Newman), noch die Anwesenheit von Müll, Graffiti oder Obdachlosen (im Sinne der „Broken-Windows-Theorie") die Ursache von Strafrechtsverletzungen[9].

Der an sich berechtigten Kritik, daß das kriminalgeographisch vorhandene Wissen zu wenig gesichert sei, um bestimmte Bauformen unter kriminologischem Aspekt auszuschließen, setzt Frehsee die Möglichkeit entgegen, auf die Beseitigung bestimmter Einrichtungen hinzuwirken, ohne schon positiv letzte Wirkungszusammenhänge zu kennen – eine Art antizipierte Prävention[10]. Auch Kube kritisiert, daß nicht mit Präventionsmaßnahmen zugewartet werden könne, bis eine zufriedenstellende Erkenntnisgrundlage vorliegt. Plausible Annahmen müßten bei der Kriminalprävention nach wie vor empirisch oft ungesichertes Wissen ersetzen[11]. Daher sollten einzelne erfolgversprechende Maßnahmen unabhängig von wissenschaftlicher Begleitung und Evaluierung durchgeführt werden[12].

Nach Kerner/Kaiser/Kreuzer/Pfeiffer hat sich anhand zahlreicher verschiedener Versuche im In- und Ausland gezeigt, daß sich Beschädigungen und Zerstörungen

---

[7] Siehe dazu Graham/Bennett, Strategien der Kriminalprävention in Europa und Nordamerika, 1997, 96.
[8] Keim, Stadt, Wohnung und Gewalt, 1979, 41.
[9] Siehe dazu Belina, „Kriminalität und Raum", 2000, 143.
[10] Vgl. Frehsee, Fördert der moderne Städtebau die Kriminalität?, 1982, 275.
[11] Kube, Kriminalprävention und Stadtplanung, 2000, 285.
[12] Kube, Städtebau, Wohnhausarchitektur und Kriminalität, 1982, 86.

durch entsprechende Bemühungen auf baulicher Ebene zurückdrängen oder evtl. ganz verhindern lassen[13]. Andere Autoren formulieren – trotz ihrer festen Annahme von vorhandenen Zusammenhängen zwischen Städtebau und Kriminalität – vorsichtiger, wenn sie konstatieren, die städtische Umgebung wirke durch die Zusammensetzung der Sozialstruktur, durch Nachbarschaften, Milieu, soziale Beziehungen auf das Verhalten der Bewohner ein[14].

Wenngleich bereits die ersten Untersuchungen zur regionalen Kriminalitätsverteilung aufgrund bestehender Fehlervarianzen sowie mangelnder Präzision bei der Messung gesellschaftlicher Variablen enorme methodische Probleme deutlich machten, so bieten sie mangels einer deutlich überlegeneren Möglichkeit der Herausarbeitung von Kriminalitätsursachen bis in die heutige Zeit einen fruchtbaren Ansatz[15].

II. Begriff und Aufgaben der Kriminalgeographie

1. Terminologie und Definition

Der Begriff der Kriminalgeographie wird in der Literatur nicht einheitlich verwendet oder definiert[16]. Sie entstand als polizeilich orientierte Wissenschaft mit dem Zweck, örtliche Kriminalitätsballungen zu erkennen, um durch adäquaten Einsatz von Polizeikräften örtliche Kriminalitätsdichtewerte zu neutralisieren. *Herold* geht davon aus, daß die Kriminalgeographie als dritte Komponente neben der Tätereigenschaft und der gesellschaftlichen Stigmatisierung dazu beiträgt, Kriminalität auszulösen[17]. Grundsätzlich wird im Rahmen der Kriminalgeographie die Beziehung zwischen Kriminalität und Lebensraum diskutiert, die weiteren Aufschluß über das soziale Phänomen „Kriminalität" geben soll[18].

---

[13] *Kerner/Kaiser/Kreuzer/Pfeiffer*, Ursachen, Prävention und Kontrolle von Gewalt aus kriminologischer Sicht, 1994, 541.
[14] *Kappius*, Sozialkulturelle Aufbauarbeit (Animation) in Problemgebieten, 1979, 47.
[15] *Kury*, Zur Regionalverteilung der Kriminalität, 1997, 167.
[16] *Schwind*, Kriminalgeographie, 1979, 170.
[17] *Herold*, Teilnehmerbegrüßung, 1979, 1.
[18] Vgl. *Hofmann*, Kriminalgeographie, 1991, 180.

Die weitreichendste Definition der Kriminalgeographie stammt von *von Hentig* aus dem Jahre 1961. Danach umfaßt dieser Begriff „nicht nur Klima, Boden, Landschaft, sie ist Geschichte, Wirtschaftskunde und schließt die Lehre von den Wanderungen ein"[19]. *Mergen* hingegen sieht den Umfang der Kriminalgeographie restriktiver, da er die wirtschaftlichen und kulturellen Aspekte zur Kriminalitätssoziologie, die historischen dagegen zur Geschichte der Kriminalität rechnet. Innerhalb dieser Grenzen befasse sich die Kriminalgeographie „mit der räumlichen Verteilung der Kriminalität auf der Welt, in den verschiedenen Völkern und innerhalb dieser Völker"; sie soll sich weiterhin „für die Verteilung der Kriminalität auf die verschiedenen gewählten Milieus interessieren und die Kriminalität in Stadt- und Landgebieten, aber auch in sonstigen Gebieten wie Elendsvierteln, Grenzgebieten, Hafenstädten, Garnisonsstädten und so fort aufzeichnen"[20].

Für *Hellmer* ist Kriminalgeographie „die Wissenschaft von der örtlichen Verteilung der Kriminalität, ihrem Zusammenhang mit sozialen Faktoren und den Auswirkungen der örtlichen Kriminalitätsbekämpfung"[21]. Genau durch diese Schwerpunktsetzung auf die Kriminalitätsverteilung sieht sich die Kriminalgeographie jedoch dem Vorwurf ausgesetzt, lediglich Feststellungen über die unterschiedliche örtliche Verteilung der Kriminalität zu liefern, nicht aber hieraus kausale Erklärungen zu folgern[22]. Versteht man Kriminalgeographie jedoch nicht nur als bloße Kriminalitätsverteilungslehre, so dient sie in erster Linie einer effizienteren polizeilichen Bekämpfung der im Einsatzraum anfallenden Kriminalität[23].

Mit seinem Verständnis von Kriminalgeographie will sich *Herold*, wie er mit Nachdruck betont, „in radikaler Weise" von den vorgenannten Auffassungen abgrenzen. Er greift die Kritik im Sinne einer reinen Kriminalitätsverteilungslehre auf und definiert Kriminalgeographie als „Wissenschaft von den Beziehungen, die zwischen der spezifischen Struktur eines Raumes und der in ihm örtlich und zeitlich anfallenden Krimi-

---

[19] *Von Hentig*, Der kriminelle Mensch im Kräftespiel von Zeit und Raum, 1961, 212.
[20] *Mergen*, Die Kriminologie, 1995, 289.
[21] *Hellmer*, Kriminalgeographie und Verbrechensbekämpfung, 1974, 101.
[22] Vgl. *Kürzinger*, Kriminologie, 1996, 163.
[23] *Mergen* (Fn. 20), 289.

nalität bestehen"²⁴. Dieser Ansatz scheint vor dem Hintergrund konsequent zu sein, daß der Inhalt kriminalgeographischer Untersuchungen zwingend über die reine Deskription hinausgehen muß, um als Resultat sinnvolle und vor allem praxisorientierte Schlüsse aus den Ergebnissen ziehen zu können. Ähnliches konstatiert auch *Schwind* in seinen Überlegungen zum kriminologischen Forschungsprojekt „Kriminalitätsatlas Bochum", wonach er unter Kriminalgeographie denjenigen Zweig der kriminologisch-kriminalistischen Forschung versteht, „der Straftaten in ihrer räumlichen und zeitlichen Verteilung erfaßt und ihren Zusammenhang mit sozialen, psychologischen, wirtschaftlichen und kulturellen Faktoren zu ergründen versucht"²⁵.

Nach Auffassung von *Schneider* untersucht die Kriminalgeographie jedoch auch die Verbreitung des Sicherheitsgefühles in der Bevölkerung, ihrer Einstellung zur Kriminaljustiz und ihrer Opferrisiken. Er grenzt Kriminalgeographie von der Kriminalökologie ab, die seines Erachtens die Interaktion zwischen Baustruktur einerseits und Verbrechensfurcht und kriminellem Verhalten andererseits erforschen soll²⁶. Die kürzeste, aber mithin griffigste Erklärung des Begriffs „Kriminalgeographie" gibt *Rupprecht*, der sie als „Beschreibung der geographischen Verteilung von Kriminalität und des Versuchs der Erklärung der Verteilung" versteht²⁷.

Billigt man der Kriminalgeographie jedoch nicht nur repressive, sondern auch präventive Inhalte und Zielsetzungen zu, so kann sie in ihrer vornehmsten Ausgestaltung vielmehr dazu dienen, aufgrund der aus ihr gewonnenen Erkenntnisse zu einer Reduzierung der Kriminalität beizutragen. *Dreher* formuliert dies treffend mit den Worten: „Es ist besser, Straftaten nicht geschehen zu lassen, als sie verfolgen zu müssen"²⁸. Folgerichtig fordert daher auch *Kaiser*, die Erwartungen auf die primäre und sekundäre Prävention zu richten, da die Mittel der tertiären, d.h. repressiven Prävention, für gewöhnlich zu spät kommen²⁹. So wird der Leitsatz „Prävention vor Repression" zwar in der Theorie anerkannt und hochgehalten; in der Praxis hingegen bedarf

---

[24] *Herold*, Die Bedeutung der Kriminalgeographie für die polizeiliche Praxis, 1977, 290.
[25] *Schwind/Jany/Simon/Wohlgemuth*, Kriminalgeographie, 1975, 241.
[26] Vgl. *Schneider*, Verhütung und Kontrolle der Gewalt, 1992, 771.
[27] *Rupprecht*, Polizei-Lexikon, 1995, 311.
[28] *Dreher*, Kommunale Kriminalprävention, 1996, 174.
[29] *Kaiser*, Kriminologie, 1996, 254.

er in vielen Bereichen noch der Umsetzung[30]. *Wittkämper* bringt diese Überlegung zu der Aussage, daß eine Prävention, die nicht in der Fläche vor Ort stattfindet, keine Prävention sei[31]. *Albrecht* warnt jedoch davor, zu hohe Erwartungen an die Kriminalgeographie im Hinblick auf die Kriminalitätsbekämpfung zu stellen, die er als „Mauerblümchen der Wissenschaften vom abweichenden Verhalten" bezeichnet[32]. Dieser Gedanke deckt sich mit der grundlegenden Erkenntnis, daß viele Delikte einem direkten präventiven Ansatz überhaupt nicht zugänglich sind[33].

Die Kriminalökologie, die oft als Synonym für den Begriff „Kriminalgeographie" verwendet wird, befaßt sich mit den Wechselwirkungen zwischen Delinquenten und ihrer organischen Umwelt innerhalb eines Ökosystems[34]. Nach *Schneider* handelt es sich dabei um die Erforschung der Entwicklung von Sozialstrukturen und um die Analyse von Sozialprozessen in ihrer Umwelt im Sinne einer funktionalen Perspektive der Umwelt des Menschen[35].

Kriminaltopographie unterscheidet sich wiederum von Kriminalökologie durch den Versuch, Tatortstrukturen systematisch zu erforschen, wobei sie sich auf bestimmte Punkte und Tatorte konzentriert und sich damit von Raum und Fläche entfernt[36]. Die Kriminaltopographie wäre demnach „das Insgesamt an systematischem Wissen über Regelmäßigkeiten der Tatortstruktur"[37].

2. Gegenstand und Ziele der Kriminalgeographie

Das Objekt kriminalgeographischer Betrachtung ist, im Gegensatz zu psychologischen und soziologischen Untersuchungen einzelner Täterpersönlichkeiten oder ganzer Tätergruppen, der Raum, wobei die Größe der untersuchten Region nicht von

---

[30] Vgl. dazu *Geisler*, Kriminalität, Prävention und Kontrolle, 1998, 348.
[31] *Wittkämper*, Was heißt Kriminalprävention in unserer Zeit?, 1996, 537.
[32] *Albrecht*, Erkenntnisse der Kriminalgeographie als Grundlage für Kriminalitätsbekämpfung, 1981, 292 f.
[33] Vgl. *Kerner*, Kriminalprävention, 1994, 171.
[34] *Hofmann*, Kriminalgeographie, 1991, 181.
[35] *Schneider*, Kriminalität, Architektur und Städtebau, 1983, 4.
[36] Vgl. *Schneider* (Fn. 35), 4 f.
[37] *Kube* (Fn. 12), 18.

Bedeutung ist. Im Rahmen kriminalgeographischer Untersuchungen werden – neben Angaben über den Umfang und die Struktur der Kriminalität[38] – auch kriminalitätsauslösende Faktoren des Raumes[39] sowie Daten über die Bekämpfung der Kriminalität in den verschiedenen Regionen erhoben und ausgewertet[40].

Nach *Schwind* besitzt die Kriminalgeographie ungeachtet der ihr entgegengebrachten Skepsis unbestreitbare Relevanz für die Praxis in bezug auf die Kriminalitätsverteilung. Die hieraus gewonnenen Ergebnisse erscheinen dann nicht problematisch zu sein, wenn man die immanente Gefahr des sogenannten „ökologischen Fehlschlusses" eliminieren kann[41]. Hierunter fällt die naive Schlußfolgerung von Aggregatdatenkorrelationen auf Individualkorrelationen[42].

Ziel aller kriminalgeographischen Arbeiten, so *Redeker*, sei es jedoch letztlich, all denjenigen, die sich mit Kriminalität und deren Bekämpfung beschäftigen, Erkenntnisse zur Verfügung zu stellen, mittels derer effektivere Maßnahmen zur präventiven und repressiven Kriminalitätsbekämpfung entwickelt und eingeleitet werden können[43].

3. Historische Entwicklung

Die ersten Ansätze kriminalgeographischer Darstellungen lassen sich bis in die Anfänge des 19. Jahrhunderts zurückverfolgen. Der Franzose *Guerry* (1833) und der Belgier *Quetelet* (1835) haben in ihren Arbeiten versucht, die Abhängigkeit zwischen Kriminalitätshäufigkeit und Raum darzustellen, indem sie die Departements von Frankreich in Gruppen aufteilten und deliktsspezifische Kriminalitätsraten berechneten[44]. Durch eine Verknüpfung von Sozialdaten mit Kriminalitätszahlen sollte die Annahme verifiziert werden, ob Armut, mangelnde Bildung oder Bevölkerungsdichte als

---

[38] Hierzu zählen Daten über die Deliktsdichte, die Deliktsart, den Ort der Begehung, die Begehungszeit, den Täterwohnsitz etc.
[39] Hierunter fallen u.a. Daten über die Bebauungsstruktur.
[40] Vgl. *Redeker* (Fn. 5), 6.
[41] *Schwind*, Kriminologie, 2000, 294.
[42] *Albrecht*, Kriminalgeographie, Städtebau und Kriminalität, 1993, 229.
[43] *Redeker* (Fn. 5), 7.
[44] Vgl. *Guerry*, Essai sur la Statistique Morale de la France, 1833; *Quetelet*, Sur l'homme et le développement de ses facultés ou essai de physique sociale, 1835.

Auslöser für Kriminalität angesehen werden können. Wenngleich die von diesen Autoren gefundenen Ergebnisse aufgrund ihres ausschließlichen Hellfeld-Bezugs als wenig repräsentativ kritisiert worden sind, so konnten sie dennoch für Frankreich ein Nord-Süd-Gefälle der Kriminalität feststellen[45].

Um Aufschlüsse über ein mögliches Täterprofil zu gewinnen, wurde noch weit früher die Frage beleuchtet, in welchem Vermögensverhältnis der Delinquent zu seiner wohnlichen Umgebung steht. Erste Ansätze dieser Art datieren bereits von 1487, d.h. fast 500 Jahre vor der Untersuchung der Stadt Köln durch *Opp*[46] wurde die Relation zwischen Hauseigentümern und Mietern in dieser Stadt festgehalten, wenngleich diese Daten zu jener Zeit noch nicht aus dem Blickwinkel einer möglichen Kriminalprävention betrachtet wurden[47]. Raumbezogene Analysen von abweichendem Verhalten und Kriminalität gehören damit zu den ältesten Forschungsansätzen der Kriminologie überhaupt[48].

Bis Anfang der 70er Jahre des 20. Jahrhunderts erschienen zahlreiche weitere Vorläufer der kriminalgeographischen Forschung in Deutschland, die *Schwind* in seinem „Kriminalitätsatlas Bochum" im Sinne einer Bestandsaufnahme jeweils kurz skizziert[49] und von denen insbesondere die Arbeiten von *Seuffert*[50] (1906), *Galle*[51] (1908), *Thienemann*[52] (1912), *Hoffmann*[53] (1921), *Seibert*[54] (1937) und *Hack*[55] (1954) erwähnenswert sind. Andere Studien, wie z.B. die Untersuchung von *Amend*[56] (1937) bleiben,

---

[45] Siehe dazu *Schwind* (Fn. 41), 292.
[46] Näher dazu unter Kapitel 3, Seite 84 ff.
[47] Vgl. *Schwerhoff*, Köln im Kreuzverhör, 1991, 196.
[48] *Oberwittler*, Soziale Probleme, Gewalt- und Jugenddelinquenz in der Stadt, 1999, 403.
[49] *Schwind/Ahlborn/Weiß*, Empirische Kriminalgeographie, 1978, 7 ff.
[50] *Seuffert*, Untersuchungen über die örtliche Verteilung der Verbrechen in Deutschland, 1906.
[51] *Galle*, Untersuchungen über die Kriminalität in der Provinz Schlesien, 1908 und 1909.
[52] *Thienemann*, Untersuchungen über die Kriminalität in der Provinz Ostpreußen, 1912.
[53] *Hoffmann*, Zur Geographie der Kriminalität in Deutschland, 1921.
[54] *Seibert*, Die Jugendkriminalität Münchens in den Jahren 1932 und 1935, 1937.
[55] *Hack*, Die Kriminalität zweier badischer Städte, 1954.
[56] *Amend*, Die Kriminalität Deutschlands 1919 – 1932, 1937.

vermutlich aufgrund ihres zeitgeschichtlich fragwürdigen indoktrinierten Ansatzes, außer Betracht[57].

Richtet man den Blick auf die ausländische Forschungsarbeit zu Beginn des 20. Jahrhunderts, so führt dieser unweigerlich zur sogenannten „Chicagoer Schule", die mit dem Konzept der „Delinquency Areas", so *Albrecht*, der Kriminalgeographie für lange Zeit das „allgemein akzeptierte Analyseparadigma" bot[58]. Zu den Begründern der Chicaoer Schule, deren Schriften von 1915 – 1940 dauerhafte Auswirkungen auf die wissenschaftliche Forschung hatten[59], zählen *Shaw* sowie sein ehemaliger Assistent *McKay*[60]. Sie waren in den 20er Jahren des vergangenen Jahrhunderts die Direktoren des „Sociological Department at the University of Chicago" und führten die ungleichmäßig vorgefundene Verteilung der Kriminalität im Stadtgebiet von Chicago auf eben solche „Delinquency Areas" zurück, d.h. auf Gebiete, die durch ein geringes Maß an informeller sozialer Kontrolle gekennzeichnet waren und deren räumliche Ausdehnung regelmäßig den stadthistorisch gewachsenen Vierteln der Stadt entsprach[61]. Grundlage dieses Konzepts war die 1929 erstmals erschienene Untersuchung von *Shaw/McKay*, welche sich mit der Verteilung der Wohnsitze von annähernd 60.000 männlichen Jugendlichen der Stadt Chicago befaßte, die zuvor als vermeintliche Schulschwänzer mit Schulbehörden oder als angebliche oder tatsächliche Delinquenten oder Kriminelle mit Polizei oder Gerichten zu tun hatten. Wie die Studie ergab, wiesen die einkommensschwachen Stadtbezirke innerhalb der Geschäfts- und Industriegebiete die höchsten Täterraten auf, während jene in den zentrumsfernen, bessersituierten Stadtvierteln mehr oder weniger gleichbleibend niedrig

---

[57] Bereits in der Einleitung konstatiert *Amend*, daß mit der Machtergreifung durch den Nationalsozialismus für Deutschland eine nicht allzu rühmliche Periode seiner Geschichte zum Abschluß gebracht worden sei: die Zeit des „Zwischenreiches"; von einer Einbeziehung einzelner Delikte (Verbrechen und Vergehen gegen die aus Anlaß des Krieges oder der Übergangszeit erlassenen Strafvorschriften) in die Gesamtkriminalität wird aus „begreiflichen Gründen abgesehen, da ja der gerade hier vorliegende ständige Wechsel in der Gesetzgebung keine klaren Schlußfolgerungen zuläßt".

[58] *Albrecht* (Fn. 42), 228.

[59] Vgl. *Janowitz*, Introduction, 1967, VII.

[60] *Rolinski* bezeichnet *Shaw* und *McKay* als die beiden bekanntesten Schüler von *Park* und *Burgess*, vgl. *Rolinski*, Wohnhausarchitektur und Kriminalität, 1980, 18.

[61] Sogenannte „Natural Areas"; *Schwind/Ahlborn/Weiß* weisen ferner auf die Abgrenzung der Natural Areas durch besondere geographische, topographische, soziale und kulturelle Spezifica hin, vgl. *Schwind/Ahlborn/Weiß* (Fn. 49), 9.

waren[62]. Ferner zeigte sich hier erstmals eine kontinuierliche Zunahme der Kriminalität von den Außenbezirken einer Stadt in Richtung Stadtzentrum, welches durch eine extrem hohe Kriminalitätsdichte gekennzeichnet war; ein Befund, der zu dem Verteilungsmodell der sogenannten „Zonentheorie" führen sollte[63]. Durch den Umstand, daß die Kriminalitätsbelastung der untersuchten Stadtbezirke unabhängig von der ethnischen Zusammensetzung der Bewohner zu sein schien, folgerten *Shaw/McKay*, daß der Raum als solcher selbst in der Lage ist, Kriminalität zu erzeugen oder zumindest Kriminelle anzuziehen vermag[64].

Die Anfänge der Debatte über den Zusammenhang zwischen Stadtstruktur und Kriminalitätsbelastung lassen sich in Deutschland bis auf ein Symposium der Polizeigewerkschaft sowie ein internationales Symposium im Bundeskriminalamt, beide im Jahre 1978, zurückverfolgen. Insbesondere im Hinblick auf die besorgniserregende Entwicklung der Jugendkriminalität wurde aus polizeilicher Sicht bereits vor über 20 Jahren bemängelt, daß es die Polizei sei, welche die undankbare Aufgabe habe, das Produkt einer konzentrierten Fehlplanung zu ernten, welches sich auf dem Sektor des modernen Städtebaues ergebe[65]. Der überall zu beobachtende Verfall wurde nicht nur als städtebauliches, sondern vielmehr als gesellschaftliches Phänomen qualifiziert, das der Polizei schwer zu schaffen mache[66]. So erhoffte sich das Bundeskriminalamt durch das Zusammenwirken von Fachleuten unterschiedlicher Ausrichtung den thematischen Durchbruch zu allgemeiner Anerkennung der Bedeutung, die Städtebau und Kriminalität in ihrer Wechselwirkung zueinander haben[67]. Die vielschichtigen Einflüsse, denen der Mensch in seiner baulichen Umwelt ausgesetzt ist, sowie die diversen Lösungsansätze aus stadtplanerischer, sozialpsychologischer, polizeilicher und kriminologischer Sicht zeigen jedoch, welche Komplexität diese Thematik aufweist[68].

---

[62] *Shaw/McKay*, Juvenile Delinquency and Urban Areas, 1969, 3.
[63] Siehe dazu auch die Ausführungen unter Ziff. 3, Seite 29 ff.
[64] Vgl. *Schwind/Ahlborn/Weiß* (Fn. 49), 9 f.
[65] *Dicke/Halt*, Macht der Städtebau unsere Kinder kriminell?, 1978, 7.
[66] *Westphal*, Der moderne Städtebau und sein Einfluß auf die Kinder- und Jugendkriminalität, 1978, 115.
[67] *Herold*, Teilnehmerbegrüßung, 1979, 2.
[68] *Bundeskriminalamt*, Städtebau und Kriminalität, 1979.

III. Kriminalität im Hell- und Dunkelfeld

Kriminalität ist ein vielschichtiges gesellschaftliches Phänomen, das in seinem ganzen tatsächlichen Ausmaß nie vollständig erfaßt werden wird. Daher können alle Methoden, Delinquenz in ihrer Gesamtheit zu begreifen, stets nur Annäherungen an die Wirklichkeit sein. Losgelöst von der Anzahl jener Delikte, die unter dem Begriff „Dunkelfeld" per se nicht objektiv zu quantifizieren sind[69], stellt sich in diesem Zusammenhang die Frage, auf welcher Ebene die registrierte Kriminalität des sogenannten „Hellfeldes" als Indikator eines objektiven Kriminalitätsbildes herangezogen werden kann. Allgemein kritisiert *Kaiser*, daß der Status quo der Verbrechenskontrolle unbefriedigend ist[70]. Einigkeit besteht insoweit darüber, daß nur eine kombinierte Betrachtung von Hell- und Dunkelfelddaten einer kriminalgeographischen Analyse zur Abbildung der Realität nahekommen kann.

Von der zahlenmäßigen Erfassung der polizeilichen Notrufe und Funkstreifenwageneinsätze[71] über die Erfassung des „einfachen" Tatverdächtigen bis hin zur Gerichtsstatistik rechtskräftig verurteilter Delinquenten sind auf den Stufen des staatlichen strafprozessualen Filterungsmechanismus' verschiedene Ansatzpunkte denkbar. *Herriger* bemängelt an den herkömmlichen kriminalökologischen Forschungen, daß sie – im Gegensatz zu den offiziellen Registraturen und Statistiken – jene aufgrund von selektiven Melde-, Verfolgungs- und Sanktionierungspraktiken immanenten Verzerrungen nicht kontrollieren, so daß diese Einwände in der interaktionistischen Deviansoziologie zu einer generellen Abkehr von ökologischen Fragestellungen geführt hat[72]. Auf der Grundlage der jeweiligen Bezugsgröße sind mithin auch die darauf basierenden unterschiedlichen Ergebnisse zu erklären. Ohne Anspruch auf Vollständigkeit soll daher ein Überblick über die „gängigen" Bezugsgrößen der Kriminalitätserfassung im Hell- und Dunkelfeld vorangestellt werden. Nach *Albrecht* ist die Analyse der Kriminalitätsentwicklung und die wissenschaftliche Beobachtung der Kriminalität

---

[69] Vor allem Delikte, denen eine hohe „Dunkelziffer" immanent ist, wie z.B. Steuer- und Abgabendelikte nach §§ 370 ff. AO.
[70] *Kaiser*, Brauchen wir in Europa neue Konzepte der Kriminalpolitik?, 2000, 153.
[71] Näher dazu *Dreher/Feltes*, Notrufe und Funkstreifenwageneinsätze bei der Polizei, 1996.
[72] *Herriger*, Stadtstruktur und ortsbezogene Devianztheorien, 1985, 187.

nach wie vor im wesentlichen auf die Instrumente der Polizeilichen Kriminalstatistik angewiesen[73].

1. Registrierte Kriminalität (Hellfeld)

Da viele kriminalgeographische Studien die Polizeiliche Kriminalstatistik zur Grundlage ihrer Forschungsergebnisse machen, sollen die folgenden Informationen zum besseren Verständnis dieser offiziellen Statistik dienen. Sie bildet die wichtigste Basis für Betrachtungen der registrierten Kriminalität, wenngleich mit der Strafverfolgungsstatistik (Rechtspflegestatistik) sowie der Strafvollzugs- und Bewährungshilfestatistik noch weitere amtliche Statistiken vorhanden sind, in welche die Ergebnisse staatlicher Ermittlungs- und Strafverfolgungstätigkeit einfließen[74]. Die PKS registriert die im jeweiligen Berichtszeitraum polizeilich bekanntgewordenen Vorgänge, die den Verdacht einer strafbaren Handlung begründen, soweit ihnen eine kriminalpolizeilich bearbeitete Anzeige zugrunde liegt. Darüber hinaus werden die im Erhebungszeitraum aufgeklärten Fälle registriert sowie Angaben zu den Tatverdächtigen erhoben[75].

Während sich die Anfänge fortlaufender amtlicher Aufzeichnungen kriminalstatistischen Inhalts bis in die zweite Hälfte des 18. Jahrhunderts zurückverfolgen lassen, wurde die PKS für Deutschland erst zum 01.01.1953 bundeseinheitlich eingeführt. Der bereits 1935 in Angriff genommene Versuch einer einheitlichen PKS für Deutschland wurde durch den Zweiten Weltkrieg verhindert[76].

Die Polizeiliche Kriminalstatistik baut im wesentlichen auf der seit 1923 in Preußen geführten PKS auf. Nachdem 1959 die Staatsschutzdelikte[77] herausgenommen wurden, gibt es seit 1963 durch die weitere Herausnahme der Verkehrsdelikte auf Bundesebene keine polizeiliche Statistik über Verkehrsdelikte mehr[78]. Da aber gravieren-

---

[73] *Albrecht*, Neue Erscheinungsformen der Kriminalität und Strafprozeßreform in Deutschland, 1999, 279.
[74] Zu weiteren Datenquellen der statistischen Forschung siehe *Eisenberg*, Kriminologie, 1995, 171 ff.
[75] Vgl. *Göppinger*, Kriminologie, 1997, 469 f.
[76] Vgl. *Hauf*, Kriminalitätserfassung und Kriminalitätsnachweis auf polizeilicher Ebene, 1991, 13.
[77] Diese werden über einen unabhängigen kriminalpolizeilichen Meldedienst erfaßt und im Anhang der PKS abgedruckt.
[78] *Dörmann*, Die Aussagekraft wesentlich verbessert, 1983, 182.

de Mängel der PKS unübersehbar waren, wurde sie ab 1983 neu geordnet. Hierbei sollte zur Ermöglichung von Zeitreihenanalysen die Vergleichbarkeit der neuen zu den alten Daten gewährleistet sein sowie eine übermäßige Belastung der aufnehmenden Sachbearbeiter durch zusätzliche statistische Erfassungsanforderungen vermieden werden[79]. Das in der Präambel der PKS nunmehr erklärte Ziel liegt seither in der Lieferung eines überschaubaren und möglichst verzerrungsfreien Bildes der angezeigten Kriminalität im Interesse einer wirksamen Kriminalitätsbekämpfung[80].

Seit 1971 wird die PKS als sog. „Ausgangsstatistik" geführt, d.h. die Erhebung der Daten erfolgt zum Zeitpunkt der Abgabe der Ermittlungsvorgänge an die Staatsanwaltschaft. Über den Ausgang der eingeleiteten Verfahren schweigt sich die PKS dagegen aus; in ihr sind daher auch Freisprüche und Verfahrenseinstellungen enthalten. Da bis zur Ebene des Nachweises der Strafverfolgungsstatistik weitere Filterstufen wirken, welche die ursprünglichen Daten wesentlich verändern können[81], wird der PKS unter dem Gesichtspunkt der Tatnähe eine größere Wirklichkeitsnähe zugebilligt[82]. So wird von den begangenen Straftaten nur ein Teil entdeckt, von den entdeckten nur ein Teil angezeigt, von den angezeigten nur ein Teil aufgeklärt und von den dabei ermittelten Verdächtigen schließlich nur ein Bruchteil verurteilt[83].

Da das Wesen der PKS in der Fachliteratur „hinreichend thematisiert" worden ist, verweisen manche Autoren nur noch punktuell auf deren Schwachstellen wie mangelnde Gewichtung der Straftaten, Dunkelfeldproblematik, Determinanten des Anzeigeverhaltens, Erfassungsunterschiede etc.[84]. Die unterschiedlichen Bewertungs- und Interpretationsspielräume, die der PKS zugestanden werden, haben ihr bisweilen sogar den Vorwurf einer Manipulation eingebracht[85]. Selbst wenn man solche Mißbilligungen in dieser Entschiedenheit nicht teilen möchte, sind generelle Einwände ge-

---

[79] Dörmann (Fn. 78), 186.
[80] Vgl. vor allem zu den erfolgten Änderungen Dörmann (Fn. 78), 183.
[81] Auch zuweilen als „Trichtermodell der Strafrechtspflege" bezeichnet; vgl. Bock, Kriminologie, 1995, 107 ff.
[82] Kerner, Kriminalitätsverlauf und –struktur in der Bundesrepublik Deutschland, 1983, 265.
[83] Kerner, Kriminalstatistik, 1993, 295.
[84] Jäger, Krise der Kriminalpolitik, 1994, 298; zur Kritik an der PKS siehe auch Schwind, Kriminologie, 2000, 19 f.
[85] Siehe dazu Rupprecht, Manipulation der PKS?, 1989.

gen die Aussagekraft kriminalstatistischer Daten nicht von der Hand zu weisen[86]. Bei der Betrachtung der globalen Häufigkeitsziffer der PKS hat ein zusätzlicher Mord das gleiche Gewicht wie eine Schwarzfahrt mehr[87].

Kritische Stimmen finden sich auch zu den verstärkten Anstrengungen, sogenannte „Zielvereinbarungen" mit den Polizeibehörden abzuschließen, „in denen konkret festgelegt wird, welche Fallzahlen und Aufklärungsergebnisse bis zu einem bestimmten Zeitpunkt zu erreichen sind" – eine Vorgehensweise, die neuerdings vor allem in den neuen Bundesländern von den Polizeiabteilungen der Innenministerien an den Tag gelegt wird[88].

Die jährlich vom BKA herausgegebene PKS wurde zwar in den letzten zwei Jahrzehnten kontinuierlich verbessert; dennoch bietet sie nach *Hauf* weiterhin Verbesserungsmöglichkeiten im Bereich der Opfer- und Tatverdächtigendaten, der Tatverdächtigen/Opfer-Beziehung sowie der Erfassung materieller und Personenschäden[89]. Daher ist die PKS letztlich eine polizeiliche Arbeitsstatistik eines bestimmten umgrenzten Zeitraums; sie spiegelt nicht die Kriminalität allgemein wider[90]. Man ist aufgrund der vielen Verzerrungsgefahren, die amtlichen Statistiken anhaften, von der Idee abgekommen, ein umfassendes Bild der Verbrechenswirklichkeit zu erhalten; vielmehr sieht man heute darin einen Tätigkeitsnachweis der Strafverfolgungs- und Strafvollstreckungsorgane und sucht nur subsidiär nach Anhaltspunkten für die kriminelle Wirklichkeit[91].

Dabei gibt die PKS über verschiedene wichtige Kriminalitätsbereiche, wie z.B. Delikte aus dem Steuer- und Abgabenbereich, keine oder nur eine höchst fragmentarische Auskunft[92]. Insbesondere die Verkehrsdelinquenz, die einen Großteil aller faktisch im Bundesgebiet begangenen Straftaten ausmacht, wird im Rahmen der PKS an keiner

---

[86] Siehe hierzu *Kaiser*, Kriminologie, 1996, 389 f.
[87] *Dinges/Sack*, Unsichere Großstädte?, 2000, 44.
[88] *von der Heide*, Können Fallzahlen der PKS vereinbart werden?, 2000, 359.
[89] Vgl. hierzu ausführlich *Hauf*, Die Aussagekraft der Polizeilichen Kriminalstatistik, 1994, 389.
[90] *Kury/Obergfell-Fuchs*, Zur Messung der Kriminalitätsbelastung, 1998, 618.
[91] *Hofmann*, Kriminalstatistik, 1991, 204.
[92] *Kerner* (Fn. 82), 267.

Stelle mehr dokumentiert. Die Verkehrsdelikte werden in einer vom Statistischen Bundesamt in Wiesbaden herausgegebenen Statistik der Verkehrsunfälle bzw. der Verkehrsdelinquenz und (ergänzend) in den Statistischen Mitteilungen des Kraftfahr-Bundesamtes in Flensburg gezählt (mit Ausnahme der Verstöße gegen die §§ 315, 315b StGB und § 22a StVG, die wiederum die PKS registriert)[93].

Im Langzeitvergleich zeigt die PKS in der Bundesrepublik insgesamt einen deutlichen Anstieg. Insbesondere im Bereich der Schwerkriminalität ergibt sich eine erhebliche Mehrbelastung der Großstädte gegenüber ländlichen Gebieten[94]. Ein genereller Überblick über Kriminalstatistiken, auch unter historischem Blickwinkel, findet sich bei *Kerner*[95].

2. Nicht registrierte Kriminalität (Dunkelfeld)

Die Dunkelfeldforschung ist inzwischen ein nahezu unüberschaubares Gebiet geworden. Da sowohl die Methoden als auch die Ergebnisse eine erhebliche Bandbreite aufweisen, ist es schwierig, eindeutig gesicherte und unbestrittene Resultate wiederzugeben[96]. Dunkelfeldforschung erfordert einen nicht unerheblichen finanziellen Aufwand. Was die Anzahl der vorliegenden bundesdeutschen Studien anbelangt, so besitzt Deutschland nach Ansicht einiger Kritiker vor dem Hintergrund ständig knapper Kassen und beschränkter öffentlicher Mittel im Vergleich zu den USA und Großbritannien den Status eines Entwicklungslandes[97].

Die Dunkelfeldforschung verdankt ihren großen Aufschwung, den sie in den letzten 25 Jahren genommen hat, dem problematischen Verhältnis von registrierter Kriminalität und „Verbrechenswirklichkeit"[98]. Sowohl im internationalen Bereich als auch in Deutschland standen die sogenannten Täterbefragungen im Vordergrund, während

---

[93] So *Schwind*, Kriminologie, 2000, 18.
[94] Vgl. *Schwind* (Fn. 93), 24 und 341.
[95] *Kerner*, Kriminalstatistiken, 1983, 252 ff.
[96] *Bock*, Kriminologie, 1995, 107.
[97] Vgl. *Ahlborn/Böker/Lehnick*, Stichprobengrößen bei Opferbefragungen in der Dunkelfeldforschung, 1999, 5.
[98] *Göppinger*, Kriminologie, 1997, 152.

die Opferbefragungen erst in der zweiten Hälfte der 60er Jahre des 20. Jahrhunderts in den USA und noch später in der Bundesrepublik an Bedeutung gewannen[99].

Die Ergebnisse der von ihm durchgeführten Göttinger Dunkelfeldforschung[100] und der Bochumer Opferbefragung[101] nimmt *Schwind* zum Anlaß, Aussagen über die Relation zwischen Hell- und Dunkelfeld zu treffen. Danach muß die Vermutung von konstanten Verhältnissen dahingehend modifiziert werden, daß – wenngleich in wechselnder Relation – neben hohen Hellfeldzahlen auch hohe Dunkelfeldzahlen stehen und neben niedrigen Hellfeldzahlen niedrige Dunkelfeldzahlen[102]. Die Hypothese von der Konstanz des Verhältnisses zwischen registrierter und tatsächlicher Delinquenz, das nach *Schwind* auch noch der heutigen Auffassung mancher Polizeibehörden und zahlreicher Kriminalpolitiker sowie Journalisten entsprechen dürfte, impliziert, daß die PKS insoweit ein (noch) brauchbares Barometer für das Steigen oder Sinken der Gesamtkriminalität darstellt[103].

Beim Dunkelfeld handelt es sich um ein komplexes Phänomen, welches nach vielfältigen Variablen variiert und das nicht nur durch das Täterverhalten, sondern auch durch das Verhalten und die Reaktion von Opfern und/oder Dritten geprägt und insofern durch soziale Interaktionsprozesse beeinflußt wird[104]. Obwohl es einen einheitlichen Begriff des Dunkelfeldes nicht gibt, besteht dennoch Einigkeit darüber, daß das Dunkelfeld jenen Teil der Verbrechenswirklichkeit bezeichnen soll, der in den Kriminalstatistiken nicht erfaßt wird[105]. In diesem Sinne definiert auch *Kaiser* das Dunkelfeld der Kriminalität – im Gegensatz zum Hellfeld – als diejenigen Rechtsbrüche, die nicht amtlich bekannt geworden, also nicht offiziell zur Kenntnis gelangt und registriert worden sind[106]. *Sack* sieht schließlich im Dunkelfeld die

---

[99] *Stephan*, Die Stuttgarter Opferbefragung, 1976, 26.
[100] *Schwind/Ahlborn/Eger/Jany/Pudel/Weiß*, Dunkelfeldforschung in Göttingen 1973/74, 1975.
[101] *Schwind/Ahlborn/Weiß*, Dunkelfeldforschung in Bochum 1986/87, 1989.
[102] *Schwind*, Dunkelfeldforschung, 1983, 232; zum Versuch einer deliktspezifischen Bestimmung von Dunkelfeldrelationen siehe *Stephan* (Fn. 99), 221 ff.
[103] *Schwind* (Fn. 93), 44.
[104] *Eisenberg*, Kriminologie, 1995, 782.
[105] *Plate/Schwinges/Weiß*, Strukturen der Kriminalität in Solingen, 1985, 13 f.
[106] *Kaiser* (Fn. 86), 392.

Differenzgröße zwischen der Anzahl „objektiv" vorgefallener Fälle von Kriminalität und der in der PKS als amtlich gewußten und deshalb aufgenommenen Fälle[107].

Zutreffende Kritik an der Verwendung des Terminus „Dunkelziffer"[108] äußert *Leder* bei der – zumindest in der Vorstellung – fälschlichen Annahme einer vermeintlich präzise quantifizierbaren Bezugsgröße. Da es genau diese festlegbare Bezugsgröße nicht gibt, sollte nicht der Eindruck vermittelt werden, man habe, wie bei einer feststehenden Ziffer, alles im Griff[109]. Der Begriff des Dunkelfeldes verdeutlicht daher besser, daß es sich um eine nicht genau bestimmbare Größe handelt. *Eisenberg* weist ferner kritisch darauf hin, daß zumindest bei der viktimologischen Umfrageforschung die Möglichkeit einer (kriminal-)politischen Bedeutung in Betracht zu ziehen ist, soweit sie etwa Forderungen unter mißbräuchlicher Inanspruchnahme von Daten der PKS zusätzlich unterstützt bzw. mit Befragungen zur Kriminalitätsfurcht verknüpft ist[110].

Als Methoden der Dunkelfeldforschung haben sich bis in die heutige Zeit die Arbeitsweisen des Experiments, der teilnehmenden Beobachtung und der Befragung[111] (in Form von Täter-, Opfer- oder Informantenbefragung) durchgesetzt[112]. Wie schon die PKS im Rahmen der Hellfeldanalyse, sieht sich auch die Dunkelfeldforschung aufgrund ihrer vielfältigen potentiellen Fehlerquellen teilweise erheblicher Kritik ausgesetzt[113]. So kommt auch *Kaiser* zu dem Ergebnis, daß gegenüber der Dunkelfeldforschung Vorbehalte aus methodischen Mängeln an Genauigkeit, Widerspruchsfreiheit und Verläßlichkeit der erfragten Delinquenz resultieren[114]. Sie konnte daher trotz beachtlicher Befunde ihr ursprüngliches Ziel nicht erreichen, die Kriminalstatistiken durch zuverlässigere Daten zu ersetzen. Kriminalstatistiken und Dunkelfelduntersuchungen ergänzen sich somit und können daher nur als Indikatoren für die tatsäch-

---

[107] *Sack*, Dunkelfeld, 1993, 101 f.
[108] Zur teilweise synonymen Verwendung des Begriffs „Dunkelziffer" und dessen Herkunft siehe *Schwind* (Fn. 93), 28.
[109] *Leder*, Dunkelfeld und Praxisrelevanz, 1993, 692.
[110] *Eisenberg* (Fn. 104), 164.
[111] Ein Überblick über Befragungen im deutschsprachigen Raum findet sich bei *Weiß*, Bestandsaufnahme und Sekundäranalyse der Dunkelfeldforschung, 1997, 25 ff.
[112] Zu den Vorzügen und Nachteilen der einzelnen Methoden siehe *Schwind* (Fn. 93), 32 ff.
[113] Siehe dazu *Müller*, Dunkelfeldforschung – ein verläßlicher Indikator der Kriminalität?, 1978, 35 ff.
[114] *Kaiser* (Fn.86), 394.

lich vorhandene Kriminalität angesehen werden[115]. *Schwind* stellt als in diesem Zusammenhang relevantes Ergebnis der bisherigen Dunkelfeldforschung u.a. fest, daß das Dunkelfeld bei allen bisher untersuchten Deliktsarten größer ist als das Hellfeld, so daß er die PKS mit der „Spitze des Eisbergs" vergleicht[116]. So sind die Befunde der Dunkelfeldforschung lediglich komplementär zu denen der Kriminalstatistiken zu sehen, „als beide Instrumente zur Analyse der 'sozialen Konstruktion von offiziellen Statistiken über kriminelle Abweichungen' beitragen, keines von ihnen jedoch mit dieser gleichzusetzen ist"[117].

Die Dunkelfeldforschung bleibt, wie bereits erwähnt, von Kritik nicht verschont. Unterrepräsentierte Personengruppen, Verzerrungen der Auswahl durch Interview-Verweigerungen, Mängel in der Befragungstechnik oder der sogenannte „Telescoping-Effekt"[118] führen zu vielfältigen methodischen Schwierigkeiten[119]. Nach *Kaiser* kann man aufgrund der zahlreichen methodischen Zweifel an Dunkelfelduntersuchungen „auch nicht begründet behaupten, daß die Dunkelfeldforschung ein genaueres Bild als die Kriminalstatistik vermittelt"; es handelt sich vielmehr um zwei verschiedene Wege, Daten zu sammeln. Selbst wenn man die registrierte Kriminalität als Indikator für die strafrechtliche Sozialkontrolle und die Erkenntnisse von Dunkelfeldergebnissen als Indikator für die tatsächliche Kriminalität versteht, so wird der Umfang der tatsächlichen Delinquenz weiterhin unbekannt und lediglich dem Instrument der Schätzung vorbehalten bleiben[120]. Trotzdem wird die Dunkelfeldforschung die kriminalstatistische Berichterstattung in struktureller und pragmatischer Hinsicht nicht ersetzen können[121].

Nicht nur bei der Messung der „objektiven Kriminalität", sondern auch bei der Aufhellung des Feldes subjektiv empfundener Viktimisierungsfurcht geraten die dabei angewandten Meßmethoden zusehends in Kritik. So wird die Standardfrage nach

---

[115] Vgl. *Müller* (Fn. 113), 230.
[116] *Schwind* (Fn. 93), 42.
[117] *Sack* (Fn. 107), 106.
[118] Ereignisse aus früheren Jahren werden von den Befragten fälschlich in den Befragungszeitraum verschoben und die Dunkelfeldergebnisse dadurch überhöht.
[119] *Dörmann*, Dunkelfeldforschung im Dunkeln, 1988, 404 f.
[120] Vgl. *Kaiser* (Fn.86), 398 f.
[121] Vgl. *Sack* (Fn. 107), 105.

dem Unsicherheitsgefühl der Befragten in der eigenen Wohngegend bzw. in der Nachbarschaft von teilweise „in skandalöser Weise unspezifisch" bis „dennoch in der Praxis brauchbar" bezeichnet[122]. *Kreuzer* konstatiert gar, daß eine totale Verhaltenstransparenz in der Kriminalität weder möglich noch wünschenswert sei, da die Strafnorm die Kenntnis aller Normbrüche vielleicht nicht aushalten würde und ein Justizsystem darüber zusammenbrechen müßte[123].

IV. Konzepte, Maßnahmen und Lösungsansätze auf kriminalpräventiver und repressiver Ebene

1. Überblick

Kriminalprävention ist alles andere als ein klares Konzept[124]. Die für ein Präventionsprogramm auf städtebaulicher Basis zu verfolgenden Strategien sind vielfältig und zielen, so *Kube*, meistens darauf ab, die informelle soziale Kontrolle angemessen zu stärken, bauliche Schwachstellen zu beseitigen und behördliche Hilfen auszubauen[125]. Wenn kriminologische Forschungsergebnisse aber Veränderungen zeigen sollen, bedarf es einer zielgerichteten Vermittlung an die mit Kriminalprävention befaßten Entscheidungsträger in Verwaltung und Politik; ein Vorgang, der den Begriff des „Präventionsmarketings" geschaffen hat[126].

Mit der Annahme, daß Monostrukturen grundsätzlich das Etikett eines kriminalitätsgefährdeten Gebietes anhaftet, soll nach Ansicht *Vahlenkamps* vor allem eine vielfältige Nutzung von Großanlagen im Sinne einer moderaten Fluktuation im Besucher- bzw. Kundenverkehr eine Reduzierung der Kriminalität bewirken[127]. Um sich die polizeilichen Erfahrungen „vor Ort" in einem möglichst breiten Rahmen nutzbar machen

---

[122] *Reuband*, Der „Standardindikator" zur Messung der Kriminalitätsfurcht, 2000, 185 ff.
[123] *Kreuzer*, Kriminologische Dunkelfeldforschung, 1994, 10 f.
[124] *Heinz*, Kriminalprävention auf kommunaler Ebene – ein Überblick, 1997, 18.
[125] *Kube*, Systematische Kriminalprävention, 1987, 326 f.
[126] Vgl. *Allhusen-Siemer/Schütte*, Planung und Umsetzung der Kriminalitätsvorbeugung auf kommunaler Ebene mit dem Instrument der Kriminologischen Regionalanalyse, 1992, 287.
[127] *Vahlenkamp*, Kriminalitätsvorbeugung auf kommunaler Ebene, 1989, 37.

zu können, wird zudem als Lösung der Vorschlag diskutiert, die Kriminalpolizei bei der Aufstellung von Bebauungsplänen in den Kreis der sogenannten „Träger öffentlicher Belange" nach dem Baugesetzbuch aufzunehmen sowie zwingend eine kriminalpolizeiliche Beratung bei allen Baugenehmigungsverfahren in Anspruch zu nehmen[128]. Nach *Schneider* soll die bauliche Gestaltung im Rahmen einer kriminalitätsabwehrenden Architektur dazu benutzt werden, um bei den Bewohnern einen Identitätssinn für ihre Umwelt zu entwickeln, der sich nicht nur auf den eigenen Besitz, sondern auch auf die Nachbarn erstreckt, so daß die Bewohner zu ihren eigenen Sicherheitskräften werden[129]. Interessant, wenn auch ungewöhnlich, erscheint in diesem Zusammenhang der Vorschlag *Vahlenkamps*, der ein mögliches Regelungsinstrument[130] darin erblickt, durch entsprechende Änderungen im Steuerrecht – namentlich im Gewerbesteuerrecht – die wirtschaftliche Attraktivität für den Betreiber von behördlich unerwünschten Vergnügungsstätten herabzusetzen[131]; diese werden allgemein als Orte mit überdurchschnittlicher Delinquenz angesehen[132]. Durch kommunalpolitische Entscheidungen, wie z.B. die Zulassung von bestimmten Nachtclubs etc., können daher Kriminalitätsprobleme einerseits verlagert werden, andererseits aber auch entstehen[133].

Die nachfolgend skizzierten Präventionskonzepte und -modelle können im Rahmen der vorliegenden Arbeit aus Kapazitätsgründen nur überblicksartig dargestellt werden, ohne dabei den Anspruch auf Vollständigkeit erheben zu wollen. Sie sollen lediglich einen Einblick in die oftmals im Ausland mit unterschiedlichem Erfolg erprobten Methoden geben und insoweit den notwendigen internationalen Bezug herstellen. Sofern jeweils möglich und vorhanden, soll dabei insbesondere der unter städtebaulichen Aspekten behandelte Stand der Forschung aufgezeigt werden.

---

[128] Vgl. *Vormbrock*, Lösungsvorschläge aus der Sicht der Bauträger, 1979, 205.
[129] *Schneider* (Fn. 35), 6 f.
[130] Zumindest in bezug auf Spielhallen.
[131] *Vahlenkamp* (Fn. 127), 50; ferner wird eine Anhebung der Altersgrenze für Spielhallenbesucher auf 25 Jahre vorgeschlagen.
[132] Vgl. *Sherman*, Hot Spots of Crime and Criminal Careers of Places, 1995, 45; *Keim*, Stadt und Gewalt, 1981, 241; *Roncek/Maier*, Bars, blocks, and Crimes revisited, 1991, 747.
[133] Vgl. *Albrecht*, Anmerkungen zu Entwicklungen in der Kriminalpolitik, 1999, 781.

2. Ebenen der Prävention

Üblicherweise unterscheidet man heutzutage die primäre, die sekundäre und die tertiäre Prävention[134]. Die Einteilung der Prävention in diese verschiedenen Dimensionen geht ursprünglich auf die Fachgebiete der Psychologie und der Psychiatrie zurück[135]. Kube hat 1987 versucht, die verschiedenen Dimensionen der Kriminalprävention anschaulich in Form eines Würfels darzustellen[136].

Nach *Kaiser* meint primäre Prävention „die Vorbeugungsstrategie aufgrund überzeugender Kultur-, Wirtschafts-, Verkehrs- und Sozialpolitik durch gezielte Beeinflussung der Situation, und genauer der Verbrechensursachen"[137], deren Möglichkeiten sich auf der Ebene des Städtebaus vor allem auf die Siedlungs- und Bauplanung beziehen[138].

Während es der primären Prävention um eine Förderung der sozialen Integration und die Beseitigung von sozialen Mängellagen geht, richtet sich die sekundäre Prävention auf die situativ interaktiven Aspekte jeder Straftat und strebt so die Verminderung der Tatgelegenheiten, z.B. durch bauliche Anlagen, an[139]. Sekundäre Prävention in diesem Sinne zielt darauf ab, Gelegenheitsstrukturen zur Tatbegehung zu Lasten des potentiellen Täters zu beeinflussen[140]. Nach *Kube* wird mit sekundärer Prävention täterbezogen angestrebt, aktuell gefährdete oder tatbereite Personen durch eine Veränderung der Tatgelegenheitsstruktur oder durch aktive Stützung normangepaßten Verhaltens von der Strafbegehung abzuhalten. Opferbezogen soll sekundäre Prävention das potentielle Opfer gegen seine Verwundbarkeit immunisieren[141]. Krimi-

---

[134] So auch *Northoff/Stroth*, Kriminalprävention, 1996, 581; nach *Ostendorf* kann man die primäre Prävention auch positive Prävention, die sekundäre eine negative Prävention nennen, vgl. *Ostendorf*, Von der Repression zur Prävention, 1996, 32 f.

[135] Näher dazu *Brandtstädter/von Eye*, Psychologische Prävention, 1982, 37 ff.

[136] *Kube*, Systematische Kriminalprävention, 1987, 10.

[137] *Kaiser* (Fn.86), 249.

[138] *Kaiser*, Lösungsvorschläge aus der Sicht der Kriminologie, 1979, 229.

[139] Vgl. *Northoff/Stroth* (Fn. 134), 581.

[140] *Kube* (Fn. 12), 16.

[141] *Kube*, Kriminalprävention – konkrete Ansätze für die Praxis, 1999, 72.

nologisch gesehen, so *Göppinger,* handelt es sich bei diesem Bereich um eine Verschlechterung der Gelegenheiten für Straftaten[142].

Mit tertiärer Prävention ist die Gesamtheit der strafrechtlichen Rechtsfolgen auf diejenigen Personen gemeint, die bereits tatsächlich straffällig geworden sind[143]. Die tertiäre Prävention zielt durch Spezialprävention oder Resozialisierung auf die strafrechtliche und polizeiliche Rückfallbekämpfung ab. *Kaiser* bemerkt zurecht, daß sich diese Präventionsform nicht selten in der Repression durch verschärfte Strafzumessung erschöpft[144]. Auf städtebaulicher Ebene gestaltet sich tertiäre Prävention insofern als schwierig, da die denkbare Beseitigung von unkontrollierbaren Baukörpern, die in hohem Maße zur Gefährdung der Bürger beitragen, nur ausnahmsweise in Betracht kommt, so daß sich in diesem Zusammenhang Verbesserungen am ehesten durch Maßnahmen der Sicherheitstechnik erzielen lassen[145].

Nach *Heinz* ist Prävention auch hinsichtlich der Beeinflussung von Kriminalitätsfurcht der Repression überlegen[146]. Daher müssen sich die Erwartungen bereits deshalb auf die primäre und sekundäre Prävention richten, weil die Mittel der tertiären Prävention, d.h. in der Regel das Kriminalrecht, gewöhnlich zu spät kommen und auch dann nur sehr äußerlich und partiell einwirken können[147].

Daneben tritt ferner häufig der Gedanke der technischen Prävention[148]. *Arzt* bringt mit der kriminalpolizeilichen Empfehlung, den Dieb besser auszusperren, als ihn einzusperren, den Grundgedanken dieser Präventionsmethode auf den Punkt[149].

---

[142] *Göppinger*, Kriminologie, 1997, 149.
[143] Vgl. *Göppinger* (Fn. 142), 150.
[144] *Kaiser* (Fn.86), 249.
[145] *Kaiser* (Fn. 138), 230.
[146] *Heinz*, Kriminalprävention auf kommunaler Ebene, 1997, 426.
[147] *Kaiser* (Fn.86), 254.
[148] *Kaiser* (Fn.86), 252; näher zur technischen Prävention, insbesondere bei der Bekämpfung von Bankraubkriminalität, siehe *Büchler/Leineweber*, Bankraub und technische Prävention, 1986, 46 ff.
[149] *Arzt*, Kriminalitätsbekämpfung durch vorbeugende Sicherung, 1976, 433.

3. Verteilungsmodelle von Kriminalität auf räumlicher Ebene

Von einigen Ausnahmen abgesehen[150], zeigen umfangreiche Untersuchungen über die Kriminalitätsbelastung im Vergleich von Stadt und Land ein stufenmäßiges Gefälle der relativen Kriminalitätsbelastung von Großstädten über mittlere zu kleineren Städten bis hin zu ländlichen Gebieten. Insbesondere im Bereich der Jugenddelinquenz (dort vor allem bei der Eigentumskriminalität) zeigt sich die Bedeutung von Tatort und Tatgebiet in der Form, daß bestimmte Delikte in Großstädten teilweise zehnmal so häufig registriert werden wie auf dem Lande[151]. Zur Erklärung dieser Abstufungen werden sowohl unterschiedliches Anzeigeverhalten der jeweiligen Bevölkerung als auch unterschiedliche Strategien bei der formellen strafrechtlichen Erfassung angeführt[152]. Nach *Jordan* zählt die Beobachtung, daß in den Städten die Kriminalitätsrate höher ist als in ländlich strukturierten Gebieten, zum sozialwissenschaftlichen Standardwissen, obwohl er bemängelt, daß die Wissenschaft über eine statistisch-deskriptive Darstellung dieser Tatsache nicht hinausgekommen sei[153].

Wenn auch vorsichtig, da durch empirisches Material nicht hinreichend belegt, so wurden beispielsweise für die Stadt Köln historische Daten aus dem Jahr 1582 ermittelt, die sich in Form einer topographischen Karte des Stadtgebietes aufbereiten lassen. Im Gegensatz zu neuzeitlichen Erkenntnissen zeigen die damaligen Strukturen, daß die (ärmeren) Außenbezirke der Stadt eine höhere Kriminalitätsrate aufwiesen als die (reicheren) Kernzonen; ein Ergebnis, welches aus heutiger Sicht nur mit den damals veränderten Strukturen der Stadt und ihres Umlandes erklärt werden kann[154].

Nach der sogenannten Zonentheorie[155] nimmt die Delinquenzrate mit zunehmender Entfernung vom Zentrum einer Stadt ab. Diese Ausgangsüberlegung wurde erstmals im Jahre 1929 anhand der Situation in der amerikanischen Stadt Chicago unter-

---

[150] Ausnahmen von dem Regelverhältnis ergeben sich z.B. nach der Tatgruppenstruktur sowie der deliktsbezogenen Anzeigenstruktur betreffend Tötungs-, Körperverletzungs- und Sexualdelikten.
[151] Vgl. *Kaiser*, Jugendkriminalität, 1982, 56.
[152] *Eisenberg* (Fn. 104), 1057 ff.
[153] *Jordan* (Fn. 19), 16.
[154] *Schwerhoff* (Fn. 47), 198 f., insbesondere Abb. 3.
[155] Verschiedentlich auch als „Zonen-Hypothese" bezeichnet.

sucht[156]. Zurückgehend auf *Burgess* nahm man dabei an, daß amerikanische Städte dazu neigen, insgesamt bis zu fünf konzentrische Zonen zu bilden; ein Muster, welches in jedem großen industriellen Zentrum auftauche:

„Zone I in this conceptual scheme is the central business and industrial district; Zone II, the 'zone in transition', or slum area, in the throes of change from residence to business and industry; Zone III, the zone of workingmen's homes; Zone IV, the residential zone; Zone V, the outer commuters' zone, beyond the city limits."[157]

In Deutschland stieß diese Theorie schon in der ersten kriminalgeographischen Studie von *Opp* auf Kritik[158]. Er wies eine Mehrdeutigkeit der Hypothese auf der Ebene verschiedener Delinquenzraten nach, die ihn zu insgesamt acht unterschiedlichen Fassungen der Zonentheorie bewegten. Wenngleich nicht auf eigenen empirisch gesicherten Daten basierend, sondern auf der Grundlage der in der Stadt Seattle Anfang der 50er Jahre ermittelten Ziffern, so zeigte sich im Ergebnis für *Opp*, „daß die Zonen-Hypothese nicht als ein Gesetz aufgefaßt werden kann, das zu allen Zeiten und an allen Orten zutrifft, sondern daß sie nur dann zutrifft, wenn bestimmte Bedingungen gegeben sind, etwa wenn die Anomie mit zunehmender Entfernung vom Stadtzentrum sinkt."[159] Obwohl die Zonentheorie lange Zeit die kriminalgeographischen Arbeiten mitbestimmt hat, geht *Kerner* davon aus, „daß es sich hierbei nur um eine Theorie mittlerer Reichweite handeln kann"[160].

Ein ähnliches Erklärungsmodell, das die Kriminalitätsverteilung jedoch nicht in konzentrischen Kreisen darstellt, sondern vielmehr individuellen Sektoren zuweist, hat *Hoyt* im Jahre 1939 entworfen[161]. Wenngleich die Ergebnisse mancher Studien eine Beschreibung der Kriminalitätsverteilung auf Grundlage dieser Theorie zulassen wür-

---

[156] Näher dazu *Shaw*, Delinquency Areas, 1929, 202 ff.; zuweilen wird auch *Burgess* im Zusammenhang mit der sog. „Chicago school" der 20er und 30er Jahre des vergangenen Jahrhunderts als „Erfinder" der Zonentheorie bezeichnet; vgl. dazu *Burgess*, The Growth of the City, 1925, 50 ff.

[157] *Shaw/McKay* (Fn. 62), 17 f.

[158] *Opp*, Zur Erklärung delinquenten Verhaltens von Kindern und Jugendlichen, 1968, 175 ff.

[159] *Opp*, (Fn. 158), 189.

[160] *Hofmann*, Kriminalgeographie, 1991, 182.

[161] *Hoyt*, The Structure and Growth of Residential Neighborhoods in American Cities, 1939.

den, so wird sie tendenziell eher subsidiär herangezogen; statt dessen wird die sogenannte Mehrkerntheorie bemüht. Die Zonentheorie vermochte die steigende Anzahl der empirischen Erkenntnisse nicht mehr befriedigend zu erklären. Sie wurde daher im Jahre 1959 durch die Mehrkerntheorie[162] ersetzt und sollte dem Umstand Rechnung tragen, daß die Kriminalität bei Existenz mehrerer, z.B. historisch bedingter Siedlungskerne, nicht mehr in konzentrischen Kreisen verläuft.

Kriminalität, insbesondere im Zusammenhang mit der hier betrachteten Stadtstruktur, ist jedoch ein zu vielschichtiges Phänomen, als daß sie sich jederzeit in strenge Formen oder in eines der vorbezeichneten Erklärungsmodelle pressen ließe. So wird zur Beschreibung der realiter aufgefundenen Kriminalitätsverteilung auch auf Kombinationen der Einzeltheorien zurückgegriffen, wie dies beispielsweise *Langer* bei seiner Betrachtung der Straßenkriminalität der Stadt München tut[163].

4. Kommunale Kriminalprävention

Der Gedanke, städtebauliches Design als Faktor ortsbezogener Delinquenz heranzuziehen, findet seine Implementierung regelmäßig im Rahmen der sogenannten „Kommunalen Kriminalprävention"[164], die sich in den vergangenen zehn Jahren sowohl national als auch international zu einem der meistdiskutierten Themen der Kriminologie entwickelt hat[165]. Insbesondere in Nordamerika ist die Fülle und Vielfalt der Ansätze und Projekte unüberschaubar[166]. Teilweise ist dabei der Gedanke anzutreffen, daß Kriminalität am Ort ihrer Entstehung eher durch präventive Maßnahmen als durch repressive Reaktionen verhindert werden kann. Damit erweist sich die Kommunale Kriminalprävention als taugliches Konzept und gilt geradezu als „Paradigma unserer Zeit"[167]. Die Tatsache, daß in Deutschland nach der Polizeilichen Kriminal-

---

[162] Sogenannte "multiple nuclei", vgl. dazu *Harris/Ullman*, The Nature of Cities, 1959, 281; *Schwind/ Ahlborn/Weiß* (Fn. 49) sehen die ersten Ansätze der Mehrkerntheorie bei *Riemer*, Die Großstadt und ihre Kernzellen, 1974.

[163] *Langer*, Kriminalität als Indikator sozialgeographischer Raumstrukturen, 1983, 118.

[164] Siehe dazu auch *Kury*, Konzepte Kommunaler Kriminalprävention, 1997; ferner *Northoff*, Handbuch der Kriminalprävention, 2000.

[165] Zum Überblick über internationale Präventionsprojekte siehe *Bundeskriminalamt*, Kriminalprävention, 2000, dort u.a. auch zum Aspekt der städtebaulichen Prävention.

[166] *Frehsee*, Politische Funktionen Kommunaler Kriminalprävention, 1998, 740.

[167] *Kaiser* (Fn. 70), 158.

statistik insgesamt drei von fünf deutschen Tatverdächtigen ihre Straftaten in der eigenen Gemeinde verüben[168], führt zunehmend zu der Tendenz, kriminalpräventive Maßnahmen am Ort ihres Geschehens, d.h. auf kommunaler Ebene, durchzuführen. Nach *Dreher* erfordert eine verantwortliche und wirksame Kriminalpolitik deshalb, daß Kriminalprävention auf der kommunalen Ebene ansetzt, nämlich dort, wo Kriminalität entsteht, begünstigt oder gefördert wird[169]. *Heinz* führt in diesem Zusammenhang vier Indikatoren an, auf die sich die Diskussion um „innere Sicherheit" im wesentlichen stützt:

1. Politisch begründeter Handlungsbedarf auf Grundlage der steigenden Zahl der registrierten Kriminalität, wenngleich diese auf Bagatelldelikten beruht[170];
2. Übersteigerte, unkritische, einseitige und unvollständige Berichterstattung der Medien über eine dramatische Zunahme subjektiver und objektiver Bedrohung durch Kriminalität[171];
3. Befragungsergebnisse von Meinungsforschungsinstituten, die der Kriminalität im Vergleich zu anderen sozialen Problemen einen besonders hohen Stellenwert zubilligen[172];
4. Boomende Entwicklung des privaten Versicherungsgewerbes sowie der vermehrten Absicherung des Viktimisierungsrisikos durch Versicherungen[173].

Unter historischem Blickwinkel lassen sich erste kommunalpräventive Ansätze bis in das Ende des 6. Jahrhunderts zurückverfolgen. Vor dem Hintergrund eines Edikts des Königs von Frankreich waren die Einwohner der Städte dazu verpflichtet, Nachtwachen aufzustellen, bis schließlich zu Beginn des 18. Jahrhunderts die bürgerliche Pflicht der Wache aufgehoben und diese Aufgabe von der „police royal" übernommen wurde. Nur vier Jahre nach Beginn der Französischen Revolution, die zunächst die Abschaffung aller Nachtwacht-Einrichtungen zur Folge hatte, sollten nach

---

[168] Vgl. *Bundeskriminalamt*, Polizeiliche Kriminalstatistik Bundesrepublik Deutschland 1999, 2000, 122 -1-; sogar fast 80 % der deutschen Tatverdächtigen haben ihren Wohnsitz im Landkreis des Tatortes.
[169] Vgl. *Dreher* (Fn. 28), 174.
[170] *Heinz*, Kriminalpolitik, Bürger und Kommune, 1997, 6 f.
[171] *Heinz* (Fn.170), 10 f.
[172] *Heinz* (Fn.170), 12.
[173] *Heinz* (Fn.170), 19 f.

Ansicht der Polizeipräfektur die Patrouillen der vorrevolutionären Zeit wieder eingeführt werden[174]. Allgemein zeigt sich, daß die frühere Auffassung der Menschen, die Verantwortung für ihre eigene Sicherheit als selbstverständlich anzusehen, im Laufe der Zeit und mit zunehmendem Bevölkerungswachstum auf bezahlte Spezialisten, vor allem die Polizei, übertragen wurde. Dabei war jedoch noch immer anerkannt, daß diese Sicherheitsinstitutionen aufgrund ihrer limitierten Größe nur eine begrenzte Rolle im Sicherheitsgefüge spielen konnten[175].

Heutzutage ist ein dieser Entwicklung gegenläufiger Trend zu beobachten: Die beschränkten finanziellen Mittel bei Bund, Ländern und Gemeinden sowie der Umstand, daß der Staat seinem Sicherungsauftrag zusehends nicht mehr gerecht werden kann, sorgen dafür, daß die Verantwortung für die innere Sicherheit – mithin auch auf kommunaler Ebene – neuerdings in verstärktem Maße auf die Bürger selbst oder private Institutionen zurückübertragen wird, was wiederum den Zugang zu anderen Problemfeldern öffnet[176]. Indessen greift der bloße Hinweis auf die angespannte Lage der öffentlichen Haushaltskassen zu kurz: So muß nach Ansicht von *Dreher* jede Mark, die bei der Kriminalitätsverhütung nicht investiert wird, zu einem späteren Zeitpunkt mindestens mit einer dreifachen Ausgabesumme beglichen werden, so daß es letztlich eine Prävention zum Nulltarif nicht gibt[177].

Ende der 20er Jahre des vergangenen Jahrhunderts waren es vor allem die Studien von *Shaw/McKay*, die als Begründer der Chicagoer Schule Kriminalität als ein dem spezifischen Raum immanentes Problem ansahen[178]. Als Folge dieser Untersuchungen wurde das sogenannte „Chicago Area Project" ins Leben gerufen, welches *Frehsee* als das wohl „geschlossenste, stimmigste und am konsequentesten durchgeführte Modell" bezeichnet; es wurde von den frühen 30er bis in die späten 70er Jahre des 20. Jahrhunderts durchgeführt und war auf Sozial- und Gemeinwesenarbeit kon-

---

[174] Ausführlich zum geschichtlichen Hintergrund der Nachtwacht *Schlör*, Nachts in der großen Stadt, 1991, 74 f.

[175] *Lavrakas*, Citizen Self-Help and Neighborhood Crime Prevention Policy, 1985, 89; ungeachtet dessen scheint die Bevölkerung in eine "Why-do-I-pay-taxes?"-Mentalität zu verfallen.

[176] Siehe dazu unter Ziff. 7, Seite 42 ff.

[177] Vgl. *Dreher* (Fn. 28), 178.

[178] Vgl. hierzu auch die Ausführungen unter Ziff. 3, Seite 13 ff.

zentriert[179]. Nach *Schwind* ist die eigentliche kriminalpolitisch relevante Idee, schon im Vorfeld krimineller Entgleisung deren Ursachen vorbeugend zu bekämpfen, dem Programm allerdings nach dem Tode von *Shaw* (1957) abhanden gekommen[180].

Neben dem Konzept der sogenannten „Neighborhood Watch", bei dem sich ein informeller Verbund von Bewohnern bereit erklärt, auf den Besitz der Nachbarn mit zu achten und verdächtige Aktivitäten der Polizei zu melden[181], sorgte in den Vereinigten Staaten in den 70er Jahren vor allem der Gedanke, durch Veränderungen in der städtebaulichen Umwelt Einfluß auf die Kriminalität nehmen zu können, für Aufsehen. Im Mittelpunkt dieser Überlegungen stand hierbei *Newmans* Arbeit „Defensible Space"[182], die den Schlüsselfaktor der Planung in der Trennung von öffentlichen, halböffentlichen, halbprivaten und privaten Räumen sieht, welche die Möglichkeit der Gemeinschaftsbildung und damit die Entstehung informeller sozialer Kontrolle begünstigt[183].

In Deutschland ist erst seit Beginn der 90er Jahre eine verstärkte Aktivität im Rahmen der Kommunalen Kriminalprävention festzustellen. So stellte *Koetzsche* noch im Jahre 1986 bei einem Vergleich mit ausländischen Projekten fest, daß Prävention in Deutschland nicht nur bei der Polizei, sondern vor allem auch bei jenen, die sie finanzieren sollen, ein Fremdwort zu sein scheint. Er schreibt dies dem Umstand zu, daß die seit 1975 jährlich hierfür zur Verfügung stehende Summe von 2,3 Millionen Mark weniger als ein Zehntausendstel der polizeilichen Haushaltsmittel beträgt[184]. Diese zurückhaltende Einstellung gegenüber der Kommunalen Kriminalprävention hat sich jedoch inzwischen geändert. Bei einer 1997 durchgeführten Untersuchung zeigte sich, daß die Mehrzahl der größeren deutschen Städte (ab 50.000 Einwohner) krimi-

---

[179] *Frehsee* (Fn. 166), 739.

[180] *Schwind* (Fn. 93), 134; *Schwind* geht ferner davon aus, daß das Chicago Area Project noch heute (nach über 50jähriger Arbeit) durchgeführt wird.

[181] *Hope*, Community Crime Prevention, 1995, 44; ferner *Bennett*, Community Crime Prevention in Britain, 1996, 174 f.

[182] Siehe dazu auch Kapitel 2, Seite 65 ff.

[183] *Schneider*, Städteplanung und Baugestaltung, 1979, 190 ff.

[184] *Koetzsche*, Prävention – nichts als ein Fremdwort?, 1986, 266; im Vergleich dazu wendete die Post für die Propagierung des „privaten Telefons" zur damaligen Zeit jährlich fast 17 Millionen Mark auf.

nalpräventive Aktivitäten durchführt[185]. Ungeachtet einer möglichen Definition, ab welchem Umfang an Tätigkeit von einem kriminalpräventiven „Projekt" gesprochen werden kann[186], hat die Anzahl der Aktivitäten – nicht zuletzt unter dem Schlagwort „Prävention ist Bürger(meister)pflicht"[187] – mittlerweile eine überschaubare Fülle überschritten; auf Städte-, Landes- und Bundesebene wird inzwischen regelmäßig Kriminalprävention betrieben[188]. Dennoch ist Prävention im Gewande kommunaler Strukturen bloß ein Rad, das neu erfunden wurde[189]. Die Überlegung, zumindest einen Teil der sozialen Kontrolle – mithin auch der Sicherungsaufgaben – wieder an die Bürger zurück zu verantworten, veranlaßt manche Autoren daher, von der „Wiederentdeckung alter Weisheiten"[190] oder von „altem Wein in neuen Schläuchen"[191] zu sprechen. *Dreher* kritisiert hierbei die sich derzeit in der Bundesrepublik abzeichnenden inflationären Tendenzen, nach denen Kommunale Kriminalprävention teilweise als Synonym zur Lösung aller Sicherheitsprobleme angesehen wird[192]. So weist *Frehsee* auf die „vielleicht nicht ganz verfehlte" Annahme hin, daß es Gemeinden gebe, in denen das bedeutendste kriminologische Phänomen der Kriminalpräventive Rat selbst sei[193].

Die theoretische Grundlage der Kommunalen Kriminalprävention beruht – neben den insbesondere in Deutschland angenommenen allgemeinen sozialen Entstehungsbedingungen von Kriminalität – im wesentlichen einerseits auf dem Gedanken der informellen sozialen Kontrolle[194], andererseits auf dem Konzept der sogenannten „Situational Crime Prevention"[195], die auf den Theorien der Reduktion der Tatgelegen-

---

[185] Siehe dazu ausführlich *Obergfell-Fuchs*, Ansätze und Strategien Kommunaler Kriminalprävention, 2000, 499 ff.
[186] Nach *Frehsee* erscheint die Fülle der Einzelvorschläge mitunter als ein Sammelsurium des guten Willens, vgl. *Frehsee* (Fn. 166), 741.
[187] Vgl. *Burghard*, Auf der Suche nach besseren Wegen, 1993, 104.
[188] Einen Überblick gibt *van Elsbergen*, Die Bundesrepublik Deutschland im Spiegel ihrer Präventionsaktivitäten, 1998, 1 ff.
[189] *Albrecht*, Zur Sicherheitslage der Kommunen, 1997, 152.
[190] *Trenczek/Pfeiffer*, Kommunale Kriminalprävention, 1996, 11.
[191] *Dreher/Feltes/Gramckow* (Fn. 217), 379.
[192] *Dreher* (Fn. 28), 174.
[193] *Frehsee* (Fn. 166), 740.
[194] Basierend auf den Erkenntnissen der sog. „Chicagoer Schule".
[195] Zusammenfassend *Clarke*, „Situational" Crime Prevention, 1980, 136 ff.

heit basiert[196]. Hierunter fällt auch der Begriff des sogenannten „Target Hardenings", der auf architektonischer Ebene durch eine Erschwerung von Tatgelegenheiten unter Verwendung von technischen Sicherungsmöglichkeiten gekennzeichnet ist. Auch der Ansatz von Newmans „Defensible Space" beruht in Teilbereichen auf der Sicherung der Wohnung oder des Hauses durch die traditionelle Errichtung physikalischer Barrieren in Form von Sicherungsmaßnahmen wie Schlössern oder Gittern[197].

Im Rahmen eines weiter gefaßten Präventionsbegriffes müssen die Kommunen in vielen unterschiedlichen Lebensbereichen kriminalpräventive Gesichtspunkte mit berücksichtigen, wie z.b. den Städtebau[198]. Heinz beschreibt die Dimensionen der Kommunalen Kriminalprävention unter dem Aspekt der Tatörtlichkeit auf primärer Ebene mit kriminalitätsabwehrender Architektur, auf sekundärer Ebene mit einer Reduzierung tatfördernder Gelegenheiten sowie auf tertiärer Ebene mit einer Entschärfung von Kriminalitätsbrennpunkten[199]. Gerade bei dieser Art von präventiven Maßnahmen auf städtebaulicher Ebene ist jedoch mit vielfältigem Widerstand zu rechnen: So ist der bauliche Eingriff in ein bestehendes Stadtgefüge nicht nur höchst aufwendig und damit kostenträchtig; die entsprechenden Verfahren der Bauleitplanung und des Baugenehmigungsverfahrens orientieren sich zudem kaum an kriminalpräventiven Vorstellungen, sondern an den innerhalb der rechtlichen Rahmenbedingungen vorgegebenen Grenzen[200]. Immerhin steigert der folgerichtige, durchgängige Ausbau Kommunaler Kriminalprävention als gemeindlicher Dienstleistungsschwerpunkt die Bürgernähe, das Sicherheitsgefühl, die Befriedung und wahrscheinlich auch die Effektivität der Verbrechenskontrolle, wenngleich damit ein Verlust an Distanz und Privatheit fast unvermeidbar erscheint[201].

---

[196] Vgl. hierzu Rosenbaum, Community Crime Prevention, 1988, 326 ff.

[197] Newman, Defensible Space, 1972, 3; Eck verweist auf Studien, nach deren Resultaten eine Verbesserung von Türen und Schlössern eine Reduzierung des Einbruchdiebstahls von bis zu 90 % erbrachte, vgl. Eck, Preventing Crime at Places, 1997, 306.

[198] Görgens, Kriminalprävention in und mit den Kommunen, 2000, 179.

[199] Vgl. Heinz, Kriminalprävention auf kommunaler Ebene, 1997, 427.

[200] Von Kodolitsch, Grenzen Kommunaler Kriminalprävention, 1997, 681.

[201] Kaiser (Fn. 70), 154 f.

5. Kommunale Präventionsgremien

Nach *Bull* läßt die qualitative und quantitative Entwicklung der Kriminalität in der Bundesrepublik Deutschland die Erkenntnis reifen, daß die herkömmlichen Strategien der Kriminalitätsbekämpfung eine Eindämmung oder gar Reduzierung der Kriminalität nicht zu bewirken vermögen[202]. Da in den zurückliegenden 30 Jahren eine zunehmende Einsicht in die begrenzte Reichweite konventioneller Konzepte der Kriminalitätskontrolle festzustellen ist, bedarf es zur Ergänzung staatlicher Reaktion auf Strafrechtsanwendung der vorgelagerten Kriminalprävention. In diesem Sinne hat Dänemark im Jahre 1971 als erstes Land einen nationalen Kriminalpräventiven Rat eingerichtet[203], der vor allem die folgenden vier Aufgabenbereiche hatte[204]:

- Selbstschutz der Bürger
- Sozialpräventive Maßnahmen
- Aufklärungstätigkeit verschiedener Art
- Forschungen und Versuche.

Es kann in diesem Zusammenhang nicht verwundern, daß *Jäger* Deutschland im Hinblick auf die Kriminalprävention mittlerweile den Status eines Entwicklungslandes zuschreibt; so vergingen seit dem dänischen Vorstoß fast 20 Jahre, bis im Oktober 1990 in Schleswig-Holstein der erste Rat für Kriminalitätsverhütung auch im deutschsprachigen Raum ins Leben gerufen wurde[205]. Da das Lübecker Modell mittlerweile als Prototyp eines Kriminalpräventiven Rates in der Bundesrepublik gilt, war es nur eine Frage der Zeit, bis sich in Hessen (1992), Nordrhein-Westfalen[206] (1993) und Niedersachsen (1996) weitere Landespräventionsräte bildeten[207]. Hierbei stand die Überlegung im Vordergrund, daß die Verhütung und Bekämpfung von Kriminalität

---

[202] *Bull*, Sicherheit für Schleswig-Holstein, 1994, 551.

[203] Vgl. ausführlicher dazu *Kyvsgaard*, Kommunale Kriminalprävention – Erfahrungen aus Dänemark, 1996, 141 ff.; ferner *Jäger*, Mehr als ein Experiment – Der Rat für Kriminalitätsverhütung in Schleswig-Holstein, 1995, 398.

[204] Vgl. *Jensen*, Ziele und Aufgaben des Kriminalpräventiven Rates in Dänemark, 1980, 489.

[205] Kritisch zur Bezeichnung „Räte" äußert sich *Hunsicker*, der den Begriff unter dem Aspekt der „Räte-Republik" sowie der allgewaltigen Macht der „Räte" im Kommunismus/Sozialismus als historisch zu sehr belastet ansieht, vgl. *Hunsicker*, Kriminalitätsverhütung, 1993, 725.

[206] Zum Konzept der Arbeit Kriminalpräventiver Räte in Nordrhein-Westfalen vgl. *Kniola*, Kriminalprävention in Stadtteilen mit besonderem Erneuerungsbedarf, 1997, 13 ff.

[207] Siehe dazu *Trenczek/Pfeiffer*, Kommunale Kriminalprävention, 1996, 20 ff.

nicht allein staatlichen Institutionen zugewiesen werden kann, sondern der Gesellschaft als Ganzem obliegt[208].

Wie sich aus der Geschäftsordnung der Kriminalpräventiven Räte der Städte Weimar und Suhl stellvertretend ergibt, liegt deren Zielsetzung in der

- Verbesserung des Sicherheitsgefühls als elementares menschliches Bedürfnis der Einwohner und Besucher der Stadt
- Einflußnahme auf einen realistischen Umgang mit dem Phänomen Kriminalität
- Reduzierung der registrierten Fallzahlen der Kriminalität[209].

Eine wie von *Kube* vorgeschlagene institutionalisierte Zuweisung kriminalpräventiver Aufgaben an Präventivforen auf kommunaler Ebene[210], z.b. in Form von Sicherheitsräten, stößt jedoch auch auf Kritik[211]. Die mancherorts ablehnende Haltung gegenüber kriminalpräventiven Räten nahmen z.B. die Städte Weimar und Suhl zum Anlaß, ein eigenes Modell zu initiieren[212]. Hinzu treten häufig Schwierigkeiten finanzieller Art, welche die unkomplizierte Einrichtung dieser Institutionen auf kommunaler Ebene erschweren[213].

Frehsee spricht sich ebenfalls dagegen aus, die Aufgabe der Kriminalitätsbekämpfung allein der Polizei zuzuweisen und damit alle anderen gesellschaftlichen Instanzen unverdient von der Mitverantwortung freizusprechen[214]. Desgleichen wird aus polizeilicher Sicht die Aussage von der „Kriminalitätsverhütung als gesamtgesellschaftliche Aufgabe" als zutreffend eingestuft, wenn auch zunehmend pragmatisch unter dem Gesichtspunkt, wer in den Zeiten leerer öffentlicher Kassen die Kosten hierfür

---

[208] Vgl. *Koetzsche*, Straftaten verhüten – aber wie?, 1992.
[209] *Schneider/Lang*, Kriminalpräventive Räte – Ausweg oder Irrtum?, 1996, 283.
[210] *Kube*, Städtebau als Aspekt kommunaler Kriminalprävention, 1998, 858.
[211] Siehe dazu *Walter*, Kommunale Kriminalprävention aus der Sicht eines Kommunalpolitikers, 1996, 179, nach dem „die allgemeine Rätediskussion, die ausgebrochen ist, höchst problematisch sein kann".
[212] Vgl. dazu *Schneider/Lang* (Fn. 209), 285 ff.
[213] So auch *Hunsicker*, Vereine zur Förderung der Kriminalprävention, 1996.
[214] *Frehsee*, Kriminalgeographie – ein Ansatz zu einem natürlicheren Verständnis des gesellschaftlichen Phänomens „Kriminalität", 1979, 321.

STADTSTRUKTUR UND KRIMINALITÄTSBELASTUNG 39

tragen soll[215]. Nach dieser Auffassung sind zu solchen strukturellen Präventionsansätzen neben den unterschiedlichen staatlichen Ressorts auch Private (z.B. Wohnungsbauunternehmen) berufen[216].

Auch für den anglo-amerikanischen Raum hat man erkannt, „daß die Polizei zwar das Gewaltmonopol besitzt und auch behalten muß, daß es aber unabhängig davon schon längst kein polizeiliches Monopol im Bereich der inneren Sicherheit mehr gibt und auch nicht geben kann, wenn Probleme effektiv gelöst werden sollen"[217].

6. Community Policing

Der Kerngedanke des sogenannten „Community Policing" ist in einer bürgernahen Polizeiarbeit begründet. Auch in Deutschland ist dieser Bezeichnung in der kriminologischen Diskussion mittlerweile zu einem feststehenden Begriff geworden[218]. Vor allem im englischsprachigen Raum ist zu diesem Ansatz eine kaum zu überblickende Fülle an Publikationen erschienen[219].

Nach *Obergfell-Fuchs* ist die Ausgangsbasis des Community Policing in den USA zu suchen, „wo nach einer durch massive Einwanderung geprägten Ära von 1830 bis ca. 1920, in welcher die Polizei in hohem Maße auch soziale Dienstleistungen wahrnahm und eine enge Verflechtung von Polizei, Politik und Interessengruppen bestand", ab den 20er Jahren des 20. Jahrhunderts „eine Phase der Professionalisierung und Technisierung der Polizei einsetzte"[220]. Seit Ende der 80er Jahre ist Community Policing als Form kriminalpräventiver Bemühungen auf kommunaler Ebene in den USA verstärkt anzutreffen und scheint mehr und mehr das Zukunftsbild moderner Polizeiarbeit in den Vereinigten Staaten zu prägen[221]. Das präventive Potential

---

[215] *Mokros*, Kriminalitätsvorbeugung aus der Sicht der Polizeipraxis, 1998, 28.
[216] *Stümper/Gemmer/Hamacher/Salewski*, Verhinderung und Bekämpfung von Gewalt aus der Sicht der Polizeipraxis, 1994, 689.
[217] *Dreher/Feltes/Gramckow*, Neue Präventionsprogramme in den USA und England, 1995, 380.
[218] *Obergfell-Fuchs* (Fn. 185), 267.
[219] Vgl. im Internet unter http://www.concentric.net~dwoods/index.html die Bibliographie der „Community Policing Homepage".
[220] Vgl. *Obergfell-Fuchs* (Fn. 185), 273.
[221] *Gramckow*, „Community Policing" und Kommunale Kriminalprävention in den USA, 1996, 184.

des Community Policing hatte Auswirkungen auf Programme wie das „Drug Abuse Resistance Education" (DARE)[222], das „Children At Risk Program" (CAR)[223] sowie das „Community Partnership Program"[224]. Das Konzept der gemeinwesenorientierten Polizeiarbeit nimmt Abstand von der herkömmlichen repressiv orientierten Polizeiarbeit hin zu mehr bürgernahen bzw. präventiven Ansätzen[225]; abstrakt ist darunter eine an den Problemen und Bedürfnissen eines regional begrenzten Gemeinwesens orientierte Ausrichtung der polizeilichen Arbeit zu verstehen[226]. Obwohl die Frage, in welchem Verhältnis Community Policing zur Strategie der Zero Tolerance[227] steht, auch bei führenden amerikanischen Kriminologen und Polizeipraktikern umstritten ist, stellen beide Konzepte die öffentliche Ordnung in das Zentrum ihrer Aktivität[228].

Unter dem „Community-Policing"-Ansatz versteht man eine gemeinwesenorientierte Polizeiarbeit mit der Rückkehr des „Beat Cop"[229], des Revierschutzmannes auf der Straße. Jeder Polizist sollte dabei der „Polizeichef" in seinem Revierbezirk sein. Community Policing ist dabei nicht auf kurzfristige Ziele ausgerichtet, sondern muß langfristig wirkend begriffen werden[230]. Polizisten werden somit über ihre Eigenschaft als Funktionsträger hinaus als Persönlichkeit erlebt, die sich für die Erhaltung der Lebensqualität der Bürger ihres Bezirks einsetzen. Kritisch wird dabei zuweilen gefragt, ob der Polizeibeamte am Ende zum Sozialarbeiter mit Waffe konvertiert[231]. Zur Wiederherstellung des Vertrauens der Bürger in die Polizei sollen dabei das Gespräch, die „Face-to-Face-Kontakte" als taktische Methode im Vordergrund stehen[232]. *Feltes*

---

[222] DARE gehört zu den bekanntesten Drogenpräventionsprogrammen in den USA und wird inzwischen in über 48 Einzelstaaten durchgeführt.

[223] CAR besteht aus den Basiskomponenten Jugendhilfe und Community Policing; neben einer Reduzierung von Drogenhandel und Drogenmißbrauch soll dieses Programm als Alternative hierzu Jugendliche aus besonderes kriminalitätsbelasteten Bezirken in produktive Projekte wie Freizeitprogramme einbinden.

[224] Ziel dieses in ca. 250 Gemeinden in allen Teilen der USA eingerichteten Programms ist es, alle staatlichen und gesellschaftlichen Kräfte, die zur Drogenprävention beitragen können, durch Einrichtung einer zentralen Organisation zusammenzuführen.

[225] *Schwind* (Fn. 93), 346.

[226] *Lee-Sammons/Stock*, Kriminalprävention, 1993, 157.

[227] Siehe hierzu Seite 55 ff.

[228] *Bässmann/Vogt*, Community Policing, 1997, 23.

[229] Der Begriff „Beat" bezeichnet in diesem Zusammenhang einen Revierbezirk.

[230] *Koch/Stock/Wagner*, Ist der Rechtsstaat dem Verbrechen noch gewachsen?, 1998, 6 f.

[231] *Lee-Sammons/Stock* (Fn. 226), 160 f.

[232] *Schäfer*, Kinder, kauft Kämme..., 1996, 159.

weist hingegen darauf hin, daß Community Policing eher eine Philosophie als eine Taktik ist, der bestimmte Strategien und Programme zugrunde liegen (müssen), wenn diese Idee tatsächlich positive Auswirkungen haben soll[233]. Nach *Skolnick/ Bayley* bestehen die Hauptelemente des Community Policing in

- einer gemeindebasierten Kriminalprävention
- einer Neuorientierung der polizeilichen Streifentätigkeit
- einer gesteigerten Verantwortlichkeit gegenüber dem Bürger sowie
- einer Dezentralisierung der polizeilichen Strukturen[234].

Community Policing – teilweise als „soft on crime" bezeichnet[235] – soll nicht bevormundend sein, weder gegenüber dem einzelnen Polizisten noch gegenüber dem Bürger. Community Policing ist damit weder organisatorisch noch politisch ein in sich geschlossenes Konzept, von dem man schnelle Hilfe oder ein Wunder erwarten darf[236]. Dennoch erfährt die Idee des Community Policing von staatlicher Seite seit 1993 eine Milliarden Dollar umfassende Förderung durch die Clinton-Administration[237].

Wenngleich die Ergebnisse des Community Policing zuweilen als „durchwachsen" bezeichnet werden, so wirkt es sich dennoch positiv auf das Sicherheitsgefühl der Bürger und das Ansehen der Polizei aus, wobei sich gemeindenahe Polizeireviere und Hausbesuche als besonders günstig erweisen[238]. Community Policing ist jedoch kein Allheilmittel, sondern birgt sowohl die Gefahr einer Vernachlässigung anderer Sicherheitsaufgaben als auch ein erhöhtes Risiko der Beeinflussung der Polizei bis hin zur Korruption aufgrund der engeren Kontakte auf örtlicher Ebene[239]. Flankiert

---

[233] *Feltes*, Zur Einführung: Kommunale Kriminalprävention und bürgernahe Polizeiarbeit, 1995, 24.

[234] Vgl. *Skolnick/Bayley*, Theme and Varation in Community Policing, 1988, 15.

[235] Nach anderer Ansicht ist Community Policing kein soft-policing, nicht „soft on crime" und entläßt den Polizeibeamten nicht aus der Pflicht, gegenüber Gesetzesverstößen einzuschreiten, vgl. *Bässmann/Vogt* (Fn. 228), 72; ferner *Vogt*, Auswirkungen des Community Policing auf die amerikanische Polizeiorganisation und –kultur, 1997, 71.

[236] *Bässmann*, Polizeiliche Kriminalitätskontollansätze auf dem Prüfstand, 1998, 273 f.

[237] *Bässmann* (Fn. 236), 272 f.

[238] *Kerner*, 11. Internationaler kriminologischer Kongreß in Budapest, 1993, 718 f.

[239] *Rebscher*, Polizeisysteme in Europa, 1993, 217.

wird das Konzept des Community Policing durch die Entwicklung von sogenannten „Community Courts", d.h. kleineren Zweigstellen von Gerichten in Gegenden mit besonderen sozialen Problemen, die weniger schwere Fälle gleich vor Ort bearbeiten und „vorrangig alternative Entscheidungsmöglichkeiten" entwickeln können[240].

Nach Ansicht von *Legge* konnte das Community Policing im Polizeiapparat nicht mit der notwendigen Stringenz durchgesetzt werden, es wurde jedoch als Lippenbekenntnis weiter aufrechterhalten. Am Beispiel der Stadt New York aber zeige sich, daß die Strategie des Community Policing durch die Strategie der Zero Tolerance ersetzt worden ist[241].

7. Privatisierung von Sicherheit

Nach *Albrecht* zeigt die Entwicklung in Europa und Nordamerika einen starken Trend zur Herausbildung einer privaten Sicherheitsindustrie sowie einer privaten Polizei; insbesondere der Schutz vor Eigentumsdelikten wird heute maßgeblich zur privaten Angelegenheit erklärt, so daß Sicherheit und Rechtsgüterschutz nicht nur käuflich werden, sondern auch gekauft werden müssen[242]. Während in den USA im Jahre 1950 durch die Gründung einer der weltweit bekanntesten Detekteien (Pinkerton National Detective Agency) die eigentliche Geburtsstunde für das Wach- und Sicherheitsgewerbe schlug, verdankt das Bewachungsgewerbe in Deutschland seine Entstehung dem im Jahre 1892 in Kraft getretenen Polizeikostengesetz des Deutschen Reiches, durch welches das bis dahin existierende Nachtwachwesen neu organisiert wurde[243]. Bereits 1927 wurde auf Bundesebene § 34a in die Gewerbeordnung eingefügt, der eine Erlaubnis für das Betreiben eines Wach- und Sicherheitsunternehmens (Bewachungsgewerbe) vorschreibt und noch heute – in der Fassung des Verbrechensbekämpfungsgesetzes von 1994[244] – Gültigkeit besitzt. Zu dem breiten Angebot an Dienstleistungen des privaten Sicherheitsgewerbes zählen neben der Alarm-

---

[240] *Gramckow* (Fn. 221), 194.

[241] *Legge*, Deutschland ist nicht Amerika, 1997, 112.

[242] Vgl. *Albrecht* (Fn. 133), 777.

[243] *Pitschas*, Polizei und Sicherheitsgewerbe, 2000, 39.

[244] Der Bundeswirtschaftsminister hat ferner von § 34a Abs. 2 GewO Gebrauch gemacht und mit dem Erlaß der „Verordnung über das Bewachungsgewerbe (Bewachungsverordnung)" v. 07.12.1995 die Voraussetzungen für den Betrieb eines Bewachungsgewerbes näher geregelt.

STADTSTRUKTUR UND KRIMINALITÄTSBELASTUNG 43

technik und dem Werkschutz auch die Bewachung ganzer Wohnviertel[245]. Das private Sicherheitsgewerbe ist ein auch in Deutschland boomender Wirtschaftszweig. Für das Jahr 2000 wird hierzulande ein Umsatz der Dienstleister von 5,4 Milliarden D-Mark prognostiziert[246]. In den USA verzeichnet die Sicherheitsbranche ihre größten Wachstumsraten vor allem in den Vororten der reichen weißen Amerikaner, „bei denen nicht selten 100 bis 200 Häuser auf einen Schlag mit Fernsehüberwachungsanlagen und Alarmtechnik ausgestattet werden"[247].

Während Mitte der 70er Jahre des 20. Jahrhunderts mit dem Terrorismus auch die privaten Schutzdienste Schlagzeilen machten[248], wird die Privatisierungsdebatte heutzutage hauptsächlich unter dem Gesichtspunkt der Kostenersparnis geführt – verbunden mit Schlagworten wie „Lean Management", die der Ökonomisierung der Politik entspringen. Bereits heute gibt es durch den Gesetzgeber vorgesehene Maßnahmen zur Eigensicherung Privater, wie z.B. in § 7 AtomG sowie nach den §§ 19b, 20a, 29c LuftverkehrsG[249]. Auf der Grundlage der letztgenannten Rechtsvorschriften kontrollieren private Sicherheitsbedienstete Fluggäste, Reisedokumente und Gepäck; sie bewachen ferner Flugzeuge und Flughafengelände[250]. Auch auf der Ebene der Geschwindigkeits- und Verkehrsüberwachung ist das staatliche Privileg mancherorts vollständig in die Hände privater Sicherheitsunternehmen gelegt worden[251]. Dies mag nicht zuletzt der Grund für das ständige Bestreben des Sicherheitsgewerbes zu sein, das bis heute nicht verschwundene Mitarbeiter-Image zwischen senilem Nachtwächter und schwarzem Sheriff loszuwerden[252].

---

[245] Im Kölner Villenvorort Hahnwald wurden nach 70 Wohnungseinbrüchen Wachmänner für 100 DM pro Haus und Monat angeheuert, vgl. *Stüllenberg*, Private Sicherheitsunternehmen und Polizei, 1995, 596 f.

[246] *Gollan*, Private Sicherheitsdienste in der Risikogesellschaft, 1999, 62; nach anderer Ansicht beläuft sich der Umsatz sogar auf knapp 16 Milliarden Mark, siehe *Freiberg*, Die Ökonomisierung der Inneren Sicherheit, 1999, 364; in den USA wird der Umsatz im privaten Sicherheitsgewerbe mit 85 Milliarden US-Dollar und das 2,3fache der Polizeikosten geschätzt.

[247] *Pitschas* (Fn. 243), 55 f.

[248] *Wehner*, „Privatpolizeien" – Verlust des staatlichen Gewaltmonopols?, 1980, 35.

[249] *Haurand*, Sicherheit und Gewaltmonopol, 1997, 770.

[250] *Pitschas* (Fn. 243), 43; zu den Befugnissen privater Sicherheitsunternehmen siehe *Bueß*, Private Sicherheitsdienste, 1997, 80 ff. sowie *Bleck*, Die Rechtsstellung des privaten Sicherheitsgewerbes, 1994, 42 ff.

[251] *Pitschas*, Möglichkeiten der Privatisierung von Aufgabenfeldern der Polizei mit Auswirkungen auf das Sicherheitsgefühl der Bevölkerung, 1999, 253.

[252] *Beste*, Zonale Raumkontrolle in Frankfurt/M. im ausgehenden 20. Jahrhundert, 2000, 340

Nach Auffassung von *Beste* ist eine institutionalisierte Zusammenarbeit zwischen Polizei und privaten Sicherheitsdiensten bisher in der Bundesrepublik zwar noch nicht zu beobachten, der gegenwärtige Trend dürfte jedoch die Entwicklung einer solchen Zusammenarbeit beschleunigen[253]. Gleichwohl wäre das Verhältnis zwischen Polizei und privaten Sicherheitsdiensten mit dem Begriff „Partnerschaft" nur in einer untauglichen Weise beschrieben, da dieser im Kern eine „Gleichrangigkeit" vermittelt, die weder faktisch noch rechtlich gegeben ist und die auch vom Gewerbe angeblich nicht angestrebt wird[254]. *Obergfell-Fuchs* sieht in einer neueren Untersuchung vielmehr die Hypothese als weitgehend bestätigt an, daß sich Polizei und private Sicherheitsdienste gegenseitig in einer Konkurrenzsituation sehen und vor allem von Seiten der Polizei eine Kooperation mit privaten Sicherheitsdiensten abgelehnt wird[255].

Durch das „Diktat der leeren Kassen" sind die Diskussionen um die Reduzierung des Staates auf Kernaufgaben und die Entlastung der Polizei aus der wirtschaftlichen Not des Staates geboren[256]. Politisch wird in diesem Zusammenhang propagiert, der Staat habe kein Sicherheitsmonopol, wohl aber das Gewaltmonopol[257]. Aus dem Sicherheitszweck des Staates folgt die Gewährleistung der öffentlichen (inneren) Sicherheit als eine originäre Staatsaufgabe, so daß der Einzelne vor Kriminalität und Gewalt geschützt wird[258]. Dabei muß die Verlagerung staatlicher Sicherheitsgarantie hin zur privaten Selbsthilfe nicht zwangsläufig zur Entstehung eines sicherheitspolitischen Mitwirkungsverhältnisses zwischen Behörden und Privaten führen, sondern es könnte auch zur Zonierung der öffentlichen Raums mit einem Spektrum von „No go areas"[259] bis zu „Gated Communities" kommen[260]. Als Endpunkt der Entwicklung abgetrennter Stadtviertel steht nach Ansicht von *Helmers/Murck* die Refeudali-

---

[253] *Beste* (Fn. 252), 336.

[254] So im Ergebnis *Loyo*, Das private Sicherheitsgewerbe, 1995, 5; dennoch sehen Sicherheitsunternehmen regelmäßig ihre Eigenschaft als „Partner" der Polizei, vgl. *Glavic*, Sicherheitsunternehmen als zuverlässiger Partner der Polizei, 1994, 36 ff.

[255] *Obergfell-Fuchs*, Privatisierung von Aufgabenfeldern der Polizei, 2000, 366.

[256] Bei volkswirtschaftlicher Gesamtrechnung sind nach *Kaiser* die Angebote des privaten Sicherheitsgewerbes jedoch auch nicht billiger als die staatliche Polizei, vgl. *Kaiser* (Fn. 29), 365.

[257] *Freiberg*, Die Ökonomisierung der Inneren Sicherheit, 1999, 362.

[258] *Pitschas*, Auf dem Wege zu einem „neuen" Polizeirecht, 1999, 154.

[259] Der ursprünglich aus Südafrika stammende Begriff bezeichnet heutzutage die Schwarzen- und Armenghettos, die von Weißen und Reichen aus Angst vor Kriminalität gemieden werden.

[260] Vgl. *Hetzer*, Ökonomisierung der Inneren Sicherheit?, 2000, 23.

sierung der öffentlichen Sicherheit – ein Zustand, der gewisse Parallelen zum Mittelalter aufweist[261]. So war bereits das Selbstverständnis der mittelalterlichen Stadt durch ihre Funktion als Schutzraum vor äußeren Feinden geprägt[262]. Auch wenn Zeitgenossen des 18. Jahrhunderts von Sicherheit sprachen, meinten sie – kaum anders als heute – vor allem den „öffentlichen Raum" und den Schutz der Häuser vor Einbruch[263].

Sieht man von kleinen umgrenzten Seniorenheimen mit Einzelappartements ab, so stellt die Einfriedung privater Siedlungen eine in Deutschland bislang noch unbekannte Erscheinungsform privater Sicherheitsbemühungen dar[264]. Unter dem Phänomen "Forting up" ziehen sich dagegen in den USA viele Menschen in sogenannte „Gated Communities" zurück. Sie stellen eine neue, sich in den Vereinigten Staaten massiv verbreitende Wohnform dar, die derzeit bereits zur Normalität gehört und die das Bild US-amerikanischer Städte in Zukunft maßgeblich beeinflussen wird[265]. Hierbei handelt es sich um Siedlungen, deren Bewohner durch Sicherheitsmaßnahmen wie Tore, Mauern und private Sicherheitsdienste abgeschirmt sind[266]. Sie sind insbesondere im sogenannten „Sun Belt" der USA, dem warmen Süden, verbreitet, aber auch in den Ballungsräumen New York und Chicago[267]. Die Überwachung erfolgt in einigen dieser Gemeinden teilweise per Helikopter; darüber hinaus schießen auf Knopfdruck aus der Straße Bodenrampen hervor, um den Zugang oder die Flucht per Kfz zu verhindern[268].

Ausgangspunkt der Gated Communities waren Siedlungen einzelner Wohlhabender und Prominenter insbesondere von Los Angeles (Hollywood), die eine Mauer um ihre Siedlungen bauten[269]. Diejenigen Bewohner, die durch die Einfriedung und Bewachung privater Siedlungen den Status eines „Selbstversorgers" beanspruchen, ma-

---

[261] *Helmers/Murck*, Staatliche Schutzpflicht und privates Sicherheitsgewerbe, 1994, 67.

[262] *Dinges/Sack* (Fn. 87), 12.

[263] *Eibach*, Die Straßen von Frankfurt am Main: Ein gefährliches Pflaster?, 2000, 159.

[264] *Nitz*, „Private Policing" in den Vereinigten Staaten, 1998, 312.

[265] *Wehrheim*, Kontrolle durch Abgrenzung, 2000, 125.

[266] Vgl. *Schwind* (Fn. 93), 315.

[267] *Wehrheim* (Fn. 265), 111.

[268] *Gollan* (Fn. 246), 97.

[269] *Nitz* (Fn. 264), 312.

chen teilweise bereits deutlich, daß sie für die Gemeinschaftsanliegen keine Steuern mehr zahlen wollen. Dadurch besteht die Gefahr, daß private Sicherheit die Gesellschaft spaltet, indem sie in reiche gesicherte und arme ungesicherte Wohnviertel zerfällt. Sicherheit wird damit irgendwann nicht mehr als Gemeinschaftsaufgabe begriffen: Private Anbieter von Sicherheit sind nicht an Recht und Gerechtigkeit interessiert, sondern handeln nur im Auftrag derer, die sie bezahlen. Damit droht nach Ansicht von *Freiberg* noch eine weitere Gefahr: Wer viel für seine private Sicherheit aufwendet, wird das Interesse am Staat als Garanten von Sicherheit verlieren und sich politisch für eine weitere Verringerung der staatlichen Einflußsphäre einsetzen[270].

Heute schätzt man die Anzahl der Gated Communities auf 30.000, in denen ca. vier Millionen Menschen leben[271], wobei sich nicht nur Reiche, sondern auch zunehmend Angehörige der Mittelklasse in jene eingefriedeten Siedlungen zurückziehen. Dieser Hort der Zuflucht läßt die Verantwortungsgemeinschaft an den „Toren der Trutzburgen" enden, so daß diese Bürger sich de facto endgültig aus dem Sozialverbund ausklinken[272]. Dabei besteht eine Vielzahl von Formen und Sicherheitsvorkehrungen, die von der bloßen Einzäunung und begrenzten Zufahrtsmöglichkeiten bis hin zu eingemauerten, rund um die Uhr bewachten und bestreiften Siedlungen reicht, in denen zusätzlich noch jedes Haus über Sicherungsvorkehrungen verfügt. Die für die Privatisierung öffentlichen Straßenraums bei der Einfriedung bestehender Siedlungen notwendige Genehmigung wird von Seiten der zuständigen Behörden regelmäßig gern gegeben, da dies die finanziell überbelasteten Kommunen um die Kosten für Strassenunterhalt, Müllentsorgung, etc. entlastet[273].

Nach *Wehrheim* ermöglichen es die Gated Communities, „den alten Mittelschichtstraum vom Leben in einer Vorstadtidylle wiederzubeleben bzw. zu symbolisieren". Als offene oder versteckte Gründe für den Einzug in solch eine befriedete Siedlung werden u.a.

---

[270] *Freiberg* (Fn. 257), 365.
[271] Nach den Ausführungen von *Wehrheim* existieren über 20.000 Gated Communities mit über neun Millionen Einwohnern, vgl. *Wehrheim* (Fn. 265), 112.
[272] *Kube* (Fn. 210), 848.
[273] *Nitz* (Fn. 264), 313.

STADTSTRUKTUR UND KRIMINALITÄTSBELASTUNG 47

- Sozioökonomische und ethnische Homogenität der Einwohner als Voraussetzung für Sicherheit vor Kriminalität und strukturelle Stabilität des Viertels,
- Ablehnung gegenüber einer anderen als der eigenen, sozialen und/oder ethnischen „Gruppenzugehörigkeit",
- Distinktion gegenüber anderen Mittelschichtsangehörigen und Abgrenzung gegenüber niedrigeren Einkommensschichten im allgemeinen und der Underclass im speziellen,
- Suche nach Gemeinschaft, Freundschaft und Ordnung und
- Verbannung externer Kriminalität

angeführt[274]. Gleichwohl können „interne" Straftaten, wie z.B. Steuer- und Abgabendelikte, die von Tätern innerhalb der Gated Communities begangen werden, nicht durch Mauern verhindert werden, so daß diese auch innerhalb der physischen Barrieren anzutreffen sind – wenn nicht aufgrund des relativen Wohlstands ihrer Bewohner vielleicht sogar häufiger als in weniger privilegierten Gegenden. Primär dienen damit die Maßnahmen, mit denen die Sicherheit in Gated Communities hergestellt werden soll, der Verhinderung externer Kriminalität[275].

Ob die private Sicherung einzelner Stadtviertel tatsächlich zu einer Reduzierung der Kriminalität führt, muß zum gegenwärtigen Zeitpunkt angesichts der noch bescheidenen Datenlage unter gewissen Vorbehalten betrachtet werden. Probleme bei der Evaluation ergeben sich u.a. deshalb, weil bei neu entstehenden Gated Communities durch den fehlenden Vorher-Nachher-Vergleich (mit und ohne Mauer) keine Aussage darüber getroffen werden kann, ob die Kriminalität steigt oder fällt. *Wehrheim* äußert jedoch eine Vermutung dahingehend, „daß in einer Gated Community, die über alle möglichen Spielarten von Sicherheitseinrichtungen verfügt, die externe Kriminalität in der Tat niedriger sein dürfte."[276]

---

[274] Vgl. *Wehrheim* (Fn. 265), 114 ff.
[275] *Wehrheim* (Fn. 265), 118.
[276] *Wehrheim* (Fn. 265), 119.

8. Videoüberwachung

Die Angst des Einzelnen, für den Staat zum „gläsernen Bürger" zu mutieren, findet ihren Niederschlag in der zunehmenden Diskussion über die Videoüberwachung des öffentlichen Raums; die Installierung von Videokameras stellt mithin – losgelöst von ihrer rechtlichen Qualifizierung – einen Eingriff in das soziale und städtebauliche urbane System dar. Hierbei muß zunächst differenziert werden, ob Überwachungsmaßnahmen dieser Art präventiven oder repressiven Charakter haben. Im Bereich der Strafverfolgung ist der repressive Zweck einer auf Grundlage der Strafprozeßordnung angeordneten Videoüberwachung des Beschuldigten inzwischen von der höchstrichterlichen Rechtsprechung bestätigt worden. So stellte der Bundesgerichtshof auf Grundlage des Volkszählungsurteils aus dem Jahr 1983[277] fest, daß ein Eingriff in das Recht auf informationelle Selbstbestimmung bei längerfristigen Observationen von Beschuldigten durch den Einsatz technischer Mittel zur Herstellung von Lichtbildern und Bildaufzeichnungen nach § 100c Abs. 1 Nr. 1 StPO außerhalb von Wohnungen zulässig ist[278].

Anders sieht es dagegen auf präventiver Ebene aus. Faktisch begegnet man optischen Überwachungsmaßnahmen regelmäßig in Kaufhäusern, Sportstätten oder Banken, und auch in Einrichtungen wie der U-Bahn oder Parkplätzen wird Videoüberwachung zunehmend als Mittel der Verbrechensvorbeugung eingesetzt[279]. *Saeltzer* konstatiert, daß sich gerade Bürger aus den neuen Bundesländern unangenehm an heimliche Videoüberwachungen aus verflossenen DDR-Zeiten erinnert fühlen könnten[280].

Wenngleich die Videoüberwachung in einigen Landesgesetzen ausdrücklich geregelt ist, so weisen die Polizeigesetze der einzelnen Bundesländer bzgl. der Rechtsgrundlagen für Videobildübertragungen deutliche Unterschiede auf. Von den Gesetzgebern der Länder Schleswig-Holstein, Mecklenburg-Vorpommern und Niedersachsen wur-

---

[277] BVerfG, Urteil v. 13.12.1983 – 1 BvR 209/83 u.a., NJW 1984, 419.
[278] BGH, Urteil v. 29.01.1998 – 1 StR 511/97 (LG Stuttgart), NJW 1998, 1237.
[279] Siehe hierzu *Smith*, Crime Prevention Through Environmental Design in Parking Facilities, 1996; ferner *La Vigne*, Visibility and Vigilance, 1997, sowie *Webb/Laycock*, Reducing Crime on the London Underground, 1992.
[280] *Saeltzer*, Vorsicht, Videoüberwachung!, 1997, 462.

den im Zuge der Polizeirechtsnovellierung ausdrückliche Befugnisnormen zur Videobildübertragung geschaffen[281]. *Keller* weist dabei zu Recht auf die Problematik von dauerhaften Videoüberwachungen hin: „Hat sich der Charakter des kriminogenen Ortes entsprechend geändert, so dürfte die Überwachung am Postulat der Erforderlichkeit scheitern", so daß gegebenenfalls Unterbrechungen in Erwägung zu ziehen sind. In präventiver Weise scheint die Videoüberwachung jedoch ein geeignetes Mittel zu sein, Kriminalität zu verhindern[282].

Während die Videobildaufzeichnung in Literatur und Rechtsprechung durchweg als Eingriff in das Recht auf informationelle Selbstbestimmung angesehen wird, stellt die bloße Videoüberwachung in Form der Bildübertragung ohne gleichzeitige Aufzeichnung „nach Ansicht der PD Leipzig schlicht hoheitliches Handeln im Sinne des § 1 SächsPolG dar, da durch bloße Übertragung des Bildes keine Datenerhebung, d.h. Identifizierung von Personen und Sachen, und somit auch kein Grundrechtseingriff möglich ist"[283]. Im Zuge einer in nationales Recht umzusetzenden europäischen Datenschutzrichtlinie beinhaltet die Datenschutznovellierung den Entwurf des § 6b BDSG. Diese Vorschrift soll Videoüberwachungen erstmals auf eine bundeseinheitliche gesetzliche Grundlage stellen, „die der Wahrung des informationellen Selbstbestimmungsrechts durch einen angemessenen Interessenausgleich Rechnung trägt". Hierbei umfaßt die Regelung bereits die Beobachtung selbst, so daß es auf das Erfordernis einer anschließenden Speicherung des Bildmaterials nicht mehr ankommt[284].

Bei technikgestützten Observationen in Form der Videoüberwachung handelt es sich um einen Sonderfall situativer Prävention, bei dem erheblicher Differenzierungsbedarf besteht. Da den Betroffenen regelmäßig immer noch eine Entscheidungsposition offensteht, sind die tatsächlichen Auswirkungen der Beobachtung nicht mit Sicherheit

---

[281] *Brenneisen/Staack*, Die Videobildübertragung nach allgemeinem Polizeirecht, 1999, 448; nach *Rupprecht* haben die Bundesländer Baden-Württemberg, Bayern, Hamburg, Niedersachsen, Schleswig-Holstein, Sachsen und Sachsen-Anhalt spezialgesetzliche Regelungen für die orts- oder objektsbezogene Videoüberwachung als Maßnahme der Gefahrenabwehr eingeführt, vgl. *Rupprecht*, Recht und Ordnung, 2000, 31.

[282] *Keller*, Video-Überwachung: Ein Mittel zur Kriminalprävention, 2000, 189 f.

[283] *Müller*, Pilotprojekt zur Videoüberwachung von Kriminalitätsschwerpunkten in der Leipziger Innenstadt, 1997, 78.

[284] *Jacob*, Perspektiven des neuen Datenschutzrechts, 2000, 7.

zu prognostizieren[285]. Ungeachtet dieser Skepsis erscheint *Kaiser* die situative Kriminalprävention gegenüber Gelegenheitsdelinquenz aussichtsreich zu sein[286].

Nirgendwo werden die Bürger genauer beobachtet als in Großbritannien; dort hat man mit der Videoüberwachung gute Erfahrungen gemacht. So sind im Königreich bereits 200.000[287] der sogenannten „Closed Circuit Television Cameras" (CCTV) installiert worden[288]. Ausgangspunkt hierfür war die Reaktion der britischen Regierung auf den Höhepunkt des IRA-Terrors zu Beginn der 90iger Jahre, der mit einer Vielzahl von Bombenanschlägen einherging[289]. Die Installation von CCTV-Kameras auf britischen Straßen wird zuweilen sogar als „Initiative des Jahrhunderts" bezeichnet[290].

Die vom britischen Innenminister bekanntgegebenen Kriminalitätszahlen des Jahres 1995 belegen nach *Walker* einen Rückgang des Einbruchdiebstahls um fünf Prozent, der Kfz-Kriminalität und der sexuellen Straftaten um jeweils neun Prozent. Dies wird u.a. auf den verstärkten Einsatz von technisch ausgefeilten Systemen wie CCTV-Kameras zurückgeführt, die insbesondere im Innenstadtbereich, in Fußgängerzonen, Einkaufszentren und auf Parkplätzen installiert worden sind. Der Erfolg dieser Maßnahmen bewog das britische Innenministerium, mehr als 100 Projekte in ganz Großbritannien mit insgesamt über fünf Millionen Pfund[291] für die Installation von Kameras und die Einrichtung von Leitzentralen zu bezuschussen[292]. Ferner gab das britische Innenministerium bekannt, in den Jahren 1999 bis 2001 fast 170 Millionen britische Pfund in die Finanzierung von CCTV-Systemen investieren zu wollen, um dies zum Hauptschwerpunkt der Verbrechensbekämpfung zu erklären[293]. Inzwischen wird ge-

---

[285] *Hefendehl*, Observationen im Spannungsfeld von Prävention und Repression, 2000, 277.

[286] *Kaiser* (Fn. 29), 252.

[287] Nach anderer Einschätzung sind in Großbritannien mittlerweile sogar mehr als eine Million Videokameras installiert worden, vgl. *Nürnberger*, Videoüberwachung in London, 2000, 230.

[288] *Hefendehl* (Fn. 285), 270; einen Überblick über die Einrichtung und Auswirkungen von CCTV-Kameras geben *Painter/Tilley*, A Review of CCTV Evaluations, 1999.

[289] *Nürnberger* (Fn. 287), 230.

[290] *Norris/Armstrong*, CCTV and the Social Structuring of Surveillance, 1999, 157.

[291] *Nürnberger* (Fn. 287), 230, gibt die Aufwendungen der britischen Regierung für die Installierung von CCTV-Systemen in den Jahren 1994 – 1995 mit 5 Millionen GBP, von 1996 – 1997 mit 17 Millionen GBP und von 1997 – 1998 mit 15 Millionen GBP an.

[292] *Walker*, Verbrechensbekämpfung in Großbritannien, 1996, 345.

[293] *Nürnberger* (Fn. 287), 230.

schätzt, daß eine Person, die in der Mitte von London spazieren geht, von insgesamt 300 Videokameras erfaßt wird[294].

Wie eine in der englischen Stadt Newcastle durchgeführte Untersuchung zeigt, ging der Anteil von Straftaten im videoüberwachten Bereich im Gegensatz zur nicht überwachten Vergleichszone deutlich zurück: Die Anzahl der Einbruchdiebstähle verringerte sich um 18 %, die der Sachbeschädigungen um 9 %. Dies veranlaßt *Brown*, von einem zwingenden Beweis dafür zu sprechen, daß die Gegenwart von CCTV-Kameras in der Stadt einen stark reduzierenden Effekt auf eine ganze Anzahl von Delikten habe, wenngleich diese Auswirkungen bei manchen Straftaten nach einer gewissen Zeit verblassen[295]. In Englands zweitgrößter Stadt Birmingham zeigte sich ebenfalls ein Rückgang von Raub- und Diebstahlsdelikten, was der Videoüberwachung zugeschrieben wird[296].

Auch in der britischen Bevölkerung wird der Videoüberwachung ein hohes Maß an Effizienz zugebilligt. So stufen 74 % der befragten Personen CCTV-Kameras als hilfreich für die Verbrechensentdeckung ein, 62 % billigen ihr kriminalpräventive Wirkungen zu und 53 % sehen sie als geeignet an, das Sicherheitsgefühl der Bürger zu steigern[297]. Über 85 % der Befragten äußern ferner, daß sie die Einrichtung von Überwachungskameras befürworten[298]. Dies veranlaßt die Autoren, von einer weitgehend positiven Aufnahme der Videoüberwachung in der breiten Bevölkerung zu sprechen. Gleichzeitig sei jedoch eine bessere Information der Öffentlichkeit unabdingbar, um die dennoch anzutreffenden Bedenken gering und die öffentliche Akzeptanz der Maßnahmen hoch zu halten[299].

---

[294] *Rupprecht*, Recht und Ordnung, 2000, 27.

[295] *Brown*, CCTV in Town Centres, 1995, 26; ein langanhaltender Effekt ist bei Einbruch und Sachbeschädigung zu verzeichnen.

[296] *Brown* (Fn. 295), 35; deutliche Rückgänge bei der Anzahl von Autodiebstählen und Fahrzeugbeschädigungen zeigten sich auch bei der Untersuchung von *Tilley*, Understanding Car Parks, Crime and CCTV, 1993.

[297] *Honess/Charman*, Closed Circuit Television in Public Places, 1992, 19.

[298] *Phillips*, A Review of CCTV Evaluations, 1999, 139.

[299] *Honess/Charman* (Fn. 297), 25.

Im Gegensatz zu Großbritannien ist die Videoüberwachung in Deutschland noch vergleichsweise schwach ausgeprägt. Unabhängig davon erbrachten zwei in Leipzig durchgeführte Pilotprojekte durchweg gute Ergebnisse[300]: Die Maßnahme der Videoüberwachung führte „ganz offensichtlich" zur Abschreckung von potentiellen Tätern, so daß die Straftaten in den Bereichen Kfz- und Taschendiebstahl um ca. 20 % nach Wiederaufnahme der Videoüberwachung[301] zurückgingen[302]. Ein anderes Pilotprojekt wird im Verlauf des Jahres 2000 in Regensburg verwirklicht. Hier sollen 15 der bereits zur Verkehrsüberwachung vorhandenen und allgemein sichtbaren Videokameras „im Interesse von besserer Sicherheit, Ordnung und Strafverfolgung" an einzelnen Innenstadtplätzen[303] von der Regensburger Polizei kostenlos mitbenutzt werden können, was zu einer Steigerung des Sicherheitsgefühls führen und potentielle Straftäter schwerpunktmäßig abschrecken soll. Wenngleich bei dieser Maßnahme keine gedanklichen Assoziationen an den auf Schritt und Tritt beobachtenden „Big Brother" beabsichtigt sind, so verspricht man sich damit doch eine bessere polizeiliche Prävention[304].

Ungeachtet ihrer – zumindest im europäischen Ausland – erzielten positiven Effekte sieht sich die Videoüberwachung in Deutschland massiver Kritik ausgesetzt. Nach *Garstka* muß eine flächendeckende Videoüberwachung öffentlicher Räume verhindert werden, da das in Art. 11 GG verankerte Grundrecht auf Freizügigkeit nicht nur die Möglichkeit, sich frei zu bewegen, gewährt, „sondern auch, daß dies nicht festgehalten und später den Grundrechtsträgern entgegengehalten wird"[305]. Da aus den immensen Datenmengen teilweise sogar vollständige Persönlichkeitsprofile erstellt werden könnten, bestehen grundsätzlich erhebliche datenschutzrechtliche Bedenken, wenn unbeteiligte Personen Gegenstand einer mit Videotechnik durchgeführten Überwachungsmaßnahme werden[306]. Nach *Nürnberger* bezweifeln sogar britische

---

[300] Die Messestadt Leipzig wird daher zuweilen als „Mekka" der Videoüberwachung des öffentlichen Verkehrsraumes in Deutschland bezeichnet, vgl. *Nürnberger* (Fn. 287), 230.
[301] Diese war im Zeitraum zwischen den Pilotprojekten unterbrochen worden.
[302] *Müller* (Fn. 283), 81 f.
[303] Insbesondere in öffentlich zugänglichen Bereichen, die zum Teil durch höheres Kriminalitätsaufkommen auffallen.
[304] Vgl. *Greiner*, Eine Variante in der Überwachung von Kriminalitätsschwerpunkten, 2000, 120.
[305] *Garstka*, Videoüberwachung: Allheilmittel oder Gift für die Freiheitsrechte, 2000, 193.
[306] *Scholand*, Videoüberwachung und Datenschutz, 2000, 203.

Polizeibeamte, „ob die bestehenden CCTV-Systeme mit der beabsichtigten Novellierung des britischen Datenschutzgesetzes und der Einführung der Menschenrechtskonvention der Europäischen Union in Einklang zu bringen sind". Das deutsche Selbstverständnis der individuellen Freiheits- und Persönlichkeitsrechte im engen Rahmen der gesetzlichen Grundlagen stehe hierzulande einer flächendeckenden Videoüberwachung, wie sie in den meisten Städten Großbritanniens praktiziert wird, entgegen[307].

So habe Videoüberwachung keine Wirkungen auf das unmoralische oder rechtswidrige Verhalten Einzelner, sondern bewirke – sofern sie offen und erkennbar eingesetzt wird – Verdrängungs- und Abwanderungseffekte; Kriminalität werde in Bereichen offener Videoüberwachung daher allenfalls kurzzeitig zurückgehen[308]. Auch im „gelobten Land" der Videoüberwachung Großbritannien wird in einer Informationsbroschüre des Innenministeriums darauf hingewiesen, daß durch den Einsatz von CCTV-Systemen die Gefahr einer Verdrängung der Kriminalität in nicht überwachte Bereiche besteht[309].

9. Theorie der Broken Windows

1982 wurde ein Aufsatz der Autoren *Wilson* und *Kelling* mit dem Titel „The police and neighborhood safety: Broken Windows"[310] veröffentlicht, der neben anderen Werken, so *Hess*, mittlerweile zur meistzitierten kriminologischen Literatur gehört[311]. Die darin aufgestellte These besagt, daß ein zerbrochenes Fenster in einem Gebäude, das nicht repariert wird, die Zerstörung der restlichen Fenster des Gebäudes innerhalb kürzester Zeit nach sich zieht. Anlaß hierfür soll dabei nicht sein, daß die Zerstörung von Fensterscheiben in einer Gegend geschieht, in der besonders viele Zerstörer von Fensterscheiben leben, sondern vielmehr der Umstand, „daß ein nicht wieder in Stand gesetztes Fenster ein Zeichen dafür ist, daß an diesem Ort keiner daran An-

---

[307] *Nürnberger* (Fn. 287), 233.
[308] Vgl. *Saeltzer*, Die 13 Irrtümer über Videoüberwachung, 2000, 198.
[309] *Nürnberger* (Fn. 287), 232.
[310] Der Originaltitel erschien im *The Atlantic Monthly*, März 1982, 29 – 39.
[311] *Hess*, New York zieht die Lehren aus den zerbrochenen Fensterscheiben, 1996, 184.

stoß nimmt"[312]. Unter diesem Blickwinkel ist auch der ungehinderte Bettler in diesem Sinne das erste zerbrochene Fenster[313]. Bildlich gesprochen scheint daher die verletzte Integrität das Tor für weitere Verletzungen bzw. für eine Intensivierung des Schadens zu öffnen[314]. Im Ergebnis folgern *Wilson* und *Kelling*, daß die Verhinderung von Straftaten nur möglich ist, wenn bereits sehr frühzeitig eine umfassende Prävention erfolgt, wobei ein frühzeitiges und nachdrückliches Eingreifen bereits bei geringfügigen Verstößen gegen Recht und Ordnung als entscheidend angesehen wird[315]. Bei dem vor allem in den USA hochgeschätzten Broken-Windows-Ansatz geht es zentral um den Bereich des Lästigen und den hieran angrenzenden Bereich des Übergangs hin zu verschiedenartiger Massendelinquenz[316].

Hintergrund des Broken-Windows-Gedanken ist eine Reihe sozialpsychologischer Experimente, die von *Zimbardo* Ende der 60er Jahre des 20. Jahrhunderts durchgeführt worden sind. Er zeigte anhand von Versuchen, bei denen ein Auto ohne Kfz-Kennzeichen und mit offener Motorhaube[317] am Straßenrand abgestellt wurde, daß sich die Verwahrlosung des Fahrzeugs in bestimmten Stufen vollzog: Nach einer Phase, in der sämtliche wiederverwertbaren Teile des Autos durch ältere Personen ausgeschlachtet wurden, begannen Kinder, die Fensterscheiben sowie den Rest des Fahrzeugs zu zerstören. Am Ende dieser „Metamorphose" luden Personen aus der Nachbarschaft sogar ihren Müll in die Kfz-Ruine. Selbst in besser situierten Gegenden bedurfte es nur eines Hinweisreizes in Form eines zerbrochenen Fensters („Broken Window"), um vandalistische Verhaltensweisen hervorzurufen[318].

Feltes zeigt in einem 1998 erschienenen Beitrag[319] jedoch auf, daß es sich bei der teilweise hochstilisierten „Broken-Windows-Theorie" um gar keine solche handelt.

---

[312] *Wilson/Kelling*, The police and neighborhood safety: Broken Windows, 1996, 124.

[313] *Wilson/Kelling* (Fn. 312), 129; ferner können öffentliche Trunkenheit, Straßenprostitution und pornographische Darstellungen ein Stadtviertel schneller zerstören als ein Team professioneller Einbrecher, vgl. *Walter*, J.Q. Wilsons „broken windows"-Theorie als Grundlage konzeptioneller Änderungen im Jugendkriminalrecht?, 1999, 761.

[314] *Streng*, Wie weit trägt das broken-windows-Paradigma?, 1998, 921.

[315] So auch *Hecker*, Vorbild New York?, 1997, 398.

[316] *Streng* (Fn. 314), 931.

[317] Als Schlüsselreiz zum Zweck des Anlockens von Personen.

[318] *Zimbardo*, A Field Experiment in Auto Shaping, 1973, 88 f.

[319] *Feltes*, Zur Einführung: New York als Modell für eine moderne und effektive Polizeipolitik?, 1998.

Auch *Füllgrabe* bemängelt, daß der Artikel von *Wilson* und *Kelling* trotz seiner Bedeutung und Qualität den wissenschaftlichen und praktischen Mangel aufweise, überhaupt keine Theorie zu beinhalten, welche eine Erklärung für den Zusammenhang zwischen „zerbrochenen Fenstern" und Kriminalität liefern könnte[320]. Vielmehr beinhaltet der Grundgedanke dieses Ansatzes, „daß Städte und Gemeinden bestrebt sein müssen, die allgemeine Ordnung zu bewahren, also für regelmäßigen Abtransport von Abfall und Müll, für die Sauberkeit der Straßen und für eine allgemein lebenswerte Umwelt zu sorgen". Broken Windows bedeutet hingegen nicht, wie das hierauf basierende Konzept der Zero Tolerance, „daß diejenigen, die gegen diese Ordnung verstoßen, sanktioniert oder besonders hart bestraft werden müssen"[321].

Nachdem auch *Streng* diesen umfeldbezogenen Erklärungsansatz bereits auf der Ebene aggressiven Schülerverhaltens bestätigt fand, plädiert er ebenfalls für eine frühzeitige Intervention, die nicht notwendig repressive Gestalt annehmen muß, jedoch „den Anfängen wehren" sollte[322]. Er warnt indessen davor, daß weniger gefestigte Persönlichkeiten unter den Gesetzeshütern im Rahmen der „Law-and-Order"-Politik in Verkennung ihrer Grenzen über das Ziel hinausschießen und sich damit zu einer manifesten Gefahr für die Bürger entwickeln können[323].

10. Strategie der Zero Tolerance

Zu den Vorgängen, die in Deutschland eine besondere Aufmerksamkeit hervorgerufen haben, zählt die Tätigkeit der Polizei in der amerikanischen Metropole New York[324]. Während man hierzulande gelegentlich darüber nachdenkt, Bagatellstraftaten zu entkriminalisieren, geht die New Yorker Polizei vom Prinzip der Nulltoleranz aus, nach dem bereits Ordnungswidrigkeiten auf der Ebene von bloßem Verwaltungsunrecht rigoros verfolgt werden. *Hassemer* qualifiziert diese Art der Belästi-

---

[320] *Füllgrabe*, Die „Broken-Windows-Theorie", 2000, 383.
[321] *Feltes* (Fn. 319), 12 f.
[322] Siehe dazu auch *Roos*, Wehret den Anfängen, 1999, 611.
[323] *Streng* (Fn. 314), 938.
[324] *Walter*, J.Q. Wilsons „broken windows"-Theorie als Grundlage konzeptioneller Änderungen im Jugendkriminalrecht?, 1999, 758.

gungen und Normverletzungen unterhalb der strafrechtlich relevanten Grenze als sogenannte „Life Style Crimes", die über den Atlantik zu uns herübergekommen sind[325].

Ende 1993 wurde *Bratton* vom New Yorker Bürgermeister und ehemaligen Staatsanwalt *Giuliani* als Commissioner (in etwa mit der Stellung eines bundesdeutschen Polizeipräsidenten vergleichbar) eingesetzt, unter dessen Leitung es zur Zero-Tolerance-Strategie kam. Diese stützt sich wissenschaftlich auf die kriminologische Schule der sogenannten „New Realists"[326] und deren Theorie der „Broken Windows"[327]. Mit der Annahme, daß zwischen Kriminalität und sozialen Rahmenbedingungen keinerlei Zusammenhang bestehe, wurden die Thesen der New Realists weiter vereinfacht, was sogar über den ursprünglichen Gedanken ihrer geistigen Urheber hinausging[328]. Durch den Aufbau eines emotionalen, vornehmlich durch die Medien verstärkten Druckes waren kurze, jedermann verständliche Rezepte erforderlich, die im „Kampf gegen das Böse" erfolgversprechend zu sein schienen[329]. So nahm New York vor Beginn der Zero-Tolerance-Kampagne in bezug auf Kriminalitätsfurcht sicher einen der ersten oder sogar den ersten Platz ein[330]. Damit präsentierte sich New York in den 80er Jahren des vergangenen Jahrhunderts geradezu als Kapitale des Gewaltverbrechens[331]. So wanderten in den 70er Jahren zahlreiche Unternehmen neben anderen Gründen auch deshalb aus der Stadt ab, weil sie ihren Angestellten und deren Familien die ständige Bedrohung durch die Kriminalität nicht mehr zumuten wollten[332].

Der Erfolg scheint diesem Abschreckungsmodell, das auf permanenten Verfolgungsdruck setzt, recht zu geben: Im Zeitraum von 1993 bis 1995 hat sich die Zahl der polizeilich aufgenommenen Anzeigen im Bereich der Schwerkriminalität nahezu hal-

---

[325] *Hassemer*, „Zero tolerance" – Ein neues Strafkonzept?, 1998, 798.
[326] Zur Kriminalitätstheorie der „New Realists" siehe *Dreher/Kunz*, Renaissance der klassischen kriminologischen Schule, 1998.
[327] Vgl. *Hunsicker*, Es muß ja nicht gleich New York sein, 1998, 495.
[328] Vgl. *Hecker* (Fn. 315), 400.
[329] *Walter*, „New York" und „broken windows": Zeit zum Umdenken im Jugendstrafrecht?, 1998, 354.
[330] *Hess* (Fn. 311), 179.
[331] *Schwerhoff*, Insel des Friedens oder Brennpunkt der Gewalt?, 2000, 154.
[332] *Hess*, Neue Sicherheitspolitik in New York City, 2000, 359.

biert³³³, was nach Einschätzung von *Schwind* dazu beitrug, daß *Bratton* in New York als „Volksheld" gefeiert wurde, weil er nach Einschätzung der Bevölkerung in dieser Metropole für mehr Sicherheit gesorgt hat³³⁴. So ist New York von der Kriminalitätsbelastung her nach dem „Crime Index"³³⁵ des FBI für amerikanische Städte vom 18. Platz im Jahr 1993 im positiven Sinne auf Rang 161 zurückgefallen³³⁶. *Bratton* selbst, der als Vollbringer dieses Wunders gilt, vertritt die Auffassung, man müsse einen Polizeiapparat managen wie McDonald's – nämlich kundenorientiert im Sinne eines Bürgerschutzes vor Verbrechen, Schmutz und Belästigung³³⁷.

Dabei zeigt bereits eine anfängliche Bilanz, daß es bei dem Prinzip der Nulltoleranz nicht primär um Strafverfolgung, sondern um bestimmte polizeiliche Ordnungsvorstellungen, deren Durchsetzung kriminalitätsmindernde Wirkungen zugeschrieben werden, geht³³⁸. Ungeachtet ihres vordergründig durchschlagenden Erfolges sieht sich die Strategie von *Bratton* daher massiver Kritik ausgesetzt. Das teilweise brutale polizeiliche Vorgehen³³⁹ gegen Verhaltensweisen, die nicht einmal den Tatbestand einer Straftat erfüllen, erfährt in New York Rückendeckung durch den Bürgermeister und den Polizeipräsidenten und gipfelt in der ausdrücklichen „internen Dienstanweisung" an die Polizeibeamten auf der Straße, sie mögen sich bei ihrer Arbeit nicht durch kleinliche Vorschriften behindert fühlen, da man diese nicht so streng handhaben werde³⁴⁰.

Dies ist zugleich die Schattenseite der Zero-Tolerance-Politik: Die Vielzahl skandalöser Übergriffe von Polizeibeamten in New York hat den Ruf des Modells fühlbar

---

[333] *Hess* (Fn. 311), 186.

[334] *Schwind* (Fn. 93), 304.

[335] Zu den sog. „Index Crimes" zählen Mord und Totschlag, Vergewaltigung, Raub, schwere Körperverletzung, Einbruch, schwerer Diebstahl und Autodiebstahl.

[336] *Koch/Stock/Wagner* (Fn. 230), 6; *Hess* spricht sogar von einem regelrechten „Crime Crash", vgl. *Hess* (Fn. 332), 355.

[337] Vgl. *Ortner*, Die New Yorker Polizei – erfolgreich, mißverstanden?, 10.

[338] *Walter* (Fn. 324), 760.

[339] In Form von rabiaten Vertreibungsmethoden (sog. „Rollkommandos"), massiver Strafverfolgung sowie rigiden Management-Methoden, die in den USA unter der Bezeichnung „police out of control" Kritik ausgelöst haben, vgl. *Schwind* (Fn. 93), 304.

[340] *Hess* (Fn. 311), 189.

ramponiert[341]. So resümiert auch *Hess*, daß die Art des Vorgehens entsprechend der Broken-Windows-Theorie in der kritischen Kriminologie umstritten bleibt[342]. Auch *Feltes* kritisiert scharf den „mittelalterlich anmutenden Führungsstil eines Polizeichefs", der mit zweifelhaften Statistiken und einer weltweit einmaligen Medienkampagne versucht, sich in die Öffentlichkeit zu bringen[343]. Bei der unnachsichtigen Verfolgung kleiner Regelverletzungen werde vor allem das Verhältnismäßigkeitsprinzip – als Grundpfeiler jeglichen staatlichen Eingriffsrechts – verletzt; darüber hinaus gebe es keine Anhaltspunkte, daß eine massive und eventuell überzogene Sanktionierung im Bereich der Kleinkriminalität auch zu einer Reduzierung der „großen Kriminalität" führe[344].

Hess stellt bereits die Bezeichnung „Zero Tolerance" in Frage, da jeder Besucher New Yorks sofort feststellen könne, „daß von Zero Tolerance keine Rede sein kann, denn es gibt überall Graffiti, Bettler, Straßenverkäufer etc. und mehr Ordnungswidrigkeiten als in deutschen Städten[345]. Nach anderer Ansicht konnte das New Yorker Modell nur deshalb solch einen fulminanten Erfolg verzeichnen, da die Ausgangslage des NYPD in einem desolaten Zustand der Polizeiorganisation, kollektivem Korruptionsverdacht der Beamten sowie strategischen Fehlern im Bereich der Betäubungsmittelkriminalität bestand[346]. Nach *Schwind* wird das Sinken der kriminellen Belastung ferner auch mit dem „three strikes and you are out"-Konzept in Verbindung gebracht, das *Albrecht* treffend mit der „Instrumentalisierung des Strafrechts und einer Strafzumessung nach Baseball-Regeln" beschreibt[347]. Danach muß jeder Rechtsbrecher spätestens ab der dritten schwereren Straftat damit rechnen, für 25 Jahre oder sogar lebenslänglich in einer Strafanstalt zu verschwinden[348].

---

[341] *Volkmann*, Broken Windows, Zero Tolerance und das deutsche Ordnungsrecht, 1999, 227.
[342] Näher dazu *Hess*, Fixing Broken Windows and Bringing Down Crime, 1999, 55.
[343] *Feltes*, Alltagskriminalität, Verbrechensfurcht und Polizei, 1997, 545.
[344] *Hassemer* (Fn. 325), 798.
[345] *Hess* (Fn. 342), 47.
[346] *Legge*, New York – Weder Modell noch Fortschritt?, 1998, 107 f.
[347] *Albrecht* (Fn. 133), 768.
[348] *Schwind* (Fn. 93), 306 f.

Auch wenn in bundesdeutschen Großstädten das New Yorker „Law-and-Order"-Modell nicht durchgängig praktiziert wird, setzt sich auch hierzulande eine restriktive Ordnungspolitik durch[349]. Das ständige Zunehmen privater Personenschutz- und Sicherheitsdienste sei ein untrügliches Indiz dafür, daß der Staat dem ihm obliegenden Schutzauftrag in nicht mehr genügender Weise nachkomme. Einer Übertragung der amerikanischen „Law-and-Order-Methode" auf bundesdeutsche Verhältnisse stehen jedoch nach verschiedener Auffassung der verfassungsmäßig verankerte Grundsatz der Verhältnismäßigkeit, Legalitäts- und Opportunitätsprinzip, Datenschutz, polizeiliche Personalprobleme und vieles andere entgegen[350]. Dennoch gab die Zero-Tolerance-Strategie der New Yorker Polizei dazu Anlaß, einzelne Ansätze in veränderter und vor allem abgeschwächter Form, wie z.B. die konsequente Verfolgung von Tatbeständen nach dem Ordnungswidrigkeitengesetz, im sogenannten „Osnabrücker Modell" zu übernehmen[351].

V. Zusammenfassung

Die Zusammenhänge zwischen städtebaulicher Struktur und objektiver Kriminalitätsbelastung sind bis heute zu wenig untersucht worden, als daß in dieser Hinsicht von empirisch gesichertem Wissen gesprochen werden kann. Gleichwohl nimmt die Beziehung von Raum und Kriminalität einen festen Platz in der kriminalgeographischen Forschung ein. Vereinzelt wird gefordert, auf städtebaulicher Ebene auch antizipative Maßnahmen zu ergreifen, deren Wirkungsweise zwar nicht bis in alle Verästelungen kriminologisch abgesichert, dennoch aber in der Praxis vielversprechend zu sein scheint. Generell wird der Einfluß der baulichen Umwelt auf die Bewohner von einzelnen Stadtgebieten gegenüber der sozialpsychologischen Komponente menschlicher Interaktion als subsidiär angesehen.

Bereits bei der Definition des Begriffs „Kriminalgeographie" gehen die Ansichten in der Literatur auseinander. Während sich frühere Begriffsbestimmungen vor allem

---

[349] *Ronneberger*, Die revanchistische Stadt, 2000, 324.
[350] Vgl. *Händel*, Arbeitstagung des Bundeskriminalamtes, 1998, 887; *Volkmann* (Fn. 341), 228 ff.
[351] Näher dazu *Hunsicker* (Fn. 327), 494 ff.

dem Vorwurf ausgesetzt sehen, Kriminalgeographie als bloße Kriminalitätsverteilungslehre zu betrachten, setzt sich in jüngerer Zeit verstärkt der Gedanke durch, von kriminalgeographischen Untersuchungen jenseits der reinen Deskription auch praxistaugliche Ergebnisse zu fordern, die eine unmittelbare praktische Umsetzung erfahren können.

Aus historischer Sicht reichen die ersten Ansätze der Kriminalgeographie bis in die Anfänge des 19. Jahrhunderts zurück. Zu Beginn des 20. Jahrhunderts waren es vor allem die amerikanischen Untersuchungen von *Shaw/McKay*, die mit dem Konzept der sozialen Desorganisation in den „Delinquency Areas" zur Begründung der sogenannten „Chicago School" führten. Der Befund, daß die Kriminalitätsbelastung einzelner Stadtviertel unabhängig von der Zusammensetzung ihrer Bewohner zu sein schien, war Grundlage für den Gedanken, der Raum sei selbst in der Lage, Kriminalität zu erzeugen oder zumindest Kriminelle anzuziehen.

Der Versuch, Kriminalität in ihrem tatsächlichen Ausmaß darstellen zu können, bereitet bis in die heutige Zeit erhebliche Schwierigkeiten. So wird die registrierte Kriminalität zwar in der Polizeilichen Kriminalstatistik erfaßt; dennoch ist sie in mancherlei Hinsicht angreifbar und vermag aufgrund ihrer häufig nur eingeschränkten Aussagekraft kein vollständiges Abbild der wahren Kriminalität zu liefern. Man versucht, die in diesem Bereich beschriebenen Defizite durch sogenannte Dunkelfeldanalysen zu kompensieren, wobei dies regelmäßig in Form von repräsentativen Bevölkerungsbefragungen geschieht. Auch hierbei werden jedoch zahlreiche methodische Zweifel offenbar, welche die Dunkelfeldforschung qualitativ nicht über die Analyse des Hellfeldes erhebt.

Die Bemühungen, durch entsprechende präventive und repressive Maßnahmen, Konzepte und Lösungsansätze auf städtebaulicher Basis eine Reduzierung von Kriminalität zu erreichen, sind vielschichtig. Einigkeit besteht insoweit, daß vor allem auf der Ebene der sekundären Prävention eine Veränderung der Tatgelegenheitsstruktur den potentiellen Täter von seinem Vorhaben abbringen kann. Während primäre Prävention als vorbeugende Strategie auf Siedlungs- und Bauplanungsebene eingreift, ist tertiäre Prävention im Rahmen des Städtebaus hingegen nur schwer zu verwirklichen. Nur in beschreibender Funktion können in diesem Zusammenhang auch die

Verteilungsmodelle von Kriminalität angesehen werden: Je nach dem historischen Verlauf der jeweiligen Stadtentwicklung ergibt sich eine Abnahme der Delinquenzrate mit zunehmender Entfernung vom Stadtzentrum (Zonentheorie) oder es sind mehrere Kriminalitätsschwerpunkte in einer Stadt im Sinne der Mehrkerntheorie vorzufinden; beide Modelle werden jedoch auch kombiniert zur Erklärung der Kriminalitätsverteilung herangezogen.

In Deutschland hat die Kommunale Kriminalprävention in den vergangenen Jahren einen deutlichen Aufschwung erlebt; der Gedanke, die bauliche Umwelt als Faktor ortsbezogener Kriminalität heranzuziehen, ist ihr immanent. Auf städtebaulicher Ebene beinhaltet die Kommunale Kriminalprävention mitunter die situative Kriminalprävention, die sich auf die Erschwerung von Tatgelegenheiten und die Verwendung von technischen Sicherungsmöglichkeiten erstreckt. Nicht zuletzt durch die fehlenden öffentlichen Mittel ist eine zunehmende Tendenz wahrnehmbar, dem Bürger die Verantwortung für Sicherheitsmaßnahmen, die originär dem staatlichen Bereich entstammen, zurückzugeben. Ferner handele es sich bei der Verhütung und Bekämpfung von Kriminalität um eine gesamtgesellschaftliche Aufgabe, die nicht allein den staatlichen Institutionen zugewiesen werden könne. In diesem Sinne folgte auch Deutschland den internationalen Vorbildern und richtet seit den 90er Jahren des 20. Jahrhunderts zunehmend kommunale Präventionsgremien, meist in Form von sogenannten „Kriminalpräventiven Räten", ein.

Ein anderer vielversprechender Ansatz zur Bekämpfung von Kriminalität – wenngleich nicht unter städtebaulichen Aspekten – ist die bürgernahe und gemeinwesenorientierte Polizeiarbeit, kurz „Community Policing". Hierbei wird versucht, durch einen dezentralen Einsatz von Polizeikräften eine Steigerung des Vertrauens der Bevölkerung in die Arbeit der Polizei zu erreichen, was sich wiederum günstig auf eine gemeindebasierte Kriminalprävention auswirken soll. Trotz dieses Konzeptes, das eine Annäherung von staatlicher Obrigkeit und Bürgern bewirken soll, wird zunehmend der Gedanke laut, der Staat könne seinem Sicherheitsauftrag nicht mehr in ausreichendem Maße gerecht werden. Dies schafft Raum für einen konkurrierenden, regelrecht privaten Sicherheitsmarkt kommerzieller Unternehmen, die sich die Lücke in der staatlichen Sicherheitsleistung zunutze machen, um dem dennoch stark ausgeprägten Schutzbedürfnis der Bevölkerung Rechnung zu tragen – ein einträgliches

Geschäft, wie das beständige Wachstum dieser Branche zeigt. Als Ausfluß dieser Privatisierung von Sicherheit sind in den USA inzwischen Wohnformen weitverbreitet, die sich zum Schutz vor externer Kriminalität durch gezielte Einfriedungen und Bewachungen von der Außenwelt abgrenzen und abschirmen: sogenannte „Gated Communities". Vor allem Angehörige der (weißen) Mittelschicht versuchen dadurch, am Rande des Molochs amerikanischer Großstädte ihren Traum vom Leben in einer Kleinstadtidylle zu verwirklichen.

Während Gated Communities in Deutschland eine noch vergleichsweise unbekannte Erscheinungsform privater Sicherheitsbemühungen darstellen, geraten hierzulande Maßnahmen der Videoüberwachung des öffentlichen Raums zusehends in den Mittelpunkt der politischen Diskussion. Aus Großbritannien, wo diese Form der Überwachung städtischen Raums mittlerweile weit verbreitet ist und massiv mit staatlichen Mittel gefördert wird, werden durchweg positive Resultate gemeldet. Wenngleich diese Art der situativen Prävention ihre Rechtsgrundlage nicht zuletzt dem Diktat einer europäischen Datenschutzrichtlinie verdankt, die der Umsetzung in nationales Recht bedarf, wird in Deutschland von manchen Kritikern der Verlust von Privatheit als zu hoher Preis für eine bessere Sicherheit angesehen; zudem werde Kriminalität allenfalls von Bereichen mit offener Videoüberwachung in unbewachte Gebiete verdrängt.

Die vorstehend genannten Ansätze und Konzepte sollen ihre Auswirkungen unmittelbar im Bereich der Kriminalprävention zeigen. In den USA – dort vor allem in New York – ist dagegen ein Modell anzutreffen, bei dem das Stichwort „Prävention" allenfalls den Deckmantel für de facto vorrangig repressive Maßnahmen bietet: die Strategie der Zero Tolerance. Als Grundlage wird hierzu die auf *Zimbardo* zurückgehende Theorie der „Broken Windows" herangezogen, nach der die einmal verletzte Integrität von Fahrzeugen oder Gebäuden, z.B. in Form von zerbrochenen Fenstern, in kurzer Zeit eine Welle der allgemeinen Zerstörung des Objekts nach sich zieht. Die Durchführung des Prinzips der Nulltoleranz – rigorose Strafverfolgung selbst bei Bagatellverstößen – führte im Ergebnis dazu, daß die Stadt New York binnen weniger Jahre aus einer Spitzenposition im Hinblick auf hohe Kriminalitäts- und Verbrechensfurchtraten im positiven Sinne deutlich zurückfiel; Kritiker des Konzepts schreiben diesen Umstand jedoch auch anderen Veränderungen zu, die im selben Zeitraum eingeleitet wurden. Wenngleich die Resultate der Zero-Tolerance-Strategie durch einen Rückgang der Kriminalitätsbelastung in New York einen fulminanten Erfolg darstellen, so erscheint die Übertragung der amerikanischen „Law-and-Order"-Methode auf bundesdeutsche Verhältnisse nach verschiedener Ansicht nicht angezeigt zu sein; so steht hierzulande nicht zuletzt der mit Verfassungsrang ausgestattete Grundsatz der Verhältnismäßigkeit einer Umsetzung dieses Prinzips entgegen. Von den Medien dokumentierte Übergriffe amerikanischer Polizeibeamter gegenüber Zivilisten wie im Falle des 1991 in Los Angeles mißhandelten Schwarzen Rodney King tun ihr übriges dazu.

2. Kapitel:

Überblick kriminalgeographischer Erkenntnisse ausländischer Studien über Maßnahmen auf städtebaulicher Ebene

Um die in Deutschland erschienenen kriminalgeographischen Arbeiten in den allgemeinen internationalen Forschungsstand einordnen zu können, ist es sinnvoll, zunächst einen Blick auf die kriminalgeographischen Erkenntnisse, die jenseits der bundesdeutschen Landesgrenzen gewonnen wurden, zu werfen. Dies ist nicht zuletzt aufgrund der Tatsache geboten, daß bereits aus historischer Sicht[1] die „Wurzeln" der Kriminalgeographie nicht im deutschsprachigen Raum zu suchen sind, sondern daß auch heutzutage der Schwerpunkt der kriminalgeographischen Forschung verstärkt im anglo-amerikanischen Raum liegt. Hier soll exemplarisch der 1997 veröffentlichte Sherman-Report herangezogen werden, der Kriminalprävention unter verschiedenen Aspekten, u.a. auch auf lokaler Ebene der ortsbezogenen Delinquenz, behandelt[2].

Die Fülle der im Ausland erschienenen Untersuchungen, die sich mit Kriminalgeographie im weiteren Sinne beschäftigen, ist nicht überschaubar, so daß der Versuch, die zu dieser Thematik veröffentlichte Literatur im Rahmen der vorliegenden Arbeit vollumfänglich aufarbeiten und darstellen zu wollen, in Anbetracht der vorhandenen Menge des Schrifttums den Umfang dieser Abhandlung sprengen würde. Es ist daher zwingend geboten, sich bei der überblicksartigen Darstellung der kriminalgeographischen Erkenntnisse des Auslands auf eine Auswahl derjenigen ausländischen Untersuchungen zu beschränken, in welchen inhaltlich zumindest partiell kriminologische Fragestellungen in Verbindung mit der städtebaulichen Umwelt betrachtet

---

[1] Vgl. dazu Kapitel 1, Ziff. 3, Seite 13 ff.
[2] *Sherman/Gottfredson/MacKenzie/Eck/Reuter/Bushway*, Preventing Crime: What works, What doesn't, What's Promising, 1997; Grund für diese Untersuchung war der Umstand, daß der amerikanische Kongreß im Jahre 1996 eine wissenschaftliche Bewertung der zahlreichen polizeilichen Präventionsprogramme, zugleich jedoch eine Evaluation über die Wirksamkeit jener drei Milliarden US-Dollar, die in den Vereinigten Staaten jährlich für Polizei und deren Maßnahmen zur Verbrechensvorbeugung ausgegeben werden, gefordert hatte; siehe hierzu auch *Füllgrabe*, Der Sherman-Report, 2000, 181 ff.

werden. Gleichwohl kann Kriminologie mit all ihren Bezügen nur dann als sinnvoll angesehen werden, wenn sie die nationale Begrenzung des jeweiligen Herkunftslandes verläßt und sich auch mit transnationalen Aspekten beschäftigt[3]. Vor diesem Hintergrund kann die nachfolgende Darstellung nur ansatzweise einen Ausschnitt des Spektrums wiedergeben, der zudem lediglich die spezifischen Erkenntnisse kriminalgeographischer Untersuchungen unter dem Aspekt der Zusammenhänge zwischen Stadtstruktur und Kriminalität behandelt[4]; keineswegs wird hierbei der Anspruch auf Vollständigkeit erhoben.

Ohne Zweifel ist es das 1972 erschienene Werk „Defensible Space" des Architekten *Newman*[5], welches das Interesse an der Verbindung zwischen gebauter Umwelt und der Kriminalität in Wohngebieten in hohem Maße hervorgerufen und beeinflußt hat. Die Theorie des „Defensible Space" wurde in der Zeit entwickelt, als *Newman* Direktor des „Institute of Planning and Housing" an der Universität New York war[6]. Bei einem Vergleich von Wohngebieten, in denen überwiegend Hochhäuser für Familien mit niedrigem Einkommen gebaut wurden, mit Wohnanlagen, die vornehmlich mit Ein- und Mehrfamilienhäusern bebaut waren, stellte *Newman* fest, daß erstere ein erheblich höheres Maß an Kriminalität und Vandalismus aufwiesen als letztere. Solche Gebiete mit einer geringeren Anzahl von Wohneinheiten waren durch eine Kommunikation der Bewohner gekennzeichnet; Vorgärten, Eingangsbereiche der Objekte sowie Treppenhäuser wurden gemeinsam benutzt, so daß nicht zum jeweiligen Haus gehörende Personen schnell als solche erkannt werden konnten. *Newman* bezeichnete jene architektonischen Merkmale, die ein solches System kennzeichnen, als „Defensible Space", d.h. einen verteidigungsfähigen Raum[7]. Dieser soll vor allem durch die Beachtung vier wesentlicher Kategorien bei der Gestaltung der baulichen Umwelt geschaffen werden:

---

[3] *Albrecht/Kürzinger*, Kriminologie in Europa – europäische Kriminologie?, 1994, Vorwort VII.

[4] Dabei soll jedoch nicht vergessen werden, daß gerade amerikanische Studien die Ursachen von Kriminalität und Verbrechensfurcht häufig auf soziologischer Ebene suchen: So zeigen Weiße in Gebieten, in denen sie selbst zur ethnischen Minderheit gehören, ein gesteigertes Maß an Verbrechensfurcht, was unmittelbar mit dem von ihnen wahrgenommenen Risiko zusammenhängt, Opfer einer Straftat zu werden, vgl. *Britton*, Perceptions of the Work Environment among correctional Officers, 1997, 122.

[5] *Newman*, Defensible Space, 1972.

[6] *Mayhew*, Defensible Space, 1979, 150.

[7] Siehe dazu auch *Plate/Schwinges/Weiß*, Strukturen der Kriminalität in Solingen, 1985, 6 ff.

1. Territorialität, worunter *Newman* die Fähigkeit der baulichen Umwelt versteht, wahrnehmbare Gebiete mit territorialem Einfluß zu schaffen[8],
2. Natürliche Überwachung im Sinne der Fähigkeit baulicher Gestaltung zur Schaffung von Überwachungsmöglichkeiten für Bewohner und deren Vertreter[9],
3. Image und Milieu, wozu die Fähigkeit der Gestaltung zur Beeinflussung der Wahrnehmung der Einzigartigkeit, Isolierung und Stigmatisierung eines Projekts zählt[10], sowie
4. Umgebung, d.h. den Einfluß der geographischen Lage eines Wohngebietes mit „sicheren Zonen" auf die Sicherheit angrenzender Gebiete[11].

Mit seinen Erkenntnissen löste *Newman* keineswegs einen Trend aus, der seine Forschungen auch in der nachfolgend erschienenen kriminologischen Literatur Nordamerikas ausnahmslos bestätigt hätte. Vier Jahre nach dem grundlegenden Werk „Defensible Space" wurde eine Studie veröffentlicht, welche die unterschiedliche Verteilung von Kriminalitätsraten in einem studentischen Wohnviertel Floridas untersuchte, wobei der Schwerpunkt der Untersuchung auf den Eigentumsdelikten[12] lag. *Molumby* führte dabei die ungleichen Kriminalitätsraten in den untersuchten Gebieten mit hoher Kriminalität außerhalb von Gebäuden auf die schlechte Einsehbarkeit der Parkplätze durch die Bewohner zurück; ferner sei der Grund für die hohe Einbruchsrate im Vergleichsgebiet in häufig unverschlossenen Glasschiebetüren zu suchen[13]. *Brown/Altman* stellten 1975 im Sinne von *Newman* fest, daß sogenannte "Secondary territories"[14] potentiell einer Fehlinterpretation hinsichtlich des Eigentümerbegriffs zugänglich seien, aus ihrer mehrdeutigen Mischung aus öffentlichem und privatem Ge-

---

[8] Newman (Fn. 5), 51 ff.: „The Capacity of the Physical Environment to Create Perceived Zones of Territorial Influences".

[9] Newman (Fn. 5), 78 ff.: „The Capacity of Physical Design to Provide Surveillance Opportunities for Residents and their Agents"; zu den Zusammenhängen zwischen informeller Überwachung und Straßenkriminalität siehe auch *Bellair*, Informal Surveillance and Street Crime, 2000, 137 ff.

[10] Newman (Fn. 5), 102 ff.: „The Capacity of Design to Influence the Perception of a Project's Uniqueness, Isolation, and Stigma".

[11] Newman (Fn. 5), 109 ff.: „The Effect of Location of a Residential Environment within a Particular Urban Setting or adjacent to a „safe" or „unsafe" activity area.

[12] *Molumby*, Patterns of Crime in a University Housing Project, 1976, 249.

[13] *Molumby* (Fn. 12), 257.

[14] Analog zu *Newmans* "Semipublic areas".

brauch leicht zu Konflikten führen und das Eindringen fremder Personen fördern[15]. Dies habe zur Folge, daß mit zunehmendem Zugang der Öffentlichkeit zu einem Gebiet die Wahrscheinlichkeit eines Einbruchdiebstahls steige[16].

Ebenfalls 1976 erschien jedoch eine weitere kriminalgeographische Untersuchung über ein Gebiet mit insgesamt 27 Wohnsiedlungen in Cleveland, Ohio. Dort fand *Pyle* heraus, daß zwar eine gewisse Signifikanz in der unterschiedlichen Kriminalitätsrate der Gebiete aufgrund deren architektonischer Gestaltung bestand; er warf jedoch gleichzeitig die Frage auf, ob nicht weitere, weitaus gewichtigere Umstände als Gründe für die ungleiche Kriminalitätsverteilung heranzuziehen seien[17]. Diese fanden sich schnell: Bei einem Vergleich zweier Viertel wurde augenscheinlich, daß deren demographische Faktoren einen mehr als doppelt so hohen Einfluß auf die zu beobachtende Kriminalität hatten als die ausgeformte Art ihrer baulichen Gestaltung. In nur dreistöckigen Wohnhäusern fand sich teilweise sogar eine höhere Kriminalität, als dies bei Hochhäusern der Fall war. Dies nahm *Pyle* zum Anlaß, sich von der Hypothese *Newmans*, daß mit zunehmender Höhe der Gebäude auch die Kriminalitätsrate ansteige, ausdrücklich zu distanzieren[18].

Es konnte daher aufgrund der mangelnden Reproduzierbarkeit der Ergebnisse nicht ausbleiben, daß der gedanklich einschmeichelnde Ansatz *Newmans*, man könne Kriminalitätsverteilung auf lokaler Ebene unmittelbar auf die architektonische Struktur von Wohnvierteln zurückführen, zunehmend auf Kritik stieß. Den Ausführungen von *Eck* zufolge legte einerseits die nur beschränkte Anzahl der dem Defensible-Space-Konzept zugrundeliegenden untersuchten Gebiete New Yorks, andererseits die mangelnde Einbeziehung anderer Faktoren (insbesondere die Altersverteilung der Bewohner) bei einigen Kritikern den Schluß nahe, *Newmans* Schlußfolgerungen seien übertrieben[19]. So räumte *Newman* selbst in einer späteren Veröffentlichung ein, daß

---

[15] *Brown/Altmann*, Territoriality and Residential Crime, 1981, 59.
[16] *Brown/Altman* (Fn. 15), 64.
[17] *Pyle*, Spatial and Temporal Aspects of Crime in Cleveland, Ohio, 1976, 180.
[18] *Pyle* (Fn. 17), 181; gleichzeitig wird jedoch zugestanden, daß *Newman* seinerzeit mit einer erheblich größeren Stichprobe arbeitete.
[19] *Eck*, Preventing Crime at Places, 1997, 305 unter Hinweis auf *Mayhew* (Fn. 6), 157; weitere Kritik an der Arbeit von *Newman* findet sich ferner bei *Bottoms*, Review of Defensible Space, 1974, *Mawby*, Defensible Space, 1977, *Merry*, Defensible Space Undefended, 1981.

es – neben den Abweichungen im Bereich der baulichen Gestaltung – mehrere soziale Variablen gebe, welche die Unterschiede in der Kriminalitätsbelastung einzelner Wohnhäuser erklären könnten[20].

Auch in Deutschland wird der Ansatz des „Defensible Space" seither hart kritisiert. So stellt *Kube* erhebliche Schwachstellen dieses Konzepts nicht nur im Sinne einer Feindbildhaltung nach außen, verbunden mit einer zu Unrecht gesteigerten Kriminalitätsangst außerhalb des eigenen territorialen Bereichs fest, sondern auch die mangelhafte Konsistenz von *Newmans* Idee. Nach seiner Auffassung können Defensible Space-Merkmale (wie z.b. Hecken und Zäune beim Einfamilienhaus) bei Tag den Diebstahl auf dem Grundstück abgestellter Sachen erschweren, bei Nacht hingegen den Einbruchdiebstahl evtl. sogar begünstigen. Ferner ist die Effektivität dieses Ansatzes Gegenstand der Kritik, da die Präventionswirkung bei einer vorwiegend architektonischen Ausrichtung von Veränderungen recht bescheiden sei[21]. *Kaiser* weist daher zu Recht auf die Erkenntnis hin, daß der behauptete und vorwiegend isoliert begriffene Zusammenhang zwischen Städtebau und Kriminalität sich auch für europäische Verhältnisse aufgrund einer nicht eindeutigen und widerspruchsfreien Datenlage nicht erhärten läßt, um daraus modisch-spektakuläre Folgerungen ableiten zu können[22]; gleichwohl könne ein Zusammenhang zwischen bestimmten städtebaulichen Formen und einzelnen Arten der Kriminalität ebensowenig geleugnet werden wie der Umstand, daß diese Zusammenhänge auch durch Beeinflussung der Prävention zugänglich sind[23]. *Hope* stellt zu diesem generellen Kritikpunkt daher zutreffend fest:

„The multicausal confusion surrounding the environmental modification model has been replicated in the multidimensional nature of most programs, so that it has been difficult to isolate for evaluation the dynamics of the design effect."[24]

---

[20] *Newman*, Design Guidelines for Creating Defensible Space, 1976, 20 f.
[21] *Kube*, Städtebau, Wohnhausarchitektur und Kriminalität, 1982, 59 f.
[22] *Kaiser*, Lösungsvorschläge aus der Sicht der Kriminologie, 1979, 226.
[23] *Kaiser* (Fn. 22), 228.
[24] *Hope*, Community Crime Prevention, 1995, 54.

Insbesondere in den USA ist Gewalt primär ein Großstadtproblem[25]. Dies wird nach der Theorie der sozialen Desorganisation den kriminogenen großstädtischen Slums zugeschrieben, die durch verfallene Gebäude, unzureichende sanitäre Einrichtungen und Überbelegung der Wohnungen gekennzeichnet sind[26]. Das beständige Wachstum der Städte wird in den Vereinigten Staaten daher immer wieder als Grund für die unterschiedlichen Kriminalitätsraten einzelner Gegenden angesehen. So stellten *Shaw/McKay* schon 1942 fest, daß während des Wachstums der Stadt Chicago eine Differenzierung innerhalb der Stadtviertel stattgefunden hat. Chicago war im Verlauf eines Zeitraumes von nur knapp mehr als einem Jahrhundert von einer kleinen Stadt mit 200 Einwohnern und einer Fläche von 2,5 Quadratmeilen zu einer großen Industriemetropole mit einer Bevölkerung von über 3,3 Millionen Menschen und einer Ausdehnung von 211 Quadratmeilen angewachsen. Auch ein flüchtiger Blick zeige, so *Shaw/McKay*, dabei schon, daß sich manche Viertel größtenteils zu industriellen, andere dagegen ausschließlich zu wohnlichen Nutzungszwecken entwickelt haben. Als Resümee erkannten die Autoren damals, daß in Gegenden, die eine hohe Delinquenzrate aufweisen, dies weder durch Zufall noch durch geplante Konstruktion geschieht. Es wird vielmehr angenommen, daß dies das Endprodukt eines Prozesses amerikanischen Stadtlebens sei, über das der Mensch bislang nur wenig Kontrolle ausüben könne[27]. *Sherman/Gartin/Buerger* werfen in diesem Zusammenhang die Frage auf, ob die gebaute Umgebung den Generator oder schlicht den Rezeptor von Kriminalität darstellt, d.h. ob Verbrechen unvermeidbar sind und damit ungeachtet des konkreten Platzes geschehen[28].

Wie eine Untersuchung über jugendliche Straftäter vor dem Juvenile Court of Cook County aus Chicago in den Jahren 1927 – 1993 zeigte, steht die Täterverteilung in enger Beziehung zu den vorhandenen Industriegebieten und der Zusammensetzung der dortigen Bevölkerung. Hoch belastete Gegenden waren nur unweit der Industrie- und Geschäftsviertel zu finden, während die Fälle mit zunehmender Entfernung zur

---

[25] *Schneider*, Zusammenfassende Darstellung und kritische Auswertung der Arbeit der „National Commission on the Causes and Prevention of Violence", 1994, 180.
[26] *Schneider* (Fn. 25), 182.
[27] *Shaw/McKay*, Juvenile Delinquency and Urban Areas, 1969, 17 f.
[28] *Sherman/Gartin/Buerger*, Hot Spots of Predatory Crime, 1989, 46.

städtischen Peripherie stetig abnahmen und seltener wurden[29]. Auch eine Betrachtung der Juvenile Court Series der Jahre 1934 – 1940, von 1917 – 1923 sowie von 1900 – 1906 führte zu den gleichen Ergebnissen, jedoch mit dem Unterschied, daß die jüngeren Daten eine Bewegung der Kriminalität aus der Stadtmitte heraus belegten, die älteren dagegen die „peak delinquent zone" näher am Zentrum aufwiesen, da zu dieser Zeit die Wohnbevölkerung noch nicht so weit von Industrie und Handel verdrängt worden war.

Als Erklärung dafür, daß das Problem der Jugendkriminalität nur schwer in den Griff zu bekommen ist, führen *Shaw/McKay* an, daß die bisherige Aufmerksamkeit zu sehr auf den einzelnen Täter gerichtet gewesen sei und nicht genug auf die Umgebung, in der Delinquenz entsteht[30]. Diese Annahme liegt in dem Umstand begründet, daß die Kriminalitätsrate an einem Ort selbst bei einem Wegzug der ursprünglich (delinquenten) Bewohner konstant bleibt, so daß die Höhe der vorgefundenen Delinquenz nach Ansicht der Verfasser nicht bewohner-, sondern objektbezogen sein müsse. *Plant* faßt diese Befunde auf der Grundlage seiner jahrelangen Erfahrung in einer psychiatrischen Klinik wie folgt zusammen, indem er fordert:

> "If it is true that the triumphs and tragedies of the street flow into and become a part of the child, then all programs of personality change must manage somehow to change the street."[31]

Zu den häufig zitierten Darstellungen amerikanischer Kriminologie, die sich mit Kriminalität unter städtebaulichen Aspekten beschäftigen, zählt das Werk von *Jacobs*, die ihr Buch als Angriff auf die Stadtplanung der 50er Jahre und den Wiederaufbau versteht und die gleichzeitig einen Versuch unternimmt, neue Prinzipien im Bereich der Planung und des Umbaus vorzustellen[32]. Stadt für Stadt zeige sich, daß – zumindest aus der Sicht der Planungstheorie – genau die falschen Stadtviertel verfallen. In glei-

---

[29] *Shaw/McKay* (Fn. 27), 51.
[30] *Shaw/McKay* (Fn. 27), 326.
[31] *Plant*, Personality and the Cultural Pattern, 1937, 18.
[32] Nach *Rolinski* kann *Jacobs* Buch als „Aufschrei des entnaturalisierten und seiner faktischen Freiheit beraubten Großstadtmenschen angesehen werden", vgl. *Rolinski*, Wohnhausarchitektur und Kriminalität, 1980, 22.

chem Maße zeige sich jedoch auch, daß jene Gebiete, denen die Stadtplaner einen Verfall prophezeien, sich diesem verweigern[33]. Architekten, die Versuche in stadtplanerischer Gestaltung unternehmen, begingen häufig den Fehler, die Ordnung des Lebens durch die hiervon völlig verschiedene Ordnung der Kunst zu ersetzen[34]. *Felson* bemüht in diesem Zusammenhang den Vergleich der Großstadt mit einem „Metropolitan Reef"[35], das sich rasch ausbreitet und die Gelegenheit zu einer großen Anzahl menschlicher Verhaltensweisen bietet, in welches jedoch insbesondere junge Delinquenten frei hineinströmen und ihr illegales Treiben dort entfalten können[36].

Jacobs sieht die belebte Straße, auf welche die Augen der anliegenden Bewohner gerichtet sind, als hauptsächlichen Sicherheitsfaktor an. Ausschlaggebend hierfür sei ein entsprechend attraktiv gestaltetes Straßenbild, das durch belebte Geschäfte und öffentliche Plätze Anlaß für eine „naturgewollte" Überwachung durch die Bevölkerung bietet. Auch die Inhaber ortsansässiger Geschäfte selbst hätten, so *Jacobs*, ein vitales Interesse an Frieden und Ordnung; sie seien somit als großartige Beobachter der Straße prädestiniert[37]. Hier setzt *Mayhew* an, die *Jacobs* Ideen zwar als attraktiv, jedoch nicht als sehr praxistauglich ansieht. Nach ihrem Dafürhalten geht ein hohes Maß an Aktivität auf der Straße nicht notwendigerweise mit einer Reduzierung der Kriminalität einher. Belebte Straßen können das Entstehen von Verbrechen sogar eher begünstigen, da sie einen Deckmantel für Fremde bieten[38].

Teilweise wie eine Fortsetzung und Validitätsprüfung von *Newmans* „Defensible Space" erscheint die 1985 von *Coleman* veröffentlichte Arbeit. Hier wird die Frage nach dem fehlenden Schutz der Bevölkerung durch nachteilige städtebauliche Gestaltung mit der Einrichtung der Bürokratie zu erklären versucht, die zwar zahllose Richtlinien zu diesem Thema erlassen hat, sich andererseits nach Auffassung der Autorin jedoch weigert, Gestaltungsfragen wirklich ernst zu nehmen. Viele Verbesserungsmaßnahmen, die eine beträchtliche Summe an Steuergeldern verschlingen,

---

[33] *Jacobs*, The Death and Life of Great American Cities, 1962, 6.
[34] *Jacobs* (Fn. 33), 375.
[35] Übersetzt in etwa: Weltstädtisches/Weltoffenes Riff.
[36] *Felson*, Routine Activities and Crime Prevention in the Developing Metropolis, 1987, 917.
[37] *Jacobs* (Fn. 33), 35 f.
[38] *Mayhew*, Crime in Public View, 1981, 124 f.

bauten mehr auf den Prinzipien Hoffnung und Glauben auf, statt vorliegende wissenschaftliche Erkenntnisse heranzuziehen[39]. Selbst wenn dieses Wissen noch gering sei und unzählige andere Faktoren Einfluß auf die Variable „Kriminalität" hätten, so habe auch städtebauliche Gestaltung hierauf einen – wenn vielleicht auch geringen – Effekt. Etwaigen Einwänden, daß räumliche Faktoren eine eher untergeordnete Rolle im Verhalten der Menschen spielen könnten, begegnet *Coleman* geschickt mit einer Antizipation der potentiellen Argumente, indem sie mögliche Fragen herausgreift, um diese sodann in ihrem Sinne zu beantworten. Dies gelingt ihr jedoch nur teilweise: Der Umstand, daß Armut unter alten Menschen keinen verstärkenden Einfluß auf die Delinquenz in einem Wohngebiet hat, erklärt den angeblich nicht existenten Zusammenhang zwischen häuslicher Umgebung und Armut als schlechtem sozialen Umstand nur unzureichend[40].

Ausgehend von der Erkenntnis, daß an den meisten Orten kaum bis keine Verbrechen geschehen, andererseits sich der überwiegende Teil der Delinquenz konzentriert an nur wenigen Plätzen abspielt, kommt *Eck* zum Ergebnis, daß städtebaulich zielgerichtete Kriminalprävention eine größere Wirkung auf potentielle Straftäter ausübe als eine Anhebung des Strafmaßes oder eine erhöhte Polizeipräsenz. Nach seiner Einschätzung kann eine ortsbezogene Präventionstaktik den potentiellen Täter gerade in dem Augenblick beeinflussen, in dem er die Entscheidung zur Begehung einer bestimmten Tat trifft[41]. Dies hänge vor allem damit zusammen, daß Menschen mit geringer Selbstbeherrschung und der Unfähigkeit, die Folgen ihres Verhaltens langfristig einzuschätzen, einer verstärkten Wirkung der unmittelbaren Tatumstände unterliegen. Hier sei der Ansatzpunkt für ein „crime opportunity blocking at places" zu suchen[42]. *Sherman* faßt diesen Gedanken ortsbezogener Delinquenz mit seinem einprägsamen Begriff „Hot Spots of Crime" anschaulich zusammen:

---

[39] *Coleman*, Utopia on Trial, 1985, 3 f.
[40] *Coleman* (Fn. 39), 83 ff.
[41] So im Ergebnis auch *Albrecht*, Anmerkungen zu Entwicklungen in der Kriminalpolitik, 1999, 781: „Gerade Personen, die nicht unbedingt eine Straftat begehen wollen, sondern auf situative Bedingungen reagieren, können durch Manipulation der Umgebung durchaus beeinflußt werden".
[42] *Eck* (Fn. 19), 301.

„For if future crime is six times more predictable by the address of the occurrence than by the identity of the offender, why aren't we doing more about it? Why aren't we thinking more about wheredunit, rather than just whodunit?"[43]

Gegen diese Argumentation wenden sich wiederum *Barr/Pease*, nach deren Ansicht auch die räumliche Vermeidung von Tatgelegenheiten nicht zur vollständigen Verdrängung von Verbrechen führen wird, sondern präventive Maßnahmen generell eine Kriminalitätsreduzierung erzeugen[44].

Die Vorstellung eines ursächlichen Zusammenhangs zwischen den baulichen bzw. räumlichen Strukturen und der Erhöhung der Gewaltbereitschaft bzw. dem Auftreten von gewalttätigen Ausschreitungen liegt häufig den Forderungen nach einer kriminalitätserschwerenden Architektur bis hin zu Vorschlägen über eine Gestaltung des Wohnumfeldes zugrunde. So wurde z.B. auch in Großbritannien erkannt, daß bauliche Maßnahmen aus dem Bereich der sekundären Prävention zwar nicht die vielschichtigen Ursachen von Kriminalität bekämpfen können, diese aber ungeachtet dessen als kurzfristig zu ergreifende und geeignete Einzelmaßnahmen angesehen werden[45].

Dennoch gibt es auch in der ausländischen Literatur anschauliche Beispiele, wie sich konkrete Bauformen oder die Ansiedlung bestimmter Gebäude auf die Kriminalität auswirken können. So zeigt *Felson* auf Grundlage der Ergebnisse von *Roncek/Lobosco*[46] auf, daß Public High Schools die Kriminalitätsrate nahegelegener Nachbarschaften anheben, was auf die Ansammlung von Jugendlichen zurückgeführt wird, die Täter und Opfer zugleich sein können. Gleichzeitig gebe es Einrichtungen, zu denen u.a. auch Schulen zählen, die hohe Kriminalitätszahlen lieber tolerieren, als den Umstand zuzugestehen, daß diese Kriminalitätsbelastung ein Problem für sie dar-

---

[43] *Sherman*, Hot Spots of Crime and Criminal Careers of Places, 1995, 36 f.
[44] *Barr/Pease*, A Place for Every Crime and Every Crime in Its Place, 1992, 198.
[45] *Eckert/Willems/Wolf*, Gewaltberichte aus Großbritannien, 1994, 21.
[46] *Roncek/Lobosco*, The effect of high schools on crime in their neighborhoods, 1983.

stellt[47]. Unter Hinweis auf *Brantingham/Brantingham*[48] wird ferner konstatiert, daß das örtliche Verbrechensrisiko mit zunehmender Distanz von einem McDonald's Restaurant abnimmt. Obwohl diese Restaurants für sich gesehen als sicher einzustufen seien, so erhöhen sie dennoch aufgrund ihres Anziehungsfaktors für die hauptsächlichen Täter- und Opfergruppen eines bestimmten Alters das Kriminalitätsrisiko für die umgebenden Gebäude[49]. Ein ähnliches Phänomen konstatiert *Eck* unter Hinweis auf *Spelman*[50], wonach zehn Prozent der Fast-Food-Restaurants in San Antonio, Texas, ein Drittel der Eigentumsdelikte dieses Gastronomiezweiges auf sich vereinigen[51].

Die unmittelbare Umgebung, in denen sich öffentliche Gaststätten befinden, spielt ebenfalls eine Rolle in bezug auf deren kriminelle Gefährdung. So weist *Sherman* unter Bezugnahme auf eine Untersuchung von 135 Bars in Vancouver (Kanada) darauf hin, daß Bars in „schlechten" Gegenden mehr Kriminalität erzeugen, als Bars in „guten" Vierteln, und zwar ungeachtet der individuellen Neigung ihrer Gäste zu kriminellem Verhalten[52]. Zu gleichgelagerten Ergebnissen gelangten auch *Roncek/Maier*, die im Zeitraum von 1979 – 1981 die Auswirkungen der Anzahl von Tavernen und Cocktail-Bars auf die Kriminalität in den Wohnblocks der Stadt Cleveland untersuchten. Wenngleich Wohnkomplexe mit solchen Lokalen nicht die einzigen Gebiete mit einer hohen Kriminalitätsbelastung waren, so zeigte sich doch, daß die Verbrechensrate in Wohngegenden mit Tavernen oder Cocktail-Bars signifikant höher war als in anderen Gebieten[53].

Französische Studien haben ebenfalls Zusammenhänge zwischen Gewalt und dem städtebaulichen Typus feststellen können. Neben der Größe einer Stadt, bei der jenseits eines Grenzwertes von 200.000 Einwohnern die Kriminalität stark ansteigt, ist

---

[47] *Felson* (Fn. 36), 927.
[48] *Brantingham/Brantingham*, Mobility, notoriety and crime, 1982.
[49] *Felson* (Fn. 36), 921.
[50] *Spelman*, Once bitten, then what?, 1995.
[51] *Eck* (Fn. 19), 300.
[52] *Sherman* (Fn. 43), 45.
[53] *Roncek/Maier*, Bars, blocks, and Crimes revisited, 1991, 747.

auch die Gebäudehöhe für das Kriminalitätsaufkommen von Bedeutung[54]. So steigt die Rate der Gewalttaten bei Gebäuden mit mehr als sechs Stockwerken deutlich an[55]. Zum selben Ergebnis auf der Ebene der subjektiv wahrgenommenen Verbrechensfurcht kommt auch *Léauté*, der unter Bezugnahme auf eine französische Untersuchung in Paris feststellt, daß das Gefühl der Verunsicherung sich je nach Größe der Städte entwickelt und wandelt; ferner steigen Gewaltsituationen und sonstige Formen an Gewalttätigkeiten entsprechend der Größe der Städte an[56].

In Österreich hat *Breitwieser* mit der Analyse charakteristischer Strukturmerkmale einer kriminellen Umwelt die Annahme untersucht, daß das verstärkte Auftreten von Delinquenz in bestimmten Stadtgebieten nicht auf das Ergebnis individueller Wohnwünsche, sondern auf das Ergebnis sozioökonomischer Prozesse zurückzuführen sei. Hierzu wurden im Jahr 1975 in der österreichischen Stadt Linz 169 aktenkundig gewordene Fälle von Jugenddelinquenz untersucht[57]. Dabei zeigte sich, daß reine Wohnsiedlungen mit einem hohen Anteil an Einfamilienhäusern sowie durchmischte Viertel mit Handwerksbetrieben eine reduzierende Auswirkung auf die Höhe der Eigentumsdelikte hatten; ferner nahm das Maß an Körperverletzungsdelikten zu, je kleiner die Wohnungen eines Viertels im Verhältnis zur Familiengröße waren[58].

Auch die Straßenführung eines Stadtviertels kann nach Ansicht mancher Autoren einen gewissen Einfluß auf die Kriminalitätsrate haben. Hierzu bemerken *Taylor/Gottfredson*, daß schnelle Zugangswege in der baulichen Umgebung für potentielle Täter die Gefahr der Entdeckung und einer möglichen Ergreifung erheblich verringern. Ebenso mache ein belebtes Geschäft an der Straßenecke eines Viertels einen Täter weniger verdächtig, der sein Tatobjekt auskundschaften will[59]. Dennoch ziehen auch

---

[54] Die – teilweise undifferenziert aufzufindende – These, daß „an einer Korrelation von Kriminalität und Einwohnerzahl nicht zu zweifeln ist", gehört mittlerweile auch außerhalb der kriminologischen Literatur zum Allgemeingut, vgl. *Fellenberg*, Lebensraum Stadt, 1991, 251.

[55] *Hobe*, Darstellung und Auswertung des Berichts der von Alain Peyrefitte geleiteten Kommission „Antworten auf die Gewalt", 1994, 87.

[56] *Léauté*, Kriminalitätsverhütende Stadtplanung und Architektur, 1979, 157.

[57] *Breitwieser*, Jugenddelinquenz und Stadtstruktur, 1978, 32 f.

[58] *Breitwieser* (Fn. 57), 40 f.

[59] *Taylor/Gottfredson*, Environmental Design, Crime, and Prevention, 1986, 392 ff.; *Eck* kommt ebenfalls zu dem Ergebnis, daß eine Beschränkung von Zugangswegen („street closure") vielversprechend sei, siehe *Eck* (Fn. 19), 340.

diese Autoren den Schluß, daß – mit Ausnahme von Sicherheitsausstattungen – die gebaute Umgebung Kriminalität weder verursache noch verhindere; ihr Einfluß beschränke sich allenfalls auf die Wahrnehmung des Täters und dessen Verhalten[60].

Poyner, der in seinem Beitrag einen Überblick auf 122 weitere Studien gibt[61], stellt enttäuscht fest, daß sowohl in Großbritannien als auch in den USA nur wenige Projekte der Kriminalprävention den gewünschten Effekt in Form einer Reduzierung der Kriminalität erbrachten, was nicht nur daran lag, daß viele Projekte dürftig organisiert und unvollständig implementiert wurden, sondern daß auch bei deren guter Durchführung erhebliche Zweifel an der Effizienz ihrer Maßnahmen aufkamen. Dies führte dazu, daß eine beständige Kontrolle von Präventionsinitiativen in den letzten 15 bis 20 Jahren weitgehend vernachlässigt, wenn nicht oftmals sogar völlig eingestellt worden ist[62]. Poyner resümiert, daß (Verbesserungs-)Maßnahmen in der Gestaltung der baulichen Umwelt durchweg zumindest einen gewissen Einfluß auf die Reduzierung von Kriminalität haben, wobei Maßnahmen dieser Art in einer Rangliste der effizientesten Maßnahmen gegen Autodiebstahl sogar am häufigsten vertreten sind[63]. Dies veranlaßt ihn schließlich, dennoch ein positives Fazit aus dem Bereich der Kriminalprävention zu ziehen, verbunden mit der Feststellung, daß auch in Zukunft Untersuchungen dieser Art notwendig sind.

Selbst in einem Land wie der Schweiz, welches wie kaum ein anderer Industriestaat in der Öffentlichkeit den Ruf genießt, weitgehend frei von Kriminalitätsproblemen zu sein, nimmt vor allem das Thema „Gewaltkriminalität" einen immer größeren Raum im Alltagsbewußtsein der Bevölkerung, in den schweizerischen Medien sowie im politischen Diskurs ein[64]. Dies geschieht nicht ohne Grund: Wenngleich über das gesamte Kriminalitätsvolumen in der Schweiz keine verläßlichen Quellen vorliegen[65], ist innerhalb der letzten dreißig Jahre in den schweizerischen Städten ein deutlicher An-

---

[60] Taylor/Gottfredson (Fn. 59), 412.
[61] Wovon sich allein 45 Zitate mit der Gestaltung oder Verbesserung der baulichen Umwelt befassen.
[62] Poyner, What works in Crime Prevention, 1993, 8.
[63] Poyner (Fn. 62), 19.
[64] Eisner, Das Ende der zivilisierten Stadt?, 1997, 11.
[65] Schwarzenegger, Die Einstellungen der Bevölkerung zur Kriminalität und Verbrechenskontrolle, 1992, 341.

stieg der Gewaltdelinquenz zu verzeichnen[66], so daß sich die Sicherheitsprobleme auch in der Eidgenossenschaft in den letzten Jahren zusehends zugespitzt haben[67].

Darüber hinaus stellen auch auf der Ebene der subjektiv wahrgenommenen Kriminalitätsfurcht verschiedene Verbrechensängste in der Schweiz ein weitverbreitetes Phänomen dar[68]. Vor diesem Hintergrund verwundert es nicht, wenn die Teilnehmer einer im Jahr 1987 im Kanton Zürich durchgeführten Bevölkerungsbefragung mit großer Mehrheit eine negative Kriminalitätsentwicklung für die nächsten drei Jahre prognostizierten[69].

Eisner unternahm für den Kanton Basel-Stadt den Versuch, anhand einer Zuordnung der verschiedenen Deliktkategorien zu diversen Deliktorten[70] ihre situative Bedeutung für die Beziehung zwischen Täter und Opfer zu demonstrieren. Wenngleich Kritiker diese Studie zuweilen als „reißerisch aufgemacht" bezeichnen[71], so zeigt sie dabei doch, daß sich Tötungsdelikte zu mehr als zwei Dritteln in der Privatsphäre (insbesondere in der Wohnung des Opfers) ereignen, nur ein knappes Drittel dagegen im öffentlichen Raum (dort vor allem auf Straßen und Plätzen sowie an Orten des öffentlichen Vergnügens). Während rund 80 % des Raub- und Entreißdiebstahls auf offener Straße geschehen, finden sexuelle Gewaltdelikte mit einem Anteil von fast 60 % wiederum in der Privatsphäre statt[72].

Eine kartographische Darstellung der Täterraten ergab, daß sich die Verteilung der Gewalttäter auf einige wenige Wohnquartiere in Basel konzentrierte[73]. *Eisner* schreibt diesen Befund hauptsächlich den Variablen sozialer Desorganisation und niedrigem sozialen Status der Täter zu, bringt jedoch einen weiteren Faktor ein, den er als „lo-

---

[66] *Eisner* (Fn. 64), 70.
[67] *Schlegel*, Sicherheit in Städten, 1993, 809; als Ursache wird – neben zahlreichen anderen Faktoren – u.a. auch die Baustruktur der Quartiere genannt.
[68] *Schwarzenegger* (Fn. 65), 92.
[69] *Schwarzenegger* (Fn. 65), 221.
[70] Dazu zählten die Privatsphäre, die Arbeits- sowie die Öffentliche Sphäre.
[71] *Dinges/Sack*, Unsichere Großstädte?, 2000, 47.
[72] *Eisner* (Fn. 64), 148.
[73] Zu den Situationen und Milieus von Gewalt im Kanton Basel-Stadt siehe ferner *Eisner*, Alltägliche Gewalt in Schweizer Städten, 1993, 116 ff.

kales Gewaltmilieu" bezeichnet und der weitgehend der räumlichen Verteilung innenstädtischer Vergnügungsaktivitäten entspricht[74]. Dies vorausgeschickt ist zu erwarten, daß Opfer von Gewalt in der Privatsphäre überdurchschnittlich häufig in den sozial desorganisierten, individualisierten und durch einen tiefen durchschnittlichen sozialen Status geprägten Quartieren wohnen[75].

Im Hinblick auf die wahrgenommene Verbrechensangst in der Bevölkerung stellte *Schwarzenegger* in einer 1992 veröffentlichen Untersuchung über die Stadt Zürich fest, daß mit zunehmender Größe des Wohnortes zwar die generelle Viktimisierungsfurcht der Befragten ansteigt, gleichzeitig aber deren Furcht zu Hause abnimmt[76].

---

[74] *Eisner* (Fn. 64), 190.
[75] *Eisner* (Fn. 64), 201.
[76] *Schwarzenegger* (Fn. 65), 337.

3. Kapitel:

Ergebnisse ausgewählter kriminalgeographischer Studien in Deutschland seit dem Jahr 1968

I. Überblick

Seit den 70er Jahren des 20. Jahrhunderts beeinflussen Untersuchungen, welche die Beziehungen von Kriminalität und Raum thematisieren, die kriminologische und planerische Diskussion. Wenngleich Wohn- und Siedlungsstil gemeinhin als Indikatoren für Sozialstruktur und soziale Kontrolle angesehen werden, sehen ausländische Untersuchungen, vornehmlich die Betrachtung von Wohnvierteln in der Stadt New York durch *Newman*[1], eine sehr deutliche Verbindung zwischen räumlichen Bedingungen und Kriminalitätshäufigkeit; bundesdeutsche Studien stellen dagegen eher soziale Variablen in den Vordergrund[2]. Die Durchführung kriminalgeographischer Studien rechtfertigt sich in der gezielten und praxisorientierten kriminalpräventiven Betätigung, wobei es – insbesondere unter baulich-räumlichen Aspekten – einer Analyse von Tatortstrukturen sowie der Betrachtung der Täterwohnsitze bedarf[3]. Kriminologische Regionalanalysen sollen eine fundierte Informationsbasis schaffen, auf deren Grundlage sich spätere Präventionsaktivitäten entfalten können und insbesondere verglichen werden kann, ob nach Durchführung der präventiven Maßnahmen eine Verbesserung der Situation zu bilanzieren ist[4] – ein zentraler Aspekt, der im empirischen Teil der vorliegenden Arbeit[5] von Bedeutung ist. Sowohl Umfang als auch Verständlichkeit mancher kriminologischer Regionalanalysen geben zuweilen Anlaß zur Kritik. Dabei werden Untersuchungsberichte in Frage gestellt, die nicht unbeträchtliche Kosten verursachen, die jedoch so umfangreich und komplex sind, daß sie selbst wieder der Analyse bedürfen[6].

---

[1] Vgl. Kapitel 2, Seite 65 ff.
[2] Siehe dazu *Pohlmann-Rohr*, Berücksichtigung von Sicherheitskriterien in der kommunalen Bauplanung, 1996, 234.
[3] Vgl. *Kube*, Kriminalitätsverhütung in Wohngebieten durch städtebauliche Maßnahmen, 1988, 3.
[4] Siehe dazu *Zenthöfer*, Kommunale Kriminalprävention, 1999, 9.
[5] Siehe Kapitel 5, Seite 135 ff.
[6] *Luff*, Regionalanalysen – Modeerscheinung oder unverzichtbares Planungsinstrument?, 1998, 779.

Bei der Darstellung der zu untersuchenden kriminalgeographischen Studien mußte zunächst eine Auswahl getroffen werden, um einerseits der Gefahr einer ungewichteten und unüberschaubaren Aufzählung vorzubeugen; andererseits sollte durch ein Herausgreifen der „Klassiker" dieses Sachgebietes der Blick auf die wesentliche bundesdeutsche Entwicklung im Bereich der Kriminalgeographie gerichtet werden. Nicht in diese Reihe mit aufgenommen wurden daher Arbeiten, die jeweils nur einen eingeschränkten Teilaspekt der Kriminalität zum Gegenstand hatten, wie z.B. die Betrachtungen von *Langer*[7] oder *Bähr/Bathsteen*[8], die sich nur mit der Straßenkriminalität im Zielgebiet beschäftigten. Aus vergleichbarem Grund – ausschließliche Untersuchung der saisonalen Urlaubskriminalität – konnte auch die Arbeit von *Behder*[9] keine Berücksichtigung finden.

Ebenso verdient der von *Schwind*[10] in die Reihe kriminalgeographischer Arbeiten eingereihte „Sozialatlas '79"[11] die ihm zugebilligte kriminologische Bedeutung nicht. Mit Ausnahme eines dreiseitigen Exkurses[12] „Zur 'Versorgung' von delinquenten und kriminellen Kindern und Jugendlichen", der sich ganz allgemein über das Wesen der Jugendgerichtshilfe und die Sanktionsmaßnahmen nach dem JGG ausläßt, finden sich in dieser Arbeit nicht einmal die ansonsten üblichen Verteilungsmuster von Kriminalität auf räumlicher Ebene. Mit der Behandlung der Themen „Analyse von Lebensbedingungen", „Die Versorgung mit Leistungen der sozialen Infrastruktur" sowie „Jugendarbeitslosigkeit als Gegenstand von Sozialplanung" handelt es sich um eine rein sozialwissenschaftliche Studie[13].

Auch die im Jahr 1969 veröffentlichte Habilitationsschrift von *Sack* hat ihren Schwerpunkt nicht im Bereich der Kriminalgeographie[14]. Ebenso wie die Studie von *Opp* ein

---

[7] *Langer*, Kriminalität als Indikator sozialgeographischer Raumstrukturen, 1983.
[8] *Bähr/Bathsteen*, Straßenraub in Hamburg, 1992.
[9] *Behder*, Die Saison-(Urlaubs-)Kriminalität in Schleswig-Holstein 1972/73, 1979.
[10] *Schwind*, Kriminologie, 2000, 293.
[11] *Lewkowicz*, Sozialatlas '79, 1979.
[12] *Lewkowicz* (Fn. 11), 80 – 82.
[13] Den Schwerpunkt auf Sozialstrukturen legt ebenso der von der Stadt Mannheim herausgegebene „Mannheimer Sozialatlas 1985"; vgl. *Stadt Mannheim*, Mannheimer Sozialatlas 1985, 1987.
[14] *Sack*, Strukturen und Prozesse in einem Delinquenzviertel Kölns, 1969; auch der Verfasser selbst geht davon aus, daß sich seine Studie ausschließlich auf soziologischer Ebene bewegt, 4.

ERGEBNISSE KRIMINALGEOGRAPHISCHER STUDIEN IN DEUTSCHLAND 83

Jahr zuvor[15] wurden in der Stadt Köln Kinder und Jugendliche sowohl in einem Delinquenzviertel als auch in einem nicht delinquenten Kontrollgebiet untersucht. Wenngleich die ausgewählten Stadtviertel unter allen erdenklichen soziologischen Aspekten dargestellt werden, erschöpfen sich die Ergebnisse der Untersuchung im Hinblick auf deren kriminalgeographische Relevanz in der Darstellung der „horizontalen Mobilität" der Befragten, die auf den Geburtsort und die Wohnungsgröße der Befragten sowie auf die Frage abstellt, ob diese Wohnungen mit Bad und Zentralheizung ausgestattet sind[16]. Unter dem spezifischen Gesichtspunkt des Städtebaus ist diese Studie daher nur wenig ergiebig; ferner überrascht deren Gewichtung: Während der deskriptive Teil 385 Seiten umfaßt, werden auf die Darstellung der Ergebnisse nur 74 Seiten verwandt.

Nicht aufgenommen in die Auswahl der kriminalgeographischen Untersuchungen wurden ferner die vor allem in den letzten Jahren verstärkt durchgeführten und veröffentlichten „Kriminologischen Regionalanalysen"[17], deren Güte teilweise stark variiert. Bis auf wenige Ausnahmen[18] zeichnen sie sich zwar durch eine Fülle an Informationen aus, verharren jedoch häufig im Zustand der reinen Deskription und äußern aufgrund der gewonnenen Erkenntnisse allenfalls zaghafte und moderate Verbesserungsvorschläge auf der Ebene der polizeilichen Einsatzarbeit[19]. Ein Versuch, die darin enthaltenen Ergebnisse zu erklären und zu interpretieren, würde sich angesichts der detaillierten Angaben im Rahmen einer eigenständigen Arbeit als durchaus lohnenswert darstellen[20]. So stellen *Wälter/Pannenbäcker* in ihrer Essener Studie im Ergebnis zutreffend fest, daß die Entstehung umfangreicher Druckwerke allein noch keinen Erfolg darstellt; erst wenn aufgrund dieser Arbeit der Polizei konkrete Präven-

---

[15] Siehe dazu unter Ziff. II, Seite 84 ff.
[16] *Sack* (Fn. 14), 452 ff.
[17] Exemplarisch seien genannt z.B. *Luff*, Kriminologische Regionalanalyse, 1998; *Wälter/Pannenbäcker/Rosenkranz*, Kriminologische Regionalanalyse Essen, 1996; *Legge/Bathsteen*, Kriminologische Regionalanalyse Hamburg, 1996.
[18] Z.B. die Studie von *Legge/Bathsteen/Harenberg*, Kriminologische Regionalanalyse Hamburg-Altona, 1994.
[19] Vgl. *Kranz*, Kriminologische Regionalanalyse, 1977, 8.
[20] Hier ist insbesondere die Untersuchung von *Hunsicker/Bruns/Oevermann/Ratermann*, Kriminologische Regionalanalyse Osnabrück 1996/97, 1998 zu nennen, die ferner eine jährliche Fortschreibung ihrer Grunddaten vornehmen.

tionsaktivitäten mit Bürgerbeteiligung initiiert würden, könne man – ganz vorsichtig – von einem Erfolg sprechen[21].

Einen Überblick über die Hintergründe, Methoden und Möglichkeiten räumlicher Kriminalitätsdarstellung sowie die Auswertung und Analysen von Kriminologischen Regionalanalysen gibt *Koch*[22]; eine Zusammenfassung über Ansätze und Modelle städtebaulicher Prävention im Ausland findet sich ferner bei *Cook*[23].

II. Zur Erklärung delinquenten Verhaltens von Kindern und Jugendlichen (Opp 1968)

Bei der im Jahre 1968 durchgeführten Untersuchung handelt es sich nach ihrem Verfasser *Opp* um die erste ihrer Art in Deutschland[24]. Die Zielsetzung der Studie besteht in der Beschreibung und Erklärung der räumlichen Verteilung der Kinder- und Jugenddelinquenz. Bei der Differenzierung zwischen den von Kindern und Jugendlichen begangenen Delikten wurde auf die gesetzlichen Definitionen in § 19 StGB bzw. § 1 Abs. 2 JGG rekurriert. *Opp* selbst sieht den Sinn seiner Bemühungen darin, daß „hohe Delinquenzziffern in einem Stadtbezirk etwa Behörden zum Einsatz besonders vieler Sozialarbeiter in einem solchen Bezirk veranlassen könnten"[25]. Die Untersuchung, auf Anregung des Beigeordneten der Stadt Köln initiiert, wurde vom Deutschen Jugendinstitut, dem Arbeits- und Sozialministerium des Landes Nordrhein-Westfalen sowie einem Fonds der Stadt Köln finanziert. Untersucht wurden Fälle aus den Jahren 1961 und 1963 aus dem Stadtgebiet von Köln. Zunächst fand eine Aktenerhebung der registrierten Fälle im Jugendamt statt[26]. Statistische Jahrbücher der Stadt Köln bildeten die Grundlage der übrigen ökologischen Daten[27].

---

[21] Vgl. *Wälter/Pannenbäcker*, Regionalanalysen – Ein Geschäft voller Überraschungen, 1997, 816.
[22] *Koch*, Kriminalitätslagebilder, 1992.
[23] *Cook*, Verbrechensvorbeugung in Städten, 1992.
[24] *Opp*, Zur Erklärung delinquenten Verhaltens von Kindern und Jugendlichen, 1968, 5.
[25] *Opp* (Fn. 24), 18.
[26] Delinquenzdaten der Jugendlichen entstammten der Jugendgerichtskartei, jene der Kinder aus den Jugendfürsorgeakten.
[27] *Opp* (Fn. 24), 18 f.; z.B. Rate der Arbeiter, Bevölkerungsdichte, etc.

Das Problem, die über das Hellfeld hinausgehende Kriminalität des Dunkelfeldes zu ergründen, löst *Opp* auf rein argumentativer Ebene, indem er seine Aussagen auf harte Daten stützt, wenngleich er sich unter bestimmten Umständen einen relativ weiten Interpretationsspielraum zugesteht[28]. Den Versuch einer Dunkelfeldanalyse[29], wie sie im Rahmen einiger der später noch zu betrachtenden Untersuchungen durchgeführt wird, unternimmt der Autor dagegen nicht.

Mit insgesamt 38 Variablen, die vom Geburtenüberschuß, der Rate der Hauseigentümer sowie der Ein- und Zweifamilienhäuser bis hin zur Rate der nichtehelichen Geburten reicht, wurde durch eine Korrelationsanalyse versucht, eine Erklärung für die Verteilung der Delinquenz zu geben. Da sich in vielen Fällen die Tatorte nicht mehr feststellen ließen, wurde auf deren Erhebung verzichtet und die Zurechnung auf die einzelnen Stadtgebiete nach dem Wohnort der Tatverdächtigen vorgenommen[30]. Im Gegensatz zur Deliktrate von Kindern, bei der die bevorzugten politischen Parteien der Bewohner des jeweiligen Stadtbezirks kaum eine Rolle spielt, zeigte sich ein auch für den Autor überraschender Zusammenhang dieser Variablen bei der Deliktrate von Jugendlichen[31]; ein ebenfalls enger Zusammenhang bestand auch zwischen der Wohndichte und der Deliktrate.

Opp standen zur Zeit seiner Untersuchung die Erkenntnisse der Standardwerke von *Newman*[32] (in bezug auf Amerika) und *Rolinski*[33] (in bezug auf Deutschland) noch nicht zur Verfügung. Es verwundert daher nicht, daß er seine Erklärungsversuche der Delinquenzverteilung von Kindern und Jugendlichen nicht auch auf Elemente eines möglichen Zusammenhangs zwischen städtebaulichen Strukturen und Kriminalität ausdehnte – ein Ansatz, der zu einem späteren Zeitpunkt Gegenstand eigener, spezifischer Studien werden sollte. Dennoch berechnete *Opp* auf der Grundlage der

---

[28] *Opp* (Fn. 24), 21.
[29] Z.B. in Form von Opferbefragungen, etc.
[30] *Opp* (Fn. 24), 22.
[31] *Opp* (Fn. 24), 86 f., wobei der Verfasser später von einer Scheinkorrelation spricht, 135. Im übrigen ist dieser vorgefundene Zusammenhang ein Ergebnis, das auch *Frehsee* (Seite 97 ff.) in seiner Untersuchung der Stadt Kiel – sogar mit den exakt gleichen politischen Parteien – bestätigen konnte.
[32] *Newman*, Defensible Space, 1972 (näher dazu unter Kapitel 2, Seite 65 ff.).
[33] *Rolinski*, Wohnhausarchitektur und Kriminalität, 1980 (näher dazu Seite 100 ff.).

vorhandenen Datenbasis u.a. anhand von zehn nach der Größe ihrer Bevölkerung ausgewählten Stadtbezirken Korrelationen zwischen den Delikt- und Täterraten unter Einbeziehung der Variablen „Rate der Hauseigentümer"[34] sowie der Variablen „Rate der Ein- und Zweifamilienhäuser"[35]. Die hierbei aufgefundene, ausgesprochen negative Signifikanz[36] in allen untersuchten Punkten[37] wurde entweder nicht erkannt oder als nicht näher untersuchenswert beurteilt, so daß die sich anschließende Interpretation der sonstigen Ergebnisse hierauf keinen Bezug nimmt. Dabei entsprechen die dort berechneten Korrelationen vom Grundsatz her durchweg den in den folgenden Jahren gewonnenen Erkenntnissen, daß – wenn vielleicht auch nur mittelbar – ein erhöhter Anteil von Wohnungs- und Hauseigentum einen kriminalitätssenkenden Faktor darstellt[38].

Kaiser äußert Zweifel an der Ergiebigkeit von Untersuchungen, die sich wie die soeben dargestellte Studie von *Opp* auf einen räumlichen Bereich innerhalb des Bundesgebietes beziehen, da sich „hierzulande infolge der Kriegs- und Nachkriegsverhältnisse nur selten derart demographisch klar abgrenzbare Stadtbezirke finden wie in den USA"[39].

III. Kriminalgeographie – Ermittlung und Untersuchung der Beziehung zwischen Raum und Kriminalität (Herold 1968)

Die praxisnah angelegte Forschungsarbeit des ehemaligen Nürnberger Polizeipräsidenten *Herold* galt vornehmlich dem Ziel, den Einsatz der Nürnberger Polizei effektiver zu machen. Zur Untersuchung der Kriminalitätsdichte[40] orientierte man sich am

---

[34] Variable Ziff. 21.
[35] Variable Ziff. 24.
[36] *Opp* (Fn. 24), 110 (Tabelle 2.35).
[37] Korrelationen wurden gebildet zwischen den jeweiligen Variablen und den Raten „Delikte Jugendlicher", „Delikte von Kindern", „Eigentumsdelikte Jugendlicher", „Eigentumsdelikte von Kindern", „Täterrate Kinder" und „Täterrate Jugendliche".
[38] Vgl. auch *Plate/Schwinges/Weiß*, Strukturen der Kriminalität in Solingen, 1985, 156, sowie *Frehsee*, Strukturbedingungen urbaner Kriminalität, 1979, 193.
[39] *Kaiser*, Jugendkriminalität, 1982, 58.
[40] D.h. die Zahl der raumbezogenen Delikte pro km^2.

ERGEBNISSE KRIMINALGEOGRAPHISCHER STUDIEN IN DEUTSCHLAND 87

Zählbezirkssystem, bei welchem Gebiete, die sich an das historisch gewachsene Stadtbild anlehnen, nicht aber die z.b. auf dem Land vorhandenen natürlichen Gegebenheiten außer acht lassen, als Bezugsgröße dienten. Als Untersuchungsgegenstand wurde die Stadt Nürnberg ausgewählt, die zu einem späteren Zeitpunkt nochmals Objekt einer kriminalgeographischen Betrachtung werden sollte[41], und die bei einer Fläche von 134,7 km^2 ca. 466.000 Einwohner aufwies[42]. Der Untersuchungszeitraum für die erhobenen kriminalistischen Daten, bei denen das Dunkelfeld keine Berücksichtigung fand, erstreckte sich vom 01.10.1966 bis 30.09.1967[43].

In Nürnberg zeigte sich eine deutliche Massierung der Kriminalität zur Stadtmitte hin. *Herold* stellte fest, daß die Kriminalitätsdichte der Innenstadt im Durchschnitt um das 60fache höher als in den Randgebieten war. Dieses Ergebnis sollte generell dazu Anlaß geben, von einer Sogwirkung der City zu sprechen[44]. Die kartographische Darstellung der Kriminalitätsverteilung in Nürnberg entspricht damit dem Erklärungsmodell der Zonentheorie[45]. *Herold* erkannte ferner, daß innerhalb eines Umkreises von 30 km über 80 % aller Straftäter beheimatet waren, was ihn zu der Schlußfolgerung veranlaßte, „daß der Täterzustrom aus dem näheren Umland im wesentlichen an der 30-km-Grenze zum Erliegen kommt"[46].

Die Feststellung, daß sich die Lage der Polizeireviere im Verhältnis zu den Kriminalitätsschwerpunkten als praxisfremd erwies, führte zu organisatorischen Konsequenzen wie z.b. der Rückkehr zum ausschließlichen Fußstreifendienst in der Innenstadt und die Einführung eines lediglich fahrenden Streifendienstes in der kriminell weniger gefährdeten Außenzone von Nürnberg.

Leider beschränkt sich auch diese Darstellung auf die rein deskriptive Ebene, ohne Erklärungen für die aufgefundene Kriminalitätsverteilung zu suchen. Obwohl *Herold* zu Beginn seiner Studie konstatiert, diverse Deskriptoren, wie auch z.B. die Art der

---

[41] Siehe dazu auch die Untersuchung von *Helldörfer*, Seite 90 f.
[42] Am Stichtag 01.07.1967.
[43] *Herold*, Kriminalgeographie, 1968, 223.
[44] *Kaiser*, Kriminologie, 1996, 371.
[45] Siehe dazu Kapitel 1, Seite 29 ff.
[46] *Herold* (Fn. 43), 233.

Bebauung, würden den Raumbegriff ausmachen[47], beläßt er diesen Ansatz bei der Feststellung, daß einzelne Raummerkmale auf ihre kriminalitätsauslösende Wirkung untersucht werden können[48]. Der Autor selbst geht dieser von ihm aufgeworfenen Anregung bedauerlicherweise jedoch nicht nach.

IV. Kriminalitätsatlas der Bundesrepublik Deutschland und West-Berlins (Hellmer 1972)

Mit der denkbar großflächigsten Erhebung im Bundesgebiet vor der Wiedervereinigung legte *Hellmer* im Jahre 1972 eine umfangreiche kartographische Arbeit über die Kriminalität in Deutschland vor. Sie sollte sowohl der Feststellung der Kriminalitätsverteilung innerhalb der Republik als auch der Beantwortung der Frage dienen, welche kriminalpolitisch erheblichen Aussagen mit Hilfe der Kriminalgeographie gemacht werden können. Der Verfasser erkannte selbst, daß seine Arbeit lediglich als Grundlage dazu dienen kann, das Problem der regionalen Kriminalitätsunterschiede sowie des Erfassungsmodus zu erklären. Finanziert wurde die Studie von der Deutschen Forschungsgemeinschaft[49].

Der Kriminalitätsatlas enthält eine Darstellung der Kriminalität der Bundesrepublik Deutschland und West-Berlins der Jahre 1964 – 1968. *Hellmer* versuchte, eine möglichst objektive Grundlage für seine Untersuchung zu finden und bediente sich dazu sogenannter Sekundärdaten, wobei ihm bewußt war, bei dieser Vorgehensweise Datenmaterial zu verwenden, das bereits den Filter staatlicher Erfassungs- und Zählmethoden passiert hatte und dadurch Gefahr lief, seinen originären Charakter zu verlieren. Um dennoch eine größtmögliche Nähe zum tatsächlichen Geschehen zu erhalten, wurde nicht die rechtlich qualifizierte und „bereinigte" Verurteiltenstatistik der Gerichte, sondern die Polizeistatistik zugrunde gelegt, da nach Auffassung des Autors der Umfang und die Struktur der Kriminalität nicht von Aufklärung und Verurteilung,

---

[47] *Herold* (Fn. 43), 203.
[48] Vgl. *Herold* (Fn. 43), 243.
[49] *Hellmer*, Kriminalitätsatlas der Bundesrepublik Deutschland und West-Berlins, 1972, 9.

sondern von den begangenen Taten abhängt[50]. Mögliche Verzerrungen, wie z.B. Verfahrenseinstellungen, sollten dadurch vermieden werden[51].

Die über einen Zeitraum von fünf Jahren erhobenen Zahlen sollten nicht nur den durchschnittlichen Stand der Kriminalität darstellen, sondern auch deren Entwicklung beschreiben. Bei der Auswahl der betrachteten Delikte wurde neben der Verkehrskriminalität auch die Wirtschafts- und Betäubungsmittelkriminalität außer Betracht gelassen[52]. Da nach Ansicht *Hellmers* nur der Ort der Tatbegehung nach objektiven Kriterien bestimmbar ist, bezogen sich die in der Untersuchung beschriebenen Lokalisationen nicht auf den Wohnort des Täters, sondern nur auf den Tatort[53].

In einem über 300 Seiten umfassenden Teil enthält der Kriminalitätsatlas zahlreiche Karten und Tabellen, die sich auf einzelne Stadt- oder Landkreise innerhalb der einzelnen Bundesländer beziehen und die unter dem Gesichtspunkt der Kriminalitätsdichte, der Strafverfolgung und der kriminogenen Faktoren beleuchtet werden[54]. Dabei wurde nicht nur erkannt, daß die Kriminalität in der Stadt größer ist als auf dem Land, sondern auch, daß der Umfang der Kriminalität nach Süden hin im allgemeinen abnimmt[55] – dies allerdings bei zunehmender Aufklärungsquote[56]. Dieser spezifische Anstieg der Kriminalität – mit Ausnahme der Gewaltkriminalität – von Süden nach Norden hin (sog. „Nord-Süd-Gefälle") ließ sich auch bereits verschiedentlich im Ausland nachweisen[57].

Hellmer erkannte, daß es jahrelanger konzentrierter Forschungsarbeit bedarf, um Aussagen über den Zusammenhang zwischen der Kriminalitätsverteilung und den natürlichen, ethnologischen und sozialen Gegebenheiten in der BRD treffen zu kön-

---

[50] *Hellmer* (Fn. 49), 28.
[51] *Hellmer* erkennt jedoch, daß auch dieser Methode ein bestimmter Verzerrfaktor immanent ist, da z.B. auch die PKS keine Aussagen zum Dunkelfeld treffen kann.
[52] *Hellmer* (Fn. 49), 31 ff.
[53] *Hellmer* (Fn. 49), 34 f.
[54] Teil III (Karten und Graphiken), S. 97 – 402.
[55] *Hellmer* (Fn. 49), 42 f.; ferner findet sich die Feststellung, daß Eigentumsdelikte eher im Norden der ehemaligen BRD zu finden sind, Gewaltdelikte dagegen eher im Süden.
[56] *Hellmer* (Fn. 49), 60.
[57] *Eisenberg*, Kriminologie, 1995, 1052.

nen[58]. So beschränkte sich die Analyse der von ihm aufgeführten kriminogenen Faktoren auf relativ allgemein gehaltene Betrachtungen[59] hinsichtlich Sozial-, Wirtschafts- und Kulturdaten[60]. Eine Erklärung über den Zusammenhang zwischen städtebaulicher Umwelt und Kriminalität vermag diese Studie hingegen nicht zu liefern; in Anbetracht der Größe des untersuchten Gebietes wäre diese Erwartung wohl auch überzogen gewesen.

V. Nürnberg – Kriminalgeographie einer Großstadt (Helldörfer 1974)

Der lediglich 19 Seiten umfassende Überblick von *Helldörfer*[61] fügt sich als Beitrag des mehrjährigen Projekts „Stadt und Stadtraum" ein, welches auf die Aufgabe gerichtet war, Gegenwarts- und Zukunftsprobleme aus der historisch-genetischen Analyse heraus verständlich zu machen. Die Untersuchung befaßte sich mit dem Verdichtungsgebiet Nürnberg – Fürth – Erlangen[62].

Ohne Nennung der angewandten Methoden[63] spiegelt der Autor Reflexionen über Kriminalitätsdichte, Tatzeitbelastung sowie Tätermobilität wider. Über die Erkenntnis, daß mit der Verdichtung um das Stadtgebiet Nürnberg ein Kriminalitätsballungsraum mit einem Radius von 15 km vorliegt, was durch wirtschaftliche und kulturelle Konzentrationen, Unpersönlichkeit und Anonymität einer Großstadt zu erklären versucht wird, kommt die Untersuchung jedoch kaum hinaus. Wenngleich *Helldörfer* auf die generelle Möglichkeit hinweist, aufgrund des vorhandenen Zahlenmaterials diverse Korrelationen, so z.B. auch zwischen Täterwohnungen und Kriminalität aufzeigen zu

---

[58] *Hellmer* (Fn. 49), 70.

[59] Im Sinne eines Wahrscheinlichkeitsurteils, 85.

[60] *Hellmer* (Fn. 49), 72 ff.

[61] *Helldörfer* führte als Nachfolger des Nürnberger Polizeipräsidenten *Herold*, der später Präsident des BKA werden sollte, dessen Arbeit – insbesondere in kriminalgeographischer Hinsicht – fort.

[62] *Helldörfer*, Nürnberg – Kriminalgeographie einer Großstadt, 1974, 152; vom Untersuchungsgebiet umfaßt sind die kreisfreien Städte Erlangen, Fürth, Nürnberg und Schwabach sowie die Landkreise Erlangen, Fürth, Lauf an der Pegnitz, Nürnberg und Schwabach mit einer Gesamteinwohnerzahl per 31.12.1969 von rund 1.002.000.

[63] Vermutlich jedoch durch Analyse vorhandener Hellfelddaten, vornehmlich der PKS.

ERGEBNISSE KRIMINALGEOGRAPHISCHER STUDIEN IN DEUTSCHLAND   91

können, geschah dies, möglicherweise bedingt durch den begrenzten Umfang seines Beitrages oder der zur Verfügung stehenden Mittel, leider nicht[64].

VI. Zur angewandten Kriminalgeographie der Ballungsgebiete – Stadtgeographische Analyse subkultureller Phänomene (Wiebe 1978)

Mit einem gegenüber *Helldörfer*[65] nur unwesentlich größeren Umfang steht auch die (Kurz-)Untersuchung der Stadt Kiel als Teil einer Zusammenstellung von Einzelbeiträgen, die anläßlich des 41. Deutschen Geographentages in Mainz veröffentlicht wurden.

Ohne den Versuch zu unternehmen, Erklärungsmuster für die mittels nicht näher bezeichneter statistischer Angaben und Techniken gewonnenen Ergebnisse zu finden, sollte die Studie die räumliche Verteilung von Straftaten in der Großstadt Kiel untersuchen. So wird dem Leser ohne weitere Begründung mitgeteilt, daß Stadtviertel mit u.a.[66] schlechtem Baubestand durch eine besonders hohe Rate an Kfz-Diebstählen, Kfz-Einbrüchen und Diebstahls- und Raubdelikten gekennzeichnet sind, Gebiete mit u.a.[67] niedrigem Wohnstandard dagegen eine starke Affinität für Roheitsdelikte, Schlägereien und Raub aufweisen[68]. Allein schon aufgrund des vergleichsweise geringen Umfangs vermag dieser Beitrag von *Wiebe* nicht an die Qualität der von *Frehsee*[69] wenige Zeit später vorgelegten Studie über die gleiche Stadt heranzureichen.

---

[64] *Helldörfer* (Fn. 62), 156.
[65] Siehe dazu Seite 90 f.
[66] Hierzu zählen auch: Geringer sozialer Zusammenhang, überalterte Wohnbevölkerung und rückläufige Bevölkerungszahl, niedriger sozioökonomischer Standard, hoher Anteil unverheirateter Personen.
[67] Genannt werden ferner: Geringe Schul- und Ausbildung, geringes Einkommen, hoher Prozentsatz Ungelernter, geringer Frauenanteil, hoher Ausländeranteil.
[68] *Wiebe*, Zur angewandten Kriminalgeographie der Ballungsgebiete, 1978, 219 ff.
[69] Siehe dazu Seite 97 ff.

VII. Empirische Kriminalgeographie (Schwind/Ahlborn/Weiß 1978)

Der sogenannte „Kriminalitätsatlas Bochum" sieht seine Aufgabe nicht nur darin, durch Einbeziehung des Dunkelfeldes nach Indikatoren für kriminelle Auffälligkeiten zu suchen, sondern beansprucht ferner, „die bisherige kriminalgeographische Forschung (am Beispiel von Bochum) voranzutreiben und nach Wegen zu suchen, um die Forschung für die Praxis nutzbar zu machen, und zwar sowohl für die Prävention durch die Strafverfolgungsorgane (insbesondere die Polizei) als auch für Vorbeugungsmaßnahmen durch Sozialarbeit sowie durch sozialpolitische Maßnahmen"[70]. Erklärtes Ziel war es dabei, durch ein aus Wissenschaftlern und Praktikern zusammengesetztes Team interdisziplinäre Zusammenhänge zwischen Kriminalität, Raum und sozialen Besonderheiten aufzuzeigen. Die Studie wurde vom Bundeskriminalamt, dem Wissenschaftsministerium des Landes Nordrhein-Westfalen sowie dem Lehrstuhl für Kriminologie und Strafvollzug der Ruhr-Universität Bochum finanziert.

Die im 2. Weltkrieg stark zerstörte Stadt Bochum verdankt ihre heutige Größe insbesondere dem Bergbau und der Stahlindustrie. Zum Stichtag[71] der Dunkelfelderhebung hatte die Stadt bei einer Fläche von 145 km^2 ca. 440.000 Einwohner. Durch die Ansiedelung der Universität sowie großer Konzern- und Sozialverwaltungen zählt Bochum zu einem über seinen Wirtschaftsraum hinausgehenden Oberzentrum mit guter Verkehrsanbindung[72].

Um auf den Erfahrungen der bisherigen Forschungsarbeiten aufbauen zu können, stellten *Schwind/Ahlborn/Weiß* ihrer Untersuchung einen Überblick über Ziele und Resultate der bis dahin erschienenen in- und ausländischen kriminalgeographischen Studien voran und gewannen hieraus zahlreiche Anregungen[73], die in ihrer Arbeit Berücksichtigung finden sollten. Ausgehend von der zutreffenden Einschätzung, daß erst die Verbindung von Hell- und Dunkelfeldzahlen ein annähernd realistisches Bild

---

[70] *Schwind/Ahlborn/Weiß*, Empirische Kriminalgeographie, 1978, 3.
[71] Per 01.01.1975.
[72] *Schwind/Ahlborn/Weiß* (Fn. 70), 47 f.
[73] Z.B. hinsichtlich der Tatverdächtigen-Wohnsitze, der Häufigkeitsziffer, der Zonentheorie, der Zusammenhänge von Kriminalität und Sozialstruktur, etc.

ERGEBNISSE KRIMINALGEOGRAPHISCHER STUDIEN IN DEUTSCHLAND 93

der tatsächlich verübten Delikte liefern kann, wurde neben einer Hellfelderhebung für das Jahr 1975[74] eine Dunkelfeldforschung in Form der Opferbefragung[75] durchgeführt. Zudem wurden räumlich-soziale Strukturdaten[76] erhoben, die ebenfalls durch den Fragebogen der Dunkelfeldforschung Vervollständigung fanden. Dabei wurde nach repräsentativer Zufallsauswahl jeder 180. Bürger Bochums über 14 Jahre befragt[77].

Der Zugang zu der sich anschließenden mathematischen Darstellung der Methodenauswertung dürfte allerdings denjenigen Lesern, die nicht (wie der Mitverfasser der Studie *Weiß*) über ein Mathematik-Diplom verfügen, wohl verschlossen bleiben. Da Bochum als moderne Großstadt über eine Vielzahl sekundärer Geschäftskerne verfügt, zogen *Schwind/Ahlborn/Weiß* bei der Verteilung aller erfaßten Delikte die Mehrkerntheorie heran, nicht jedoch ohne darauf hinzuweisen, daß sich die vorhandenen Erklärungsmodelle[78] ergänzen[79].

Wie vor ihnen schon *Herold* für die Stadt Nürnberg[80], so gelangten auch die Verfasser dieser Studie zu der Erkenntnis, daß die City von Bochum die stärkste Kriminalitätskonzentration aufweist, was mit der Stärke des dort vorhandenen tertiären Sektors[81] erklärt wird[82]. Ferner wurde zur umstrittenen Frage, ob zwischen Hell- und Dunkelfeld der Straftaten ein konstantes Verhältnis besteht oder nicht, festgestellt, daß diese Relation in den Stadtteilen Bochums nicht gleich ist und daß hohen Dunkelfeld-

---

[74] Die bereits vorhandenen Erfassungsbogen der Polizei wurden durch zwei zusätzliche Fragebogen, die sich auf den Tatort der Straftat sowie die persönlichen Daten des Tatverdächtigen bezogen, ergänzt.
[75] Die Möglichkeit einer Täterbefragung wird mit überzeugenden Argumenten abgelehnt.
[76] Daten des Amtes für Statistik und Stadtforschung und des Planungsamtes der Stadt Bochum, u.a. zur Bebauungs-, Verkehrs- und Sozialstruktur.
[77] *Schwind/Ahlborn/Weiß* (Fn. 70), 25 f.
[78] Zonen-, Sektoren- und Mehrkerntheorie, näher dazu unter Kapitel 1, Seite 29 ff.
[79] *Schwind/Ahlborn/Weiß* (Fn. 70), 76.
[80] *Herold* (Fn. 43), 236.
[81] Dienstleistungen durch Groß- und Einzelhandel, Handelsvermittlung, Banken und Versicherungen, etc.
[82] *Schwind/Ahlborn/Weiß* (Fn. 70), 128.

zahlen im Nordosten niedrige Dunkelfeldzahlen im Süden der Stadt gegenüberstehen[83].

Mit Nachdruck warnen *Schwind/Ahlborn/Weiß* bei der Untersuchung des Zusammenhangs zwischen baulicher Umwelt und Kriminalität vor der Gefahr des sogenannten „ökologischen Fehlschlusses", d.h. einer irrtümlichen Schlußfolgerung, bei der Eigenschaften von Gebietseinheiten auf das Verhalten von Individuen projiziert werden[84]. Auf der Grundlage von insgesamt neun Baustrukturtypen[85] erfolgt eine Darstellung der relativen Verteilung der Tatverdächtigen, wobei eine geringe Tatverdächtigenrate dort anzutreffen war, wo der Baubestand neu und qualitativ gut war, nicht jedoch auch die angenommene Umkehrung, d.h. höhere Belastungen bei schlechtem baulichen Zustand[86].

Obwohl die Signifikanz dieser Erkenntnisse nicht zu leugnen war, ließen *Schwind/ Ahlborn/Weiß* diesen aufgefundenen Zusammenhang nicht als isoliertes Resultat stehen, sondern zogen sich bei ihrem Erklärungsversuch – fast im Sinne einer „political correctness" – augenblicklich auf die soziale Komponente der jeweiligen Bewohner zurück[87]. Der äußere Umstand der jeweiligen Bebauung wurde mithin nicht als alternativer oder kumulativer Faktor für das massierte Auftreten von Kriminalität gesehen, sondern als subsidiäres Element, das einen bestimmten Personenkreis anzieht, welcher wiederum aufgrund seiner niedrigen sozialen Stellung für die vorhandene Kriminalität verantwortlich ist. Die Erklärung für das gesellschaftliche Phänomen „Kriminalität" wurde somit von der konkret-objektiven baulichen auf die menschlich-subjektive Seite verlagert.

---

[83] *Schwind/Ahlborn/Weiß* (Fn. 70), 192.

[84] Als Beispiel wird in diesem Zusammenhang der Fehlschluß angeführt, wenn die hohe Kriminalitätsquote eines Distrikts mit der Bauform und nicht mit der Armut der Bevölkerung in Verbindung gebracht wird.

[85] Die Skala reicht dabei von Gebieten mit schlechtem Alt- und Neubaubestand über gemischte Bebauung bis hin zu Gebieten mit gutem Alt- und Neubaubestand.

[86] *Schwind/Ahlborn/Weiß* (Fn. 70), 229.

[87] Zuordnung von Personen der Mittel- und Oberschicht zu Gebieten mit gutem Baubestand, Bewohner der Unterschicht zu Gebieten mit schlechter Bebauung.

Dies unterstellt, kommt der „Kriminalitätsatlas Bochum" unter Zugrundelegung der sozialstrukturellen Typen zu dem Ergebnis der stärksten Belastung mit Tatverdächtigen-Wohnsitzen bei Wohngebieten der sozialen Randgruppen, wohingegen Wohngebiete der oberen Schichten die niedrigste Kriminalitätsbelastung aufwiesen. Bei der Verknüpfung mit den Daten zur Bevölkerungsdichte zeigte sich, daß diese einen Indikator für den sozialen Status eines Wohngebietes darstellen: „Gebiete mit niedriger Bevölkerungsdichte, die vorzugsweise von Personen der Mittel-/Oberschicht bewohnt werden, weisen auch niedrige Tatverdächtigenraten auf, und höhere Tatverdächtigenraten finden sich in Gebieten mit höherer Bevölkerungsschicht, die vor allem von Bewohnern der Unterschicht bewohnt werden"[88]. *Mergen* faßt diese Relation anschaulich mit den Worten: „Mit dem Abnehmen der Bevölkerungsdichte sinkt auch die Kriminalität" zusammen[89]. Eine diesbzgl. eindeutigere Beziehung zwischen Wohndichte und Kriminalität formuliert auch *Schneider*, allerdings mit der – im Gegensatz zu *Schwind/Ahlborn/Weiß* – klaren Aussage, daß Wohndichte zusammen mit der Höhe und dem Typ des Gebäudes, nämlich mit einem turmartigen Wohnhochhaus, eng mit hoher Kriminalitätsbelastung zusammenhängt[90].

Nach den Regeln des sog. „filtering-down"-Prozesses, in dessen Verlauf anspruchsvolle Bewohner (d.h. Mieter gehobener Einkommensklassen) aus qualitativ schlechter werdenden Ortsteilen in höherwertige Wohngebiete wegziehen, bleiben im Laufe der Zeit viele Menschen in Wohngebieten zurück, die nicht zuletzt aufgrund bescheidener Einkommensverhältnisse zu den unteren sozialen Schichten gezählt werden. Wenn diese heruntergewirtschafteten Wohnungen irgendwann auch den Ansprüchen der neuen, anspruchsloseren Bewohner nicht mehr genügen, öffnet sich der Zugang für Personen, „die in krimineller Hinsicht besonders auffällig sind und Schlupflöcher suchen"[91]. Aber auch wirtschaftliche Faktoren werden zur Erklärung dieses Phänomens herangezogen. So beschreiben *Shaw/McKay*, daß Wohnhäuser, die der beständigen Ausbreitung industrieller und kommerzieller Viertel zum Nachteil der Wohngegenden unterliegen und die aufgrund ihres fortgeschrittenen Alters als un-

---

[88] *Schwind/Ahlborn/Weiß* (Fn. 70), 231 ff.
[89] *Mergen*, Die Kriminologie, 1995, 292.
[90] *Schneider*, Städteplanung und Baugestaltung, 1979, 186.
[91] Vgl. *Schwind*, Kriminologie, 1998 (9. Auflage), 298 f.

attraktiv angesehen werden, diesem Verschlechterungsprozeß preisgegeben werden, da weitere Investitionen in sie als unrentabel angesehen werden[92].

Über das Merkmal der Schichtung lösten *Schwind/Ahlborn/Weiß* ebenfalls die Frage nach kriminalitätsspezifischen Zusammenhängen von rückständigen Gebieten, den sogenannten „Slum- und Sanierungsgebieten". Auch hier könne es nach Auffassung der Autoren nicht allein die Baustruktur, sondern erst die Sozialstruktur sein, die weitergehende Schlüsse auf die Problematik von Sanierungsgebieten zuläßt[93]. In der die Untersuchung abschließenden Zusammenfassung kommen die Verfasser zu dem Schluß, daß in der Baustruktur zwar die Ursache sozialer Segregation liegen könne, ansonsten jedoch die Sozialstruktur als bestimmender Faktor für soziale Problemgebiete und kriminelle Aktivitäten in Betracht kommt. Nur mittelbar könne die Baustruktur hier einen Einfluß ausüben[94].

Scharfe Kritik am angeblich starken Theoriedefizit sowie der vermeintlich nicht immer adäquaten Datenanalyseverfahren der Studie äußert *Blass-Wilhelms*, der fast zynisch feststellt, daß sich der Kriminalpraktiker „an den vielen bunten Karten" erfreuen wird, die zur Beschreibung der verschiedenen Verteilungen verwendet wurden[95].

VIII. Identitätstheorie und Gemeindekriminalität (Hellmer 1978)

Gegen den im selben Jahr von *Schwind/Ahlborn/Weiß* herausgegebenen „Kriminalitätsatlas Bochum"[96] nimmt sich der Beitrag von *Hellmer* mit einem Umfang von nur 19 Seiten vergleichsweise bescheiden aus, was jedoch angesichts des geringen für die Durchführung der Untersuchung zur Verfügung stehenden Budgets von nur DM 1.500,00 nicht verwundern kann. Ziel der Studie war der Versuch, „eine theoretische

---

[92] *Shaw/McKay*, Juvenile Delinquency and Urban Areas, 1969, 20.
[93] *Schwind/Ahlborn/Weiß* (Fn. 70), 244.
[94] *Schwind/Ahlborn/Weiß* (Fn. 70), 376.
[95] *Blass-Wilhelms*, Schrifttum zur BKA-Forschungsreihe, 1981, 185.
[96] Siehe dazu Seite 92 ff.

Position, die für eine wirksame Bekämpfung der Kriminalität Bedeutung erlangen könnte, an Hand eines praktischen Beispiels zu überprüfen"[97].

Zur Untersuchung wurden im Ergebnis sechs hoch- bzw. niedrigbelastete schleswig-holsteinische Gemeinden ausgewählt, deren gemeindestatistische Daten und polizeiliche Tätigkeitsbücher ausgewertet wurden. Zusätzlich erfolgten Felderhebungen in Form von Befragungen der Gemeindeverwaltung, der Polizei sowie der Bevölkerung[98]. Mittels der sogenannten Identitätstheorie, nach der mangelndes Identitätsbewußtsein conditio sine qua non für Verbrechen und Kriminalität sei, sollten drei zuvor aufgestellte Hypothesen verifiziert werden, nach denen ein Zusammenhang zwischen Integrationsniveau, Einbindung der Polizei in die Gemeinde, Anzeigebereitschaft und Kriminalität bestehen soll.

Hellmer sah nach Durchführung der Erhebung seine Thesen als durchweg bestätigt an, wobei insbesondere der Zusammenhang zwischen Integrationsniveau und Kriminalität evident sei[99]. Er fordert daher kriminalpolitische Konsequenzen, die in einer Erhöhung der Polizeipräsenz, der stärkeren Integrierung der Polizei in die Bevölkerung sowie ein auf Prävention abzielendes polizeiliches Handeln liegen sollen[100].

IX. *Strukturbedingungen urbaner Kriminalität (Frehsee 1979)*

Ohne Angabe eines konkreten Anlasses für die durchgeführte Studie, sondern mit einer generalisierenden Zielsetzung betrachtete *Frehsee* im Jahr 1979, welche sozialen Strukturen der lokalen Kriminalität am Untersuchungsort zugrunde lagen. Unter Berücksichtigung der Kriminalität Jugendlicher und Heranwachsender, insbesondere im Zusammenhang mit dem Bereich der Freizeitkultur, sollten durch realisierbare Empfehlungen stadtplanerischer und städtebaulicher Maßnahmen auf kommunalpolitischer Ebene die regional kriminalpolitisch handelnden Instanzen in die Lage ver-

---

[97] *Hellmer*, Identitätstheorie und Gemeindekriminalität, 1978, 1.
[98] *Hellmer* (Fn. 97), 8.
[99] *Hellmer* (Fn. 97), 15.
[100] *Hellmer* (Fn. 97), 18 f.

setzt werden, durch raumbezogene Identifizierung kriminogener Faktoren Verbrechen zu bekämpfen[101].

Die in 30 Stadtteile untergliederte schleswig-holsteinische Landeshauptstadt Kiel war mit über 266.000 Einwohnern Gegenstand der Untersuchung[102]. Sie ist geprägt durch die 17 Kilometer ins Landesinnere einschneidende Kieler Förde, die gleichzeitig den Stützpunkt der Marine seit der Errichtung des Reichskriegshafens nach 1871 bildete. Durch den Ausbau der Marineflotte vor dem Ersten Weltkrieg stieg die Einwohnerzahl zwischen 1867 und 1918 um das Zehnfache an[103]; im Untersuchungszeitraum war hingegen ein Bevölkerungsschwund zu verzeichnen, der auf Wanderungsverluste, eine negative Bilanz der natürlichen Bevölkerungsbewegung sowie eine zentrifugale Wanderung der Wohnbevölkerung zurückgeführt wurde[104].

Eine Auswertung statistischer Offizialdaten[105], insbesondere auf Basis des aus der Volkszählung vom 27.05.1970 erlangten Materials, bildete zusammen mit Erhebungen der polizeilichen Kriminalstatistik die Grundlage für die Aufgabe, soziale, wirtschaftliche und kulturelle Merkmale für das Kriminalitätsbild zu erhellen. Da der Verfasser davon ausging, daß Dunkelfelderhebungen[106] im Vergleich zu den polizeilich registrierten Daten eine größere Realitätsnähe aufweisen, wurden darüber hinaus Informationsgespräche mit Familienfürsorgern und den Leitern der Heime der offenen Tür geführt. Ferner enthält die Studie die Ergebnisse einer Schülerbefragung des Jahres 1975, bei der 610 Fragebögen anonym ausgewertet wurden[107].

Mit über 50 Seiten rein deskriptiver Darstellung der Sozial- und Kriminalstruktur der Stadt Kiel bietet dieser Abschnitt der Studie[108] zwar ein anschauliches Bild des Unter-

---

[101] *Frehsee*, Strukturbedingungen urbaner Kriminalität, 1979, 27 f.
[102] *Frehsee* (Fn. 101), 54 ff.
[103] *Frehsee* (Fn. 101), 56.
[104] *Frehsee* (Fn. 101), 59.
[105] U.a. aus Unterlagen der Jugendgerichtshilfe, aus der beim Ordnungsamt der Stadt Kiel geführten Schank- und Singspielkonzessionsakten, aus Auszügen polizeilicher Tätigkeitsbücher (mangels Zugang mit Ausnahme der Kriminalpolizei).
[106] In Form von Opfer- und Informantenbefragungen.
[107] *Frehsee* (Fn. 101), 42 ff.
[108] *Frehsee* (Fn. 101), Kapitel C: „Sozial- und Kriminalstruktur der Stadt Kiel", 57 – 107.

suchungsgegenstandes, in Anbetracht der hier relevanten Ergebnisse erscheint die Aufbereitung der städtischen Sozialdaten hingegen ein wenig lang. Ebenfalls nur beschreibend, jedoch ohne Begründung, wird dem Leser das Geschäftszentrum als kriminalitätsbelastete Hochburg[109] sowie die Erkenntnis vermittelt, daß es sich bei den Wohnstadtteilen um reine Diebstahlsgebiete handelt[110] und Vergnügungsviertel Orte der Aggression sind[111]. Diese Einschätzung deckt sich mit der Auffassung von *Keim*, nach der sich insbesondere im Spielhallen- und Rotlichtmilieu Treffpunkte für Menschen mit sozialen und wirtschaftlichen Problemen herausgebildet haben; daß sie ein Milieu vorfinden und mitprägen, zu dem auch gehört, in teilweise aggressiver und gewalttätiger Weise mit den Lebensproblemen fertig zu werden[112]. Rein deskriptiv bleiben bei *Frehsee* ferner die Angaben, daß ein Bestand von Altbauten in positiver Weise, Wohnungseigentum dagegen in negativer Weise mit der aufgefundenen Kriminalität korreliert[113]. Auch hier hätte man sich jenseits der Mitteilung schlichter Fakten eine eingehendere Beschäftigung mit den diesbzgl. Ursachenzusammenhängen gewünscht. Bemerkenswert, weil in dieser Art und Weise der Offenheit unerwartet, mutet hingegen die Information an, daß der Anteil der Diebstähle an und von Kraftfahrzeugen eindeutig mit den Wahlstimmenanteilen[114] als auch mit dem Anteil der Freiberufler[115] korreliert.

Die von *Rolinski* in seiner BKA-Studie[116] von 1980 gewonnenen Erkenntnisse lagen *Frehsee* zum Zeitpunkt seiner Untersuchung noch nicht vor; es verwundert daher nicht, daß er die von ihm vorgefundene Kriminalität in Hochhausbebauungen der Stadt Kiel mit den unkritisch als richtig unterstellten Ergebnissen *Newmans* zu erklären versucht. Wie sich in der Untersuchung der Stadt Solingen im Jahre 1985 bestä-

---

[109] *Frehsee* (Fn. 101), 110; allgemein: Orte, an denen die Erwerbsfunktion das Wohnen zurückdrängt und wo verstärkt Einzelhandel und Gastronomie anzutreffen sind, 171 f.

[110] *Frehsee* (Fn. 101), 122.

[111] *Frehsee* (Fn. 101), 133: vor allem Körperverletzung, Beleidigung und Hausfriedensbruch; *Vahlenkamp* geht dagegen davon aus, daß ein definitiver Nachweis für ein erhöhtes Maß an einer derartigen branchenspezifischen Kriminalität fehlt, vgl. *Vahlenkamp*, Kriminalitätsvorbeugung auf kommunaler Ebene, 1989, 40.

[112] Vgl. *Keim*, Stadt und Gewalt, 1981, 241.

[113] *Frehsee* (Fn. 101), 193 f.

[114] CDU negativ; SPD positiv.

[115] Negativ.

[116] Siehe dazu näher Seite 100 ff.

tigte[117], so fand auch *Frehsee* heraus, daß die Vermögensbeziehung des Bewohners zu seiner Wohnung (Eigentum oder Miete) von Bedeutung für die Anzahl der Tatverdächtigenwohnsitze ist. Eigentumswohnungen weisen in bezug auf die Delinquenzrate einen deutlich negativen Zusammenhang auf[118]. Weitere Wechselwirkungen zwischen Kriminalität und städtebaulichen Strukturbedingungen vermag diese Studie jedoch nicht aufzuzeigen. Dies sollte der nachfolgend beschriebenen Untersuchung von *Rolinski* vorbehalten bleiben.

X. Wohnhausarchitektur und Kriminalität (Rolinski 1980)

Die vom Bundeskriminalamt angeregte und von ihm finanzierte Studie sollte überprüfen, ob bestimmte architektonische Faktoren, wie die Größe eines Hauses, die Anordnung der Wohnungen, die Lage des Gebäudes zu benachbarten und ähnliches Einfluß auf die Größe „Kriminalität" haben[119]. Unverkennbar die zuvor analysierten Resultate von *Newman* im Blick führend, wollte man mit den Ergebnissen dieser Studie verhindern, daß voreilige Behauptungen, nach denen die spezifischen Verhältnisse von New York City auf die Bundesrepublik Deutschland übertragen werden, zu Vorurteilen oder unfundierten Entscheidungen führen könnten[120]. Bereits ein Jahr vor Beginn seiner Untersuchung zeigte *Rolinski* bei der Vorstellung des geplanten BKA-Projekts die Ziele seines Vorhabens – die Aufdeckung des vermuteten Zusammenhangs zwischen Architektur und Kriminalität – im Rahmen eines Symposiums auf[121].

Ausgangspunkt dieser Studie ist die Überlegung, daß in Hochhäusern mit zehn Geschossen und mehr, die durch das Baumerkmal „Defensible Space nicht vorhanden" gekennzeichnet sind, sich wesentlich mehr Delikte ereignen als in Mehrfamilienhäusern mit fünf Geschossen und weniger, die sich durch das Baumerkmal „Defen-

---

[117] *Plate/Schwinges/Weiß*, Stukturen der Kriminalität in Solingen, 1985, 156.
[118] *Frehsee* (Fn. 101), 263; ebenso *Taylor/Gottfredson/Brower*, Block crime and fear, 1984, 325, die der Eigenschaft, Hauseigentümer zu sein, ein deutlich gesteigertes territoriales Verantwortungsgefühl zuschreiben.
[119] *Rolinski*, Wohnhausarchitektur und Kriminalität, 1980, 15.
[120] Siehe auch *Rolinski*, Städtebau und Kriminalität, 1979, 23.
[121] *Rolinski*, Kriminalitätsabwehrende Architektur, 1979, 177 f.

sible Space vorhanden" auszeichnen. Unter Berücksichtigung des Merkmals der sozialen Schichtung[122] wurde schließlich folgende Ausgangshypothese formuliert:

„In Wohnhäusern, deren Bewohner einer niedrigeren sozialen Schichtung zugerechnet werden, ereignen sich signifikant mehr Delikte als in Wohnhäusern, deren Bewohner einer höheren sozialen Schichtung angehören"[123] – oder, als zentrale Frage der Untersuchung, „ob zwischen der Baustruktur und der erfragten Kriminalität ein Zusammenhang besteht"[124].

Die Untersuchung erstreckte sich auf insgesamt acht Teilgebiete Münchens sowie auf vier Teilgebiete der Stadt Regensburg. Der von *Newman* angelegte Maßstab, d.h. die Differenzierung zwischen zehn- und mehrgeschossigen Hochhäusern und maximal fünfgeschossigen Mehrfamilienhäusern, erschien den Vertretern des Bundeskriminalamtes zu simpel, so daß innerhalb dieser beiden genannten Hausformen nochmals eine Aufteilung in die Bereiche „Defensible Space vorhanden" sowie „Defensible Space nicht vorhanden" vorgenommen wurde[125].

Im Sommer 1979 erfolgte durch sorgfältig ausgewählte Interviewer mit einem speziell für diese Studie kreierten Fragebogen eine erste Erhebung (erfragte Kriminalität), die zunächst eine vergleichsweise hohe Verweigerungsquote von 48 % zu verzeichnen hatte. Da keine exakten Daten über die registrierte Kriminalität in den Untersuchungsgebieten aus der polizeilichen Kriminalstatistik vorhanden waren, fand ferner eine Auswertung der in den polizeilichen Ermittlungsakten verzeichneten strafbaren Handlungen statt[126]. Aufgrund der Eigenschaft der Untersuchungsgebiete als kriminalitätsmäßig niedrig belastete Wohngebiete erklärt es sich, daß die dort vorgefundene registrierte Kriminalität erheblich unter dem bundesdeutschen Durchschnitt lag. Fer-

---

[122] *Rolinski* (Fn. 119), 53.
[123] *Rolinski* (Fn. 119), 48.
[124] *Rolinski* (Fn. 119), 107.
[125] *Rolinski* (Fn. 119), 50 f.
[126] *Rolinski* (Fn. 119), 102 ff.

ner wurde ein deutliches Mißverhältnis zwischen bekanntgewordenen und tatsächlich aufgetretenen Opfersituationen festgestellt[127].

Nach Betrachtung und Berechnung diverser Nullhypothesen gelangt *Rolinski* schließlich zu der zentralen Erkenntnis seiner Studie, die im Rahmen der vorliegenden Arbeit von Bedeutung ist[128]:

„Zwischen Baustruktur und Kriminalität besteht kein Zusammenhang in der Weise, daß eine spezifische Bauform – Hochhaus oder Mehrfamilienhaus, jeweils mit oder ohne „Defensible Space"-Merkmal – die Höhe der Kriminalität in und um das Wohngebäude unmittelbar und allein beeinflußt."[129]

Mit diesem Resultat sei, so der Autor, die zu Beginn formulierte Ausgangshypothese auf der Basis empirisch gesicherter Grundlagen – jedenfalls vorläufig – nicht aufrecht zu erhalten[130]. Fehlgelaufene oder defizitäre Sozialisationsprozesse sind nach dieser Einschätzung weit wesentlichere Bedingungen für die Entstehung kriminellen Handelns, als dies bei städtebaulichen Faktoren der Fall ist[131].

Bei der Ausarbeitung des Einschätzfragebogens greift *Rolinski* einen ausgesprochen interessanten Gedanken auf: Die fundamentalen Arbeiten, die sich mit der Frage nach der Baustruktur als bedingende Variable für Kriminalität beschäftigen[132], betrachteten die Auswirkungen der Bausubstanz unabhängig von weiteren veränderlichen Größen als kriminalitätsfördernd oder –hemmend. Nicht weiter verifiziert wurde dagegen die Möglichkeit, „daß die architektonische Form eines Gebäudes gar nicht das ausschlaggebende Moment als Stimulanz für die Begehung eines Deliktes gerade an dieser Stelle ist, sondern die – vielleicht von ganz anderen Informationen ge-

---

[127] *Rolinski* (Fn. 119), 114.
[128] *Rolinski* (Fn. 119), 136.
[129] Wenngleich, so *Rolinski*, damit ein mittelbarer Einfluß über andere Variable nicht auszuschließen ist.
[130] *Rolinski* (Fn. 119), 198.
[131] So auch *Plate/Schwinges/Weiß* (näher dazu Seite 107 ff.), die von einem vielfältig ineinander verwobenen Geflecht von Ursachen und Wirkungen sprechen.
[132] Genannt wird u.a. *Newman*.

speiste – Bewertung des Delinquenten"[133]. Wie sich aus früheren Untersuchungen[134] zeigt, kann gerade die „fachspezifische" Sichtweise von Tätern Aufschlüsse über die Bewertung einer Stadt bringen. Leider ging *Rolinski* diesem Ansatz nicht konsequent nach[135], sondern versuchte, die fehlende – und gewiß höchst interessante – Komponente der Tatorteinschätzung aus den Augen des Täters durch eine Einbeziehung erfahrener Kriminalbeamter bei der Beantwortung des Einschätzbogens zu kompensieren[136].

Im übrigen vermochte auch *Rolinskis* Studie die aufschlußreiche Frage nach dem Wohnsitz der Täter nicht zu beantworten. Ausgehend von der Erkenntnis, daß eine Gefahrenabwehr im Rahmen des „Defensible Space" nur dann sinnvoll ist, wenn Angriffe von außen im Gebiet des eigenen Territoriums drohen, sollte folgerichtig erörtert werden, ob der Täter innerhalb der Wohngemeinschaft oder außerhalb derselben zu suchen ist[137]. Bei einer enttäuschenden Quote von über 97 % der registrierten Fälle konnte jedoch der Täterwohnsitz nicht festgestellt werden, so daß dieser gedankliche Ansatz zum Scheitern verurteilt war.

Trotz mancher auch atypisch vorgefundener und beschriebener Untersuchungsgebiete[138] beschränkte sich die Untersuchungsanordnung aufgrund der nur begrenzt zur Verfügung stehenden finanziellen Mittel auf 1.000 Interviews von Bewohnern der beiden am stärksten kontrastierenden Wohnformen, d.h. auf Hochhäuser ohne das Merkmal „Defensible Space" und Mehrfamilienhäuser mit dieser Eigenschaft. Wer dies jedoch als Ansatz für eine anzubringende Kritik aufgreifen möchte, sieht sich in Anbetracht der gefundenen Ergebnisse eines Besseren belehrt. Da die Betrachtung der vorbenannten zwei schärfsten gegensätzlichen Strukturen keine nachweisbare Differenzierung bzgl. der Charakterisierung erbrachte, so steht nicht zu erwarten, daß Gebiete, deren Eigenschaften nicht in diesem Maße kontrovers sind, eine

---

[133] *Rolinski* (Fn. 119), 104.

[134] Vgl. beispielsweise die Untersuchung von Oklahoma City durch *Carter/Hill*, The Criminal´s Image of the City, 1979, 45 f.

[135] Wegen „moralischer Skrupel".

[136] Zu den instruktiven Möglichkeiten einer solchen Untersuchung aus Tätersicht vgl. *Rehm/Serray*, Wohnungseinbruch aus Sicht der Täter, 1989.

[137] *Rolinski* (Fn. 119), 129.

[138] Vgl. die Untersuchungsgebiete Nr. 1, 4, 5 und 8.

höhere Ausbeute an Informationsgehalt erbringen[139]. Weitere Anmerkungen zu dieser Untersuchung finden sich im Beitrag von Kube/Behder[140].

XI. Kriminalität in Neumünster (Enquête-Kommission 1983)

Nachdem die polizeiliche Kriminalstatistik Neumünster eine Spitzenstellung hinsichtlich der Kriminalitätsbelastung zugewiesen hatte, beschloß die Ratsversammlung der Stadt, eine Untersuchungskommission[141] einzusetzen, die ihre Arbeit Anfang 1980 aufnahm. Durch Sammlung und Aufarbeitung der zugänglichen Daten zur Kriminalität sowie zur städtischen Sozialstruktur[142] sollte eine Analyse der vorhandenen Kriminalität erfolgen, deren Ziel es war, Empfehlungen für die Abhilfe auszusprechen[143].

Unverhohlen führt der Gutachter Quensel noch einen weiteren denkbaren und ganz pragmatischen Aspekt der Studie an, nach dem die in Neumünster vorhandene überhohe Kriminalitätsbelastung dazu führen könnte, einen finanziellen und personellen Ausbau in Polizeikreisen zu begründen[144].

Gegenstand der Betrachtungen war die in 16 Stadtteile gegliederte schleswig-holsteinische Industriestadt Neumünster mit ca. 80.000 Einwohnern, die, im Verhältnis deutscher Städte vergleichbarer Größenordnung, ein sozial und wirtschaftlich niedriges Niveau aufweist[145]. Nach dem Kriminalitätsatlas aus dem Jahre 1972 galt Neumünster als eine der am höchsten kriminalitätsbelasteten Städte Deutschlands[146].

---

[139] Rolinski (Fn. 119), 195.
[140] Kube/Behder, Wohnhausarchitektur und Kriminalität, 1981.
[141] Bestehend aus Richtern, Polizisten, Behördenleitern und Wissenschaftlern.
[142] Es wurden Daten erhoben von der Feuerwehr, vom Schiedsmann, von der AOK, vom Sozialamt, vom Ordnungsamt, vom Amt für Wirtschaft, Verkehr und Liegenschaft, vom Jugendamt, vom Stadtplanungsamt, von der JVA, von der Bahnpolizei, vom Arbeitsamt und vom Internationalen Bund für Sozialarbeit.
[143] Ostendorf, Der Verlauf der Kommissionsarbeit, 1983, 2 f.
[144] Quensel, Vorläufiges Gutachten zur Kriminalität in Neumünster, 1983, 249; ein Gedanke, der sich auch bei Ammer (siehe dazu näher Seite 110 ff.) wiederfindet: „Die Spitzenstellung Landaus in der Kriminalstatistik und steigende registrierte Kriminalität wird als Anlaß und gleichzeitig als „objektiver Beweis" für die Notwendigkeit personeller Verstärkung des entsprechenden Apparates angeführt."
[145] Frehsee, Zusammenfassung der wichtigsten Erhebungsergebnisse, 1983, 6 f.
[146] Hellmer, Kriminalitätsatlas der Bundesrepublik Deutschland und Westberlins, 1972, Tabelle Nr. A 22 (Seite 228) und Tabelle Nr. A 22 a (Seite 254).

Neumünster besitzt ein großes Einzugsgebiet und zählt zur viertgrößten Stadt innerhalb des Bundeslandes. Zunächst wurden die verfügbaren Daten zur Kriminalität sowie die Daten zur städtischen Sozialstruktur gesammelt, aufgearbeitet und analysiert, um anschließend entsprechende Schlußfolgerungen ziehen zu können[147]. Die vorhandenen Daten wurden mit gezielten, jedoch jeweils unterschiedlichen Fragestellungen[148] vier Gutachtern[149] vorgelegt, die sich zu den einzelnen Themenkomplexen äußerten. Alle Gutachten wurden nach Fertigstellung in öffentlichen Veranstaltungen bei vergleichsweiser geringer Öffentlichkeitsbeteiligung vorgestellt und diskutiert. Dem Schlußbericht der Kommissionsmitglieder[150] schloß sich ein Katalog von angeblich kriminalpräventiven Einzelvorschlägen an.

Bereits aus der Beschreibung des Verlaufs der Kommissionsarbeit wird deutlich, daß das zur Verfügung stehende Datenmaterial für eine fundiert-wissenschaftliche Untersuchung unzureichend war[151]. Folglich sind die hierauf basierenden Gutachten sehr allgemein gehalten. Nur vorsichtig wurde als Ausgangsüberlegung die Möglichkeit in Betracht gezogen, daß eine Diskrepanz zwischen Verbrechensfurcht und tatsächlicher Kriminalitätsbelastung bestehen könnte.

Im Gutachten der soziologischen Fakultät der Universität Bielefeld meldet *Albrecht* erhebliche Zweifel gegenüber der ihm überantworteten Fragestellung und den unterstellten Ausgangsbedingungen an, was undifferenzierte Vergleiche mit anderen Städten sinnlos mache[152]. Ein Ergebnis, welches bauliche Strukturen als Ursache für Kriminalität vermuten könnte, findet *Albrecht* jedoch nicht. Allenfalls, und ausgesprochen bedacht, wird der wirtschaftlichen und sozialen Situation der Stadt eine

---

[147] *Ostendorf* (Fn. 143), 3.
[148] Die Fragen bezogen sich auf eine Analyse der inneren Struktur der sichtbaren Kriminalität sowie der Anzeige-, Registrierungs- und Verfolgungsbereitschaft.
[149] Gutachter waren *Albrecht* (Fakultät für Soziologie der Universität Bielefeld), *Heinz* (Juristische Fakultät der Universität Konstanz), *Jäger* (Polizei-Führungsakademie) und *Quensel* (Zentrum für interdisziplinäre Forschung der Universität Bielefeld).
[150] *Ratsversammlung der Stadt Neumünster*, Kriminalität in Neumünster, 1983, 274 – 395.
[151] *Ostendorf* (Fn. 143), 5; *Frehsee* spricht sogar von einer „bescheidenen Informationsgrundlage", vgl. *Ratsversammlung der Stadt Neumünster* (Fn. 150), 289.
[152] *Albrecht*, Vorläufiges Gutachten zur Kriminalität in Neumünster, 1983, 23 f.

Urheberschaft an einer gesteigerten Kriminalitätsbelastung zugeschrieben[153]. Gleiches ist im Gutachten von *Heinz* festzustellen: Es finden sich zwar Aussagen über eine vorgefundene Dominanz von Eigentums- und Vermögenskriminalität[154], nicht aber zur hier untersuchten Frage des Zusammenhangs zwischen Stadtstruktur und Kriminalitätsbelastung. Geradezu banal erscheinen hierzu die von *Quensel* gewonnenen Erkenntnisse, daß ungesicherte Geschäfte und wohlausgestattete Villen zu Einsteigedelikten reizen würden[155]. So nimmt auch *Frehsee* in einer Stellungnahme der Kommissionsmitglieder an, daß ein ganzes Bündel von Besonderheiten in unglücklichem Zusammenwirken für das kriminologische Leiden dieser Stadt verantwortlich ist und wirkungsvolle Änderungen bis zu den Grundlagen der gesellschaftlichen Strukturen vordringen müßten[156].

Dieses Ergebnis kann in Anbetracht der Vorgaben der Studie nicht überraschen. In bemerkenswerter Diktion wird die Herkunft möglicher Erkenntnisse von Anfang an zunichte gemacht, wie z.B. folgender Passus zeigt:

„Das Stadtplanungsamt hat der Kommission die *amtliche Überzeugung* zukommen lassen, daß die bauliche Struktur der Stadt Neumünster nicht ursächlich für den hohen Kriminalitätsgrad sein könne."[157]

Weitere Überlegungen verbieten sich daher in diesem Zusammenhang von selbst. Der am Ende der Studie angebrachte Katalog von Einzelvorschlägen kriminalpolitischer Einwirkungsmöglichkeiten kann daher nur eine bloße Aneinanderreihung von allgemein gehaltenen Empfehlungen sein, die losgelöst von einer empirischen

---

[153] *Albrecht* (Fn. 152), 32: „... so könnte man sich schon durchaus vorstellen, daß eine gewisse Erhöhung der Kriminalitätsziffern Neumünsters aus dieser vergleichsweise negativen wirtschaftlichen und sozialen Situation resultiert".

[154] *Heinz*, Vorläufiges Gutachten für die Enquête-Kommission zur Kriminalität in Neumünster, 1983, 134.

[155] *Quensel*, (Fn. 144), 253.

[156] *Frehsee* in *Ratsversammlung der Stadt Neumünster* (Fn. 150), 290, 308.

[157] *Frehsee* in *Ratsversammlung der Stadt Neumünster* (Fn. 150), 296; ferner wurde von einigen Behörden eine Mitursächlichkeit an der Kriminalität aus dem eigenen Verantwortungsbereich von vornherein abgestritten, 4.

Grundlage ausgesprochen wurden. Eine Betrachtung dieser Studie aus polizeilicher Sicht findet sich bei *Ziercke*[158].

XII. Strukturen der Kriminalität in Solingen (Plate/Schwinges/ Weiß 1985)

Als Folge eines vom Bundeskriminalamt veranstalteten Symposiums[159] wurde 1981 auf Anregung des Düsseldorfer Regierungspräsidenten ein Vorhaben umgesetzt, dessen Ziel die Berücksichtigung kriminalpräventiver Aspekte eines städtebaulichen Sanierungskonzepts der Stadt Solingen war. Gegenstand der Studie war die konkrete Betrachtung baulicher und infrastruktureller Maßnahmen und deren Auswirkungen auf die Kriminalität, um ein umfassendes städtebauliches Konzept mit konkreten Sanierungsmaßnahmen entwickeln zu können[160]. Zwischen der Konzeption und dem Abschluß des Projektes lagen fünf Jahre.

Mit der rund 168.000 Einwohner zählenden Stadt Solingen in Nordrhein-Westfalen wurde eine polyzentrische Stadt mit geringem Kriminalitätsaufkommen ausgewählt, deren wirtschaftliche Struktur durch produzierendes Gewerbe sowie den Dienstleistungsbereich gekennzeichnet ist. Aufgrund der besonderen Siedlungseigenschaften nimmt Solingen sowohl Aufgaben eines Mittel- als auch eines Oberzentrums wahr.

Es wurden Daten zum Hellfeld[161], zum Dunkelfeld[162] und zur Struktur der Stadt[163] erhoben, die getrennt voneinander ausgewertet und aufbereitet wurden. Dabei beschränkte sich die Dunkelfeldstudie auf die als „klassisch" einzustufenden Delikte

---

[158] *Ziercke*, Begründung einer kommunalen Kriminalprävention am Beispiel Neumünster/Schleswig-Holstein, 1984.

[159] Internationales Symposium im Bundeskriminalamt vom 11. – 13.12.1978 in Wiesbaden; siehe dazu auch *Bundeskriminalamt*, Städtebau und Kriminalität, 1979.

[160] *Plate/Schwinges/Weiß*, Stukturen der Kriminalität in Solingen, 1985, 24, 182.

[161] Durch Ausgabe von erweiterten Erfassungsbelegen an die Beamten der Solinger Polizei; erfaßt wurden ca. 15.000 ausgefüllte Bögen.

[162] Im Wege der Opferbefragung auf der Grundlage eines von *Schwind* im „Kriminalitätsatlas Bochum" verwendeten modifizierten Fragebogens; vgl. *Schwind/Ahlborn/Weiß* (Fn. 70), 395.

[163] Fragen zur Wohn- und Sozialstruktur wie Wohnumfeld, Wohnzufriedenheit, Polizeipräsenz, Einkommensverhältnisse, etc.

Diebstahl/Raub, Sachbeschädigung und Körperverletzung[164]. Im Mittel sollte jeder hundertste Bürger der Stadt über 14 Jahren befragt werden, was zu einer Anzahl von insgesamt 1.001 Interviews führte. Die aus den Hell- und Dunkelfeldanalysen gewonnenen Erkenntnisse wurden im Hinblick auf die Verteilung der Tatorte sowie der Wohnsitze von Tatverdächtigen untersucht.

Zur Überprüfung verschiedener Modelle mit einem komplexen Variablenzusammenhang, welche die Kausalität zwischen Kriminalität und sozialen und baulichen Merkmalen aufzeigen sollten, wurde die Methode der sog. „Pfadanalyse" verwandt[165], eine Vorgehensweise, bei welcher der Pfadkoeffizient den Anteil der Standardabweichung der zu erklärenden Variablen unter konstanter Beibehaltung der übrigen Variablen mißt.

Aufgrund des vielschichtigen Ursachen- und Wirkungszusammenhanges zwischen Raum und Kriminalität erkannten die Autoren bereits zu Beginn der Studie, daß ihre Untersuchung lediglich kriminalpräventiv stützende Befunde, nicht jedoch eine omnipotente Lösung der vorgegebenen Problemstellung liefern kann[166]. Ungeachtet dieser Präambel stellte die Studie heraus, daß Wohnungseinbrüche – und damit die Viktimisierungswahrscheinlichkeit – über das gesamte Stadtgebiet annähernd gleich verteilt sind[167]. Begründet wird dieser Befund mit der örtlichen Verdichtung von Tatgelegenheiten in den Zentren[168]. Bei der Verteilung der absoluten Fallzahlen hingegen wiesen die zentrumsnahen Bezirke eine überproportionale Belastung auf[169], was die Autoren nach der sogenannten „Zonentheorie" damit erklären, daß die Belastung der Zählbezirke mit zunehmendem Abstand von den Zentren kontinuierlich abnimmt.

Eine wesentliche, weil mit hoher Wahrscheinlichkeit aufschlußreiche Beschränkung in der Bekanntgabe der empirischen Ergebnisse läßt sich leider nicht nachvollziehen:

---

[164] *Plate/Schwinges/Weiß* (Fn. 160), 31 f.
[165] *Plate/Schwinges/Weiß* (Fn. 160), 149 f.
[166] *Plate/Schwinges/Weiß* (Fn. 160), 13.
[167] Selbiges gilt bei der Verteilung von Tatort und Täterwohnsitz, 81.
[168] *Plate/Schwinges/Weiß* (Fn. 160), 71.
[169] *Plate/Schwinges/Weiß* (Fn. 160), 108 f.

ERGEBNISSE KRIMINALGEOGRAPHISCHER STUDIEN IN DEUTSCHLAND 109

Die Studie offenbart die mit Tatverdächtigen hoch belasteten (Wohn-)Blöcke nicht[170], sondern sieht durch die eigenen gewonnenen Ergebnisse den grundsätzlichen Zusammenhang zwischen ungünstiger Sozialstruktur, schlechten Wohnbedingungen und erhöhter Kriminalitätsanfälligkeit als bestätigt an[171].

Bei der Erklärung der Zusammenhänge zwischen baulichen und sozialen Merkmalen mit Strukturmerkmalen der Tatorte im Hellfeld begrenzt die Studie den Begriff „Kriminalität" auf die Delikte aus den Bereichen „Diebstahl", „Sachbeschädigung" und „Körperverletzung" mit Privatpersonen als Opfer. Dabei steht die Erkenntnis im Vordergrund, daß die kausalen Zusammenhänge zwischen Baustruktur und Kriminalität wenig gesichert seien und über die charakterliche Eigenschaft von Hypothesen nicht hinauskommen[172].

Auf der Basis des pfadanalytischen Tests gelangen die Autoren im wesentlichen zu den nachfolgenden Aussagen[173]:

1. Die Kriminalität korreliert nicht positiv mit der Bevölkerungsdichte.
2. Wohnungs- und Hauseigentum stellen aufgrund der immanenten sozialen Kontrolle der Eigentümer einen kriminalitätssenkenden Faktor dar[174].
3. Die Bauform eines Hauses und dessen steigende Geschoßzahl (verbunden mit der Anzahl der Wohnungen pro Haus) hat einen starken negativen Effekt auf die Kriminalität.
4. Der Ausländeranteil in einem Gebiet hat lediglich geringen Einfluß auf die Kriminalität.
5. Ein hohes Einkommen der Bewohner hat den stärksten positiven und direkten Einfluß auf die Kriminalität.

---

[170] „Im Interesse der Betroffenen und unter Gesichtspunkten des Datenschutzes ...".
[171] Plate/Schwinges/Weiß (Fn. 160), 114.
[172] Plate/Schwinges/Weiß (Fn. 160), 144.
[173] Plate/Schwinges/Weiß (Fn. 160), 155 ff.
[174] Eine Erkenntnis, zu der schon Frehsee (Fn. 101) in seiner Untersuchung der Stadt Kiel im Jahre 1979 gelangte.

Plate/Schwinges/Weiß schließen aus den vorgenannten Ergebnissen, daß die Determinante „Kriminalität" gleichermaßen von sozialen und baulichen Bedingungen sowie von der informellen sozialen Kontrolle der Bewohner abhängt. Haushalte mit höherem Einkommen bevorzugen eine überschaubare Bauform mit höchstens vier Wohnparteien, zu denen intensivere nachbarschaftliche Kontakte gepflegt werden[175]. Lediglich bei der Erklärung der Häufung von Körperverletzungen vermag die vorgenannte mathematische Modellvoraussetzung nicht zu überzeugen. Bei dieser Deliktsart werden verstärkt individuelle Merkmale zwischen Täter und Opfer angenommen, die einen Rückgriff auf den Bereich der informellen sozialen Kontrolle nicht zulassen[176]. Zusammenfassend wird festgestellt, daß die drei Dimensionen „Sozialstruktur", „Baustruktur" und „informelle soziale Kontrolle" unabhängig voneinander maßgebend dafür sind, ob ein bestimmter Ort eher zum Tatort wird als ein anderer[177].

Bei ausschließlicher Zugrundelegung von Aspekten baulicher Struktur ergab sich ferner, daß die schlechte Einsehbarkeit eines Objektes (einschließlich der damit einhergehenden fehlenden sozialen Kontrolle) sowie gute Möglichkeiten zur Flucht des Täters maßgebliche Faktoren für die Annahme einer latenten Gefährdung von Häusern darstellen[178]. Das relativ geringe real existierende Kriminalitätsaufkommen der Stadt Solingen machte sodann einen Katalog von kriminalpräventiven Vorschlägen überflüssig. Die Verfasser der Studie warnen sogar eindringlich vor überzogenen Sicherungstendenzen, da diese die Kriminalitätsfurcht über Gebühr erhöhen könnten[179].

XIII. Kriminalität in Landau (Ammer 1990)

Der Vorschlag eines vorsitzenden Richters am Amtsgericht Landau, den themenbegründenden Anfangsverdacht einer angeblich hohen Kriminalitätsbelastung der Stadt durch eine Forschungsarbeit untersuchen zu lassen, wurde im März 1987 vom Innenminister des Landes Rheinland-Pfalz aufgegriffen; dieser beauftragte den krimi-

---

[175] *Plate/Schwinges/Weiß* (Fn. 160), 158.
[176] *Plate/Schwinges/Weiß* (Fn. 160), 163.
[177] *Plate/Schwinges/Weiß* (Fn. 160), 166.
[178] *Plate/Schwinges/Weiß* (Fn. 160), 168 – 181.
[179] *Plate/Schwinges/Weiß* (Fn. 160), 188.

ERGEBNISSE KRIMINALGEOGRAPHISCHER STUDIEN IN DEUTSCHLAND

nologischen Lehrstuhl der Universität Trier mit der Durchführung einer kriminologischen Untersuchung der Kriminalitätssituation in Landau. Neben einer Begutachtung der polizeilichen Rolle im Prozeß der formellen Sozialkontrolle sollte die Studie Aufschlüsse darüber erbringen, wie sich die aufgrund der statistischen Daten vergleichsweise hohe Kriminalität der Stadt erklären läßt und ob eine besondere Kriminalitätsstruktur die bis dato vorhandenen Daten produziert[180]. Ferner sollte versucht werden, die Ursachen der erhöhten Kriminalität aufzuhellen[181].

Mit 35.284 Einwohnern[182] ist die Stadt Landau Mittelzentrum im Bereich der südlichen Weinstraße. Das Stadtgebiet ist im südlichen Rheinland-Pfalz gelegen und umfaßt 83 km². Bei einem überdurchschnittlich hohen Frauenanteil, einem vergleichsweise geringen Ausländeranteil und einem verhältnismäßig hohen stadtinternen Wanderungsverhalten der Einwohner ist die Bevölkerungsdichte relativ gering[183]. Der Umstand, daß die Studie, die sich selbst als „anwendungsorientiert" versteht, vom Bundesland Rheinland-Pfalz mitfinanziert wurde, nahm der Verfasser zum Anlaß, vorneweg etwaigen Spekulationen einer möglichen staatskriminologisch indoktrinierten Einflußnahme auf Methoden oder Inhalte der Untersuchung argumentativ entgegenzutreten[184].

Mit standardisierten Befragungen und kriminalstatistischen Auswertungen sowie mit Inhaltsanalysen und teilnehmenden Beobachtungen wurden sowohl quantitative als auch qualitative Methoden angewandt[185]. Um der Frage nachzugehen, ob die Kriminalitätsbelastung in Landau im Vergleich zu anderen Städten annähernd gleicher Größe tatsächlich so hoch ist wie allgemein angenommen, wurden zunächst im Wege einer Hellfeldanalyse die kriminalstatistischen Daten[186] für Landau, Idar-Oberstein

---

[180] *Ammer*, Kriminalität in Landau, 1990, 1 f.

[181] *Ammer* (Fn. 180), 18.

[182] Stand per 01.01.1987.

[183] *Ammer* (Fn. 180), 53 f.

[184] *Ammer* sah sich anscheinend der Gefahr ausgesetzt, seine Auftragsforschung könne als degenerierte „Geheimwissenschaft" angesehen werden, die konträr zur freien Forschung verlaufen könnte; dies zeigt sich auch an anderer Stelle (S. 10), wo geradezu verzweifelt betont wird, daß es keine Versuche seitens des Auftraggebers gab, Gang und Ergebnis der Forschungsarbeit zu beeinflussen.

[185] *Ammer* (Fn. 180), 16.

[186] Tabellen des LKA Rheinland-Pfalz zur polizeilichen Kriminalstatistik.

und Zweibrücken der Jahre 1981 – 1987 gesichtet und ausgewertet. Neben einer vergleichenden Analyse der sozialen Strukturdaten der betrachteten Städte wurde eine Bevölkerungsbefragung[187] durchgeführt. Teilnehmende Beobachtungen und Aktenanalysen in der Polizeidirektion Landau, eine Befragung von Schutz- und Kriminalpolizisten, Richtern und Staatsanwälten sowie Expertengespräche[188] runden die Dunkelfeldanalyse ab[189].

Trotz des verheißungsvollen Titels der Untersuchung fallen die Erkenntnisse unter dem hier beleuchteten Aspekt eines städtebaulichen Ursachenzusammenhangs mit der Kriminalität sehr bescheiden aus. Obwohl der an die Adressaten versandte Fragebogen Fragen zur Vermögensbeziehung der Bewohner zu ihrer Wohnung[190] (Mieter oder Eigentümer) sowie zu der Anzahl der Wohnungen innerhalb eines Hauses[191] enthielt, wurden diese erhobenen Daten nicht weiter aufbereitet, um auf diese Weise kriminalitätsspezifische Zusammenhänge aufzeigen zu können, wie dies Autoren anderer Studien getan haben[192].

Mit dem Befund, daß die Kriminalitätsfurcht bei Bewohnern der Landauer Innenstadt auch nicht stärker ausgeprägt ist als bei Personen, die in den Vororten Landaus leben[193], und der Erkenntnis, daß ein ausgeprägtes Tag-Nacht-Gefälle beim Sicherheitsgefühl der Befragten in der Landauer Innenstadt zu verzeichnen ist[194], erschöpfen sich die Aussagen, die an dieser Stelle von Relevanz sein könnten[195]. Die Ergebnisse von *Ammer* über den Ist-Zustand der Stadt Landau sollten zu einem späteren Zeitpunkt nochmals unter polizeilichem Blickwinkel erneut aufgegriffen werden[196].

---

[187] Befragt wurden 1.000 Personen über 18 Jahren, was einer Stichprobengröße von ca. 3 % dieser Altersgruppe entspricht.
[188] U.a. mit Stadtdezernenten, Jugendpflegern, Rechtsanwälten etc.
[189] Zur Beschreibung der einzelnen methodischen Maßnahmen siehe *Ammer* (Fn. 180), 33 – 44.
[190] Frage Ziff. 4 im Anhang.
[191] Frage Ziff. 4a im Anhang.
[192] Z.B. *Frehsee* (Fn. 101) und *Rolinski* (Fn. 119).
[193] *Ammer* (Fn. 180), 180.
[194] *Ammer* (Fn. 180), 185.
[195] Die im Rahmen der Studie aufgefundenen Bedrohungspotentiale zu den Begriffen „Park", „Stadtrand" etc. müssen lt. Autor zurückhaltend interpretiert werden.
[196] Siehe dazu *Jäger/Groh*, Kommunale Kriminalprävention, 1997.

XIV. Die sichere Stadt (Institut Wohnen und Umwelt 1995)

Anfang 1995 wurde vom Institut Wohnen und Umwelt[197] im Auftrag des Bundesministeriums für Raumordnung, Bauwesen und Städtebau und der Bundesforschungsanstalt für Landeskunde und Raumordnung die Studie „Die sichere Stadt" durchgeführt[198]. Auslöser dieses Forschungsprojekts war das angeblich generell schlechte Image der Großsiedlungen in den alten Bundesländern sowie die befürchtete Entwicklung, daß in bisher sozial durchmischten Wohngebieten mit der Zuwanderung sozial schwächerer bei gleichzeitiger Abwanderung sozial höherrangiger und einkommensstärkerer Personengruppen eine Erhöhung der Kriminalität einhergehen könnte[199].

Ausgehend von der Annahme, daß die Kriminalität in den ostdeutschen Großwohnsiedlungen überdurchschnittlich hoch sei, sollte ein Zusammenhang zwischen Kriminalität und städtebaulichen Merkmalen aufgezeigt werden, so daß mit entsprechenden baulichen Umgestaltungen wirkungsvolle Präventionsmaßnahmen zur Verfügung stehen. Erklärtes Ziel des Forschungsprojektes war die Reduzierung der Kriminalität und der Kriminalitätsfurcht der Bewohner bzw. ein Entgegenwirken der zunehmenden Verunsicherung in der Wohnbevölkerung[200].

Untersucht wurde jeweils eine nach dem zu DDR-Zeiten üblichen konzeptionellen und gestalterischen Standard geplante Neubausiedlung in Dresden-Gorbitz[201] (Sachsen), Erfurt-Herrenberg[202] (Thüringen) und Berlin-Greifswalder Straße[203] (Ost-Berlin).

---

[197] Das Institut Wohnen und Umwelt ist – als GmbH organisiert – eine Forschungseinrichtung des Landes Hessen und der Stadt Darmstadt, die versucht, dem Land Hessen ein entsprechend aufbereiteten Forschungsergebnissen Entscheidungshilfen in Fragen der Wohnungs- und Städtebaupolitik, der Energie- und Umweltpolitik, der Landesplanung, der Verkehrs- und der Sozialpolitik zur Verfügung zu stellen.

[198] Die Institutsarbeit wird überwiegend durch institutionelle Zuwendungen des Landes Hessen finanziert. Einige Projekte werden im Auftrag von Bundes- und Landesministerien sowie von Kommunen durchgeführt und durch öffentliche Mittel entsprechend bezuschußt.

[199] *Flade/Greiff/Dauwe/Guder*, Die sichere Stadt, 1997, 13.

[200] *Flade/Greiff/Dauwe/Guder* (Fn. 199), 13 f.

[201] 33.940 Einwohner bei einer Größe von 229 ha (Stand per 31.12.1993).

[202] 14.743 Einwohner bei einer Größe von 179 ha (Stand per 31.12.1993).

[203] 8.231 Einwohner bei einer Größe von 78 ha (Stand per 31.12.1993).

Die Untersuchung bestand aus vier Teilen[204]:

- Auswertung der Fachliteratur
- Situationsanalyse der Untersuchungsgebiete
- Ausarbeitung allgemeiner Grundsätze bzw. von „Bausteinen" für Präventionskonzepte in Großsiedlungen
- Ableitung ortsspezifischer Präventionskonzepte

Gespräche und Interviews mit Experten, (Kriminal-)Statistiken sowie Besichtigungen vor Ort lieferten die Grundlage der Situationsanalysen, Befragungen von Bewohnern anhand eines standardisierten Fragebogens dienten als Informationsquelle aus erster Hand. Mit den plakativen Zielsetzungen

- Erhöhung des Sicherheitsgefühls der Wohnbevölkerung,
- Verbesserung der Sozialisationsbedingungen sowie der
- Verringerung von Tatgelegenheiten

versuchten die Autoren der Studie, Präventionskonzepte aus den empirisch gewonnenen Erkenntnissen abzuleiten[205]. Die Beeinflussung objektiver[206] wie subjektiver[207] Faktoren sollte durch mögliche Maßnahmen das subjektive Sicherheitsgefühl der Wohnbevölkerung erhöhen.

In keinem der drei untersuchten Gebiete ließ sich eine überdurchschnittlich hohe Kriminalitätsrate nachweisen, sondern eher eine geringere. Die registrierte Kriminalität in den Siedlungen hob sich dabei gegenüber derjenigen der Gesamtstadt nicht ab[208]. Als zentrale Erkenntnis läßt sich außerdem festhalten, daß – wenngleich es solche

---

[204] *Flade/Greiff/Dauwe/Guder* (Fn. 199), 17.
[205] *Flade/Greiff/Dauwe/Guder* (Fn. 199), 75.
[206] Im einzelnen werden die Erhöhung der Lebensqualität im Stadtteil, die Sicherung der Wohngebäude und des Wohnumfelds, die sichere Führung notwendiger öffentlicher Wege und die Vermeidung von Belästigungen an öffentlichen Wegen und Plätzen angeführt.
[207] Hierbei soll die Erhöhung der Kommunikationsdichte zwischen den Bewohnern und die Erweiterung der Handlungsmöglichkeiten im eigenen Wohnumfeld sowie der Beteiligungsmöglichkeiten an kommunalen Planungs- und Entscheidungsprozessen entscheidend sein.
[208] *Flade/Greiff/Dauwe/Guder* (Fn. 199), 8 f.

Orte gibt[209] – in den Untersuchungsgebieten die Tatorte keine „Angst"-Orte, die „Angst"-Orte dagegen keine Tatorte waren[210]. Mangelnde Beleuchtung und unübersehbare Stellen wurden als wesentliche Gründe für ein erlebtes Unsicherheitsgefühl benannt[211]. Ebenfalls zentrale Bedeutung erlangte ferner auf der Ebene der Beeinflussung subjektiver Faktoren die soziale Absicherung der Bewohner[212]. Arbeitslosigkeit und die Sorge um die eigene materielle Existenz wurden zudem als Komponenten für ein entstehendes Unsicherheitsgefühl angesehen.

Wer in dieser Studie eine mathematisch-akribische Abarbeitung zuvor aufgestellter Thesen[213] erwartet, wird hier sicherlich enttäuscht. Der gefälligen Lesbarkeit dieser Untersuchung tut dies indes keinen Abbruch. Generell als gut zu bewerten ist der Umstand, daß nicht eine abstrakt-repräsentative Befragung der Wohnbevölkerung, sondern die Aussagen der Bewohner am jeweiligen Ort der Untersuchung als Quelle für die subjektive Einschätzung der Kriminalität zur Verfügung standen[214].

Unrealistisch, weil nicht praxistauglich, mutet jedoch sowohl der Vorschlag an, bei der Neubelegung von Wohnungen auf ein sozialverträgliches Miteinander der Bewohner zu achten[215], ebenso wie der Gedanke einer Veräußerung von Wohnungseigentum an die Mieter, um eine breite soziale Mischung zu erhalten[216]. Dieser vermeintliche Lösungsansatz zur Reduzierung von Kriminalität entspricht vielleicht dem moralisch hochstehenden Idealbild einer ausgewogenen Bevölkerungsstruktur, nicht jedoch den tatsächlichen wirtschaftlichen Verhältnissen: Einerseits können sich einkommensschwache Mieter aus finanziellen Gründen den Erwerb von Wohnungseigentum nicht leisten; andererseits begegnet die zwangsweise Zuweisung von Akademikern in sozial schwache Gebiete erheblichen Bedenken. Die Nachfrage nach solch einem „sozial durchmischten" Wohnraum kann daher insbesondere bei

---

[209] *Flade/Greiff/Dauwe/Guder* (Fn. 199), 71.
[210] *Flade/Greiff/Dauwe/Guder* (Fn. 199), 9, 40, 71.
[211] *Flade/Greiff/Dauwe/Guder* (Fn. 199), 47, 61.
[212] *Flade/Greiff/Dauwe/Guder* (Fn. 199), 76.
[213] Vgl. etwa bei *Rolinski* (Fn. 119), 133 – 179.
[214] *Flade/Greiff/Dauwe/Guder* (Fn. 199), 18.
[215] Wenngleich diese Überlegung auch an anderen Stellen anzutreffen ist, wie z.B. in *Ratsversammlung der Stadt Neumünster* (Fn. 150), 288.
[216] *Flade/Greiff/Dauwe/Guder* (Fn. 199), 77 f.

den bessersituierten Bevölkerungsgruppen als ausgesprochen gering eingeschätzt werden und erinnert an frühere DDR-Methoden, bei denen diese Art der Wohnungszuweisung gang und gäbe war.

Es bedarf im übrigen keiner weiteren Ausführungen, daß das Ziel eines freiwilligen Zuziehens von höheren sozialen Schichten zum Zwecke des Sozialausgleichs in der Praxis zum Scheitern verurteilt sein dürfte. Die Annahme, ein akademisch gebildeter – und damit nach Auffassung der Autoren sozial höher stehender – Bürger wäre bereit, seinen privilegierten und grundgesetzlich geschützten privaten Wohn- und Lebensraum zugunsten von „übergeordneten Allgemeininteressen" aufzugeben, erscheint schlichtweg weltfremd[217].

XV. Zusammenfassung der Ergebnisse

Die Annahme, daß es einen Zusammenhang zwischen der Kriminalitätsbelastung und dem Städtebau bzw. der städtebaulichen Planung in Form einer Mitbestimmung der Umwelt der Bewohner gibt, ist eine in der Literatur häufig anzutreffende Auffassung[218]. Ihr tritt *Kaiser* kritisch entgegen, wenn er ernstliche Zweifel an diesem vermuteten Zusammenhang anmeldet, die sich vor allem in Ermangelung eines empirisch brauchbaren Konzeptes ergeben[219]. Es hat sich gezeigt, daß Bedenken dieser Art angesichts der aufgefundenen Ergebnisse ihre Bestätigung finden sollten.

Als zentrale Erkenntnis sämtlicher in der vorliegenden Arbeit untersuchter Studien gilt es festzuhalten, daß ein monokausaler Zusammenhang zwischen städtebaulichen Strukturen und Kriminalität nicht besteht bzw. bislang noch nicht nachgewiesen werden konnte. Auch im Bereich der Jugendkriminalität wird der gebauten Struktur allenfalls nur ein Einfluß von mehreren zugeschrieben[220]. Diese Beurteilung deckt

---

[217] Richtig dagegen *Rolinski* (Fn. 119), 200, der annimmt, daß eine Selektion von Mietern in bestimmte Wohngebiete hinein nur nach dem Merkmal ihrer finanziellen Leistungsfähigkeit erfolgt.

[218] Vgl. *Mücke*, Lösungsvorschläge aus der Sicht der Stadtplanung, 1979, 190; *Schreiber*, Lösungsvorschläge aus der Sicht der Polizei, 1979, 219.

[219] *Kaiser*, Lösungsvorschläge aus der Sicht der Kriminologie, 1979, 225; *Kaiser* (Fn. 44), 253.

[220] *Dicke/Halt*, Macht der Städtebau unsere Kinder kriminell?, 1978, 7.

sich mit der Erfahrung auf psychologischem Gebiet, nach der es ebenfalls nicht nur eine Betrachtungsweise gibt, der man die kriminalitätsrelevanten Beziehungen zwischen Mensch und baulicher Umwelt unterwerfen könnte[221]. Daher könne man sich von der Änderung baulicher Gegebenheiten kaum je direkte, sondern allenfalls indirekte positive Wirkungen versprechen, falls es gelingt, mit den baulichen auch die primär verantwortlichen sozialen Umstände zu ändern[222]. *Pflaumer* faßt dies thesenartig zusammen, daß der mit der Formulierung des Themas unterstellte (monokausale) Zusammenhang von Städtebau und Kriminalität zu pauschal und deshalb in dieser Form nicht haltbar sei[223]. *Hofmann* greift diese Erkenntnis auf, wenn er feststellt, daß die Kriminologie lange Zeit benötigt hat, „um sich von einseitig kausalen Ursachenerklärungen zu lösen" und sich einer komplexen Betrachtungsweise zuzuwenden[224].

Bereits die in bundesdeutschen Großstädten aufgefundene Kriminalitätsverteilung läßt bei Zugrundelegung der theoriegestützten Erklärungsmodelle keine Einheitlichkeit erkennen. Während die Stadt Nürnberg (im Vergleich zu Chicago) zum Zeitpunkt ihrer Betrachtung im Hinblick auf die Kriminalitätsbelastung dem Zonenmodell entsprach, schien nach den Bochumer kriminalgeographischen Feststellungen die Mehrkerntheorie als Erklärung der vorgefundenen Kriminalitätsverteilung zu dienen. *Schwind* erklärt dies plausibel auf stadthistorischer Grundlage, nach der die Städte Nürnberg und Chicago ein organisches Wachstum in einem noch unbebauten Umland entfalten konnten, „während Bochum verschiedene Gemeinden eines riesigen, sehr verflochtenen Industriegebietes geschluckt hat, die sich um einige Kohlebergwerke gruppiert haben und bereits feste, zum Teil noch heute bestehende Mittelpunkte besaßen bzw. besitzen, in denen sich auch die Kriminalität konzentrierte"[225].

Dieser Gedanke wird von *Kaiser* aufgegriffen: Er zieht zur Erklärung der unterschiedlichen Kriminalitätsverteilung in Städten ebenfalls die jeweilige Geschichte der Stadt-

---

[221] Vgl. *Kaminski*, Mensch und bauliche Umwelt aus der Sicht des Psychologen, 1979, 20.
[222] *Kaminski* (Fn. 221), 23.
[223] *Pflaumer*, Lösungsvorschläge aus der Sicht des Bundesministeriums für Raumordnung, Bauwesen und Städtebau, 1979, 185.
[224] *Hofmann*, Kriminalgeographie, 1991, 185.
[225] *Schwind*, Kriminologie, 2000, 295.

entwicklung heran. So richtet sich das Vorliegen eines entsprechenden Verteilungsmodells[226] nach der Frage, „ob ein andauernd organisches Wachstum oder eine relativ kurze und gedrängte Entstehungsgeschichte vorliegt"[227].

Die widersprüchlichen Ergebnisse von *Newman* und *Rolinski* nahm *Frehsee* zum Anlaß, die untersuchte Architektur von Hochhäusern genauer zu betrachten. Er stellte fest, daß eher die soziale Struktur des Wohnumfeldes als die mangelnde „Abwehrfähigkeit" des Raumes eine Erklärung dafür liefern kann, daß Hochhauskriminalität weniger mit erhöhter Attraktivität des Tatortes, denn mit einem höherem Delinquenzpotential der Wohnbevölkerung in Beziehung steht. Somit kann, so *Frehsee*, auf der Grundlage von *Rolinskis* Ergebnissen die isolierte Untersuchung eines Wohnturmes oder einer abgesetzten Wohnanlage von sechs Mehrfamilienblocks keine hinreichende Substanz bieten, um die sozialen Bezugsebenen krimineller Auffälligkeiten zu erfassen[228].

Die auf deutschen Studien basierenden Resultate vermögen sonach die „klassischen" Erkenntnisse von *Newman* und seiner Lehre vom „Defensible Space" nicht zu tragen. *Newman* verglich zwei Häuserkomplexe in New York miteinander und stellte die These auf, die unterschiedliche bauliche Gestaltung der untersuchten Objekte sei der Hauptgrund für die Abweichungen in der jeweils vorgefundenen Kriminalität. Auch *Jordan* grenzt in diesem Sinne die bundesdeutschen von den „amerikanischen Verhältnissen" ab, indem er feststellt, daß sich die von ihm für die Stadt Wiesbaden ermittelten Daten sozialer Problematik in Hochhaussiedlungen und Siedlungen mit maximal 4-geschossiger Bauweise nicht unterscheiden[229]. Dieses Ergebnis untermauert die Auffassung von *Albrecht*, nach der zwar viele, aber längst nicht alle amerikanischen Befunde auf deutsche Verhältnisse übertragen werden können[230].

Das vom Bundesministerium für Raumordnung, Bauwesen und Städtebau initiierte Forschungsprojekt „Gebäudekonzeption und Kriminalität" kommt ebenfalls zum Er-

---

[226] Siehe dazu Kapitel 1, Seite 29 ff.
[227] *Kaiser*, Die gefährliche Stadt?, 1990, 248.
[228] *Frehsee*, Das „Kriminalitätsproblem" im Hochhausquartier, 1981, 320.
[229] *Jordan*, Mensch und bauliche Umwelt aus der Sicht des Städteplaners, 1979, 15.
[230] *Albrecht*, Kriminalgeographie, Städtebau und Kriminalität, 1993, 233.

gebnis, daß es weder einen direkten Zusammenhang zwischen bestimmten Gebietstypen und Kriminalität noch einen solchen für bestimmte Bauformen oder Bebauungsdichten gibt[231]. Dafür gewinnt der Aspekt der sozialen Kontrolle zunehmend an Bedeutung[232]. Ermöglicht die bauliche Umwelt wenig informelle Sozialkontrolle oder werden öffentliche und private Räume unzureichend verdeutlicht, so trägt dies nach kriminalökologischen Befunden zu Vandalismus und anderen Gewalthandlungen bei. Ungeachtet des Umstands, daß das Konzept des „Defensible Space" keine eindeutige Bestätigung finden konnte, sollten seine Merkmale dennoch verstärkt in die Stadtplanung einbezogen werden. Kriminalitätsabwehrende Architektur und Umweltgestaltung (im Sinne von *Newman*) müssen dabei aber immer in Balance zu ästhetischen Bedürfnissen des Menschen gebracht werden, um nicht zu kontra-produktiven Effekten zu führen[233]. *Dörmann/Kube* resümieren, daß Kriminalität durch städtebauliche und architektonische Maßnahmen allein weder verursacht noch in ihrer Entstehung verhindert werde. Man müsse vielmehr davon ausgehen, daß eine Vielzahl anderer, überwiegend sozialer Faktoren[234] für die komplexen Wechselbeziehungen verantwortlich seien. Dies mache es auch so außerordentlich schwierig, diesen Komplex forschend zu erschließen[235].

Schwind zieht vor dem Hintergrund der Ergebnisse von *Opp*[236] und *Wiebe*[237] den Schluß, daß die Baustruktur nur mittelbar eine Rolle dabei spiele, wenn in Gebieten ungünstiger Sozialstruktur überproportional viele Tatverdächtige wohnen[238]. Auch *Kaiser* stellt fest, daß entgegen früherer Annahmen „nicht die schlechte Baustruktur per se als Indikator für soziale Problemgebiete oder kriminelle Aktivitäten" primär in

---

[231] *Fangohr*, Gebäudekonzeption und Kriminalität, 1986, 19.

[232] *Fangohr* (Fn. 231), 21.

[233] *Lösel/Selg/Schneider/Müller-Luckmann*, Ursachen, Prävention und Kontrolle von Gewalt aus psychologischer Sicht, 1994, 69.

[234] Genannt werden Siedlungsstruktur, Alters- und Sozialstruktur der Wohnbevölkerung, soziale Segregationserscheinungen, Funktionieren von Familien- und Nachbarschaftsbeziehungen, soziale Kontrolle etc.

[235] Vgl. *Dörmann/Kube*, Städtebau und Prävention, 1980, 443.

[236] Siehe dazu Seite 84 ff.

[237] Siehe dazu Seite 91.

[238] *Schwind* (Fn. 225), 299.

Betracht kommen, sondern daß es die ungünstige Sozialstruktur[239] und der sogenannte „filtering-down-Prozeß" sind, die in den Hochhaussiedlungen der Trabantenstädte für eine gesteigerte Delinquenzbelastung Sorge tragen[240]. Wenngleich mancherorts eine Bestätigung dafür gefunden wurde, daß bestimmte bauliche Strukturen überdeutlich Vandalismus ermöglichen, so werden die Gründe hierfür jedoch überwiegend in den sozialen Gegebenheiten der jeweiligen Wohnblocks gesucht. *Müller* will daher gleichfalls nicht der Hypothese folgen, daß bauliche Strukturen die Verursacher für Vandalismus sind und das Maß bestimmen[241].

Ausgangspunkt dieser zurückhaltenden Auffassung dürfte jedoch noch immer der Umstand sein, daß deutsche Arbeiten und Daten nicht in ausreichendem Maße zur Verfügung stehen, so daß bzgl. der Bundesrepublik nicht von empirisch gesichertem Wissen gesprochen werden kann[242]. Dennoch spielt nach der Ansicht mancher Experten u.a. die Gestaltung der baulichen Umwelt, die den äußerlich-gegenständlichen Rahmen und Anlaß für Vandalismus bildet, im Zuge eines interaktiven Verursachungsprozesses eine besondere Rolle; sie trage damit nach kriminologischen Befunden entscheidend zu zerstörerischem Verhalten bei[243].

Daher kann nach dem heutigen Stand der kriminologischen Forschung abschließend der Ansicht von *Kaiser* gefolgt werden, nach der sich ein Zusammenhang zwischen bestimmten städtebaulichen Formen und einzelnen Arten der Kriminalität nicht bestreiten läßt; allerdings übernimmt hierbei der spezifische Wohn- und Siedlungsstil die Funktionen eines Indikators für Sozialstruktur und Sozialkontrolle. Dies erfordert im Ergebnis die Integration von Architektur und Technik im Rahmen eines umfassend angelegten Präventionskonzeptes[244].

---

[239] Im Verbund mit hoher Mobilität, wechselnder Belegungsdichte und hohem Anteil an jungen Menschen.
[240] *Kaiser* (Fn. 227), 248 f.
[241] *Müller*, Städtebau und Kriminalität, 1981, 146.
[242] So im Ergebnis auch *Villmow/Kaiser*, Empirisch gesicherte Erkenntnisse über Ursachen der Kriminalität, 1974, 29.
[243] *Schwind/Baumann/Schneider/Winter*, Gewalt in der Bundesrepublik Deutschland, 1990, 102.
[244] Vgl. *Kaiser* (Fn. 44), 254 f.

4. Kapitel:

Stadtstruktur und Verbrechensfurcht

I. Überblick

Zum Thema „Verbrechensfurcht" ist in den vergangenen 30 Jahren eine kaum zu überblickende Fülle an Veröffentlichungen erschienen, die *Hale*[1] mit ca. 200 Publikationen beziffert. *Kury/Obergfell-Fuchs/Ferdinand* halten diese Zahl hingegen zweifellos für eine Unterschätzung[2]. Annahmen über Kriminalität sind fester Bestandteil des Alltagswissens, das bei allen (erwachsenen) Menschen gleichermaßen vorhanden ist[3]; hierzu zählt auch die Annahme einer beständig zunehmenden Kriminalität[4].

Vor dem Hintergrund, daß Angst eine emotionale und physische Antwort auf eine wahrgenommene Bedrohung ist, besteht in der „Angstforschung" Einigkeit darüber, daß der wissenschaftliche Ertrag der Erhebungen von Kriminalitätsängsten problematisch ist[5]. *Boers/Kurz* bemängeln gar, daß nicht so sehr differenzierende Beurteilungen, sondern Dramatisierungen und Vereinfachungen Konjunktur haben, wenn viel über Kriminalität geredet wird[6]. Noch nie waren die Deutschen so ängstlich und noch nie haben sie sich so vor Kriminalität gefürchtet wie derzeit[7]. Insbesondere liegt die Verbrechensfurcht in den ostdeutschen Bundesländern beträchtlich über den Werten, die in entsprechenden Vergleichsstudien in den alten Bundesländern ermittelt wurden[8].

---

[1] *Hale*, Fear of Crime, 1996, 79.
[2] *Kury/Obergfell-Fuchs/Ferdinand*, Aging and The Fear of Crime, 1998, 851; ebenso *Kury/Obergfell-Fuchs*, Kriminalitätsfurcht und Alter: Ergebnisse aus Ost- und Westdeutschland, 1998, 198.
[3] *Abele/Stein-Hilbers*, Alltagswissen, öffentliche Meinung über Kriminalität und soziale Kontrolle, 1978, 162.
[4] *Kunz*, Die Verbrechensfurcht als Gegenstand der Kriminologie und als Faktor der Kriminalpolitik, 1983, 165.
[5] *Stangl*, „Wien – Sichere Stadt", 1996, 51.
[6] *Boers/Kurz*, Kriminalitätseinstellungen, soziale Milieus und sozialer Umbruch, 1997, 187.
[7] *Baier/Feltes*, Kommunale Kriminalprävention, 1994, 693.
[8] *Burgheim/Sterbling*, Kriminalitätsfurcht in Sachsen, 2000, 450.

Ebenso wie die Gewaltkriminalität ist die von der Bevölkerung zum Ausdruck gebrachte Kriminalitätsfurcht in erster Linie ein Großstadtphänomen[9]. Auch ausländische Studien gelangen dabei immer wieder zu der Erkenntnis, daß zwischen der Größe einer Gemeinde und der Verbrechensfurcht ihrer Einwohner ein positiver und empirisch nachweisbarer Zusammenhang besteht[10]. Dabei spiegelt nach den Erkenntnissen der wissenschaftlichen Forschung Kriminalitätsfurcht nicht ohne weiteres das tatsächliche Kriminalitätsvolumen wider[11]. Auch nach neueren Studien ist die erlebte Kriminalitätsfurcht – selbst bei Berücksichtigung der Dunkelzifferproblematik – unabhängig von der faktischen Häufigkeit von Delikten[12]. Jegliche wissenschaftliche Befassung mit Kriminal- oder Kontrollpolitik steht daher vor dem intrikaten Problem der Differenz von objektivem Kriminalitätsrisiko und subjektiver Kriminalitätsfurcht[13].

II. Historische Entwicklung

Im Gegensatz zu den kriminalgeographischen Untersuchungen, die auf eine über 150 Jahre alte Tradition zurückblicken können[14], ist die Beschäftigung mit der Kriminalitätsfurcht in Meinungsumfragen und in der wissenschaftlichen Forschung relativ neu. In Deutschland und den Vereinigten Staaten reichen die ersten Erhebungen über Verbrechensfurcht gerade einmal bis in das Jahr 1965 zurück[15].

Die zunehmende Beachtung, die das Thema Kriminalitäts- bzw. Verbrechensfurcht in den vergangenen Jahrzehnten erfahren hat, resultiert zuvorderst aus gesellschaftlichen Umwälzungen, die den in der amerikanischen Geschichte verwurzelten „Ruf nach Recht und Ordnung" laut werden ließen. Es waren vor allem die USA, die in den 60er und 70er Jahren des 20. Jahrhunderts von schwerwiegenden innenpoliti-

---

[9] *Boers*, Kriminalitätsfurcht, 1993, 69.
[10] *Hale* (Fn. 1), 113.
[11] *Reuband*, Objektive und subjektive Bedrohung durch Kriminalität, 1992, 341.
[12] *Schweer/Thies*, Kriminalität und Kriminalitätsfurcht, 2000, 341; ebenso *Burgheim/Sterbling* (Fn. 8), 447.
[13] *Hassemer*, „Zero tolerance" – Ein neues Strafkonzept?, 1998, 806.
[14] Vgl. dazu Kapitel 1, Seite 13.
[15] *Boers*, Kriminalitätsfurcht, 1991, 7.

schen Auseinandersetzungen geprägt wurden. Der Widerstand gegen den Vietnamkrieg, die bürgerkriegsähnlichen Konflikte im Kampf um die Anerkennung der Bürgerrechte für ethnische Minderheiten, die spektakulären Attentate auf die Brüder Kennedy sowie den Bürgerrechtler Martin Luther King jr. und nicht zuletzt der steile Anstieg der Gewaltkriminalität ab Mitte der 60er Jahre trugen dazu bei, die Law-and-Order-Ideologie spätestens im Präsidentschaftswahlkampf des Jahres 1968 als Hauptthema zu übernehmen[16]. Dabei gibt es keine statistische Beziehung zwischen der Kriminalitätsrate und der öffentlichen Kriminalitätsbesorgnis, wohl aber eine hochsignifikante Beziehung zwischen den „Law-and-Order"-Programmen der Politik und den dadurch ausgelösten Sorgen der Öffentlichkeit[17].

In Deutschland ist es seit 1945 zu keiner auch nur annähernd mit der in den USA vergleichbaren Law-and-Order-Bewegung gekommen, was *Arzt* den hierzulande aus der Zeit des Nationalsozialismus herrührenden Ängsten vor negativen Erfahrungen mit übermächtigen staatlichen Strafverfolgungsorganen zuschreibt[18].

III. Heutiger Stand der Forschung

Das individuelle Angstpotential ist in einzelnen Bevölkerungsgruppen unterschiedlich stark ausgeprägt. *Boers* sieht dabei Kriminalitätsfurcht nur als eine von mehreren Kriminalitätseinstellungskomponenten an und unterscheidet zwischen sozialen und personalen Kriminalitätseinstellungen[19]. *Becker/Boers/Kurz* differenzieren noch weiter, indem sie im wesentlichen drei Ansätze zur Erklärung der Kriminalitätsfurcht anführen: „Auf der personalen Ebene die sogenannte Viktimisierungsperspektive, wonach die Kriminalitätsfurcht vor allem durch gravierende persönliche Opfererlebnisse hervorgerufen wird; auf der gesellschaftlichen Mesoebene die Soziale-Kontroll-Perspektive, wonach die Ursachen der Kriminalitätsfurcht im Verlust der informellen

---

[16] *Boers* (Fn. 15), 16 ff.
[17] *Dinges/Sack*, Unsichere Großstädte?, 2000, 49 f.
[18] Vgl. *Arzt*, Der Ruf nach Recht und Ordnung, 1976, 132.
[19] *Boers* (Fn. 9), 74 f.; siehe ferner dazu *Bilsky*, Die Bedeutung der Kriminalitätsfurcht in Ost und West, 1997, 161, der es zur Vermeidung terminologischer Mißverständnisse als notwendig erachtet, auf die Unterscheidung von personaler Kriminalitätsfurcht (im Sinne persönlicher Befürchtungen und Risikoabschätzungen) und allgemeiner, gesellschaftsbezogener Besorgnis hinzuweisen.

sozialen Kontrolle durch Prozesse der sozialen Desorganisation in Gemeinden und Wohnvierteln liegen, und schließlich auf der gesellschaftlichen Makroebene die Soziale-Problem-Perspektive, wonach die Kriminalitätsfurcht im wesentlichen das Ergebnis sozialer Konstruktionen und Skandalisierungen ist, wie sie von der Politik und den Massenmedien dem Publikum angeboten werden"[20].

Ein von der tatsächlichen Häufigkeit von Verbrechen losgelöstes und übersteigertes Bedrohtheitsgefühl kann, insbesondere in bestimmten potentiellen Opferkreisen, je nach Ausmaß weitreichende Auswirkungen auf das Leben des Einzelnen haben, indem als gefährlich eingeschätzte Aktivitäten unterlassen oder Maßnahmen zur Erhöhung der persönlichen Sicherheit getroffen werden[21]. So ist der Aufenthalt im öffentlichen Raum aufgrund der geschlechtsspezifischen Gefahr der Opferwerdung, insbesondere im Bereich der Sexualdelikte, für Frauen mit mehr und anderen Ängsten verbunden als für Männer[22]. Mehrstöckige Großgaragen sind häufig für Frauen angsterregend, weil von ihrer besonderer Eignung für Überfälle ausgegangen wird[23]. Nicht zuletzt aus Gründen des subjektiven Empfindens von Unsicherheit meiden vor allem Frauen unübersichtliche Orte und schlechte Verbindungswege von Wohn- zu Arbeitsort oder auch bestimmte Stadtteile[24]. Dabei kann das Meiden von als gefährlich eingestuften Straßen und Plätzen sogar dazu führen, daß diese Räume später einmal tatsächlich unsicher werden[25]. Unter Berufung auf Untersuchungen aus den Niederlanden stellte die Stadt Dortmund in einem Beitrag zur Verbesserung von Mobilitätschancen für Frauen in öffentlichen Räumen heraus, daß jeder Ort, der einen der raumspezifischen Parameter

- fehlende Wahlmöglichkeit[26],
- mangelnde Übersichtlichkeit von Raumsituationen[27],

---

[20] *Becker/Boers/Kurz*, Kriminalitätsfurcht und Prävention im sozialen Nahbereich, 1996, 83.
[21] *Vilsmeier/Taschler-Polacek*, Viktimisierungsangst, der „Ruf nach Recht und Ordnung" und allgemeine Ängstlichkeit, 1991, 174.
[22] *Kubon*, Sichere Städte, 1996, 555.
[23] *Kube*, Kriminalprävention und Stadtplanung, 2000, 288.
[24] *Josting*, Soziale Auswirkungen von räumlichen Strukturen, 1996, 24.
[25] *Heinz*, Kriminalprävention auf kommunaler Ebene, 1997, 426.
[26] Gemeint sind unsicherheitserzeugende Zwangsverbindungswege.
[27] Typisch für dieses Raummerkmal sind vielfach Grünanlagen und Parks.

- fehlende soziale Kontrolle[28] oder
- mangelhafte Beleuchtung

erfüllt, zum Angstraum werden kann[29]. Dabei sind die objektiv zu bestimmenden Gefährdungsbereiche nicht unbedingt identisch mit den subjektiv empfundenen Angsträumen[30]; dennoch können hieraus konkrete Vorschläge zur baulichen Gestaltung gewonnen werden[31].

Zu ähnlichen Ergebnissen frauenspezifischer Angst vor Verbrechen gelangt auch eine 1994 veröffentlichte Studie über Angsträume in Heidelberg. Allem voran waren es hier ebenfalls die schlechte Beleuchtung, gefolgt von publikumsorientierter Bedrohung, Unbelebtheit eines Gebietes, Unübersichtlichkeit eines Ortes, mangelnden Ausweichmöglichkeiten sowie unspezifischen Befürchtungen, die als Gründe für die Entstehung von Angsträumen genannt wurden[32]. Allerdings wird eingeräumt, daß die Beurteilung der Qualität eines Raumes oder eines Bauwerkes in hohem Maße an die persönliche Einschätzung der Nutzerin gebunden ist – ein Umstand, der das persönliche Sicherheitsgefühl stark an das subjektive Empfinden der betreffenden Person anlehnt. Aufgrund der Disparität von objektivem Sicherheitsniveau und subjektivem individuellen Sicherheitsempfinden zeige sich daher im Ergebnis, daß stadtplanerische und bauliche Maßnahmen allein das fehlende Sicherheitsempfinden von Frauen im öffentlichen Raum nicht beheben können[33].

Die auch von *Flade/Greiff/Dauwe/Guder* in ihrer 1995 durchgeführten Studie gewonnene Erkenntnis, daß auf räumlicher Ebene die Tatorte in den Untersuchungsgebieten keine „Angst"-Orte, die „Angst"-Orte dagegen keine Tatorte waren[34], entspricht im übertragenen Sinne[35] dem sogenannten „Kriminalität-Furcht-Paradoxon", wonach

---

[28] Hierunter fallen einsame Gegenden, die das Gefühl vermitteln, daß bei einem Überfall keine Hilfe zu erwarten ist.
[29] *Stadt Dortmund*, Stadt zum Leben, 1991, 40 ff.
[30] *Stadt Dortmund* (Fn. 29), 73.
[31] Siehe dazu *Siemonsen/Zauke*, Sicherheit im öffentlichen Raum, 1991.
[32] *Stadt Heidelberg*, Angsträume in Heidelberg, 1994, 29.
[33] *Stadt Heidelberg* (Fn. 32), 30.
[34] Vgl. dazu Kapitel 3, Seite 113 ff.
[35] Zumindest in bezug auf die Variablen „Geschlecht" und „Alter".

sich die Kriminalitätsfurcht bei Frauen und Männern, jungen und älteren Menschen umgekehrt proportional zu den jeweiligen Viktimisierungsraten verhält[36]; nach *Obergfell-Fuchs/Kury* gilt dies aber nur für die emotionalen Anteile am Gesamtkonstrukt „Verbrechensfurcht"[37]. Dieser von *Boers* bereits in seiner grundlegenden Arbeit 1991 festgestellte Zusammenhang scheint jedoch in der Zwischenzeit widerlegt worden zu sein. Nach neueren Untersuchungen ist das Kriminalität-Furcht-Paradoxon deutlich in Frage zu stellen, da es sich nicht verallgemeinern und – wenn überhaupt – nur für wenige Untergruppen bestätigen läßt[38].

Stephan stellte in der Stuttgarter Opferbefragung von 1976 bereits fest, daß von fünf Befragten nur einer eine Zunahme der Kriminalität im eigenen Wohnviertel vermutet, während es vier sind, die eine Zunahme der Kriminalität im Bundesgebiet vermuten[39]. Ein ähnliches Phänomen erkannte *Feltes* anhand einer kanadischen Opferbefragung von 1982, nach der die Mehrzahl der Bürger die eigene Nachbarschaft und die Kriminalitätsrate dort als niedrig und stabil empfindet, während sie von steigenden Kriminalitätsraten und steigender Unsicherheit in anderen Gebieten ausgeht[40]. Bestätigt wird dieser Befund von *Bilsky/Wetzels/Mecklenburg/Pfeiffer*, in deren Untersuchung im Jahre 1995 die Mehrzahl der Befragten in den alten Bundesländern davon ausging, daß Straftaten in der eigenen Wohngegend tendenziell seltener auftreten als in anderen Gegenden[41].

Auch *Obergfell-Fuchs/Kury* konstatieren anhand ihrer Untersuchungsresultate aus dem Jahr 1994, daß die Einschätzung des eigenen Stadtteils unabhängig davon erfolgt, ob eine meßbare unterschiedliche Kriminalitätsbelastung besteht[42]. Gleiches gilt für die Verbrechensfurcht: Nach den Ergebnissen der „Leben in Köln"-Umfrage

---

[36] *Boers* (Fn. 15), 57; so im Ergebnis auch *Dinges/Sack* (Fn. 17), 40.

[37] *Obergfell-Fuchs/Kury*, Sicherheitsgefühl und Persönlichkeit, 1996, 107.

[38] *Kury/Obergfell-Fuchs*, Kriminalitätsfurcht in Deutschland, 1998, 30.

[39] *Stephan*, Die Stuttgarter Opferbefragung, 1976, 157.

[40] *Feltes*, Verbrechensopfer, Dunkelziffer und Verbrechensfurcht, 1987, 413; wenngleich *Stephan* davon ausgeht, daß nordamerikanische Ergebnisse in gewissem Umfang auf deutsche Verhältnisse übertragbar sind, fühlen sich dagegen Stuttgarter nachts im eigenen Wohnviertel etwas weniger sicher als die nordamerikanischen Bürger, vgl. *Stephan* (Fn. 39), 86.

[41] *Bilsky/Wetzels/Mecklenburg/Pfeiffer*, Subjektive Wahrnehmung von Kriminalität und Opfererfahrung, 1995, 77.

[42] *Obergfell-Fuchs/Kury*, Verbrechensfurcht und kommunale Kriminalprävention, 1995, 66.

aus dem Jahr 1995 nimmt das Sicherheitsgefühl der Befragten deutlich zu, wenn es um den eigenen Stadtteil geht[43]. Auch nach heutigen Untersuchungen fühlen sich Bürger in ihrem jeweiligen Wohngebiet noch vergleichsweise sicher, obwohl die wahrgenommene Bedrohung dort ebenfalls deutlich zugenommen hat[44]. Interessant dabei ist, daß diese Einschätzung durch die Tatsache, selbst einmal Opfer einer Straftat geworden zu sein, nur relativ geringfügig beeinflußt wird; eine Erkenntnis, die auch durch spätere Studien belegt werden sollte: Für die Kernaussage der Viktimisierungsperspektive, nach der die Kriminalitätsfurcht vornehmlich durch Opfererlebnisse verursacht werde, läßt sich bis in die heutige Zeit keine Bestätigung finden[45].

Die Entwicklungen von objektiver Bedrohung und subjektiver Beunruhigung durch Kriminalität verlaufen nicht notwendigerweise parallel, sondern teilweise sogar gegenläufig. Es ist, so *Feltes*, mittlerweile international anerkannt und empirisch nachgewiesen, daß es keine linearen (und schon gar keine kausalen) Beziehungen zwischen der polizeilich registrierten Entwicklung der Kriminalität und der Verbrechensfurcht gibt[46]. Auch *Kury* konstatiert, daß zwischen Kriminalitätsfurcht und Kriminalitätsbelastung in einer Gesellschaft allenfalls ein moderater Zusammenhang besteht[47]. Als Grund hierfür werden neben der Kriminalitätsentwicklung selbst auch andere psychosoziale Faktoren angesehen, deren Bedeutsamkeit und Einfluß bislang nur unzureichend erforscht sind[48]. So sind subjektive Unsicherheitsempfindungen weniger das Resultat direkter Erfahrungen, sondern vornehmlich das Ergebnis eines öffentlichen Gefahrendiskurses[49]. *Bilsky* hält fest, daß es bei sorgfältiger Recherche und einer seriösen Quellenprüfung in punkto Kriminalitätsfurcht mit dem „gesicherten Alltagswissen" um diesen Sachverhalt nicht weit her ist und daß sich die

---

[43] *Stadt Köln*, Das Sicherheitsgefühl der Kölner Bevölkerung, 1997, 17 f.; im Ergebnis ebenso *Burgheim/Sterbling* (Fn. 8), 448.

[44] *Schweer/Thies* (Fn. 12), 340; zur Einschätzung der Kriminalität in der Wohngegend in der Schweiz siehe *Schwarzenegger*, Die Einstellung der Bevölkerung zur Kriminalität und Verbrechenskontrolle, 1992, 188 ff.

[45] *Boers*, Kriminalitätseinstellungen und Opfererfahrung, 1995, 31; kritisch hierzu jedoch *Kury*, Zur Bedeutung von Kriminalitätsentwicklung und Viktimisierung für die Verbrechensfurcht, 1995, 140 ff.

[46] *Feltes*, Alltagskriminalität, Verbrechensfurcht und Polizei, 1997, 538.

[47] Vgl. *Kury* (Fn. 45), 131.

[48] *Reuband*, Veränderungen in der Kriminalitätsfurcht der Bundesbürger 1965 – 1993, 1995, 51.

[49] *Lindner*, Die „sichere" Stadt zwischen urban control und urbaner Kompetenz, 1998, 46 f.

Gültigkeit von Feststellungen durch ihre beharrliche Wiederholung nicht zwangsläufig erhöht[50]. *Quensel* bescheinigt dem Reden über Kriminalität gar einen hohen funktionalen Stellenwert in unserer Gesellschaft, „dessen affektiv-emotionale Seite die Medien beflügelt und dessen materielle Komponente den Professionen dient – wie wir dies jährlich im Zelebrieren der polizeilichen Kriminalstatistiken erleben"[51].

Woher also rührt die Disproportionalität zwischen objektiver Kriminalitätsbelastung und subjektivem Kriminalitätsempfinden? Bislang unwidersprochen wird in der Kriminologie angenommen, daß die Massenmedien die Kriminalität verzerrt darstellen und dazu neigen, sie aufzubauschen, obwohl die notorische Furcht vor der „ständig wachsenden Kriminalität" von der PKS nicht gedeckt ist[52]. So besteht bzgl. Kriminalitätsumfang kein bzw. nur ein sehr geringer Zusammenhang zwischen den Medienberichten und dem tatsächlichen Kriminalitätsaufkommen[53]. Umstritten ist dabei vor allem die Relation zwischen massenmedialen Gewalt- bzw. Kriminalitätsdarstellungen und der Kriminalitätsangst bis hin zu der Frage, ob Inhalte von Massenmedien evtl. sogar zur Kriminalitätsentstehung beitragen können[54]. Im Gegensatz zu anderen Ländern[55] enthalten die 16 einzelnen deutschen Landespressegesetze keine detaillierten Regelungen über die Kriminalberichterstattung, die einen Schutz der Einzelperson vor der Information der öffentlichen Meinung gewährleisten würden[56]; sie beschränken sich vielmehr auf die Regelung des Presseordnungs- und Informationsrechts der Presse sowie auf Bestimmungen über das Gegendarstellungsrecht[57].

Auch im gemeinhin als seriös betrachteten Bereich der Tageszeitungen ist die Gewaltkriminalität überrepräsentiert, so daß das von der Presse dargestellte Bild von

---

[50] *Bilsky*, Steigende Kriminalitätsfurcht – Gesichertes Wissen oder Trugschluß?, 1996, 285.
[51] *Quensel*, Opfererfahrungen, Verbrechensfurcht und die deutsche Einheit, 1994, 62.
[52] *Scharf/Mühlenfeld/Stockmann*, Zur Kriminalitätsberichterstattung in der Presse, 1999, 87.
[53] *Kury/Baumann*, Das Opfer der Straftat in der deutschen Medienberichterstattung, 1998, 161.
[54] *Dölling*, Kriminalberichterstattung in der deutschen und polnischen Tagespresse – ein Vergleich, 1998, 142.
[55] Siehe dazu *Błachut*, Kriminalberichterstattung in der polnischen Tagespresse aus empirischer Sicht, 1998, 121.
[56] So z.B. in Polen, vgl. *Dölling/Gössel/Waltoś*, Kriminalberichterstattung in der Tagespresse, 1998, Vorwort, V.
[57] *Tillmanns*, Probleme der Kriminalberichterstattung in der Arbeit des Deutschen Presserates, 1998, 258.

der Kriminalität nicht der Wirklichkeit entspricht; dies, so *Ionescu*, sei im übrigen jedoch gar nicht ihr Anliegen[58]. So kann es nicht verwundern, wenn eine Untersuchung über die Kriminalitätsberichterstattung von drei großen deutschen Tageszeitungen nur rund 80 % aller Artikel als „objektiv" einstuft[59]. Dies zeigt, in Verbindung mit vorrangig tatbezogenen Sachverhaltsdarstellungen, im Ergebnis, daß es der Berichterstattung hauptsächlich auf die Sensation des kriminellen Geschehens ankommt[60] – ein ernüchterndes Resultat, wenn man bedenkt, daß der Presseberichterstattung hinsichtlich der Information der breiten Bevölkerung über Kriminalität und deren Entwicklung eine wichtige Bedeutung zukommt[61]. Ein nahezu diametrales Bild ergibt sich dagegen aus journalistischer Sicht. Danach sei es nicht die Hauptaufgabe von Medienunternehmen, Menschen zu informieren oder zu unterhalten, sondern Gewinne zu erzielen und am Markt bestehen zu bleiben[62]. Dieser Ansatz findet seinen Niederschlag in der einfachen Formel: „Je mehr aufreizende Kriminalberichterstattung, desto mehr Spannung und damit um so mehr Leseanreiz"[63].

Nach verschiedenen Schätzungen liegen zur Thematik von Gewalt und Medien inzwischen ca. 5.000 sozialwissenschaftliche Studien vor[64]. Während *Feltes/Ostermann*[65] und *Boers*[66] davon ausgehen, daß keine kausalen Wirkungen von Berichterstattung beim Rezipienten nachzuweisen sind, vertreten andere Autoren die Annahme eines engen, korrelationsstatistisch belegbaren Zusammenhangs zwischen der Nutzung massenmedialer Informationen über die Kriminalität und der Kriminalitätsfurcht[67]. Teilweise wird medienvermittelten Erfahrungen mit der Kriminalität nicht nur ein Zusammenhang mit den Kriminalitätseinstellungen auf subjektiver Ebene, son-

---

[58] *Ionescu*, Kriminalberichterstattung in der Tagespresse – Ergebnisse einer Auswertung deutscher Zeitungsartikel, 1998, 50.
[59] Entgegen dem allgemein anzutreffenden Meinungsbild schnitt die in diesem Rahmen ebenfalls untersuchte BILD-Zeitung gegenüber den übrigen untersuchten Zeitungen (Nürnberger Nachrichten und Süddeutsche Zeitung) nur geringfügig schlechter ab, vgl. *Ionescu* (Fn. 58), 71.
[60] *Ionescu* (Fn. 58), 82.
[61] *Kury/Baumann* (Fn. 53), 159.
[62] *Rabl*, Kriminalberichterstattung aus journalistischer Sicht, 1998, 216.
[63] *Rabl* (Fn. 62), 248.
[64] *Löschper*, Gewalt und Medien, 1998, 242.
[65] *Feltes/Ostermann*, Kriminalberichterstattung, Verbrechensfurcht und Stigmatisierung, 1985, 261.
[66] Vgl. *Boers* (Fn. 15), 139 ff.
[67] *Müller/Braun*, Kriminalität und Kriminalitätsfurcht, 1993, 625.

dern auch ein wesentlicher Einfluß auf die Einstellungen gegenüber der Kriminalität und der Verbrechenskontrolle auf gesellschaftlicher Ebene zugeschrieben[68]. *Löschper* differenziert dagegen und stellt fest, daß lediglich Gewaltberichte, die eine Nähe zur Person oder Situation des Lesers haben[69], im Zusammenhang mit Unsicherheitsgefühlen oder persönlichen Risikoabschätzungen stehen, nicht dagegen vergleichbare Berichte über den nicht-lokalen Bereich[70].

IV. Zusammenfassende Erkenntnisse über die spezifischen Relationen zwischen Stadtstruktur und Verbrechensfurcht

In der kriminalgeographischen Untersuchung der Stadt Bochum[71] aus dem Jahre 1978 befaßten sich *Schwind/Ahlborn/Weiß* nicht nur mit raumbezogenen Einflüssen auf die Kriminalität, sondern auch mit der Frage, ob mit der Ausprägung des Sicherheitsgefühls, der Viktimisierungserwartung oder anderen Aspekten des Bedrohtheitsgefühls kovariierende Merkmale der Wohnumwelt[72] identifiziert werden können[73]. Hierfür wurden die vorhandenen statistischen Daten durch Angaben zur Bevölkerungsdichte, zur Bebauungsart bzw. –dichte und zur Straßenbeleuchtung ergänzt.

Zwischen den Kennwerten des Bedrohtheitsgefühls und den ökologischen Merkmalen wurden verschiedene Zusammenhänge aufgefunden. So ergab die Untersuchung, daß Personen, welche die Straßenbeleuchtung als „viel zu dunkel" wahrnehmen, eher glauben, selbst Opfer einer Straftat zu werden, als Personen, welche die Straßenbeleuchtung als ausreichend ansehen. Dabei ist die Auswirkung einer verbesserten Beleuchtung bislang nicht wissenschaftlich abgesichert. Obwohl in den

---

[68] *Schwarzenegger* (Fn. 44), 332.
[69] Beispielsweise Berichte oder Darstellungen von Gewaltkriminalität bezogen auf die eigene Nachbarschaft.
[70] *Löschper* (Fn. 64), 248; dort sogar evtl. mit der (unerwarteten) Folge einer Reduktion von Furcht.
[71] Siehe dazu auch Kapitel 3, Seite 92 ff.
[72] Hierzu zählen die Autoren unbebaute, uneinsehbare Gelände, Parks, Gebüsch, Waldstücke, einsame Feldwege, Kleingarten-Kolonien, Neu- bzw. Rohbauten, dunkle Toreinfahrten, uneinsehbare, unbeleuchtete Grundstücke (Vorgärten), Kneipen mit anrüchigem Charakter, mit zweifelhaftem Publikum und Treffpunkte von Rockern oder Straßenbanden.
[73] *Schwind/Ahlborn/Weiß*, Empirische Kriminalgeographie, 1978, 315.

Vereinigten Staaten viele Projekte zur Verbesserung der Straßenbeleuchtung durchgeführt worden sind, wurden diese regelmäßig mit anderen Maßnahmen, wie z.B. einer erhöhten Polizeipräsenz, kombiniert, so daß eine präzise Evaluation über deren Wirksamkeit kaum möglich ist[74]. Das fehlende Zutrauen in Maßnahmen dieser Art rührt nicht zuletzt daher, daß nicht einmal bekannt ist, ob potentielle Straftäter das Licht sogar zu ihrem eigenen Vorteil nutzen, was *Eck* zu der kurzgefaßten Ansicht bringt, die Effizienz von Beleuchtung sei unbekannt[75]. So kann der Zweck, das Sicherheitsgefühl durch Maßnahmen der Beleuchtung zu verstärken, in jenem Augenblick auch in das Gegenteil verkehrt werden, wenn in gefährlichen Gegenden durch Beleuchtung der Eindruck einer höheren Sicherheit vermittelt wird als dies in der Realität der Fall ist[76].

Eine gesteigerte Viktimisierungsfurcht besteht ferner bei jenen Personen, die angeben, häufig und viele tatbegünstigende Örtlichkeiten zu passieren. Komplexere – und vor allem kompliziertere – Beziehungen ergeben sich zwischen den Umweltvariablen „Kriminalitätsrate", „Bevölkerungsdichte" und dem Bedrohtheitsgefühl: Während bei niedriger Kriminalitätsrate die Verbrechensfurcht nicht mit der Bevölkerungsdichte korreliert, ist bei hoher Kriminalitätsrate ein Zusammenhang zwischen Bevölkerungsdichte und Viktimisierungserwartung signifikant[77]. Leider geht jedoch der „Kriminalitätsatlas Bochum" den vom Grunde her erfolgversprechenden Ansätzen zielgerichteter Erkenntnisse über städtebauliche Umwelt und Viktimisierungsfurcht nicht weiter nach. Obwohl die Autoren bei der Untersuchung der Kriminalitätsverteilung auf architektonischer Ebene insgesamt neun verschiedene Baustrukturtypen differenzieren[78], greifen sie diesen Ansatz bei der viktimologischen Analyse nicht mehr auf, so daß spezifische Korrelationen zwischen Baustruktur und Verbrechensfurcht nicht näher untersucht worden sind.

---

[74] *Hale* (Fn. 1), 127.
[75] *Eck*, Preventing Crime at Places, 1997, 340; nach anderer Auffassung ist die Angst vor Kriminalität in einer gut beleuchteten Umgebung niedriger als in einer schlecht beleuchteten, siehe dazu *Vrij/Winkel*, Characteristics of the built environment and fear of crime, 1991.
[76] *Trench/Oc/Tiesdell*, Safer Cities for Women, 1992, 289.
[77] *Schwind/Ahlborn/Weiß* (Fn. 73), 336 f.
[78] *Schwind/Ahlborn/Weiß* (Fn. 73), 227.

Die 1980 veröffentlichte Studie „Wohnhausarchitektur und Kriminalität"[79] beschäftigt sich ungeachtet ihres Titels ebenfalls mit der Frage des Zusammenhangs zwischen Baustruktur und Viktimisierungsfurcht[80]. Rolinski versucht darin, Newmans Erklärungsmodell des „Defensible Space" nicht nur in bezug auf das Kriterium der objektiven Kriminalitätsverteilung, sondern auch im Hinblick auf das Vorliegen subjektiver Empfindungen von Kriminalitätsfurcht zu überprüfen. Die in Rolinskis Untersuchung eingangs aufstellte These, nach der in Hochhäusern und Gebäuden ohne das Merkmal „Defensible Space" die Angst, Opfer eines Verbrechens zu werden, erheblich größer sei als in Mehrfamilienhäusern oder Gebäuden mit diesem Merkmal, konnte im wesentlichen nur bei den schärfsten Polarisierungsformen (d.h. Hochhäuser ohne „Defensible Space" und Mehrfamilienhäuser mit „Defensible Space") bestätigt werden. Im Ergebnis bedeutet dies, daß die Angst, Opfer einer strafbaren Handlung zu werden, unabhängig von den Merkmalen „Defensible Space" oder „soziale Schichtung" in Hochhäusern in höherem Maße vorhanden ist, als dies in Mehrfamilienhäusern der Fall ist[81]. Bereits bei der in dieser Studie nachfolgenden Betrachtung des Zusammenhangs zwischen Baustruktur und Abwehrbereitschaft (als mittelbares Erfassungskriterium der Verbrechensfurcht) ließ sich der zuvor erkannte Zusammenhang jedoch nicht mehr mathematisch darstellen[82].

Im Rahmen der Analyse über das Auftreten von Verbrechensfurcht ist gelegentlich auch in neueren Publikationen der Gedanke Newmans von der „Natural Surveillance" anzutreffen. Überschaubare Wohneinheiten in Gebäuden ohne tote Winkel, Ecken und Durchgänge, ausreichende Beleuchtung und niedrige Bepflanzung sollen einen Beitrag gegen den „bekannten" Umstand leisten, daß Menschen in Bereichen mit hochgeschossiger Bebauung sich in den Gebäuden selbst wie auch im öffentlichen Raum häufig nicht sicher fühlen[83]. In Anbetracht der Tatsache, daß sich eine Fülle von Literatur mit der Frage des Zusammenhangs zwischen Stadtstruktur und Kriminalität bzw. deren regionaler Verteilung befaßt, ist es um so erstaunlicher, daß entsprechende spezifische Studien zur Frage des Verhältnisses von baulicher Umwelt

---

[79] Siehe dazu Kapitel 3, Seite 100 ff.
[80] Rolinski, Wohnhausarchitektur und Kriminalität, 1980, 151.
[81] Rolinski (Fn. 80), 155.
[82] Rolinski (Fn. 80), 159.
[83] Görgens, Kriminalprävention in und mit den Kommunen, 2000, 171.

und Verbrechensfurcht bis heute nicht ersichtlich sind. Nur vereinzelt lassen sich daher Aussagen über derartige Korrelationen finden.

Lediglich *Boers* nimmt in seiner Arbeit über die Kriminalitätsfurcht auf einen Teilaspekt dieser Fragestellung Bezug. Bemerkenswert, da unerwartet, stellt er heraus, daß die im Sinne des Broken-Windows-Gedanken innerstädtisch auftauchenden sogenannten „Signs of Incivility"[84] allenfalls moderat mit der Kriminalitätsfurcht korrelieren[85]. Mit dieser Auffassung stellt er sich gegen die Ansicht von *Hale*, wonach diese (wenn vielleicht auch nur symbolischen) Zeichen von Bedrohung nicht nur ein allgemeines Gefühl der Ängstlichkeit, sondern eine spezifische Verbrechensfurcht hervorrufen können[86]. Auf architektonischer Ebene werden als „Signs of Incivility" sogenannte „Problemhäuser" mit desolaten Fassaden, sichtbaren Zeichen der Überbelegung, nicht erneuerten Beleuchtungskörpern, aber auch abgestellter Sperrmüll oder Autowracks in den Straßen angesehen[87].

Kube sieht die sogenannten „Angsträume" als städtebaulich offensichtlich mit beeinflußbares soziales Phänomen. Er stellt fest, daß ein Ansatz der kommunalen Kriminalprävention gerade an dieser Stelle vorrangig erfolgversprechend zu sein scheint. Gleichzeitig kritisiert er jedoch, daß detaillierte Forschungserkenntnisse in diesem Bereich fehlen[88].

Zusammenfassend ist festzuhalten, daß die Beziehung zwischen Stadtstruktur und Verbrechensfurcht weder in der kriminologischen Theorie hinreichend abgesichert noch durch empirische Evaluationsstudien auch nur annähernd erforscht worden ist. Aufgrund des – nicht zuletzt durch parteipolitische Wahlkämpfe bedingten – aktuellen Bewußtseins in der Bevölkerung über eine vermeintlich ständig ansteigende Krimina-

---

[84] Verfallene Gebäude, (auf Jugendgangs hinweisende) Sprühparolen an Häuserwänden, herumlungernde Jugendliche oder Drogensüchtige.

[85] *Boers* (Fn. 15), 336 f.; ein Ergebnis, das auch aus ausländischen Untersuchungen berichtet wird: So stellt *Hope* fest, es gebe gegenwärtig nur sehr geringe Beweisanzeichen dafür, daß die Kontrolle von Verwahrlosungserscheinungen auf der Mikroebene zu einer Reduzierung der Schwerkriminalität beigetragen habe, obwohl Effekte auf die Wahrnehmung der Bewohner bzgl. Sicherheit und Zufriedenheit vorhanden seien; vgl. *Hope*, Community Crime Prevention, 1995, 60.

[86] *Hale* (Fn. 1), 115.

[87] *Stangl* (Fn. 5), 61.

[88] *Kube*, Kriminalprävention – konkrete Ansätze für die Praxis, 1999, 84.

lität drängt sich der Gedanke, spezifische Untersuchungen in dieser Richtung durchzuführen, geradezu auf. So liegt es auch aus ökonomischen Gründen nahe, in Dunkelfelderhebungen künftiger kriminalgeographischer Studien einen Fragenkatalog aufzunehmen, dessen Beantwortung Rückschlüsse über die Verbrechensfurcht der Bürger in ihrer unmittelbaren städtebaulichen Umgebung zuläßt.

5. Kapitel:

Expertenwissen über Kriminalgeographie – eine Untersuchung in ausgewählten Kommunen Deutschlands

I. Überblick

Bei Sichtung der veröffentlichten Literatur fällt auf, daß bisherige Untersuchungen und Abhandlungen, die sich sowohl mit objektiver Kriminalitätsbelastung als auch mit der Frage nach der subjektiv wahrgenommenen Verbrechensfurcht in der Bevölkerung beschäftigen, sich häufig nicht mit einer bloßen Beschreibung des status quo begnügen. Gerade in jüngeren Studien treten oftmals zu den geläufigen Deskriptionen mehr oder minder gezielte Kataloge an Vorschlägen hinzu, durch welche Maßnahmen – gerade auf städtebaulicher Ebene – nach Ansicht der Verfasser eine künftige Reduzierung von beiden Faktoren zu erreichen sei[1].

Auf den ersten Blick läge es somit nahe, anhand der Neuauflage einer bereits vor Jahren durchgeführten Studie zu untersuchen, auf welche Weise sich Kriminalitätsbelastung und Verbrechensfurcht durch die zwischenzeitlich erfolgten stadtplanerischen Anpassungen verändert haben. Dieser, isoliert betrachtet, durch seine Einfachheit bestechende Ansatz begegnet in der Praxis jedoch zumindest zwei erheblichen Bedenken: Zum einen scheint es schlechterdings unmöglich zu sein, nach einem Zeitraum von teilweise etlichen Jahren ein Untersuchungsgebiet zu finden, welches abseits der zu beobachtenden städtebaulichen Veränderungen eine vergleichsweise geringe Wandelung erfahren hat, so daß die neuaufgelegten kriminalgeographischen Ergebnisse einer nahezu monokausalen Interpretation zugänglich wären. Änderungen in der Bevölkerungsstruktur, hohe Fluktuationen bei den Bewohnern der Untersuchungsgebiete sowie allgemeine gesellschaftspolitische Umgestaltungen wären das Ergebnis einer solchen, wissenschaftlich unter diversen Aspekten angreif-

---

[1] Als Beispiel soll an dieser Stelle die 1995 erstmals veröffentlichte Studie des Instituts „Wohnen und Umwelt" herangezogen werden, welche für die untersuchten Stadtteile abschließend jeweils ein Präventionskonzept vorstellt; siehe dazu *Flade/Greiff/Dauwe/Guder*, Die sichere Stadt, 1997, 95 ff.

baren Untersuchung². Zum anderen impliziert ein solcher Versuchsaufbau, daß diejenigen städtebaulichen Empfehlungen, die im Rahmen einer bisherigen Untersuchung gegeben wurden, auch in die Tat umgesetzt worden sind, um ihre Wirksamkeit unter Beweis stellen zu können. Wie die Praxis zeigt, wäre solch eine konkludente Annahme, die eine praktische Umsetzung der kriminalgeographisch geforderten Maßnahmen unterstellen würde, jedoch verfehlt. Eine vorgeschaltete Überprüfung der tatsächlichen Realisierung von theoretischen Konzepten ist sonach unabdingbare Voraussetzung für weitergehende Fragestellungen. Diese Forderung ist auch in ausländischen Untersuchungen anzutreffen: So stellt *Sherman* in seinem Bericht an den amerikanischen Kongreß fest, daß die Effizienz der meisten Strategien zur Kriminalprävention solange unbekannt bleiben wird, bis die Nation mehr in eine entsprechende Evaluation investiert[3].

Der Gedanke, angeblich kriminalpräventive Maßnahmen durch gezielte Evaluationen auf ihre Wirksamkeit zu überprüfen, ist nicht grundlegend neu. So lassen sich Planungen, vorgeschlagene Präventionskonzepte dahingehend zu kontrollieren, bis an den Anfang der 80er Jahre zurückverfolgen[4]. *Plate/Schwinges/Weiß* planten bereits in ihrer Ausgangsstudie zur Kriminalität in Solingen, nach etwa fünf Jahren über gezielte Evaluierungsmaßnahmen die Wirksamkeit der vorgeschlagenen Präventionskonzepte zu überprüfen[5]. Doch nicht nur auf der theoretischen Ebene der allgemeinen Prävention, sondern auch auf der praxisnahen Ebene städtebaulicher und stadtplanerischer Ausführungen zeigt sich die Notwendigkeit, anhand von Fakten die Effizienz solcher verändernder Gestaltungen zu überprüfen. Wenngleich in der einschlägigen Fachliteratur eine Vielzahl von städtebaulichen Maßnahmen aufzufinden ist[6], so entbehren diese der grundlegenden Erkenntnis, daß sich die Güte einer

---

[2] Dies erkennt auch *Eck* bei seiner Forderung nach einer Analyse der Effizienz einzelner Maßnahmen, die in einem Bündel anderer Lösungsmöglichkeiten eingebettet sind, siehe *Eck*, Preventing Crime at Places, 1997, 345.

[3] *Sherman*, Conclusion: The Effectiveness of Local Crime Prevention Funding, 1997, 532.

[4] *Plate/Schwinges/Weiß*, Strukturen der Kriminalität in Solingen, 1985, 195: „Der für die Jahre 1988 – 1990 geplanten Evaluierungsstudie wird es vorbehalten bleiben, die Effizienz dieser Konzeption zu bestätigen".

[5] *Plate/Schwinges/Weiß* (Fn. 4), 24 f.

[6] *Kube* widmet in seinem Buch diesem Thema mit dem Kapitel „Praxisbezogene Hinweise und Empfehlungen" sogar einen eigenen Abschnitt; vgl. *Kube*, Städtebau, Wohnhausarchitektur und Kriminalität, 1982, 105 ff.

Theorie immer an der Qualität ihrer Ergebnisse im Sinne einer Annäherung an die Wirklichkeit messen lassen muß. Dieser Ansatz wird auch von *Kaiser* auf theoretischer Ebene gefordert: Die erhobenen Fakten und die gewonnenen Beobachtungen müssen die solide Grundlage der Kriminologie als empirische Wissenschaft bilden, anhand derer Hypothesen und Theorien überprüft werden[7]. *Flade/Greiff/Dauwe/Guder* bringen diesen Gedanken in bezug auf städtebauliche Präventionsmaßnahmen mit der folgenden Aussage auf den Punkt:

„Es fehlen jedoch weitgehend systematische Evaluationsstudien, so daß häufig keine Aussagen gemacht werden können, wie wirkungsvoll die verschiedenen Präventionsmaßnahmen letztlich sind."[8]

Die Annahme, daß es einen Kausalbezug zwischen den Maßnahmen, die präventiv wirken sollen, und dem Verhalten oder den Erscheinungsformen gibt, die verhindert werden sollen, ist die gedankliche Voraussetzung jeglicher Prävention[9]. Als denkgesetzlich notwendige Stufe vor einer gewünschten Evaluation über die Wirksamkeit verschiedener kriminalpräventiver Maßnahmen steht jedoch die Frage, ob und in wie weit eine praktische Umsetzung der theoretischen Lösungsansätze erfolgt ist. Bei der Bewertung eines Präventionsprogrammes und seines Zustandekommens stellt sich daher u.a. die Frage, ob die Sachaufgaben, z.B. in Form der Verbesserung der Straßenbeleuchtung, durchgeführt worden sind[10]. So wird vor allem aus Polizeikreisen immer wieder die Forderung laut, daß beim Städtebau von Anfang an kriminalitätshemmende Faktoren mit eingeplant werden müssen[11].

Hieran mangelt es jedoch insbesondere in Deutschland, wie sich bei Durchsicht des einschlägigen Schrifttums herausstellt. So bemängelt auch *Kube*, daß städtebaulich geforderte Maßnahmen, wie beispielsweise gute nächtliche Beleuchtung, Baugestaltung für Einfahrten, etc. nur in geringem Umfang realisiert werden[12]. Es kann daher

---

[7] *Kaiser*, Begriff und Aufgabe der Kriminologie, 1983, 40.
[8] *Flade/Greiff/Dauwe/Guder* (Fn. 1), 8.
[9] *Feltes*, Verhaltenssteuerung durch Prävention, 1993, 351.
[10] *Kube* (Fn. 6), 127.
[11] Siehe dazu *Schreiber*, Städtebau und Kriminalität, 1979, 57.
[12] *Kube*, Städtebauliche Prävention, 1996, 768.

nicht verwundern, wenn aufgrund der mangelnden Erkenntnis, in welchem Umfang kriminalgeographisch empfohlene städtebauliche Maßnahmen tatsächlich in die Praxis umgesetzt worden sind, vielerorts kriminalpräventive Empfehlungen recht allgemein gehalten werden, wie z.b. der Hinweis, daß Familien mit Kindern und geringem Einkommen nicht in Wohnhochhäusern mit zahlreichen Stockwerken, sondern in maximal dreistöckigen Mehrfamilienhäusern wohnen sollten[13].

Auch auf der Ebene der Verbrechensfurchtbekämpfung gibt es einen vielfältigen Maßnahmenkatalog zur Vermeidung oder Beseitigung von Angsträumen. *Kube* räumt ein, daß ein Verlangen nach Abhilfe in diesem Bereich „zwar nicht neu" sei, Forderungen in dieser Richtung jedoch nur in geringem Umfang realisiert werden[14]. Dieselbe Zielrichtung verfolgen ausländische Abhandlungen, die als typische Evaluation einer raumbezogenen Maßnahme einen Vorher-Nachher-Vergleich der kriminalpräventiven Taktik im Hinblick auf deren Effizienz fordern[15].

Es stellt sich daher unmittelbar die Frage, was die zuweilen aufwendigen, zeit- und kostenintensiven kriminalgeographischen Untersuchungen über die Zusammenhänge zwischen Stadtstruktur, Kriminalitätsbelastung und Verbrechensfurcht in den vergangenen Jahren gebracht haben. Sind die „neueren" stadtbezogenen Studien, die teilweise bis zu 30 Jahre zurückliegen, heute überhaupt noch bekannt? Welche Konsequenzen sind aus ihren manchmal rein deskriptiven Darstellungen der Kriminalitätsverteilung gezogen worden? Sind ihre Erkenntnisse bei den zuständigen Entscheidungsträgern im Bereich von Politik und Wirtschaft, bei Stadtverwaltung, Polizei und Justiz auf fruchtbaren Boden gefallen? Wurden die vorgeschlagenen Verbesserungsmaßnahmen auf Seiten der Stadtplaner beachtet und in die Praxis umgesetzt? Ergibt die künftige Durchführung weiterer Evaluationsstudien vor demjenigen Hintergrund überhaupt Sinn, wenn nicht einmal feststeht, ob und in welchem Umfang die bisherigen Erfahrungen praxisnah aufgearbeitet worden sind? Diese und andere Fragen sollen in diesem Kapitel behandelt werden.

---

[13] *Schneider*, Städteplanung und Baugestaltung, 1979, 186.
[14] *Kube*, Kriminalprävention – konkrete Ansätze für die Praxis, 1999, 85.
[15] *Eck*, Preventing Crime at Places, 1997, 345.

II. Formulierung der Haupthypothesen

Bei Berücksichtigung der Tatsache, daß sich kriminalgeographische Studien wie ein roter Faden durch die vorhandene kriminologische Literatur ziehen sowie in Anbetracht des Umstands, daß hierüber eine rege wissenschaftliche Diskussion – nicht zuletzt im Rahmen der Kommunalen Kriminalprävention – stattfindet, erscheint die Forderung vieler Fachautoren, den Status der Umsetzung von städtebaulichen Maßnahmen zu überprüfen, nur das folgerichtige Ergebnis jahrzehntelanger Bemühungen im Bereich der Kriminalgeographie zu sein. Derartige Evaluationsstudien, die dieser Frage nachgehen, sind bislang kaum vorhanden; sie können auch in dem eingeschränkten Rahmen der vorliegenden Arbeit keine nachhaltige Überprüfung erfahren. Gleichwohl wird der gegenwärtige Stand der Forschung zum Anlaß genommen, anhand von zehn der nachstehend aufgeführten Hypothesen zu prüfen, ob und inwiefern kriminalgeographische Untersuchungen aus der Vergangenheit bei den Verantwortlichen einer Stadt (noch) bekannt sind, welche Schlüsse daraus gezogen wurden und welche Einstellung städtische Repräsentanten und Entscheidungsträger zum Problemkreis der Kriminalgeographie auf städtebaulicher Ebene zeigen. Darüber hinaus soll versucht werden, auf Grundlage der erhobenen Daten ein Bild davon zu zeichnen, ob und in welchem Umfang nach Ansicht der befragten Personen die in der Theorie erarbeiteten Vorschläge für städtebauliche Maßnahmen in die Praxis umgesetzt worden sind.

Dies vorausgeschickt, lassen sich folgende a-priori-Hypothesen aufstellen:

Hypothese 1
Bisherige kriminalgeographische Studien sind den befragten städtischen Entscheidungsträgern und Repräsentanten unbekannt.

Hypothese 2
Bisherigen kriminalgeographischen Studien wird im kommunalpolitischen Bereich und bei den städtischen Entscheidungsträgern und Repräsentanten kein Bekanntheitsgrad zugebilligt.

Hypothese 3

Die Ergebnisse kriminalgeographischer Studien, insbesondere in bezug auf städtebauliche Maßnahmen zur Reduzierung von Kriminalitätsbelastung oder Verbrechensfurcht, sind nicht bekannt.

Hypothese 4

Die in kriminalgeographischen Studien empfohlenen städtebaulichen Maßnahmen zur Reduzierung von Kriminalitätsbelastung oder Verbrechensfurcht wurden nicht realisiert.

Hypothese 5

Bislang wurden generell keine städtebaulichen Maßnahmen zur Reduzierung von Kriminalitätsbelastung oder Verbrechensfurcht realisiert.

Hypothese 6

Selbst wenn städtebauliche Maßnahmen durchgeführt werden, so bewirken sie nach Ansicht der Befragten keine Reduzierung der Kriminalitätsbelastung oder der Verbrechensfurcht.

Hypothese 7

Zur Reduzierung von Kriminalitätsbelastung und Verbrechensfurcht werden weitere städtebauliche Maßnahmen als erforderlich angesehen.

Hypothese 8

Die Durchführung weiterer kriminalgeographischer Untersuchungen wird als sinnvoll angesehen.

Hypothese 9

Kriminalgeographische Untersuchungen sind geeignet, um praxisnahe Empfehlungen zur Reduzierung von Kriminalitätsbelastung oder Verbrechensfurcht zu geben.

Hypothese 10

Städtebauliche Maßnahmen werden als geeignetes Mittel zur Reduzierung von Kriminalitätsbelastung und Verbrechensfurcht angesehen.

III. Operationalisierung der Hypothesen

1. Untersuchungsanordnung

Anhand eines postalisch versandten Fragebogens, der an die Repräsentanten, Entscheidungsträger und kommunale Interessenverbände der jeweils in der Vergangenheit bereits einmal kriminalgeographisch untersuchten Städte gerichtet wurde, sollten die vorstehend aufgeführten Hypothesen geprüft werden.

1.1 Untersuchungsinstrument

Der im Anhang I dargestellte Fragebogen wurde im Frühjahr 2000 am Max-Planck-Institut für ausländisches und internationales Strafrecht in Freiburg entwickelt. Zur Erzielung einer möglichst hohen Standardisierung wurden dabei hauptsächlich geschlossene Fragen verwendet. Bei der Konzeption des Fragebogens wurde ferner einkalkuliert, daß möglicherweise ein hoher Anteil der Befragten keinerlei Kenntnis von der aus der Vergangenheit stammenden kriminalgeographische Studie über ihre Stadt hat. Der Fragebogen enthält daher u.a. auch Fragen, wie die befragten Personen generell zum Problem der Umsetzung kriminalitätsreduzierender Maßnahmen auf städtebaulicher Ebene stehen, so daß auch eine negative Antwort der Teilnehmer auf die Eingangsfrage, ob sie von der Existenz einer kriminalgeographischen Untersuchung über ihre Stadt wissen, nicht den gesamten Fragebogen bedeutungslos werden läßt.

Zur Operationalisierung der unter Ziff. röm. II aufgestellten Hypothesen wurden die nachfolgenden Variablengruppen erstellt:

- Bekanntheitsgrad der bisherigen stadtbezogenen kriminalgeographischen Studie bei den Befragten (Fragen 1 und 2 des Fragebogens, siehe Anhang I)
- Mutmaßlicher Bekanntheitsgrad der vergangenen Studie im kommunalpolitischen Bereich und bei städtischen Entscheidungsträgern (Fragen 3 und 4)
- Inhaltliche Bekanntheit der Ergebnisse der kriminalgeographischen Studie (Fragen 6 bis 11)
- Spezifische Durchführung städtebaulicher Maßnahmen aufgrund studienbezogener kriminalgeographischer Empfehlungen (Fragen 12 bis 14)

- Generelle Durchführung städtebaulicher Maßnahmen (Fragen 16 bis 18)
- Erfolg und Auswirkungen städtebaulicher Maßnahmen (Fragen 20 und 21)
- Notwendigkeit weiterer städtebaulicher Maßnahmen (Fragen 22 und 23)
- Zweckmäßigkeit und Bedeutung künftiger kriminalgeographischer Untersuchungen (Fragen 24 und 25)
- Eignung von kriminalgeographischen Studien für praxisnahe Empfehlungen zur Reduzierung von Kriminalitätsbelastung und Verbrechensfurcht (Fragen 26 und 27)
- Wirksamkeit städtebaulicher Maßnahmen zur Reduzierung von Kriminalitätsbelastung und Verbrechensfurcht (Fragen 30 und 31)

1.2 Auswahl der Befragungsorte

Die Auswahl der Orte, deren Repräsentanten mittels Fragebogen um Antwort gebeten wurden, ist in Anbetracht der Vielzahl der äußerst heterogenen kriminalgeographischen Untersuchungen, die in den vergangenen Jahren erschienen sind, unter den folgenden Kriterien erfolgt:

- Relativ breite Publizierung
- Gewährleistung methodischer Untersuchungsstandards
- Angabe von städtebaulichen Empfehlungen

Sie orientiert sich ferner daran, welche Städte in Kapitel 2 der vorliegenden Arbeit kriminalgeographisch näher untersucht worden sind und von denen anzunehmen ist, daß die hierüber veröffentlichten Untersuchungen einen gewissen Bekanntheitsgrad aufweisen.

1.3 Auswahl der Adressaten

Unter der Annahme, daß es sich bei den vorhandenen kriminalgeographischen Kenntnissen um Spezialwissen einiger weniger Personen handelt, ergab die theoretisch denkbare Möglichkeit einer allgemeinen Bevölkerungsbefragung zu diesem Thema wenig Sinn. Die Untersuchung wurde daher gezielt auf diejenigen Befragten einer jeweiligen Stadt beschränkt, die durch ihre Eigenschaft als „Schlüsselpersonen" teilweise stellvertretend für einen großen Personenkreis stehen oder denen aufgrund ihrer repräsentativen oder exponierten Stellung in der Öffentlichkeit kriminalgeographische Kenntnisse zugetraut wurden, die sie evtl. auch im Rahmen ihrer dienstlichen Tätigkeit hätten erlangen können.

Soweit in den jeweiligen Untersuchungsgebieten vorhanden, wurde die Erhebung mittels Fragebogen in den folgenden Teilnehmerkreisen durchgeführt, zu denen im einzelnen zählten:

- Stadtverwaltung
  - Oberbürgermeister
  - Vorsitzende von Bau- und Gestaltungsausschüssen
  - Dezernenten für die Bereiche Stadtentwicklung, Stadtplanung und Bauwesen
- Politik
  - Fraktionssprecher der im jeweiligen Stadtparlament vertretenen politischen Parteien
- Polizei, Justiz und Rechtspflege
  - Polizeipräsidenten
  - Polizeidirektoren
  - Präsidenten von Amts-, Land- und Oberlandesgerichten
  - Leitende Oberstaatsanwälte
  - Leiter der Bewährungshilfe
- Wirtschafts- und Standesvereinigungen
  - Vorsitzende der Architektenkammern
  - Vorsitzende des Bundes Deutscher Architekten
  - Vorsitzende des Bundes Deutscher Baumeister
  - Präsidenten der Rechtsanwaltskammern
  - Vorsitzende der Anwaltsvereine
  - Vorsitzende der Haus- und Grundbesitzervereine
  - Vorsitzende der Mietervereine
  - Vorsitzende der Industrie- und Handelskammern
  - Vorsitzende von Umwelt- und Verbraucherverbänden

- Presse und Medien
  - Chefredakteure von Zeitungen
  - Chefredakteure von Rundfunksendern

Da es für die im Rahmen der vorliegenden Arbeit durchgeführte statistische Auswertung sowohl auf die Möglichkeit einer Zuordnung der abgegebenen Antworten zu den jeweiligen Städten, wie auch zu den einzelnen Teilnehmerkreisen innerhalb der Städte unabdingbar war, die Absender der Fragebogen zu ermitteln, wurden die befragten Personen gebeten, auf freiwilliger Basis die Herkunft der zurückgesandten Antworten anzugeben. Dies geschah auch ausnahmslos, so daß bei der Erhebung der Daten auf die Einhaltung datenschutzrechtlicher Bestimmungen verzichtet werden konnte. Dennoch sind die erhobenen Daten hier lediglich in aggregierter Form veröffentlicht, so daß Rückschlüsse auf die Antworten eines einzelnen Befragten nicht möglich sind.

1.4 Stichprobenziehung

Die Auswahl der Befragten im einzelnen läßt sich aus der nachfolgenden Tabelle 1 entnehmen; sie enthält schematisch die Darstellung der angeschriebenen Personen in ihrer funktionellen Eigenschaft.

Tabelle 1: Befragte Behörden und Institutionen

	(Ober)bürgermeister	Stadtbau- und Planungsamt	CDU/CSU	SPD	B 90 / Die Grünen	FDP	PDS	Sonstige Parteien	Polizeipräsidium	Amtsgericht	Landgericht	Oberlandesgericht	Staatsanwaltschaft	Bewährungshilfe	Architektenkammer	Architektenverein	Anwaltskammer	Anwaltsverein	Haus- und Grundbesitzerverein	Mieterverein	Industrie- und Handelskammer	Umwelt- und Verbraucherverband	Zeitung	Rundfunk	Summe
Bochum	1	1	1	1	1				1	1	1		1	1		1		1	1	1	1	1	1	1	18
Dresden	1	1	1	1	1	1			1	1	1	1	1	1		1			1	1	1	1	1	1	19
Erfurt	1	1	1	1		1			1	1	1		1	1	1	1			1	1	1	1	1	1	17
Kiel	1	1	1	1	1				1	1	1		1	1			1	1	1	1	1	1	1	1	18
Köln	1	1	1	1	1	1			1	1	1	1	1		1	1		1	1	1	1	1	1	1	19
Landau	1	1	1	1				2	1	1	1			1	1			1	1	1	1	1	2		18
München	1	1	1	1	1				1		1	1	1	1	1		1		1	1	1	1	1	1	18
Neumünster	1	1	1	1			1	1	1					1		1			1	1	1	1	1	1	15
Nürnberg	1	1	1	1	1				1	1	1	1			1	1			1	1	1	1	1	1	18
Ostberlin	1	1	1	1	1	1			1	1	1	1	1			1			1	1	1	1	1	1	19
Regensburg	1	1	1	1	1				1	1	1		1		1				1	1	1	1	1	1	17
Solingen	1	1	1	1	1	1		1	1	1			1		1		1		1	1	1	1	1	1	18

Da aufgrund der teilweise geringen Größe der untersuchten Städte nicht alle Funktionsträger stets vorhanden sind, konnte die Befragung nicht an den jeweils absolut identischen Personenkreis gerichtet werden.

2. Durchführung der Untersuchung

Da eine Erhebung der Daten, bedingt durch die regional weit verstreute Personengruppe, mittels Interview aus Zeit- und Kostengründen[16] ausschied, konnte nur die Methode der schriftlichen Befragung die notwendigen Informationen erbringen, zumal die sprachlichen Schwierigkeiten – ein ansonsten durchaus relevantes Rücklaufkriterium – in Anbetracht der „Qualität" des angeschriebenen Personenkreises zu vernachlässigen war. Ferner dürften die Resultate einer schriftlichen Befragung mehr der unverfälschten Einstellung und Meinung der Befragten entsprechen, so daß die Antworten somit ehrlicher, offener und valider sind[17].

2.1 Versand der Fragebogen

Dem auf die spezifische Untersuchung der einzelnen Stadt angepaßten Fragebogen wurde ein unter dem Briefkopf des Max-Planck-Instituts für ausländisches und internationales Strafrecht in Freiburg verfaßtes Begleitschreiben beigefügt (vgl. Anhang II). Durch eine vorangegangene telefonische Anfrage bei der jeweils betroffenen Institution wurde das Anschreiben mit dem Vermerk „persönlich" fast ausnahmslos an eine namentlich explizit genannte Person gerichtet, um dem Begleitschreiben einen möglichst individuellen Charakter zu verleihen, was sich wiederum günstig auf die Rücklaufquote auswirken sollte. Da es sich bei allen Befragten ausnahmslos um Personen des öffentlichen Lebens handelte, von denen anzunehmen war, daß sie die Rücksendung der Fragebogen über ihre Dienststelle abwickeln werden, ohne sich hierbei mit privaten Portokosten zu belasten, wurde von der zusätzlichen Beifügung eines frankierten Rückumschlages abgesehen. Nicht aufgegriffen wurde in diesem Zusammenhang ferner der vereinzelt anzutreffende Gedanke, die Teilnahme-

---

[16] *Richter* nennt als Vorteil der schriftlichen Befragung geringe Kosten, die im Vergleich zum Interview dreimal billiger seien; siehe dazu *Richter*, Die Strategie schriftlicher Massenbefragungen, 1970, 30.

[17] Vgl. *Kury*, Der Einfluß der Art der Datenerhebung auf die Ergebnisse von Umfragen, 1993, 382.

bereitschaft der angeschriebenen Personen durch sogenannte „Incentives"[18] (z.B. in Form von Gutscheinen, Lotterielosen oder Briefmarken) zu steigern. Der Versand der Briefe erfolgte mit Sondermarken der Deutschen Post AG.

Am Freitag, den 10.03.2000, wurden in bundesweit zwölf Städten insgesamt 214 Fragebogen an den unter Ziffer 1.3 näher bezeichneten Personenkreis versandt. Dieser Termin wurde bewußt einige Tage nach Ablauf der Karnevalszeit und außerhalb jeglicher Schulferien gewählt, um eine möglichst hohe Präsenz der Angeschriebenen zu erreichen und um karnevals- oder urlaubsbedingten Absenzen so weit wie möglich vorzubeugen. Die befragten Personen wurden im persönlichen Anschreiben ferner gebeten, den Fragebogen möglichst innerhalb einer Frist von zwei Wochen zurückzusenden.

2.2 Rücklauf und Rücklaufanalyse

Wenngleich die durchgeführte Untersuchung aufgrund ihrer Anlage nicht auf Repräsentativität des befragten Personenkreises ausgerichtet war, so wurde dennoch auf eine möglichst hohe Rücklaufquote Wert gelegt. Obwohl die Adressaten namentlich und mit einem „Persönlich"-Vermerk angeschrieben wurden, gaben bei telefonischer Nachfrage einige Befragte ein paar Wochen später an, das Anschreiben nebst Fragebogen nicht erhalten zu haben. Eine gewisse Unlust bei der Beantwortung des Fragebogens kann ferner dem Umstand zugeschrieben werden, daß die Adressaten nach eigenen Angaben derzeit von einer ganzen Flut von Umfragen überschüttet werden, die eine zeitnahe Stellungnahme oftmals unmöglich mache.

Dies vorausgeschickt, ergab sich innerhalb der Zwei-Wochen-Frist ein Rücklauf von 55 Antworten, was 25,7 % der verschickten Fragebogen entspricht. Genau 80 % der Befragten antworteten dabei persönlich, 20 % der Angeschriebenen hatten die Beantwortung der Fragen an Mitarbeiter delegiert. Im einzelnen ergaben sich folgende Werte, wobei sich die prozentuale Angabe von originalen und delegierten Antworten jeweils auf die eingegangene Stückzahl an Fragebogen bezieht (vgl. Tabelle 2):

---

[18] Andernorts auch als „Antwortstimuli" bezeichnet; vgl. *Richter* (Fn. 16), 243.

Tabelle 1: Rücklauf innerhalb der gesetzten 2-Wochen-Frist

	Versandte Fragebogen	Eingang Gesamt	Eingang ges. in Prozent	Original-Antworten	Originale in Prozent	Delegierte Antworten	Delegierte in Prozent
Bochum	18	7	38,9%	6	85,7%	1	14,3%
Dresden	19	3	15,8%	2	66,7%	1	33,3%
Erfurt	17	2	11,8%	2	100,0%	0	0,0%
Kiel	18	5	27,8%	5	100,0%	0	0,0%
Köln	19	4	21,1%	1	25,0%	3	75,0%
Landau	18	4	22,2%	4	100,0%	0	0,0%
München	18	5	27,8%	4	80,0%	1	20,0%
Neumünster	15	5	33,3%	4	80,0%	1	20,0%
Nürnberg	18	7	38,9%	6	85,7%	1	14,3%
Ostberlin	19	2	10,5%	1	50,0%	1	50,0%
Regensburg	17	6	35,3%	4	66,7%	2	33,3%
Solingen	18	5	27,8%	5	100,0%	0	0,0%
Summe	**214**	**55**	**25,7%**	**44**	**80,0%**	**11**	**20,0%**

Auffallend dabei ist, daß insbesondere die befragten Personen in den ostdeutschen Städten, die zuletzt 1995 Gegenstand einer vergleichsweise jüngeren Untersuchung waren[19], mit Werten von 15,8 % in Dresden, 11,8 % in Erfurt sowie 10,5 % in Ostberlin sehr verhalten geantwortet hatten.

Soweit es im Rahmen des jeweils angetroffenen Dienstweges und der dort vorgefundenen Hierarchie möglich war, wurden diejenigen Befragten, die innerhalb der zweiwöchigen Frist nicht geantwortet hatten, nach einem Ablauf von drei Wochen kontaktiert und – die individuelle Erreichbarkeit der angeschriebenen Personen vorausgesetzt – nochmals persönlich telefonisch auf die Umfrage angesprochen, was durchweg einen relativ guten Erfolg erbrachte. Dabei entstand häufig der Anschein einer nach dem fernmündlichen Gespräch geweckten Teilnahmebereitschaft aufgrund des Umstands, daß die derart Angesprochenen erkannten, nicht zufällig im Rahmen einer „weiteren Umfrage" ausgewählt worden zu sein, sondern daß sie mit ihrem Meinungsbild einen Beitrag im Rahmen einer wissenschaftlichen Untersuchung leisten konnten. Insoweit kann die These von *Porst*, daß jede zusätzliche Kontaktierung zu einer erheblichen Verbesserung der Rücklaufquote führt, bestätigt werden[20]. Auf diese Weise ist es gelungen, den Rücklauf nach Ablauf der zweiwöchigen Antwortfrist gegenüber demjenigen innerhalb dieses Zeitraums nochmals um über die Hälfte zu steigern (siehe Tabelle 3).

---

[19] Vgl. *Flade/Greiff/Dauwe/Guder* (Fn. 1), näher dazu in Kapitel 3, Seite 113 ff.
[20] *Porst*, Thematik oder Incentives?, 1999, 74.

Tabelle 3: Rücklauf nach Ablauf der 2-Wochen-Frist

	Versandte Fragebogen	Eingang gesamt	Eingang ges. in Prozent	Original-Antworten	Originale in Prozent	Delegierte Antworten	Delegierte in Prozent
Bochum	18	7	38,9%	6	85,7%	1	14,3%
Dresden	19	7	36,8%	7	100,0%	0	0,0%
Erfurt	17	4	23,5%	2	50,0%	2	50,0%
Kiel	18	7	38,9%	4	57,1%	3	42,9%
Köln	19	7	36,8%	7	100,0%	0	0,0%
Landau	18	10	55,6%	8	80,0%	2	20,0%
München	18	6	33,3%	3	50,0%	3	50,0%
Neumünster	15	6	40,0%	5	83,3%	1	16,7%
Nürnberg	18	6	33,3%	4	66,7%	2	33,3%
Ostberlin	19	6	31,6%	4	66,7%	2	33,3%
Regensburg	17	8	47,1%	7	87,5%	1	12,5%
Solingen	18	9	50,0%	5	55,6%	4	44,4%
Summe / Durchschnitt	214	83	38,8%	62	74,7%	21	25,3%

Zuweilen konnte man sich jedoch auch des Eindrucks nicht erwehren, daß erst der Hinweis auf die repräsentative Stellung der Angesprochenen (als „Appell an deren Eitelkeit") und deren besondere Bedeutung für die Umfrage eine dann doch bereitwillige Auskunft und Teilnahmebereitschaft zur Folge hatte. Das persönliche Ansprechen der Befragten per Telefon, verbunden mit dem teilweise anzutreffenden Gefühl des „Ertappt-Seins", kann als weiterer Grund dafür angesehen werden, daß die Rücklaufquote nach erfolgter individueller Kontaktaufnahme diejenige der Zwei-Wochen-Frist deutlich übersteigt.

Einige Befragte gaben von sich aus als Grund für die nicht fristgerechte Rücksendung Arbeitsüberlastung, mangelnde Kenntnis der Materie sowie schlichtweg (Originalton!) „Faulheit" an. Primär wurde jedoch der Umstand genannt, daß man die Untersuchung, nach der man gefragt wurde, nicht kenne und somit die Beantwortung des gesamten Fragebogens nicht für sachdienlich halte. Der Präsident einer ostdeutschen Rechtsanwaltskammer begründete seine Verweigerungshaltung schließlich mit der Wahrnehmung des Gesamtinteresses seiner Mitglieder, das es ausschließe, „daß sich der Vorstand der Rechtsanwaltskammer zu örtlichen Problemen äußert".

Verbitterung war ferner der Anlaß für eine Justizstelle in Neumünster, die man bei der seinerzeit von der Enquête-Kommission verfaßten kriminalgeographischen Studie[21] nicht beteiligt hatte und die deshalb den vorgelegten Fragebogen nicht beantworten konnte und wollte. Auf besonderes Interesse stieß die Befragung dagegen bei einem Fraktionsvorsitzenden einer Partei in einer bayerischen Stadt, der von der Existenz einer kriminalgeographischen Untersuchung über seinen Wohnort völlig überrascht war und der diese neue Erkenntnis nach eigenen Angaben fortan dazu nutzen wollte, „künftige Flächennutzungs- und Bebauungspläne des Oberbürgermeisters zu kippen". Insgesamt erbrachte die Untersuchung damit den in Tabelle 4 dargestellten Rücklauf:

Tabelle 4: Rücklauf insgesamt

	Versandte Fragebogen	Eingang gesamt	Eingang ges. in Prozent	Original-Antworten	Originale in Prozent	Delegierte Antworten	Delegierte in Prozent
Bochum	18	14	77,8%	12	85,7%	2	14,3%
Dresden	19	10	52,6%	9	90,0%	1	10,0%
Erfurt	17	6	35,3%	4	66,7%	2	33,3%
Kiel	18	12	66,7%	9	75,0%	3	25,0%
Köln	19	11	57,9%	8	72,7%	3	27,3%
Landau	18	14	77,8%	12	85,7%	2	14,3%
München	18	11	61,1%	7	63,6%	4	36,4%
Neumünster	15	11	73,3%	9	81,8%	2	18,2%
Nürnberg	18	13	72,2%	10	76,9%	3	23,1%
Ostberlin	19	8	42,1%	5	62,5%	3	37,5%
Regensburg	17	14	82,4%	11	78,6%	3	21,4%
Solingen	18	14	77,8%	10	71,4%	4	28,6%
Summe / Durchschnitt	214	138	64,5%	106	76,8%	32	23,2%

Mit einer Quote von insgesamt 64,5 % kann der Rücklauf der Untersuchung als zufriedenstellend eingestuft werden. Die erzielte Rücklaufquote liegt damit am oberen Rand der üblichen Bandbreite, die in den meisten Fällen zwischen 7 % und 70 % schwankt[22]; nach anderen Erfahrungswerten liegen die Rücksendequoten bei postalischen Befragungen zwischen 10 % und 80 %[23].

Wieken führt die bei schriftlichen Befragungen unterschiedlich hohen Rücksendequoten hauptsächlich auf die Unterschiede zwischen den untersuchten Populationen zurück. Ein niedriger Rücklauf sei dabei charakteristisch für Bevölkerungsstichproben, während höhere Rücksendequoten fast nur bei relativ homogenen Befragtengruppen

---

[21] *Ratsversammlung der Stadt Neumünster*, Kriminalität in Neumünster, 1983, näher dazu in Kapitel 3, Seite 104 ff.
[22] *Friedrichs*, Methoden empirischer Sozialforschung, 1990, 237.
[23] *Wilk*, Die postalische Befragung, 1991, 192.

zu erwarten sind, die zumindest an den Umgang mit geschriebenen Texten gewöhnt sind[24]. Dies erklärt die im vorliegenden Fall vergleichsweise hohe Rücklaufquote, wenngleich angesichts der Auswahl des „qualitativ hochwertigen" Personenkreises ein noch höheres Ergebnis wünschenswert gewesen wäre.

Nach wie vor war auch bei der Schlußbetrachtung die Beteiligung der ostdeutschen Untersuchungsgebiete (Dresden, Erfurt und Ostberlin) mit einer Rücklaufquote von durchschnittlich 43,6 % am schwächsten ausgeprägt, obwohl – wie beispielsweise in Ostberlin – nicht die weiter entfernten Parlamentsabgeordneten und Entscheidungsträger des Landes Berlin, sondern die lokal erheblich näheren Delegierten und Repräsentanten der örtlichen Bezirksverordnetenversammlung des ursprünglich untersuchten Gebietes „Prenzlauer Berg" angeschrieben wurden[25]. Auch der Umstand, daß die vorangegangene kriminalgeographische Untersuchung an diesen Orten erst vor vergleichsweise kurzer Zeit (im Jahre 1995) durchgeführt worden ist, vermochte sich nicht positiv auf die Teilnahmebereitschaft auszuwirken. Mit 82,4 % konnte dagegen in Regensburg die höchste Rücklaufquote erzielt werden, Erfurt stand mit nur 35,3 % am Ende der Skala. Mit einem Rücklauf von jeweils 77,8 % der versandten Fragebogen lagen ferner Bochum, Landau und Solingen über dem Durchschnitt.

Das Phänomen, daß die Rücklaufquoten in Ostdeutschland unterdurchschnittlich ausgefallen sind, wird auch aus anderen Untersuchungen berichtet. So führt *Obergfell-Fuchs* diesen Umstand darauf zurück, daß der Konsolidierungsprozeß in diesen Gebieten – wenn überhaupt – erst vor kurzem abgeschlossen worden sei, so daß die Zuständigkeit für Anfragen der vorliegenden Art nicht geklärt ist. Hinzu komme die Überlegung, daß ostdeutsche Kommunen bei westdeutschen Anfragen, zumal von einem Strafrechtsinstitut, ein gewisses Maß an Reserviertheit zeigen[26].

Obwohl anfangs davon ausgegangen wurde, daß mit zunehmender Rücklaufdauer aufgrund eines eventuellen institutionellen oder verwaltungsinternen zeitaufwendigen

---

[24] *Wieken*, Die schriftliche Befragung, 1974, 147.
[25] Der Bezirk Berlin–Prenzlauer Berg gilt mittlerweile als das „größte Sanierungsgebiet in der Mitte Europas", zugleich wie kaum ein anderer Bezirk Berlins als Inbegriff eines proletarischen Stadtteils, vgl. *Haeder/Wüst*, Prenzlauer Berg, 1994, 9 und 11.
[26] *Obergfell-Fuchs*, Ansätze und Strategien Kommunaler Kriminalprävention, 2000, 502.

Dienstweges die Zahl der delegierten Antworten im Vergleich zu der Zahl der „Original-Antworten" erheblich zunehmen werde, fand diese Annahme keine Bestätigung. So blieb das Verhältnis zwischen denjenigen Personen, die persönlich antworteten und jenen, welche die Beantwortung des Fragebogens delegierten, über den gesamten Untersuchungszeitraum mit einer Quote von schließlich 76,8 % zu 23,2 % nahezu konstant. Der Rücklauf der Antworten nach der zweiwöchigen Frist reduzierte damit die Quote der Original-Antworten um lediglich 5,3 %.

Als aufschlußreich zeigt sich auch ein Blick auf die Verteilung der Antworten innerhalb der einzelnen befragten Teilnehmerkreise. Eine vergleichsweise geringe Resonanz wurde bei den obersten Vertretern der Städte und Polizeipräsidien erzielt, die mit gerade einmal 58,3 % bzw. 50 % antworteten. Damit lagen die befragten Personen aus dem Kreis der Polizei deutlich unterhalb des Durchschnitts, obwohl davon auszugehen ist, daß gerade bei dieser Behörde ein vitales berufliches Interesse am Themenkomplex „Stadtstruktur, Kriminalitätsbelastung und Verbrechensfurcht" bestehen sollte. Während die Aufmerksamkeit auf Seiten der Politik sowie der Medien mit jeweils knapp über 65 % Rücklaufquote kaum nennenswert überdurchschnittlich ausgeprägt war, ließen insbesondere die Staatsanwaltschaften mit einer Antwortquote von 90 % erkennen, daß ihr Interesse an der kriminalgeographischen Fragestellung der vorliegenden Arbeit über das von ihr wahrgenommene Aufgabengebiet als Strafverfolgungsbehörde hinausgeht; bezeichnenderweise antwortete hier auch die deutliche Mehrheit von 88,9 % der angeschrieben Oberstaatsanwälte in Person.

Mit Werten von bzw. über 80 % beteiligten sich ferner die Vertreter der politischen Partei „Bündnis 90 / Die Grünen" sowie die Leiter der Bewährungshilfe. Die mit nur 33,3 % der Nennungen niedrige Antwortquote der Umwelt- und Verbraucherverbände sowie der unerwartet gering ausgefallene Rücklauf bei den Architektenvereinigungen führte dazu, daß die Gruppe der Wirtschafts- und Standesvereinigungen mit insgesamt 54,4 % die niedrigsten Werte aufwies; bemerkenswert ist hierbei jedoch, daß dieser Teilnehmerkreis den zweithöchsten Wert erreicht, was die persönliche Beantwortung des Fragebogens durch die angeschriebenen Personen anbelangt. Im einzelnen zeigten sich folgende Ergebnisse (siehe Tabelle 5):

Tabelle 5: Rücklauf nach Befragungsgruppen

	Versandte Fragebogen	Eingang Gesamt	Eingang in Prozent	Original-Antworten	Originale in Prozent	Delegierte Antworten	Delegierte in Prozent
Stadtverwaltung							
Oberbürgermeister	12	7	58,3%	5	71,4%	2	28,6%
Stadtbau-/planungsamt	12	9	75,0%	5	55,6%	4	44,4%
Summe / Durchschnitt	24	16	66,7%	10	62,5%	6	37,5%
Politik							
CDU/CSU	12	5	41,7%	4	80,0%	1	20,0%
SPD	12	9	75,0%	9	100,0%	0	0,0%
B 90/Grüne	10	8	80,0%	7	87,5%	1	12,5%
Sonstige	9	6	66,7%	4	66,7%	2	33,3%
Summe / Durchschnitt	43	28	65,1%	24	85,7%	4	14,3%
Polizei, Justiz und Rechtspflege							
Polizei	12	6	50,0%	3	50,0%	3	50,0%
Gericht	22	17	77,3%	13	76,5%	4	23,5%
Staatsanwaltschaft	10	9	90,0%	8	88,9%	1	11,1%
Bewährungshilfe	12	10	83,3%	8	80,0%	2	20,0%
Summe / Durchschnitt	56	42	75,0%	32	76,2%	10	23,8%
Wirtschafts- und Standesvereinigungen							
Architektenkammer/-verein	10	5	50,0%	4	80,0%	1	20,0%
Anwaltskammer/-verein	11	5	45,5%	4	80,0%	1	20,0%
Haus- und Grundverein	11	8	72,7%	7	87,5%	1	12,5%
Mieterverein	12	8	66,7%	7	87,5%	1	12,5%
IHK	12	7	58,3%	4	57,1%	3	42,9%
Umweltverbände	12	4	33,3%	3	75,0%	1	25,0%
Summe / Durchschnitt	68	37	54,4%	29	78,4%	8	21,6%
Presse und Medien							
Zeitungen	13	8	61,5%	5	62,5%	3	37,5%
Rundfunksender	10	7	70,0%	6	85,7%	1	14,3%
Summe / Durchschnitt	23	15	65,2%	11	73,3%	4	26,7%
Summe / Durchschnitt	**214**	**138**	**64,5%**	**106**	**76,8%**	**32**	**23,2%**

Mit Ausnahme der CDU/CSU (41,7 %) sowie der PDS (33,3 %) lag der Rücklauf bei den politischen Parteien deutlich über dem Durchschnitt, wobei im gesamten Bereich der Politik mit 85,7 % die höchste Anzahl an Original-Antworten der Befragten erzielt wurde. Aufgrund des in absoluten Zahlen geringen Anteils von PDS und FDP (n = 1 bzw. n = 2) wurden diese Parteien zur Gruppe der „Sonstigen" gerechnet.

Zum lediglich leicht überdurchschnittlichen Rücklauf der an die Stadtverwaltung adressierten Fragebogen gesellte sich ferner ein hohes Maß an Delegation: 37,5 % der befragten Stadtoberhäupter und Stadtbaudezernenten antworteten nicht selbst, sondern delegierten diese Aufgabe an Mitarbeiter. Übertroffen wurde dieses Ergebnis nur von der Polizei; hier lag die Delegierungsquote sogar bei 50 %. Um die Beantwortung des Fragebogens höchstpersönlich kümmerten sich hingegen die Fraktionsvorsitzenden der SPD: Bei einem Rücklauf von insgesamt 75 % der Antworten wurde kein einziger Fragebogen delegiert. Die Verteilung der auf die einzelnen Teilnehmerkreise entfallenen Nennungen soll Abbildung 1 graphisch veranschaulichen:

Abbildung 1: Rücklauf nach einzelnen Befragungsgruppen

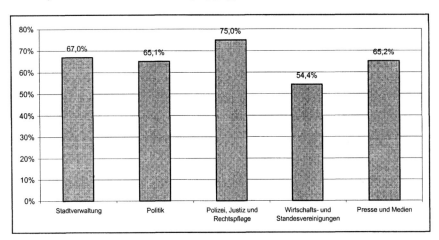

Aufgrund der mit 75 % der Nennungen ausgesprochen hohen Teilnahmebereitschaft der Staatsanwaltschaft, die sich in der höchsten Rücklaufquote der Gruppe „Polizei, Justiz und Rechtspflege" niederschlägt, lag die Rücklaufquote mit Ausnahme der Wirtschafts- und Standesvereinigungen stets über dem Durchschnitt von 64,5 %.

IV. *Statistische Auswertung und Verrechnung*

Die Datenauswertung der eingegangenen Fragebogen wurde in der Forschungsgruppe Kriminologie des Max-Planck-Institut für ausländisches und internationales Strafrecht mit der Statistik-Software SPSS vorgenommen[27]. Diese Berechnung liegt der sich anschließenden Analyse zugrunde. Ungeachtet des bei der nachfolgenden Darstellung gelegentlich gesondert gegebenen Hinweises auf die nur kleine Anzahl von Nennungen, welche die Grundlage der einzelnen Auswertungen bilden, sei be-

---

[27] Version 9.0; näher hierzu *Wittenberg/Cramer*, Datenanalyse mit SPSS für Windows 95/NT, 1998.

reits an dieser Stelle darauf hingewiesen, daß die Berechnungen häufig in Ansehung der geringen Zahl zur Verfügung stehender Antworten vorgenommen wurden; keinesfalls soll durch die prozentuale Darstellung der Ergebnisse eine „Pseudo-Genauigkeit" vorgespiegelt werden, die faktisch statt dessen oftmals nur einen Trend wiedergeben kann.

1. Deskriptive Darstellung der erhobenen Variablen

Wie Tabelle 6 zeigt, wird die an den untersuchten Personenkreis gerichtete Eingangsfrage nach der Kenntnis von der kriminalgeographischen Studie, die bereits in der Vergangenheit in der jeweiligen Stadt der Befragten durchgeführt worden ist, mit großer Mehrheit verneint.

Tabelle 6: Bekanntheit der früheren kriminalgeographischen Studien (Frage 1)

	n	Prozent
Studie bekannt	36	26,1%
Studie unbekannt	102	73,9%
Summe	138	100,0%

26,1 % der Teilnehmer – und damit nur knapp über ein Viertel aller befragten Personen – geben an, die bisherige kriminalgeographische Untersuchung zu kennen, während 73,9 % der Befragten diese Studie vollkommen unbekannt ist. Im Ergebnis kennen damit rund drei von vier befragten Personen die früher durchgeführte Untersuchung nicht. Die in Tabelle 7 dargestellte Analyse der Bekanntheit in den einzelnen Städten erbringt folgendes Resultat:

Tabelle 7: Bekanntheit der Studien in den einzelnen Städten

	Bekannt	Prozent	Unbekannt	Prozent	Summe
Bochum	4	28,6%	10	71,4%	14
Dresden	3	30,0%	7	70,0%	10
Erfurt	1	16,7%	5	83,3%	6
Kiel	0	0,0%	12	100,0%	12
Köln	0	0,0%	11	100,0%	11
Landau	9	64,3%	5	35,7%	14
München	2	18,2%	9	81,8%	11
Neumünster	6	54,5%	5	45,5%	11
Nürnberg	3	23,1%	10	76,9%	13
Ostberlin	0	0,0%	8	100,0%	8
Regensburg	1	7,1%	13	92,9%	14
Solingen	7	50,0%	7	50,0%	14
Summe / Durchschnitt	36	26,1%	102	73,9%	138

Mit 64,3 % ist der Bekanntheitsgrad der früheren Untersuchung in Landau außergewöhnlich hoch. Auch die Befragten der Orte Neumünster und Solingen zeigen mit Werten oberhalb der 50-Prozent-Marke eine deutlich überdurchschnittliche Kenntnis von der Existenz der Studie über ihre Stadt. Nicht zuletzt aufgrund des Umstands, daß in den Städten Kiel, Köln und Ostberlin keinerlei Kenntnis über die kriminalgeographische Studie der Vergangenheit vorhanden ist, stellt sich die Frage, ob das jeweils unterschiedliche Alter der zugrundeliegenden Untersuchungen Einfluß auf die Bekanntheit der Untersuchungen hat. Die Ergebnisse der Verknüpfung zwischen dem Alter der Untersuchung und dem jeweiligen Bekanntheitsgrad der Studie werden graphisch in Abbildung 2 dargestellt:

Abbildung 2: Bekanntheit der Studien in Abhängigkeit von deren Alter

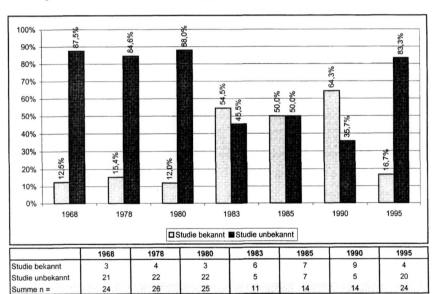

Hierbei zeigt sich, daß ein unmittelbarer linearer Zusammenhang zwischen dem Alter der Studien und deren Bekanntheit nicht besteht. Während der Bekanntheitsgrad in den Jahren zwischen 1968 und 1980 mit durchschnittlich gerade einmal 13,3 % nahezu konstant bleibt, ist in den Jahren von 1983 bis 1990 eine merkliche Steigerung des Bekanntheitsgrades auf durchschnittlich 56,3 % festzustellen. Auffallend ist jedoch, daß gerade die jüngsten ostdeutschen Untersuchungen aus dem Jahr 1995 mit einem Wert von nur 16,7 % der Antworten kaum bekannt sind. Dies mag allerdings darauf zurückzuführen sein, daß befragte Personen aus Ostdeutschland – wie zuvor schon bei der Rücklaufquote dargestellt – nach wie vor gewisse Ressentiments gegen westdeutsche Untersuchungen hegen[28].

Auf die Frage, woher diejenigen Teilnehmer, welche die Studie als bekannt angegeben hatten, diese Kenntnis haben, werden die in Tabelle 8 dargestellten Antworten gegeben:

Tabelle 8: Kenntnisherkunft (Frage 2)

	n	Prozent
War selbst an Studie beteiligt	7	20,0%
Studie im Dienstgebrauch oder dienstliche Befassung	7	20,0%
Beteiligung an politischer Diskussion	8	22,9%
Presse	5	14,3%
Sonstige	8	22,9%
Summe	35	100,0%

Mit jeweils einem Fünftel der Nennungen erlangten die befragten Personen ihre Kenntnis aus ihrem dienstlichen Umgang mit der kriminalgeographischen Untersuchung oder aufgrund der Tatsache, selbst an der damaligen Studie beteiligt gewesen zu sein; 22,9 % der Befragten geben an, ihr Wissen aus ihrer Beteiligung an der politischen Diskussion zu schöpfen. Aus der Presse haben insgesamt nur 14,3 % der Teilnehmer von der Existenz der kriminalgeographischen Untersuchung über ihre Stadt erfahren. Einzelantworten, wie z.B. eine „allgemeine Bekanntheit" oder ein „kriminologisches Dauerinteresse", die rund ein weiteres Fünftel der Antworten darstellen, werden in der Rubrik „Sonstige" zusammengefaßt.

Wie die nachfolgende Graphik zeigt, billigen die befragten Personen der jeweiligen kriminalgeographischen Studie über ihre Stadt auch keinen sonderlich hohen Bekanntheitsgrad im kommunalpolitischen Bereich (vor allem im Gemeindeparlament) sowie bei den städtischen Entscheidungsträgern zu (vgl. Abbildung 3):

---

[28] So im Ergebnis auch *Obergfell-Fuchs* (Fn. 26), 502.

Abbildung 3: Bekanntheit kriminalgeographischer Studien in der Kommunalpolitik und bei städtischen Entscheidungsträgern (Fragen 3 + 4)

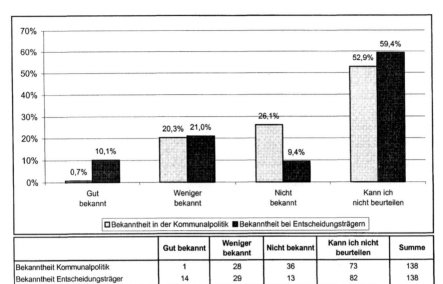

Auffallend ist, daß nicht einmal ein Prozent der befragten Personen dem überaus entscheidungserheblichen Bereich der Kommunalpolitik eine gute Kenntnis der kriminalgeographischen Studie zubilligen, dies aber in rund 10 % der abgegebenen Antworten in bezug auf die Bekanntheit bei städtischen Entscheidungsträgern tun. Während diejenigen Teilnehmer, die den Bekanntheitsgrad der Studien als geringer einstufen, hierbei praktisch nicht zwischen Kommunalpolitik und Entscheidungsträgern differenzieren, halten über ein Viertel der Befragten die Untersuchungen kommunalpolitisch für völlig unbekannt, wo hingegen sie diese Auffassung bzgl. der städtischen Entscheidungsträger zu nicht einmal 10 % vertreten. Über die Hälfte der befragten Personen vermag zu dieser Frage jedoch kein Urteil abzugeben.

Bereits an dieser Stelle bietet es sich an, die Einschätzung der Teilnehmer bzgl. der Bekanntheit der Studien in der Kommunalpolitik und bei den städtischen Entscheidungsträgern in Abhängigkeit von ihrer persönlichen Kenntnis der Studie zu betrachten, wie es Tabelle 9 veranschaulicht:

Tabelle 9: Mutmaßliche Bekanntheit kriminalgeographischer Studien in der Kommunalpolitik in Abhängigkeit von der persönlichen Kenntnis der Studie

	Gut bekannt		Weniger bekannt		Nicht bekannt		Kann ich nicht beurteilen	
	n	Prozent	n	Prozent	n	Prozent	n	Prozent
Studie den Befragten bekannt	1	2,8%	21	58,3%	5	13,9%	9	25,0%
Studie den Befragten unbekannt	0	0,0%	7	6,9%	31	30,4%	64	62,7%
Summe / Durchschnitt	1	0,7%	28	20,3%	36	26,1%	73	52,9%

Auf Seiten derjenigen, welche die Studie kennen, liegt der Anteil der Antwort „Kann ich nicht beurteilen" bei 25 %; ferner geben 58,3 % an, daß die Studie im kommunalpolitischen Bereich weniger bekannt sei, nur 2,8 % halten sie dagegen für gut bekannt, 13,9 % geben an, sie sei nicht bekannt. Diejenigen Befragten, welche die Studie nicht kennen, erlauben sich zu 62,7 % keine Beurteilung dieser Frage; jene Teilnehmer, die eine Einschätzung hierzu abgeben, billigen mit rund 30 % der kriminalgeographischen Studie überhaupt keinen Bekanntheitsgrad zu, lediglich 6,9 % sind der Auffassung, die Untersuchung sei zumindest „Weniger bekannt". Die Verteilungsunterschiede sind hoch signifikant (chi^2 = 47,52; df = 3; p < .01).

Bei der Frage nach der Bekanntheit der Studie bei den städtischen Entscheidungsträgern fällt das Ergebnis noch deutlicher aus, wie Tabelle 10 zeigt:

Tabelle 10: Mutmaßliche Bekanntheit kriminalgeographischer Studien bei städtischen Entscheidungsträgern in Abhängigkeit von der persönlichen Kenntnis der Studie

	Gut bekannt		Weniger bekannt		Nicht bekannt		Kann ich nicht beurteilen	
	n	Prozent	n	Prozent	n	Prozent	n	Prozent
Studie den Befragten bekannt	12	33,3%	17	47,2%	1	2,8%	6	16,7%
Studie den Befragten unbekannt	2	2,0%	12	11,8%	12	11,8%	76	74,5%
Summe / Durchschnitt	14	10,1%	29	21,0%	13	9,4%	82	59,4%

Fast drei Viertel derjenigen Personen, welche die Studie nicht kennen, können den Bekanntheitsgrad bei den städtischen Entscheidungsträgern nicht beurteilen. Dementsprechend niedrig fällt mit jeweils 11,8 % der Anteil jener aus, welche die kriminalgeographische Untersuchung als „Weniger bekannt" oder „Nicht bekannt" einstufen; lediglich 2 % dieser befragten Personen halten die Studie für „Gut bekannt". Betrachtet man dagegen diejenigen, welche die Studie selbst kennen, so geben 47,2 % an, sie sei den städtischen Entscheidungsträgern weniger bekannt, nur 2,8 % geben indessen an, sie sei nicht bekannt. Ein Drittel der Teilnehmer, die Kenntnis von der

Existenz der kriminalgeographischen Untersuchung ihrer Stadt haben, beurteilen diese bei den städtischen Entscheidungsträgern als „Gut bekannt". Erneut sind damit die Verteilungsunterschiede statistisch hoch signifikant (chi^2 = 59,0; df = 3; p < .01).

Anders sieht dies bei der Frage nach eventuellen Maßnahmen zur Steigerung des Verbreitungs- und Bekanntheitsgrades derartiger Untersuchungen aus. Tabelle 11 zeigt die Verteilung der insgesamt 154 abgegebenen Nennungen, wobei mehrfache Angaben möglich waren:

Tabelle 11: *Möglichkeiten zur Steigerung des Verbreitungs- und Bekanntheitsgrades kriminalgeographische Studien (Frage 5)*

	n	Prozent
Bekanntgabe der Studie durch Presse und Medien	70	45,5%
Politische Diskussion und Einbeziehung von Behörden	43	27,9%
Aktualisierung notwendig, da Studie zu alt	21	13,6%
Sonstige	20	13,0%
Summe	154	100,0%

Die zur Erlangung einer höheren Verbreitung und Bekanntheit mit 45,5 % am häufigsten genannte Antwort, nämlich die Veröffentlichung von kriminalgeographischen Untersuchungen und deren Ergebnisse in der Presse, wird zudem vereinzelt durch den zeitgemäßen Vorschlag ergänzt, eine entsprechende Publizierung im Internet zu forcieren. Mit knapp 28 % der Nennungen wird ferner der politischen Diskussion sowie der aktiven Einbeziehung von Behörden ein relativ hoher Wirkungsgrad beigemessen. 13,6 % der Befragten sind allerdings der Ansicht, daß die bisherigen Studien zwingend einer Neuauflage bedürfen, um aus den aktuellen Resultaten, die mit den Ergebnissen der Vergangenheit verglichen werden sollten, entsprechende Schlußfolgerungen ziehen zu können. Ferner wird nicht allein der Bekanntheitsgrad als entscheidend für den Erfolg kriminalgeographischer Untersuchungen angesehen, sondern vielmehr der Umstand, wie die Stadtverwaltung die derart gewonnenen Erkenntnisse umsetzt; hier ergebe sich jedoch aufgrund von personellen Wechseln nach Wahlen das Problem der politischen Diskontinuität.

Ein deutliches Resultat zeigen die Antworten auf die Fragestellung, wie gut die befragten Personen selbst die Studie über ihre Stadt und deren inhaltliche Ergebnisse kennen (siehe Tabelle 12):

Tabelle 12: *Eigene inhaltliche Kenntnis der Befragten von den Untersuchungsergebnissen der kriminalgeographischen Untersuchung über ihre Stadt (Frage 6)*

	n	Prozent
Sehr gut	3	2,2%
Gut	11	8,0%
Weniger gut	16	11,6%
Gar nicht	108	78,3%
Summe	138	100,0%

Von den antwortenden Teilnehmern geben 78,3 % an, überhaupt keine inhaltliche Kenntnis von der kriminalgeographischen Untersuchung über ihre Stadt zu besitzen; nur 2,2 % bewerten ihre Kenntnisse als „Sehr gut", 8 % als „Gut" und 11,6 % als „Weniger gut". Der hohe Grad derer, die keinerlei inhaltliche Kenntnis angeben, überrascht dabei nicht und ist nur folgerichtig, da dieses Ergebnis die Zahl derjenigen Personen bestätigt, die bereits in Frage 1 des Fragebogens die Bekanntheit der Untersuchung verneinten. Wenngleich auf einer nur geringen Anzahl absoluter Nennungen beruhend, so wird diese Statistik noch aussagekräftiger, wenn man die Frage nach der inhaltlichen Kenntnis von der kriminalgeographischen Studie in Zusammenhang mit den Antworten jener Befragten bringt, die bei Frage 1 angegeben hatten, die Studie sei ihnen zumindest generell bekannt. Die entsprechenden Ergebnisse zeigt Abbildung 4:

Abbildung 4: *Inhaltliche Kenntnis der Befragten von den Ergebnissen der kriminalgeographischen Studie in Abhängigkeit von deren generellen Bekanntheit (Fragen 1 + 6)*

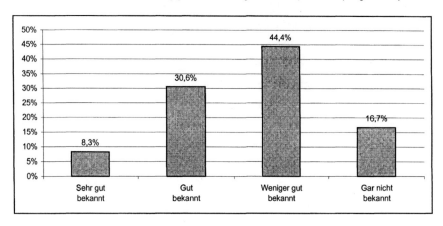

Von den 36 Befragten, welche die Untersuchung zuvor im Fragebogen als bekannt angegeben hatten, räumen auf genauere Nachfrage davon sechs weitere Personen

(16,7 %) ein, keinerlei inhaltliche Kenntnis darüber zu besitzen. Zusammen mit den 44,4 % derjenigen Teilnehmer, die weniger gute Kenntnisse angaben, beläuft sich der Anteil der Personen, die trotz angeblicher Kenntnis wenig bis keine Informationen über den Inhalt der kriminalgeographischen Studie ihrer Stadt haben, auf über 60 %.

Entsprechend gering fallen die Antworten auf die Frage nach konkreten Maßnahmen auf städtebaulicher Ebene zur Reduzierung von Kriminalitätsbelastung oder Verbrechensfurcht aus, wie Tabelle 13 zeigt:

Tabelle 13: *Kenntnis der befragten Personen von Empfehlungen städtebaulicher Maßnahmen zur Reduzierung von Kriminalitätsbelastung oder Verbrechensfurcht (Fragen 7 + 8)*

	Kriminalitätsbelastung		Verbrechensfurcht	
	n	Prozent	n	Prozent
Ja	16	11,6%	15	10,9%
Nein	7	5,1%	6	4,3%
Kann ich nicht beurteilen	115	83,3%	117	84,8%
Summe	138	100,0%	138	100,0%

Bzgl. möglicher Empfehlungen städtebaulicher Maßnahmen zur Reduzierung der Kriminalitätsbelastung vermögen die Teilnehmer diese Frage zu 83,3 %, im Hinblick auf die Verbrechensfurcht sogar zu 84,8 % nicht zu beurteilen. Insbesondere wurde bei den abgegebenen Antworten praktisch nicht differenziert, ob die in den kriminalgeographischen Studien geäußerten Empfehlungen die objektive Kriminalitätsbelastung oder die subjektive Viktimisierungsfurcht betreffen. Immerhin können sich jeweils über 10 % der befragten Personen an städtebauliche Empfehlungen erinnern, nur rund 5 % der Teilnehmer dagegen nicht.

Noch deutlicher fallen die Antworten auf die Frage aus, ob die Teilnehmer in der Lage sind, konkrete städtebauliche Empfehlungen zu benennen (Frage 9). Hier liegt die Quote derer, die Angaben zu einzelnen Empfehlungen machen können, bei nur 9,7 % (n = 13); 90,3 % (n= 121) der befragten Personen geben an, keine Kenntnis von Einzelempfehlungen zu haben.

Betrachtet man die genannten Einzelmaßnahmen, die nach der Erinnerung der Teilnehmer im Rahmen der kriminalgeographischen Untersuchung über ihre Stadt empfohlen wurden, so ergeben sich – bezogen auf die Anzahl der Nennungen – bei der Aufteilung der Maßnahmen auf einzelne städtebauliche Bereiche keine bedeutsamen

Unterschiede. Wie Abbildung 5 zeigt, nehmen die Teilnehmer auch an dieser Stelle eine Trennung zwischen Kriminalitätsbelastung und Verbrechensfurcht nur in ausgesprochen geringem Umfang vor, wie insbesondere ein Blick auf die niedrige Differenz in der absoluten Anzahl der Nennungen verrät.

Abbildung 5: Empfohlene städtebauliche Maßnahmen in einzelnen Bereichen (Fragen 10 + 11)

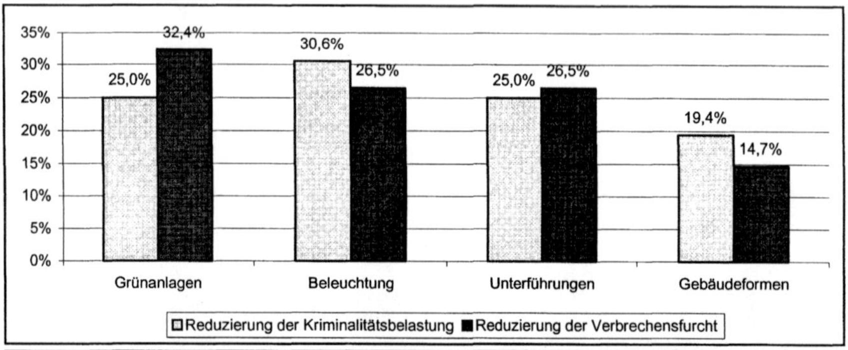

	Grünanlagen	Beleuchtung	Unterführungen	Gebäudeformen	Summe
Kriminalitätsbelastung	9	11	9	7	36
Verbrechensfurcht	11	9	9	5	34
Summe n =	20	20	18	12	70

Mit jeweils elf Nennungen stehen im Bereich der Kriminalitätsbelastung Maßnahmen der Beleuchtung, im Bereich der Verbrechensfurcht Maßnahmen in Grünanlagen an erster Stelle. Stadtplanerische Gestaltungen im Hinblick auf Gebäudeformen werden dagegen in beiden Bereichen an letzter Stelle genannt. Im Rahmen der möglichen Freiantwort werden bei Frage 10 ferner zwölf, bei Frage 11 weitere elf heterogene städtebauliche Maßnahmen angegeben, zu denen beispielsweise Wohnumfeldgestaltungen sowie die Berücksichtigung der sozialen Lage bei Bauplanungen zählen.

Die Antworten auf die Fragen 12 und 13 des Fragebogens sollen über das zentrale Problem Aufschluß geben, wie viele der in den kriminalgeographischen Studien empfohlenen städtebaulichen Maßnahmen nach Auffassung der befragten Personen in der Vergangenheit realisiert worden sind; auch diese Fragestellung berücksichtigt die getrennt zu beurteilenden Bereiche der objektiven Kriminalitätsbelastung und der subjektiven Viktimisierungsfurcht. In Anbetracht der vergleichsweise geringen Anzahl von Nennungen zu konkreten städtebaulichen Maßnahmen verwundert es jedoch nicht, wenn auch die Ansichten über die Frage, was von den ausgesprochenen Empfehlungen tatsächlich realisiert worden ist, sehr zurückhaltend ausgefallen sind, wie Tabelle 14 zeigt.

Tabelle 14: Umsetzung von städtebaulichen Maßnahmen aufgrund studienbezogener Empfehlungen (Fragen 12 + 13)

	Kriminalitätsbelastung		Verbrechensfurcht	
	n	Prozent	n	Prozent
Viel realisiert	7	5,2%	8	5,9%
Wenig realisiert	9	6,7%	6	4,4%
Nichts realisiert	5	3,7%	6	4,4%
Kann ich nicht beurteilen	114	84,4%	115	85,2%
Summe	135	100,0%	135	100,0%

Rund 85 % der Befragten geben in den beiden Teilbereichen an, daß sie die Frage nicht beurteilen können, nur rund 15 % der Teilnehmer vermögen dagegen hierauf eine Antwort zu geben. Zwar liegt der Anteil derer, die bzgl. der Kriminalitätsbelastung „Wenig realisiert" angeben, mit 6,7 % der Antworten beinahe doppelt so hoch wie in der Kategorie „Nichts realisiert" (3,7 %); ein Blick auf die absolute Anzahl der Nennungen verbietet es jedoch, hier von einem aussagekräftigen Ergebnis zu sprechen. Insofern ist auch der Anteil von 5,2 % der Befragten, die von einer hohen Realisierung studienbezogener Maßnahmen ausgehen, nur schwerlich einer weitergehenden Interpretation zugänglich.

Eine Aufteilung bzw. Verknüpfung dieser Ergebnisse mit denjenigen Personen, welche die Studien als bekannt angeben, stellt sich in diesem Zusammenhang als nicht mehr sinnvoll dar, da die Anzahl der Antworten zu niedrig ist. Ebenso zeigt sich erneut, daß die spezifische Unterscheidung zwischen objektiver Kriminalität und subjektiv wahrgenommener Furcht bei den befragten Personen nicht in den Antworten zum Ausdruck kommt. Unter den realisierten Einzelmaßnahmen (Frage 14) werden bei geringer Anzahl der Nennungen (n = 16) mehrfach die Bereiche „Beleuchtung", „Gestaltung von Grünanlagen" sowie „allgemeine städtebauliche Verbesserungen in der Innenstadt" angegeben. Die bei der Fragestellung erbetene Zuordnung der Maßnahmen zu den Gebieten „Kriminalitätsbelastung" oder „Verbrechensfurcht" wird in über 96 % der Fälle nicht durchgeführt, so daß daher eine aussagekräftige Darstellung hierüber nicht möglich ist.

Interessant stellen sich die in Abbildung 6 veranschaulichten Gründe dar, weshalb es nach Ansicht der Befragten nicht zur Umsetzung von kriminalgeographisch empfohlenen städtebaulichen Maßnahmen kommt; Mehrfachnennungen waren dabei möglich.

Abbildung 6: Gründe für die mangelnde Umsetzung studienbezogener Maßnahmen (Frage 15)

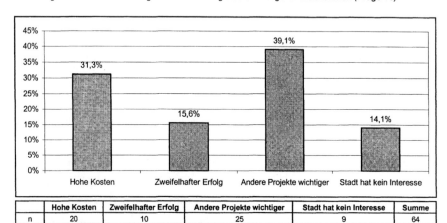

	Hohe Kosten	Zweifelhafter Erfolg	Andere Projekte wichtiger	Stadt hat kein Interesse	Summe
n	20	10	25	9	64

Trotz des in der Öffentlichkeit und in den Medien allgegenwärtigen Themas „Kriminalität" sind die Teilnehmer mit 39,1 % der Nennungen vornehmlich der Auffassung, daß andere Projekte wichtiger sind, gefolgt von der Annahme, die hierfür anfallenden Kosten seien zu hoch. Die verbleibenden Kategorien „Zweifelhafter Erfolg" und „Stadt hat kein Interesse" werden mit einer vergleichbaren Häufigkeit von ca. 15 % genannt. Bei 35 % (n = 7) der Angaben in der Rubrik „Sonstiges", die als mögliche Freiantwort bei Frage 15 ausgestaltet war, wird als Grund für die mangelnde Umsetzung von städtebaulichen Maßnahmen die weitgehende Unbekanntheit der Studien genannt. Ferner werde nach Ansicht mancher Teilnehmer das subjektive Sicherheitsgefühl der Einwohner nicht ernst genommen, und zwar dies ungeachtet einer heutzutage höher vorhandenen thematischen Sensibilität.

Wenngleich wiederum nicht zwischen Kriminalitätsbelastung und Verbrechensfurcht differenzierend, so geben die Teilnehmer auf die Frage, ob nach ihrer Kenntnis generell, d.h. unabhängig von der vorliegenden kriminalgeographischen Studie über ihre Stadt, städtebauliche Maßnahmen durchgeführt worden sind, nur ein geringes Maß an einer derartigen Realisierung an (vgl. Tabelle 15).

Tabelle 15: Generelle Umsetzung städtebaulicher Maßnahmen (Fragen 16 + 17)

	Kriminalitätsbelastung		Verbrechensfurcht	
	n	Prozent	n	Prozent
Viel realisiert	13	9,5%	13	9,5%
Wenig realisiert	67	48,9%	63	46,0%
Nichts realisiert	12	8,8%	13	9,5%
Kann ich nicht beurteilen	45	32,8%	48	35,0%
Summe	137	100,0%	137	100,0%

Mit 48,9 % bzw. 46 % der Nennungen überwiegt die Anzahl jener, nach deren Auffassung nur wenig realisiert worden ist. Lediglich 9,5 % der befragten Personen – und damit nur unwesentlich mehr als jene, nach deren Meinung nichts realisiert worden ist – geben jeweils an, daß in der Vergangenheit sehr viele städtebauliche Maßnahmen eine Umsetzung erfahren haben. Faßt man die Antwortkategorien „Wenig realisiert" und „Nichts realisiert" zusammen, so ergibt sich bei der Kriminalitätsbelastung eine Quote von 57,7 % (n = 79), bei der Verbrechensfurcht eine Quote von 55,5 % (n = 76) der Befragten, nach deren Auffassung wenig bis keine Maßnahmen auf städtebaulicher Ebene durchgeführt worden sind, um eine Reduzierung von Kriminalitätsbelastung oder Verbrechensfurcht zu erzielen. Mit nur 32,8 % bzw. 35 % der Teilnehmer, welche die Frage nicht beurteilen können, fällt dieser Anteil im Vergleich zu den in Tabelle 14 dargestellten Zahlen vergleichsweise gering aus.

Bei den genannten städtebaulichen Einzelmaßnahmen, die losgelöst von den Empfehlungen der vorliegenden Studie realisiert worden sind, ergibt sich folgendes Bild: Mit 27,9 % der Nennungen stehen nach Ansicht der Befragten die Maßnahmen im Bereich der Beleuchtung an vorderster Stelle. Deutlich abgeschlagen, aber immer noch klar an zweiter Stelle dahinter liegt mit 15,5 % der Antworten die Art der Bebauung, gefolgt von Verbesserungen im Bereich von Bahnhöfen und U-Bahnhöfen. Mit jeweils 7,8 % der Angaben beurteilen die befragten Personen die Sanierung von Altbauvierteln sowie den Abbau von Angsträumen als häufig durchgeführte Maßnahmen auf städtebaulicher Ebene. 6,2 % der Antworten nennen als generell durchgeführte städtebauliche Maßnahmen Verbesserungen im Bereich von Tiefgaragen, häufig kombiniert mit den an diesen Orten geschaffenen Frauenparkplätzen. Eine bessere Einsehbarkeit von Gebäuden und Plätzen, die eine wesentliche Grundlage von *Newmans* „Defensible Space" bildet, wird hingegen in nur 5,4 % der teilnehmenden Antworten genannt.

Obwohl die Streitfrage der Video-Überwachung auf Straßen, Plätzen und Gebäuden derzeit einen breiten Platz in der öffentlichen Diskussion und in der Berichterstattung der Medien einnimmt, wird diese Maßnahme von nur 2,3 % der befragten Personen genannt. Abbildung 7 veranschaulicht zusammenfassend die Ergebnisse:

Abbildung 7: Generell durchgeführte städtebauliche Maßnahmen zur Reduzierung von Kriminalitätsbelastung oder Verbrechensfurcht (Frage 18)

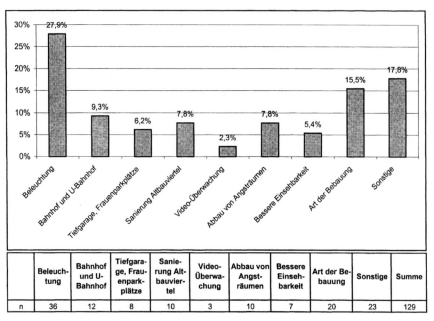

	Beleuchtung	Bahnhof und U-Bahnhof	Tiefgarage, Frauenparkplätze	Sanierung Altbauviertel	Video-Überwachung	Abbau von Angsträumen	Bessere Einsehbarkeit	Art der Bebauung	Sonstige	Summe
n	36	12	8	10	3	10	7	20	23	129

Wiederum verzichten 87,9 % der befragten Personen auf die gewünschte Zuordnung der Maßnahmen zu den Bereichen „Kriminalitätsbelastung" oder „Verbrechensfurcht", so daß von einer derartigen Darstellung mangels ausreichender Datenbasis abgesehen werden muß. Die mit 17,8 % der Antworten genannte Kategorie der sonstigen Antworten umfaßt 23 heterogene Nennungen, zu denen unter anderem der Vorschlag „Farben statt Betongrau" sowie die Einrichtung von Notrufsäulen in weiträumigen Grünanlagen zählen.

Die von den befragten Personen genannten Gründe, weshalb nach ihrer Einschätzung generell keine oder nur wenige städtebauliche Maßnahmen durchgeführt worden sind, veranschaulicht die folgende Abbildung 8:

EXPERTENWISSEN ÜBER KRIMINALGEOGRAPHIE

Abbildung 8: Gründe für die mangelnde Umsetzung genereller städtebaulicher Maßnahmen (Frage 19)

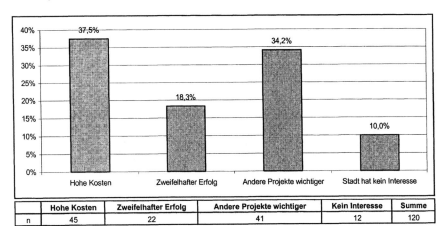

	Hohe Kosten	Zweifelhafter Erfolg	Andere Projekte wichtiger	Kein Interesse	Summe
n	45	22	41	12	120

Mit 37,5 % der Nennungen ist es allem voran der hohe Kostenfaktor, der als Grund für eine unzureichende Umsetzung städtebaulicher Maßnahmen angesehen wird, gefolgt von der mit 34,2 % vertretenen Ansicht, daß andere Projekte wichtiger sind. Während 18,3 % der Teilnehmer Zweifel am Erfolg der Maßnahmen anmelden, gehen nur 10 % davon aus, daß die Stadt in dieser Richtung kein Interesse habe. Die bei Frage 19 möglichen Freiantworten lassen keine Bildung übergeordneter Kategorien zu; es handelt sich dabei zumeist um eine weitere Kommentierung der im Fragebogen bereits vorgegebenen Antwortmöglichkeiten.

Eine verhaltene Einschätzung über den Erfolg städtebaulicher Maßnahmen zur Reduzierung von Kriminalitätsbelastung oder Verbrechensfurcht zeigen auch die in Tabelle 16 dargestellten Antworten auf die Fragen 20 und 21 des Fragebogens:

Tabelle 16: Erfolg von durchgeführten städtebaulichen Maßnahmen (Fragen 20 + 21)

	Kriminalitätsbelastung		Verbrechensfurcht	
	n	Prozent	n	Prozent
Hat viel gebracht	10	7,3%	8	5,8%
Hat wenig gebracht	23	16,8%	30	21,9%
Hat nichts gebracht	3	2,2%	7	5,1%
Kann ich nicht beurteilen	101	73,7%	92	67,2%
Summe n =	137	100,0%	137	100,0%

Nur 7,3 % der befragten Personen geben in bezug auf eine Reduzierung der Kriminalitätsbelastung an, daß die durchgeführten städtebaulichen Maßnahmen viel bewirkt haben; in bezug auf eine Reduzierung der Verbrechensfurcht meinen dies sogar nur 5,8 %. Andererseits sind auch nur 2,2 % der Befragten bei der Kriminalitätsbelastung (5,1 % bei der Verbrechensfurcht) der Ansicht, daß die Maßnahmen nichts gebracht haben. Mit 73,7 % bzw. 67,2 % der Antworten kann die überwiegende Mehrheit der Teilnehmer die erfolgsorientierte Frage nach der Einschätzung bisheriger städtebaulicher Maßnahmen jedoch nicht beurteilen.

Ungeachtet der zurückhaltenden Bewertung, welche die Befragten den in der Vergangenheit realisierten städtebaulichen Maßnahmen zuteil werden lassen, ist dennoch mehr als die Hälfte (52,9 % bzgl. Kriminalitätsbelastung, 55,5 % bzgl. Verbrechensfurcht) der befragten Personen der Auffassung, daß auf städtebaulicher Ebene noch weitere Maßnahmen durchzuführen sind, wie Tabelle 17 zeigt:

Tabelle 17: Notwendigkeit weiterer städtebaulicher Maßnahmen (Fragen 22 + 23)

	Kriminalitätsbelastung		Verbrechensfurcht	
	n	Prozent	n	Prozent
Es muß noch viel getan werden	73	52,9%	76	55,5%
Es ist nur noch wenig zu tun	19	13,8%	20	14,6%
Es ist schon genug getan worden	2	1,4%	2	1,5%
Kann ich nicht beurteilen	44	31,9%	39	28,5%
Summe n =	138	100,0%	137	100,0%

Während 13,8 % der Befragten hinsichtlich einer möglichen Reduzierung der Kriminalitätsbelastung (14,6 % hinsichtlich einer möglichen Reduzierung der Verbrechensfurcht) der Meinung sind, daß nur noch wenig zu tun ist, beläuft sich der Anteil derjenigen, nach deren Ansicht schon genug getan worden ist, hier durchschnittlich auf bescheidene 1,5 %. Nicht beurteilen können die Frage nach der Erforderlichkeit künftiger städtebaulicher Maßnahmen 31,9 % der Teilnehmer bzgl. einer möglichen Reduzierung der Kriminalitätsbelastung, 28,5 % bzgl. einer möglichen Reduzierung der Verbrechensfurcht.

Dennoch hält der überwiegende Teil der Befragten die Durchführung weiterer kriminalgeographischer Studien für sinnvoll, und zwar nicht nur in der eigenen Stadt, sondern auch generell (vgl. Tabelle 18):

Tabelle 18: Befürwortung weiterer kriminalgeographischer Untersuchungen (Fragen 24 + 25)

	In der eigenen Stadt		Generell	
	n	Prozent	n	Prozent
Ist sinnvoll	89	65,4%	101	74,3%
Ist weniger sinnvoll	12	8,8%	7	5,1%
Ist nicht sinnvoll	5	3,7%	2	1,5%
Kann ich nicht beurteilen	30	22,1%	26	19,1%
Summe n =	136	100,0%	136	100,0%

In der eigenen Stadt halten 65,4 % der befragten Personen weitere Untersuchungen für sinnvoll, sogar 74,3 % befürworten dies auch generell. 3,7 % der Teilnehmer geben dagegen an, künftige Studien in der eigenen Stadt seien nicht sinnvoll, nur 1,5 % äußern diese Ansicht ebenso über die Stadtgrenzen hinaus. Als „Weniger sinnvoll" stufen 8,8 % der befragten Personen weitere Untersuchungen in der eigenen Stadt ein, nur 5,1 % tun dies auch bei einer generellen Betrachtung. Mit 22,1 % bzw. sogar nur 19,1 % der Teilnehmer, die sich zu dieser Frage kein Urteil erlauben wollen, ist der Anteil an entscheidungsfreudigen Personen relativ hoch. Wie eine entsprechende Verknüpfung der beiden Variablen zeigt, befürworten 85,1 % (n = 86) der Befragten, die kriminalgeographische Studien generell für sinnvoll halten, diese ebenfalls für die eigene Stadt. Dies zeigt, daß Untersuchungen dieser Art auch auf lokaler Ebene einen hohen Stellenwert erreicht haben.

Folgerichtig werden kriminalgeographische Studien daher zum großen Teil als geeignetes Mittel angesehen, praxisnahe Empfehlungen zur Reduzierung der Kriminalitätsbelastung oder der Verbrechensfurcht der Bürger einer Stadt zu geben, wobei die Unterscheidung zwischen objektiv vorhandener Kriminalität und subjektiv wahrgenommener Viktimisierungsfurcht wiederum gering ausfällt. So sprechen bzgl. der Kriminalitätsbelastung 63,9 %, bzgl. der Verbrechensfurcht 60,4 % der Befragten kriminalgeographischen Untersuchungen diese praxisnahe Eignung zu, lediglich 13,5 % bzw. 15,7 % halten sie für weniger geeignet, und nur 0,8 % bzw. 2,2 % der Antworten – was insgesamt bloß vier Nennungen entspricht – halten die Studien für nicht geeignet. In bezug auf diese Einschätzung ist auffallend, daß mit jeweils 29 Angaben (21,8 % bzgl. Kriminalitätsbelastung, 21,6 % bzgl. Verbrechensfurcht) nur ein vergleichsweise geringer Anteil der Befragten angibt, diese Frage nicht beurteilen zu können. Die vorstehenden Ergebnisse werden in Abbildung 9 graphisch veranschaulicht:

Abbildung 9: Eignung kriminalgeographischer Studien für Empfehlungen zur Reduzierung von Kriminalitätsbelastung oder Verbrechensfurcht (Fragen 26 + 27)

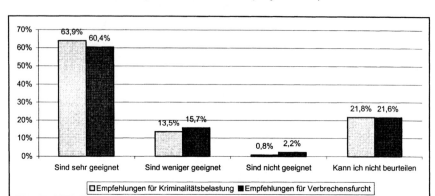

Betrachtet man ferner die absolute Anzahl der Angaben, so wird deutlich, daß trotz insgesamt jeweils 133 bzw. 134 Nennungen zur Kriminalitätsbelastung bzw. zur Verbrechensfurcht sich die Einschätzungen je Kategorie um höchstens vier Antworten unterscheiden. Dieser Umstand verdeutlicht, daß die befragten Personen nahezu keine Unterscheidung zwischen objektiver Kriminalitätsbelastung und subjektiver Viktimisierungsfurcht vornehmen.

Vielschichtig fallen die Antworten zu der Frage aus, welche anderen Maßnahmen es nach Ansicht der Befragten gibt, um Erkenntnisse über den Zusammenhang zwischen Stadtstruktur, Kriminalitätsbelastung und Verbrechensfurcht zu gewinnen. Mit fast 30 % der Nennungen werden Bürgerbefragungen an erster Stelle angegeben, gefolgt von der mit 19 % der Antworten genannten Anregung, statistische Analysen und Vergleichsuntersuchungen durchzuführen. Auf Stadtteilkonferenzen und die Bildung von Nachbarschaften sowie die interdisziplinäre Zusammenarbeit von Behörden entfallen jeweils 11,9 % der Nennungen; 6,3 % der Befragten geben ferner an, daß die Bildung von Präventionsräten als alternative Maßnahme zur Gewinnung von Erkenntnissen dienen kann. Abbildung 10 zeigt eine graphische Darstellung der vorstehend beschriebenen Ergebnisse:

Abbildung 10: Andere Maßnahmen zur Erkenntnisgewinnung (Frage 28)

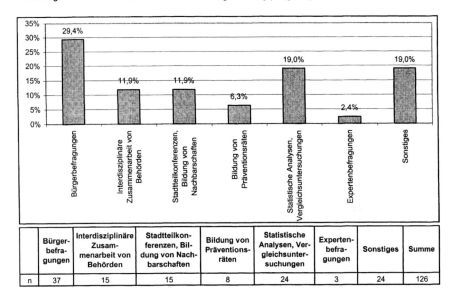

Zu den in der Kategorie „Sonstiges" geäußerten heterogenen Nennungen wird – neben verschiedenen anderen – auch die Auffassung vertreten, daß bereits der Einsatz des gesunden Menschenverstandes sehr hilfreich bei der Erschließung dieser Thematik sein könne.

Noch deutlicher als bei der Frage, weshalb städtebauliche Empfehlungen auf der Grundlage kriminalgeographischer Studien (Frage 15) bzw. generell (Frage 19) keine Umsetzung in die Praxis erfahren, äußern sich die Befragten zu den Gründen, die gegen die Durchführung künftiger Untersuchungen sprechen könnten. Mit 47,4 % der Nennungen wird ein hoher Kostenfaktor als hauptsächlicher Grund angegeben, gefolgt von 25,9 % der Nennungen, die Zweifel am Erfolg derartiger Untersuchungen äußern. 17 % der Befragten vertreten die Ansicht, andere Projekte seien wichtiger, und nur 9,6 % meinen, daß schon die bisherigen Erkenntnisse ausreichend sind (vgl. Abbildung 11). Als weitere Motive gegen die Durchführung künftiger Studien werden insbesondere eine nicht nachweisbare Kosten-Nutzen-Relation, eine zu dünne Personaldecke bei der Stadtverwaltung sowie eine Überbewertung der Thematik genannt. Ferner gibt ein Teilnehmer an, daß nach seiner Einschätzung das Problem der Kausalität als Ausrede für die Städtebau-Verantwortlichen vorgeschoben werde.

Abbildung 11: Gründe gegen die Durchführung künftiger kriminalgeographischer Studien (Frage 29)

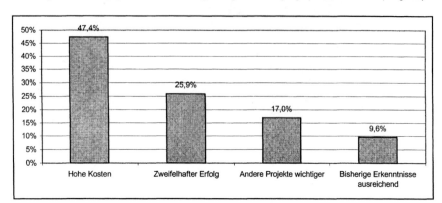

Entscheidungssicher zeigen sich die Teilnehmer bei den Fragen, ob städtebauliche Maßnahmen nach ihrer Einschätzung geeignet sind, Kriminalitätsbelastung oder Verbrechensfurcht reduzierend zu beeinflussen, wie Abbildung 12 zeigt:

Abbildung 12: Eignung städtebaulicher Maßnahmen zur Reduzierung von Kriminalitätsbelastung oder Verbrechensfurcht (Fragen 30 + 31)

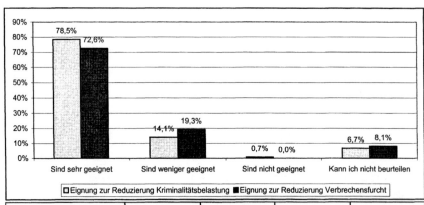

	Sind sehr geeignet	Sind weniger geeignet	Sind nicht geeignet	Kann ich nicht beurteilen
Eignung zur Reduzierung der Kriminalitätsbelastung	106	19	1	9
Eignung zur Reduzierung der Verbrechensfurcht	98	26	0	11
Summe n =	204	45	1	20

78,5 % der Teilnehmer halten städtebauliche Maßnahmen zu einer Reduzierung der Kriminalitätsbelastung für sehr gut geeignet, 72,6 % auch zu einer Senkung der Verbrechensfurcht. Als „Weniger geeignet" bezeichnen 14,1 % der Befragten städtebauliche Gestaltungen im Hinblick auf die Fähigkeit zur Reduzierung der Kriminalitätsbelastung und 19,3 % hinsichtlich einer möglich verbrechensfurchtreduzierenden Tauglichkeit. Nur ein einziger Befragter spricht städtebaulichen Maßnahmen jedwede Eignung zur Reduzierung von Kriminalitätsbelastung ab; keiner äußert dies dagegen bzgl. der Viktimisierungsfurcht.

2. Auswertung und Darstellung von Variablenzusammenhängen

Eines der zentralen Ergebnisse dieser empirischen Untersuchung, das graphisch in Tabelle 6 veranschaulicht wird, ist die Tatsache, daß 73,9 % der befragten Entscheidungsträger und Repräsentanten die Existenz der über ihre Stadt durchgeführte kriminalgeographische Studie unbekannt ist. Dieses Resultat bedarf jedoch – wie auch die übrigen auf der Grundlage dieser Arbeit gewonnenen Erkenntnisse – unter verschiedenen Aspekten einer differenzierten Betrachtungsweise.

Weist man die Antworten, die in der vorliegenden Umfrage den Bekanntheitsgrad der kriminalgeographischen Studien repräsentieren, den einzelnen befragten Teilnehmerkreisen zu, so zeigt sich, daß sich die Bekanntheit der Untersuchungen höchst unterschiedlich verteilt. Während nur 5,4 % der befragten Personen aus dem Bereich der Wirtschafts- und Standesvereinigungen und lediglich 13,3 % der Presse- und Medienvertreter eine Kenntnis von der Existenz der Studie angeben, entsprechen die Antworten der Gruppe „Polizei, Justiz und Rechtspflege" mit 26,2 % beinahe exakt dem Durchschnitt.

Eine leicht überdurchschnittliche Kenntnis ist mit 32,1 % der Nennungen im Bereich der Politik anzutreffen. Ein im Hinblick auf die soeben dargestellten Ergebnisse erstaunliches Resultat zeigt hingegen der Bereich der Stadtverwaltung: Hier geben 75 % der befragten Personen dieses Teilnehmerkreises an, die kriminalgeographische Studie über ihre Stadt zu kennen (siehe Abbildung 13).

Abbildung 13: Bekanntheitsgrad kriminalgeographischer Studien in den einzelnen Gruppen

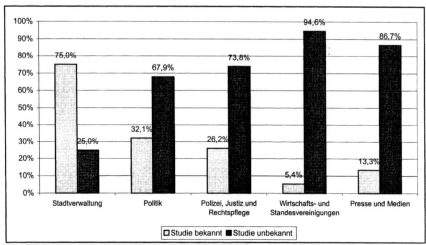

Die vorstehend beschriebenen Verteilungsunterschiede sind statistisch hoch signifikant (chi^2 = 29,86; df = 4; p < .01).

Einer genaueren Analyse bedarf ebenfalls die Annahme, daß nach Einschätzung der befragten Personen die bisherigen kriminalgeographischen Studien auch im kommunalpolitischen Bereich und bei den städtischen Entscheidungsträgern und Repräsentanten nicht sonderlich bekannt sind.

Betrachtet man zunächst die Ansichten der Teilnehmer bzgl. der Bekanntheit in der Kommunalpolitik, so zeigt sich, daß nur ein einziger Befragter (aus der Gruppe „Polizei, Justiz und Rechtspflege") der Untersuchung eine gute kommunalpolitische Bekanntheit zubilligt. Eine geringere, aber dennoch vermutlich existierende Bekanntheit in der Kommunalpolitik äußert die Hälfte der befragten Personen auf Seiten der Stadtverwaltung, nur jeweils rund ein Viertel der Antworten aus den Bereichen „Politik" sowie „Presse und Medien". Wie Abbildung 14 demonstriert, sind lediglich 14,3 % der Gruppe „Polizei, Justiz und Rechtspflege" und noch geringere 8,1 % der Vertreter der Wirtschafts- und Standesvereinigungen der Auffassung, daß die kriminalgeographische Untersuchung über ihre Stadt in der Kommunalpolitik zumindest „Weniger bekannt" ist.

Abbildung 14: Mutmaßliche Bekanntheit der Studien im kommunalpolitischen Bereich

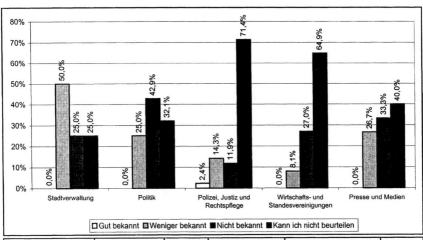

Ein überraschendes Ergebnis zeigt sich bei den Antworten, die den kriminalgeographischen Untersuchungen keine Bekanntheit zubilligen. Obwohl die Studien im politischen Bereich sogar überdurchschnittlich bekannt sind (vgl. Abbildung 13), vertreten gerade die befragten Personen aus dieser Gruppe mit 42,9 % vor allen anderen die Auffassung, die Studien seien „in den eigenen Reihen" nicht bekannt. Unterschiedlich groß ist auch der Anteil der Personen, die diese Frage nicht beurteilen können. Während nur ein Viertel der Stadtverwaltung sich hierzu kein Urteil erlaubt, sind es im Bereich „Polizei, Justiz und Rechtspflege" 71,4 % der Antworten. Die Verteilungsunterschiede sind hoch signifikant (chi^2 = 28,72; df = 12; p < .01).

Abweichende Resultate ergeben sich, wenn man die potentielle Bekanntheit der Studien bei den städtischen Entscheidungsträgern betrachtet (siehe Abbildung 15):

Abbildung 15: Mutmaßliche Bekanntheit der Studien bei städtischen Entscheidungsträgern

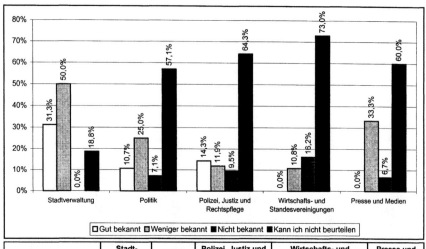

	Stadt-verwaltung	Politik	Polizei, Justiz und Rechtspflege	Wirtschafts- und Standesvereinigungen	Presse und Medien
Gut bekannt	5	3	6	0	0
Weniger bekannt	8	7	5	4	5
Nicht bekannt	0	2	4	6	1
Kann ich nicht beurteilen	3	16	27	27	9
Summe n =	16	28	42	37	15

Wie schon zuvor bei der Einschätzung der Bekanntheit im kommunalpolitischen Bereich, so stuft auch kein Vertreter der Gruppen „Wirtschafts- und Standesvereinigungen" sowie „Presse und Medien" die Studien bei den städtischen Entscheidungsträgern als „Gut bekannt" ein; dies tun jedoch 31,3 % auf Seiten der Stadtverwaltung, 14,3 % der Gruppe „Polizei, Justiz und Rechtspflege" und 10,7 % der Politiker. Deutlich niedriger ist auch der Anteil derjenigen Personen, die den Studien überhaupt keine Bekanntheit bei den Entscheidungsträgern zubilligen. Bei einer absolut betrachtet sehr geringen Anzahl von Antworten glauben dies lediglich 16,2 % der Wirtschafts- und Standesvereinigungen, 9,5 % der Gruppe „Polizei, Justiz und Rechtspflege", 7,1 % der Befragten aus dem Bereich der Politik sowie 6,7 % der Presse- und Medienvertreter. Kein einziger Teilnehmer der Stadtverwaltung hat die Ansicht vertreten, daß die kriminalgeographischen Untersuchungen bei den städtischen Entscheidungsträgern nicht bekannt seien.

Noch höher als bei der Einschätzung der Bekanntheit der Studien in der Kommunalpolitik ist mit durchschnittlich 59,4 % der Anteil derer, die sich kein Urteil über diese

Frage erlauben wollen oder können. Wiederum weisen die Verteilungsunterschiede eine hohe statistische Bedeutsamkeit auf (chi^2 = 33,59; df = 12; p < .01).

Um die Frage, inwiefern die Ergebnisse kriminalgeographischer Studien, insbesondere in bezug auf städtebauliche Maßnahmen zur Reduzierung von Kriminalitätsbelastung oder Verbrechensfurcht, bekannt sind, werden sinnvollerweise nur die Antworten derjenigen Teilnehmer betrachtet, die bei der Frage 1 des Fragebogens antworten, die Studie überhaupt zu kennen. Von diesen Personen, die angeben, die Untersuchung bezüglich ihrer Ergebnisse zumindest „Weniger gut" zu kennen, geben 53,3 % an, daß in der Studie städtebauliche Maßnahmen zur Reduzierung von Kriminalitätsbelastung empfohlen wurden; jeweils 23,3 % geben an, daß das nicht der Fall sei bzw. können dies nicht beurteilen. Hinsichtlich der Empfehlung der Maßnahmen zur Reduzierung der Verbrechensfurcht zeigen sich ähnliche Ergebnisse (50 % geben an, es gebe Empfehlungen, 20 % es gebe keine, 30 % können dies nicht beurteilen).

Diese vorgefundene Verteilung, die zunächst den Eindruck einer 50-prozentigen Ratewahrscheinlichkeit erweckt, läßt sich jedoch durch einen Blick auf die Aufteilung der Angaben in den einzelnen Städten nicht bestätigen. Trotz der geringen Anzahl der Nennungen kann man auf lokaler Ebene eine verhältnismäßig eindeutige Zuweisung der Antworten feststellen; es werden nahezu ausschließlich die Kategorien „Ja" und „Kann ich nicht beurteilen" sowie „Nein" und „Kann ich nicht beurteilen" kombiniert. Die Nennung der konträren Kategorien „Ja" und „Nein" tritt hingegen so gut wie nicht auf. Von einer graphischen Darstellung dieser Ergebnisse wurde aufgrund der vergleichsweise geringen Anzahl der Antworten abgesehen.

Als weitere zentrale Frage der vorliegenden Arbeit soll untersucht werden, ob und in welchem Umfang nach Ansicht der befragter Personen die in den kriminalgeographischen Studien empfohlenen städtebaulichen Maßnahmen zur Reduzierung von Kriminalitätsbelastung oder Verbrechensfurcht in die Praxis umgesetzt worden sind. Wenngleich der nachstehenden Tabelle nur eine ausgesprochen geringe Anzahl von Nennungen zugrunde liegt, so zeigt sich zur Beurteilung dieser Frage innerhalb der einzelnen Städte die nachfolgende Aufteilung, zunächst bzgl. der Kriminalitätsbelastung (siehe Tabelle 19):

Tabelle 19: Realisierung städtebaulicher Maßnahmen aufgrund studienbezogener Empfehlungen zur Reduzierung der Kriminalitätsbelastung

	Viel realisiert		Wenig realisiert		Nichts realisiert		Kann ich nicht beurteilen	
	n	Prozent	n	Prozent	n	Prozent	n	Prozent
Bochum	0	0,0%	1	7,1%	0	0,0%	13	92,9%
Dresden	0	0,0%	4	40,0%	0	0,0%	6	60,0%
Erfurt	0	0,0%	0	0,0%	0	0,0%	6	100,0%
Kiel	0	0,0%	0	0,0%	0	0,0%	12	100,0%
Köln	0	0,0%	1	9,1%	0	0,0%	10	90,9%
Landau	1	9,1%	1	9,1%	1	9,1%	8	72,7%
München	0	0,0%	0	0,0%	0	0,0%	11	100,0%
Neumünster	2	18,2%	1	9,1%	2	18,2%	6	54,5%
Nürnberg	1	7,7%	0	0,0%	0	0,0%	12	92,3%
Ostberlin	0	0,0%	0	0,0%	0	0,0%	8	100,0%
Regensburg	0	0,0%	0	0,0%	1	7,1%	13	92,9%
Solingen	3	21,4%	1	7,1%	1	7,1%	9	64,3%
Summe/ Durchschnitt	7	5,2%	9	6,7%	5	3,7%	114	84,4%

Mit 21,4 % der Nennungen sind die befragten Personen in Solingen am häufigsten der Auffassung, daß die in der kriminalgeographischen Studie über ihre Stadt gegebenen Empfehlungen auch in die Praxis umgesetzt worden sind. 18,2 % der Teilnehmer geben dies auch für Neumünster an, eine Einschätzung, die sich jedoch insofern relativiert, da ein exakt gleich großer Anteil der Nennungen jegliche Umsetzung dieser Empfehlungen abstreitet. Die Befragten aus Dresden nehmen zu 40 % an, daß in ihrer Stadt nur wenige empfohlene Maßnahmen realisiert worden sind. Mit durchschnittlich 84,4 % der Antworten ist die Quote derer, welche die Frage nicht beurteilen können, erneut relativ hoch.

Ein ähnliches Ergebnis zeigt sich bei gleicher Fragestellung, diesmal jedoch im Hinblick auf die Verbrechensfurcht der Bürger. Mit wiederum 18,2 % der Nennungen bei den Antworten „Viel realisiert" und „Nichts realisiert" zeigen sich die Teilnehmer aus Neumünster gespalten. Eine analoge Unentschlossenheit findet sich auch in Dresden, wo jeweils 20 % der Befragten angeben, daß viel bzw. wenig realisiert worden sei. Nur die Befragten aus Solingen bestätigen mit 14,3 % der Antworten die bereits zur Kriminalitätsbelastung vorgenommene Einschätzung einer überdurchschnittlich hohen Realisierung. Auch die Verteilung dieser Ergebnisse zeigt, daß bei den befragten Personen eine Unterscheidung zwischen Maßnahmen zur Reduzierung der Kriminalitätsbelastung und Maßnahmen zur Reduzierung der Verbrechensfurcht praktisch nicht erfolgt (vgl. Tabelle 20).

EXPERTENWISSEN ÜBER KRIMINALGEOGRAPHIE

Tabelle 20: Realisierung städtebaulicher Maßnahmen aufgrund studienbezogener Empfehlungen zur Reduzierung der Verbrechensfurcht

	Viel realisiert		Wenig realisiert		Nichts realisiert		Kann ich nicht beurteilen	
	n	Prozent	n	Prozent	n	Prozent	n	Prozent
Bochum	0	0,0%	0	0,0%	1	7,1%	13	92,9%
Dresden	2	20,0%	2	20,0%	0	0,0%	6	60,0%
Erfurt	0	0,0%	0	0,0%	0	0,0%	6	100,0%
Kiel	0	0,0%	0	0,0%	0	0,0%	12	100,0%
Köln	0	0,0%	0	0,0%	0	0,0%	11	100,0%
Landau	1	9,1%	1	9,1%	1	9,1%	8	72,7%
München	0	0,0%	1	9,1%	0	0,0%	10	90,9%
Neumünster	2	18,2%	1	9,1%	2	18,2%	6	54,5%
Nürnberg	1	7,7%	0	0,0%	0	0,0%	12	92,3%
Ostberlin	0	0,0%	0	0,0%	0	0,0%	8	100,0%
Regensburg	0	0,0%	0	0,0%	1	7,1%	13	92,9%
Solingen	2	14,3%	1	7,1%	1	7,1%	10	71,4%
Summe/ Durchschnitt	8	5,9%	6	4,4%	6	4,4%	115	85,2%

Die Einschätzung der durchgeführten Maßnahmen ergibt bei einer Aufteilung der Antworten auf die Teilnehmerkreise das in Abbildung 16 dargestellte Resultat:

Abbildung 16: Studienbezogene Umsetzung städtebaulicher Maßnahmen zur Reduzierung der Kriminalitätsbelastung

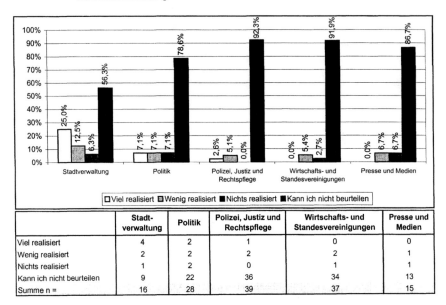

	Stadt-verwaltung	Politik	Polizei, Justiz und Rechtspflege	Wirtschafts- und Standesvereinigungen	Presse und Medien
Viel realisiert	4	2	1	0	0
Wenig realisiert	2	2	2	2	1
Nichts realisiert	1	2	0	1	1
Kann ich nicht beurteilen	9	22	36	34	13
Summe n =	16	28	39	37	15

Die zentrale Frage nach der Realisierung städtebaulicher Maßnahmen aufgrund von Empfehlungen, denen kriminalgeographische Studien zugrunde liegen, bringt ein ernüchternes Ergebnis. Lediglich die Stadtverwaltung ist zu 25 % der Auffassung, es sei viel realisiert worden; 12,5 % dieser Gruppe meinen, es sei wenig realisiert worden, 6,3 % vertreten sogar die Ansicht, daß nichts realisiert worden sei. Völlig indifferent fallen die Antworten aus dem Bereich der Politik aus; hier geben jeweils 7,1 % der Befragten an, daß viel, wenig oder nichts realisiert worden sei. Faßt man alle Teilnehmerkreise zusammen, so können 114 von 135 befragten Personen diese Frage nicht beurteilen. Dieses Resultat kann nur vor dem Hintergrund erklärt werden, daß 73,9 % der Befragten bereits bei der Eingangsfrage (Frage 1 des Fragebogens, siehe Tabelle 6) angeben, die Untersuchung sei ihnen nicht bekannt.

Vergleichbare Ergebnisse zeigt Abbildung 17, was die Durchführung städtebaulicher Maßnahmen zur Reduzierung der Verbrechensfurcht anbelangt:

Abbildung 17: Studienbezogene Umsetzung städtebaulicher Maßnahmen zur Reduzierung der Verbrechensfurcht

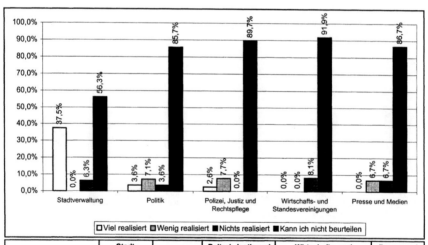

	Stadt-verwaltung	Politik	Polizei, Justiz und Rechtspflege	Wirtschafts- und Standesvereinigungen	Presse und Medien
Viel realisiert	6	1	1	0	0
Wenig realisiert	0	2	3	0	1
Nichts realisiert	1	1	0	3	1
Kann ich nicht beurteilen	9	24	35	34	13
Summe n =	16	28	39	37	15

Erneut ist es vornehmlich die Stadtverwaltung, die mit diesmal 37,5 % der Nennungen angibt, daß auf städtebaulicher Ebene viel zur Reduzierung der Verbrechensfurcht getan worden sei; diese Ansicht teilen außer ihr lediglich weitere zwei der befragten Personen. Mit Ausnahme derjenigen Befragten, welche die Frage nicht beurteilen können, ist die absolute Anzahl der Nennungen zum wiederholten Mal ausgesprochen niedrig, so daß eine weitergehende Interpretation nicht angezeigt ist.

Eine noch tiefgreifendere Analyse der Frage, inwieweit städtebauliche Maßnahmen aufgrund von Empfehlungen kriminalgeographischer Untersuchungen in die Praxis umgesetzt worden sind, kann dadurch erzielt werden, indem man nur die Antworten derjenigen Personen betrachtet, die zuvor angegeben hatten, sie hätten inhaltliche Kenntnisse über diese Studien. Die Ergebnisse verdeutlicht Abbildung 18:

Abbildung 18: Studienbezogene Umsetzung städtebaulicher Maßnahmen in Abhängigkeit von der inhaltlichen Kenntnis der Studie

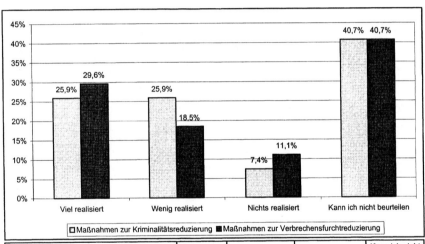

	Viel realisiert	Wenig realisiert	Nichts realisiert	Kann ich nicht beurteilen
Maßnahmen zur Kriminalitätsreduzierung	7	7	2	11
Maßnahmen zur Verbrechensfurchtreduzierung	8	5	3	11
Summe n =	15	12	5	22

Am auffälligsten unterscheiden sich die Ergebnisse im Hinblick auf die Quote derer, welche die Frage nach der Umsetzung von städtebaulichen Maßnahmen nicht beurteilen können. Zieht man zum Vergleich die Antworten sämtlicher Teilnehmer zur Frage der Realisierung studienbezogener Empfehlungen heran, so fällt auf, daß der Anteil derer, die dies nicht beurteilen können, von durchschnittlich 84,4 % (in Abbildung 16) bzw. 85,2 % (in Abbildung 17) um mehr als die Hälfte zurückgeht. Damit geben lediglich noch 40,7 % derjenigen befragten Personen, die inhaltliche Kenntnis von der Untersuchung über ihre Stadt haben, an, daß sie die Frage nach der Umsetzung städtebaulicher Maßnahmen in die Praxis nicht beurteilen können.

Die Einschätzung der befragten Personen, die sich ein Urteil über die Frage der Realisierung erlauben, ist auch in den Wertungen positiver: 25,9 % der Teilnehmer geben ein hohes Maß an Umsetzung städtebaulicher Maßnahmen im Hinblick auf eine Reduzierung der Kriminalitätsbelastung an, 29,6 % sogar hinsichtlich einer Reduzierung der Verbrechensfurcht. Ebenfalls zu 25,9 % bzgl. der Kriminalitätsbelastung (18,5 % bzgl. der Verbrechensfurcht) sind die Befragten der Auffassung, daß zumindest wenig realisiert worden ist, und nur 7,4 % geben bzgl. der Kriminalitätsbelastung (11,1 % bzgl. der Verbrechensfurcht) an, daß keine Maßnahmen realisiert worden sind. In Ansehung der geringen Zahl der Angaben läßt sich an dieser Stelle erstmals eine tendenzielle Differenzierung der Antworten nach objektiver Kriminalitätsbelastung und subjektiver Verbrechensfurcht feststellen, wobei ausdrücklich darauf hinzuweisen ist, daß der Grund für die unterschiedlichen prozentualen Werte in den minimalen Veränderungen der absoluten Anzahl der Nennungen zu suchen ist. Dabei ist anzumerken, daß nach Einschätzung der Teilnehmer die in die Praxis umgesetzten Maßnahmen zur Reduzierung der Viktimisierungsfurcht diejenigen zur Reduzierung der Kriminalitätsbelastung leicht übersteigen.

Faßt man die in der vorstehenden Graphik veranschaulichten Nennungen in den Antwortkategorien „Viel realisiert" und „Wenig realisiert" zu einer neu gebildeten Kategorie „Überhaupt etwas realisiert" zusammen, so polarisieren sich die auf diese Weise konzentrierten Ergebnisse, wie sich aus Tabelle 21 entnehmen läßt:

Tabelle 21: Studienbezogene Umsetzung städtebaulicher Maßnahmen in Abhängigkeit von der inhaltlichen Kenntnis der Studie bei zusammengefaßten Kategorien

	Überhaupt etwas realisiert		Nichts realisiert		Kann ich nicht beurteilen	
	n	Prozent	n	Prozent	n	Prozent
Maßnahmen zur Kriminalitätsreduzierung	14	51,9%	2	7,4%	11	40,7%
Maßnahmen zur Verbrechensfurchtreduzierung	13	48,1%	3	11,1%	11	40,7%
Summe / Durchschnitt	27	50,0%	5	9,3%	22	40,7%

Bei Vernachlässigung der nur unbedeutenden Unterschiede der Nennungen in den Teilbereichen „Kriminalitätsreduzierung" und „Verbrechensfurchtreduzierung" ergibt sich ein durchschnittlicher Wert von genau 50 % derjenigen Befragten, welche die kriminalgeographische Studie über ihre Stadt kennen und nach deren Einschätzung überhaupt städtebauliche Maßnahmen realisiert worden sind. Die andere Hälfte hingegen weiß dies nicht bzw. meint, daß keine Maßnahmen realisiert worden seien – ein enttäuschendes Ergebnis, auf welches jedoch das Alter der jeweiligen Untersuchung Einfluß zu haben scheint, wie Tabelle 22 zeigt:

Tabelle 22: *Studienbezogene Umsetzung städtebaulicher Maßnahmen in Abhängigkeit von der inhaltlichen Kenntnis und des Alters der Studie bei zusammengefaßten Kategorien*

	Überhaupt etwas realisiert		Nichts realisiert		Kann ich nicht beurteilen	
	n	Prozent	n	Prozent	n	Prozent
Studie aus dem Jahr 1968	2	50,0%	0	0,0%	2	50,0%
Studie aus dem Jahr 1978	1	16,7%	1	16,7%	4	66,7%
Studie aus dem Jahr 1980	1	25,0%	0	0,0%	3	75,0%
Studie aus dem Jahr 1983	6	60,0%	2	20,0%	2	20,0%
Studie aus dem Jahr 1985	7	50,0%	0	0,0%	7	50,0%
Studie aus dem Jahr 1990	4	50,0%	2	25,0%	2	25,0%
Studie aus dem Jahr 1995	6	75,0%	0	0,0%	2	25,0%
Summe / Durchschnitt	27	50,0%	5	9,3%	22	40,7%

Während die Befragten über die Studien der Jahre bis 1980 nur verhalten angeben, daß überhaupt städtebauliche Maßnahmen in die Praxis umgesetzt worden sind (bei gleichzeitig hohem Anteil derer, die diese Frage nicht beurteilen können), läßt sich ab 1983 eine deutliche Steigerung der eingeschätzten Durchführung feststellen; parallel dazu sinkt die Quote derer, die sich eine Beurteilung dieser Frage nicht zutrauen. Es spricht daher eine gewisse Tendenz dafür, daß ein zunehmender Anteil von Befragten eine Realisierung studienbezogener Maßnahmen angibt, je jünger die zugrundeliegende Studie ist.

Der den Teilnehmern zur Beantwortung überlassene Fragebogen soll sich jedoch nicht auf die Einschätzung der Umsetzung vergangener städtebaulicher Maßnahmen beschränken, denen eine kriminalgeographische Empfehlung zugrunde liegt. Er soll darüber hinaus einen Rückschluß auf die Frage zulassen, ob in der Vergangenheit nach Ansicht der Teilnehmer generell städtebauliche Maßnahmen zur Reduzierung von Kriminalitätsbelastung oder Verbrechensfurcht in den Städten durchgeführt worden sind. Hierzu wird der Blick zunächst auf die Beurteilung der entsprechenden Fragen in ihrer stadtspezifischen Ausprägung gerichtet. Tabelle 23 spiegelt dabei die Ergebnisse hinsichtlich der Einschätzung über die Umsetzung von Maßnahmen zur Reduzierung der Kriminalitätsbelastung wider:

Tabelle 23: *Generelle Realisierung städtebaulicher Maßnahmen zur Reduzierung der Kriminalitätsbelastung*

	Viel realisiert		Wenig realisiert		Nichts realisiert		Kann ich nicht beurteilen	
	n	Prozent	n	Prozent	n	Prozent	n	Prozent
Bochum	0	0,0%	7	50,0%	2	14,3%	5	35,7%
Dresden	1	10,0%	7	70,0%	0	0,0%	2	20,0%
Erfurt	1	16,7%	1	16,7%	2	33,3%	2	33,3%
Kiel	0	0,0%	4	33,3%	1	8,3%	7	58,3%
Köln	4	36,4%	7	63,6%	0	0,0%	0	0,0%
Landau	1	7,7%	7	53,8%	0	0,0%	5	38,5%
München	1	9,1%	9	81,8%	0	0,0%	1	9,1%
Neumünster	0	0,0%	3	27,3%	2	18,2%	6	54,5%
Nürnberg	5	38,5%	4	30,8%	0	0,0%	4	30,8%
Ostberlin	0	0,0%	5	62,5%	2	25,0%	1	12,5%
Regensburg	0	0,0%	6	42,9%	2	14,3%	6	42,9%
Solingen	0	0,0%	7	50,0%	1	7,1%	6	42,9%
Summe/ Durchschnitt	13	9,5%	67	48,9%	12	8,8%	45	32,8%

Im Gegensatz zu den Antworten bei der Frage nach studienspezifisch realisierten Maßnahmen (vgl. Tabelle 19) ist die Aussage hier klarer: Mit durchschnittlich 9,5 % der Nennungen verdoppelt sich nahezu die Quote der Angaben im Bereich „Viel realisiert", wobei die Städte Nürnberg und Köln mit über 38 % bzw. 36 % der Nennungen die Spitzengruppe bilden. Mehr als den doppelten Wert erzielt auch die Antwortkategorie „Nichts realisiert", bei der Erfurt mit einem Drittel, gefolgt von Ostberlin mit einem Viertel der Nennungen, Spitzenreiter ist. Ferner geben 48,9 % aller Teilnehmer an (zum Vergleich: nur 6,7 % bei den studienspezifisch realisierten Maßnahmen), daß zumindest „Wenig realisiert" worden ist, wobei Einzelwerte wie München (81,8 %) oder Dresden (70 %) sogar noch erheblich über dem Durchschnitt liegen. Der unterdurchschnittliche Wert der Stadt Erfurt in dieser Kategorie läßt sich dagegen in Anbetracht dessen, daß es dabei um nur eine einzige Nennung handelt, nicht näher bewerten. Bemerkenswert ist jedoch, daß im Gegensatz zu den studienbezogenen Maßnahmen, bei denen die Quote derjenigen befragten Personen, welche die Frage nicht beurteilen können, mit 84,4 % recht hoch liegt, nur knapp ein Drittel der Teilnehmer bei der Frage nach der generellen Umsetzung städtebaulicher Maßnahmen keine Einschätzung vornimmt.

Die Ergebnisse bzgl. der generellen Umsetzung städtebaulicher Maßnahmen zur Reduzierung der Verbrechensfurcht stellen sich wie folgt dar (siehe Tabelle 24):

Tabelle 24: Generelle Realisierung städtebaulicher Maßnahmen zur Reduzierung der Verbrechensfurcht

	Viel realisiert		Wenig realisiert		Nichts realisiert		Kann ich nicht beurteilen	
	n	Prozent	n	Prozent	n	Prozent	n	Prozent
Bochum	0	0,0%	5	35,7%	2	14,3%	7	50,0%
Dresden	1	10,0%	7	70,0%	0	0,0%	2	20,0%
Erfurt	1	16,7%	1	16,7%	2	33,3%	2	33,3%
Kiel	0	0,0%	4	33,3%	1	8,3%	7	58,3%
Köln	3	27,3%	7	63,6%	0	0,0%	1	9,1%
Landau	1	7,7%	8	61,5%	0	0,0%	4	30,8%
München	1	9,1%	8	72,7%	0	0,0%	2	18,2%
Neumünster	1	9,1%	3	27,3%	3	27,3%	4	36,4%
Nürnberg	5	38,5%	4	30,8%	0	0,0%	4	30,8%
Ostberlin	0	0,0%	4	50,0%	1	12,5%	3	37,5%
Regensburg	0	0,0%	6	42,9%	2	14,3%	6	42,9%
Solingen	0	0,0%	6	42,9%	2	14,3%	6	42,9%
Summe/ Durchschnitt	13	9,5%	63	46,0%	13	9,5%	48	35,0%

Auch hier unterscheidet sich die Nennungsverteilung derer, die sich über eine generelle Realisierung von städtebaulichen Maßnahmen äußern, im Vergleich zu den studienbezogenen Antworten (vgl. Tabelle 20) deutlich. In Nürnberg und Köln gehen 38,5 % bzw. 27,3 % der befragten Personen (zum Vergleich: studienbezogene Realisierung in Nürnberg und Köln 7,7 % bzw. 0 %) von einem hohen Realisierungsgrad aus, die Angaben in der Kategorie „Wenig realisiert" belaufen sich dagegen in Dresden und München auf 70 % und 72,7 % (zum Vergleich: studienbezogene Realisierung in Dresden und München 9,1 % bzw. 20 %). Der in der Stadt Neumünster im Vergleich zur studienbezogenen Umsetzung mit 27,3 % (gegenüber 18,2 %) erhöhte Anteil der Antworten, die keine Realisierung annehmen, darf nicht darüber hinwegtäuschen, daß der Unterschied in lediglich einer Nennung besteht. Aufgrund der ausgesprochen geringen Anzahl der Antworten aus der Stadt Erfurt ist die dort vorgefundene Verteilung ebenfalls keiner weiteren Interpretation zugänglich. Die Antwortkategorie „Kann ich nicht beurteilen" wird auch bei der Einschätzung der Befragten zu generellen verbrechensfurchtreduzierenden Maßnahmen mit nur 35 % wiederum vergleichsweise wenig genannt.

Bei einer Aufteilung der Antworten zur Frage nach der generellen Umsetzung städtebaulicher Maßnahmen zur Reduzierung der Kriminalitätsbelastung auf die einzelnen Teilnehmerkreise zeigt sich folgendes Ergebnis (siehe Abbildung 19):

Abbildung 19: Generelle Umsetzung städtebaulicher Maßnahmen zur Reduzierung der Kriminalitätsbelastung

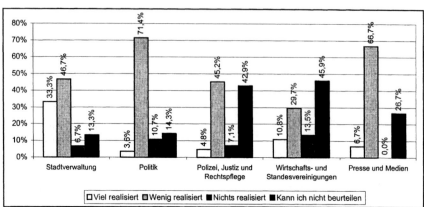

	Stadtverwaltung	Politik	Polizei, Justiz und Rechtspflege	Wirtschafts- und Standesvereinigungen	Presse und Medien
Viel realisiert	5	1	2	4	1
Wenig realisiert	7	20	19	11	10
Nichts realisiert	1	3	3	5	0
Kann ich nicht beurteilen	2	4	18	17	4
Summe	15	28	42	37	15

Da die hier zu beurteilende Frage keine Kenntnis einer kriminalgeographischen Studie voraussetzt, fällt auch bei den einzelnen Gruppen die Anzahl derjenigen Teilnehmer, welche die Kategorie „Kann ich nicht beurteilen" angeben, entsprechend geringer aus. Den im Verhältnis zu den studienbezogen realisierten Maßnahmen (vgl. Abbildung 16) höchsten Zuwachs verzeichnet die Antwortkategorie, daß wenig realisiert worden ist; hierauf entfallen im Bereich der Politik 71,4 %, bei den Presse- und Medienvertretern 66,7 % der Antworten. Während sich mit Ausnahme des zuletzt genannten Teilnehmerkreises die Nennungen bei der Antwort „Nichts realisiert" im Vergleich zu den studienbezogenen Angaben teilweise verfünffacht haben, hält die Stadtverwaltung mit einem Drittel der Nennungen an ihrer Einschätzung fest, daß generell viele städtebauliche Maßnahmen zur Reduzierung der Kriminalitätsbelastung umgesetzt worden sind.

Diese Spitzenstellung wird von der Stadtverwaltung noch weiter gefestigt, betrachtet man ihre Angaben bzgl. der generellen Umsetzung städtebaulicher Maßnahmen zur Reduzierung der Verbrechensfurcht (siehe Abbildung 20):

EXPERTENWISSEN ÜBER KRIMINALGEOGRAPHIE 187

Abbildung 20: *Generelle Umsetzung städtebaulicher Maßnahmen zur Reduzierung der Verbrechensfurcht*

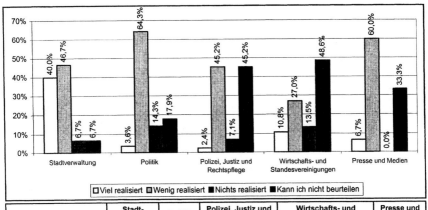

Kumuliert man die Nennungen in den Kategorien „Viel realisiert" (40 %) und „Wenig realisiert" (46,7 %), so vertritt die Stadtverwaltung mit über 86 % der Antworten die Auffassung, daß in genereller Hinsicht zumindest überhaupt städtebauliche Maßnahmen zur Senkung der Viktimisierungsfurcht ergriffen worden sind. Vergleicht man diese Ergebnisse mit den entsprechenden Resultaten der studienbezogenen Antworten (vgl. Abbildung 17), so fällt auf, daß sich die mögliche Antwort „Wenig realisiert" bei den Fragen nach der generellen Umsetzung allgemein zur favorisierten Kategorie entwickelt; der darin verzeichnete Zuwachs ist als außerordentlich einzustufen: In der Politik steigt der Anteil von 7,1 % auf 64,3 %, im Bereich „Presse und Medien" von 6,7 % auf 60 %. Ferner zeigt sich, daß sowohl Presse- und Medienvertreter, wie auch die Teilnehmer der Wirtschafts- und Standesvereinigungen, die bei den studienbezogenen Maßnahmen in der Kategorie „Viel realisiert" allesamt keine positive Einschätzung angeben, im Hinblick auf generelle städtebauliche Maßnahmen zu 6,7 % bzw. sogar zu über 10 % der Auffassung sind, es sei viel realisiert worden.

Gleichwohl darf an dieser Stelle nicht vergessen werden, daß die fulminante Steigerung der Anzahl von Antworten in der Kategorie „Wenig realisiert" ein bedenklich negatives Ergebnis darstellt. Faßt man die Einschätzungen der Teilnehmer hinsichtlich Kriminalitätsbelastung (vgl. Abbildung 19) und Verbrechensfurcht (vgl. Abbildung 20) bzgl. der Antwortkategorie „Wenig realisiert" zusammen, so sind insgesamt 50,3 % – und damit mehr als die Hälfte – der befragten Personen der Auffassung, daß auf städtebaulicher Ebene nur wenige Maßnahmen zur Reduzierung von objektiver Kriminalitätsbelastung oder subjektiv empfundener Verbrechensfurcht umgesetzt worden sind.

Als Grund für die unzureichende bzw. überhaupt nicht vorhandene Durchführung städtebaulicher Maßnahmen geben die Befragten unterschiedliche Antworten, deren Verteilung auf die einzelnen Kategorien aus Abbildung 21 ersichtlich wird:

Abbildung 21: *Gründe gegen die Durchführung städtebaulicher Maßnahmen zur Reduzierung von Kriminalitätsbelastung oder Verbrechensfurcht*

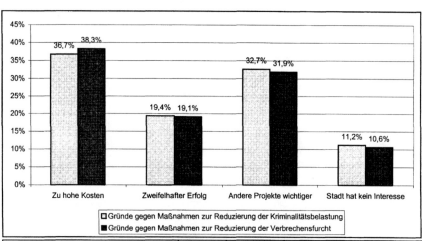

In dieser Graphik sind nur solche Nennungen berücksichtigt, die bei den Fragen 16 und 17 des Fragebogens („Sind nach Ihrer Kenntnis in der Vergangenheit generell städtebauliche Maßnahmen zur Reduzierung der Kriminalitätsbelastung bzw. zur Reduzierung der Verbrechensfurcht der Bürger realisiert worden?") mit „Wenig realisiert" oder „Nichts realisiert" geantwortet hatten. Das Schaubild zeigt, daß nach Einschätzung der Befragten an erster Stelle ein zu hoher Kostenfaktor der Umsetzung städtebaulicher Maßnahmen entgegensteht, gefolgt von der Meinung, andere Projekte seien wichtiger. Fast jeder fünfte Teilnehmer bezweifelt den Erfolg solcher Maßnahmen, und über 10 % der befragten Personen sind der Ansicht, die Stadt habe daran kein Interesse. Wiederum ist eine Differenzierung der Antworten zwischen den Bereichen „Kriminalitätsbelastung" und „Verbrechensfurcht" praktisch nicht feststellbar, wie ein Blick auf die absolute Anzahl der Nennungen zeigt. Die Ergebnisse unterscheiden sich daher nur unwesentlich von den originären Resultaten, welche die in Abbildung 8 dargestellte Auswertung der Frage 19 bereits zeigt.

Ordnet man die genannten Gründe den einzelnen befragten Teilnehmerkreisen zu, so zeigt sich das in Abbildung 22 dargestellte Bild, wobei in Anbetracht der Einheitlichkeit des vorherigen Ergebnisses auf die Unterscheidung zwischen Kriminalitätsbelastung und Verbrechensfurcht verzichtet wird:

Abbildung 22: Gründe gegen die Durchführung städtebaulicher Maßnahmen zur Reduzierung von Kriminalitätsbelastung oder Verbrechensfurcht in den einzelnen Gruppen

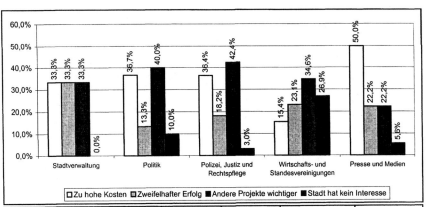

	Zu hohe Kosten	Zweifelhafter Erfolg	Andere Projekte wichtiger	Stadt hat kein Interesse
Stadtverwaltung	2	2	2	0
Politik	11	4	12	3
Polizei, Justiz und Rechtspflege	12	6	14	1
Wirtschafts- und Standesvereinigungen	4	6	9	7
Presse und Medien	9	4	4	1
Summe n =	38	22	41	12

Mit Ausnahme der Kategorie „Stadt hat kein Interesse" (bei der eine Nennung auch sehr überrascht hätte), zeigt die Stadtverwaltung mit einer Verteilung von jeweils genau einem Drittel der Antworten auf die verschiedenen Gründe ein ausgesprochen homogenes Antwortbild. Jede zweite Nennung aus der Gruppe „Presse und Medien" betont dagegen den als zu hoch veranschlagten Kostenfaktor, ebenso wie jeweils über 36 % der Antworten aus den Bereichen „Politik" sowie „Polizei, Justiz und Rechtspflege". In diesen beiden zuletzt genannten Teilnehmerkreisen überwiegt durchgängig die Meinung, daß andere Projekte wichtiger sind. Daß die Stadt kein Interesse an der Durchführung städtebaulicher Maßnahmen haben könnte, geben immerhin 26,9 % der Vertreter der Wirtschafts- und Standesvereinigungen an und stufen diesen Grund damit als zweithöchstes Kriterium ein.

Verteilt man die Antworten auf die beteiligten Städte, so ergeben sich die in Tabelle 25 dargestellten folgenden Werte:

Tabelle 25: *Gründe gegen die Durchführung städtebaulicher Maßnahmen zur Reduzierung von Kriminalitätsbelastung oder Verbrechensfurcht in den einzelnen Städten*

	Zu hohe Kosten		Zweifelhafter Erfolg		Andere Projekte wichtiger		Stadt hat kein Interesse	
	n	Prozent	n	Prozent	n	Prozent	n	Prozent
Bochum	4	50,0%	1	12,5%	1	12,5%	2	25,0%
Dresden	3	23,1%	2	15,4%	7	53,8%	1	7,7%
Erfurt	1	14,3%	2	28,6%	4	57,1%	0	0,0%
Kiel	4	33,3%	4	33,3%	4	33,3%	0	0,0%
Köln	6	66,7%	0	0,0%	3	33,3%	0	0,0%
Landau	6	42,9%	2	14,3%	5	35,7%	1	7,1%
München	5	45,5%	2	18,2%	3	27,3%	1	9,1%
Neumünster	5	50,0%	1	10,0%	2	20,0%	2	20,0%
Nürnberg	3	50,0%	1	16,7%	2	33,3%	0	0,0%
Ostberlin	3	27,3%	2	18,2%	4	36,4%	2	18,2%
Regensburg	3	25,0%	5	41,7%	3	25,0%	1	8,3%
Solingen	2	28,6%	0	0,0%	3	42,9%	2	28,6%
Summe / Durchschnitt	45	37,5%	22	18,3%	41	34,2%	12	10,0%

In Ansehung der geringen Anzahl der absoluten Antworten in den einzelnen Städten zeigt die vorstehende Tabelle, daß die Befragten aus der Stadt Köln zu rund zwei Dritteln, gefolgt von Bochum, Neumünster und Nürnberg mit jeweils 50 %, zu hohe Kosten als Grund gegen die Durchführung städtebaulicher Maßnahmen ansehen. In Erfurt beurteilt man dies anders: Hier weist der Kostenfaktor mit nur 14,3 % den niedrigsten Wert auf, bei einem gleichzeitigen Höchstwert von 57,1 % in der Kategorie, daß andere Projekte wichtiger sind; Dresden folgt dieser Einschätzung mit 53,8 % der Nennungen. Die befragten Personen in Regensburg äußern mit 41,7 % der Antworten starke Zweifel am Erfolg der Maßnahmen; kein einziger Teilnehmer nimmt dies dagegen in Köln und Solingen an. In Bochum und Solingen sind dafür 25 % bzw. 28,6 % der Befragten der Ansicht, die Stadt habe an dieser Thematik kein Interesse. Ein einheitliches Antwortbild zeigen die befragten Personen in der Stadt Kiel. Mit Ausnahme der Kategorie „Stadt hat kein Interesse", die von keinem Teilnehmer genannt wird, entfallen auf die Antworten „Zu hohe Kosten", „Zweifelhafter Erfolg" und „Andere Projekte wichtiger" jeweils genau ein Drittel der Nennungen.

Als weiterer Kernpunkt der vorliegenden Arbeit soll der Frage nachgegangen werden, was die Durchführung städtebaulicher Maßnahmen – sofern sie erfolgt ist – nach Ansicht der befragten Personen im Hinblick auf eine Reduzierung der Kriminalitätsbelastung gebracht hat. Ordnet man die in Tabelle 16 bereits gesamthaft dargestellten Antworten den einzelnen Städten zu, so ergibt sich die aus Tabelle 26 folgende Verteilung:

Tabelle 26: Erfolg städtebaulicher Maßnahmen auf die Kriminalitätsbelastung in den einzelnen Städten

	Hat viel gebracht		Hat wenig gebracht		Hat nichts gebracht		Kann ich nicht beurteilen	
	n	Prozent	n	Prozent	n	Prozent	n	Prozent
Bochum	0	0,0%	1	7,1%	1	7,1%	12	85,7%
Dresden	2	20,0%	1	10,0%	0	0,0%	7	70,0%
Erfurt	1	16,7%	1	16,7%	0	0,0%	4	66,7%
Kiel	0	0,0%	1	9,1%	1	9,1%	9	81,8%
Köln	2	18,2%	3	27,3%	0	0,0%	6	54,5%
Landau	0	0,0%	3	21,4%	0	0,0%	11	78,6%
München	0	0,0%	3	27,3%	0	0,0%	8	72,7%
Neumünster	1	9,1%	0	0,0%	0	0,0%	10	90,9%
Nürnberg	2	15,4%	2	15,4%	0	0,0%	9	69,2%
Ostberlin	0	0,0%	0	0,0%	0	0,0%	8	100,0%
Regensburg	0	0,0%	6	42,9%	0	0,0%	8	57,1%
Solingen	2	14,3%	2	14,3%	1	7,1%	9	64,3%
Summe / Durchschnitt	10	7,3%	23	16,8%	3	2,2%	101	73,7%

Mit einer überwältigenden Mehrheit von durchschnittlich 73,7 % wird die zentrale Frage, was die Umsetzung städtebaulicher Maßnahmen überhaupt gebracht hat, von den Befragten als nicht einschätzbar angesehen; dies meinen in allen untersuchten Städten über die Hälfte der Teilnehmer, in Ostberlin sogar ausnahmslos alle befragten Personen. Zieht man die Anzahl der nicht urteilsfähigen Antworten ab, so verbleibt für eine Aufteilung in die aussagekräftigen Kategorien „Hat viel/wenig/nichts gebracht" kaum mehr als ein verschwindend kleiner Rest an Angaben, die lediglich die tendenzielle Aussage zulassen, daß mehr als doppelt so viele Befragte eher glauben, die städtebaulichen Maßnahmen hätten wenig gebracht als jene, die den Maßnahmen einen hohen Wirkungsgrad zubilligen. Lediglich in Köln und Regensburg kann bei sieben bzw. sechs Nennungen (und damit 63,6 % bzw. 42,9 %) von einer „größeren" Anzahl an Antworten ausgegangen werden, die den Maßnahmen einen nur geringen Erfolg bescheinigen.

Trotz einer geringfügig niedrigeren Anzahl der Nennungen in der Kategorie „Kann ich nicht beurteilen" ist die Beurteilung der Frage, was Maßnahmen auf Ebene des Städtebaus für die Reduzierung der Verbrechensfurcht gebracht haben, noch verhaltener ausgefallen, wie Tabelle 27 zeigt:

Tabelle 27: *Erfolg städtebaulicher Maßnahmen auf die Verbrechensfurcht in den einzelnen Städten*

	Hat viel gebracht		Hat wenig gebracht		Hat nichts gebracht		Kann ich nicht beurteilen	
	n	Prozent	n	Prozent	n	Prozent	n	Prozent
Bochum	0	0,0%	2	14,3%	1	7,1%	11	78,6%
Dresden	3	30,0%	0	0,0%	0	0,0%	7	70,0%
Erfurt	0	0,0%	1	16,7%	1	16,7%	4	66,7%
Kiel	0	0,0%	2	18,2%	1	9,1%	8	72,7%
Köln	2	18,2%	7	63,6%	0	0,0%	2	18,2%
Landau	0	0,0%	2	14,3%	1	7,1%	11	78,6%
München	0	0,0%	2	18,2%	0	0,0%	9	81,8%
Neumünster	1	9,1%	0	0,0%	0	0,0%	10	90,9%
Nürnberg	1	7,7%	4	30,8%	0	0,0%	8	61,5%
Ostberlin	0	0,0%	2	25,0%	1	12,5%	5	62,5%
Regensburg	0	0,0%	6	42,9%	0	0,0%	8	57,1%
Solingen	1	7,1%	2	14,3%	2	14,3%	9	64,3%
Summe / Durchschnitt	8	5,8%	30	21,9%	7	5,1%	92	67,2%

Werte in der Kategorie „Hat nichts gebracht" von bis zu 16,7 % (bei n = 1!) der Teilnehmer aus Erfurt sowie 14,3 % (bei n = 2!) der befragten Personen in Solingen sorgen dafür, daß sich die durchschnittliche Anzahl derer, die den durchgeführten städtebaulichen Maßnahmen jeglichen Erfolg im Hinblick auf eine Reduzierung der Verbrechensfurcht absprechen, gegenüber jenen, die lediglich keine Auswirkung auf die objektive Kriminalitätsbelastung feststellen können (vgl. Tabelle 26), mehr als verdoppelt hat. Bei einer erneut sehr geringen Anzahl der Antworten läßt sich allenfalls wiederum in den Städten Köln und Regensburg mit 63,6 % bzw. 42,9 % der Nennungen der Trend feststellen, nach dem diese Befragten davon ausgehen, daß die städtebaulichen Maßnahmen nur wenig gebracht haben. Dieselbe zurückhaltende Interpretation ist bei den Angaben der Städte Erfurt und Solingen geboten, wo 16,7 % (bei n = 1) bzw. 14,3 % (bei n = 2) der Teilnehmer angeben, die Maßnahmen hätten nichts gebracht. In sieben der zwölf befragten Städte (und damit in fast 60 % der befragten Orte) gibt kein einziger Teilnehmer an, die städtebauliche Umsetzung habe viel verändert. Von einem großen Erfolg der städtebaulichen Maßnahmen in verbrechensfurchtreduzierender Hinsicht gehen immerhin 30 % der befragten Personen in Dresden aus; die übrigen 70 % der Teilnehmer dieser Stadt wollen dazu kein Urteil abgeben.

Um Unterschiede in den Antworten der einzelnen befragten Teilnehmerkreise aufzeigen zu können, wurde die aus Abbildung 23 ersichtliche gruppenbezogene Aufteilung vorgenommen:

Abbildung 23: Erfolg städtebaulicher Maßnahmen auf die Kriminalitätsbelastung in den einzelnen Gruppen

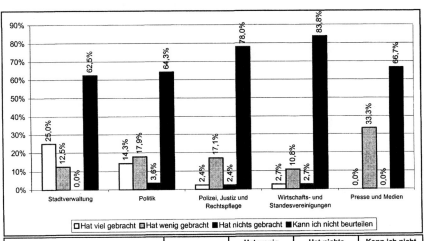

	Hat viel gebracht	Hat wenig gebracht	Hat nichts gebracht	Kann ich nicht beurteilen
Stadtverwaltung	4	2	0	10
Politik	4	5	1	18
Polizei, Justiz und Rechtspflege	1	7	1	32
Wirtschafts- und Standesvereinigungen	1	4	1	31
Presse und Medien	0	5	0	10
Summe n =	10	23	3	101

Wie schon bei der positiven Einschätzung, was die Umsetzung von städtebaulichen Maßnahmen angeht, so ist die Stadtverwaltung auch bei der Frage nach dem Erfolg mit 25 % der Nennungen zuvorderst der Auffassung, daß diese Maßnahmen viel gebracht haben. Lediglich in den Reihen der Politik wird diese Meinung annähernd noch mit 14,3 % der Angaben gestützt. Von den insgesamt nur wenigen Teilnehmern, die sich zu dieser Frage ein Urteil erlauben, nennen 33,3 % der Presse- und Medienvertreter die Kategorie „Hat wenig gebracht", gefolgt von der Politik (17,9 %), der Gruppe „Polizei, Justiz und Rechtspflege" (17,1 %) sowie den Wirtschafts- und Standesvereinigungen mit 10,8 % der Nennungen. Die überwiegende Anzahl derjenigen Personen, welche die Frage nicht beurteilen können, läßt auch hier nur wenig Raum für eine auf ausreichendes Datenmaterial gestützte Interpretation.

Kaum besser verläuft daher die Erfolgseinschätzung bzgl. der Auswirkungen städtebaulicher Maßnahmen auf die Verbrechensfurcht, wie Abbildung 24 zeigt:

Abbildung 24: Erfolg städtebaulicher Maßnahmen auf die Verbrechensfurcht in den einzelnen Gruppen

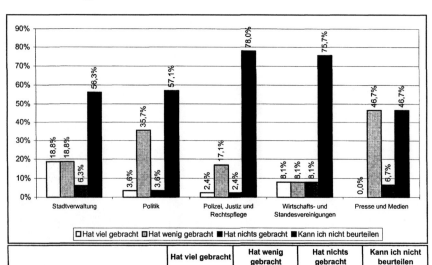

	Hat viel gebracht	Hat wenig gebracht	Hat nichts gebracht	Kann ich nicht beurteilen
Stadtverwaltung	3	3	1	9
Politik	1	10	1	16
Polizei, Justiz und Rechtspflege	1	7	1	32
Wirtschafts- und Standesvereinigungen	3	3	3	28
Presse und Medien	0	7	1	7
Summe n =	8	30	7	92

Bei einer erneut sehr geringen absoluten Anzahl von Nennungen gibt die Ansicht, die durchgeführten Maßnahmen hätten nichts gebracht, vor allem im Bereich der Wirtschafts- und Standesvereinigungen mit 8,1 %, lediglich einen Trend an. Die Vertreter dieser Gruppe, die sich eine Beurteilung dieser Frage zutrauen, geben jedoch in allen Kategorien die gleiche Zahl von Antworten ab, so daß dieses Resultat nicht überbewertet werden sollte. In der Gruppe „Presse und Medien" hingegen halten sich die Antworten „Hat wenig gebracht" und „Kann ich nicht beurteilen" mit jeweils 46,7 % der Nennungen die Waage. Zurückhaltender äußert sich hier im übrigen die Stadtverwaltung, die mit jeweils 18,8 % der Antworten zu gleichen Teilen angibt, die städtebaulichen Maßnahmen hätten viel bzw. nur wenig gebracht. Nur im Bereich der Politik ist im Vergleich zu den Antworten bzgl. der Kriminalitätsbelastung (vgl. Abbildung 23) ein deutlicher Unterschied festzustellen. Während die befragten Personen bei der Erfolgseinschätzung bzgl. der Kriminalitätsbelastung zu 17,9 % der Ansicht sind, die Maßnahmen hätten nur wenig gebracht, vertreten bzgl. der Verbrechensfurcht diese Auffassung 35,7 % der Teilnehmer aus dieser Gruppe.

Kombiniert man die Antworten derjenigen befragten Personen, die sich in Frage 16 des Fragebogens über das Maß an Realisierung städtebaulicher Maßnahmen geäußert hatten, so zeigt Tabelle 28, daß diese den Erfolg dieser Umsetzung folgendermaßen einschätzen:

Tabelle 28: Erfolg städtebaul. Maßnahmen zur Reduzierung von Kriminalitätsbelastung oder Verbrechensfurcht in Abhängigkeit von der Einschätzung der Realisierung von Maßnahmen

		Viel realisiert		Wenig realisiert		Nichts realisiert		Kann ich nicht beurteilen	
		n	Prozent	n	Prozent	n	Prozent	n	Prozent
Erfolg für Kriminalitätsbelastung	Hat viel gebracht	4	40,0%	3	30,0%	0	0,0%	3	30,0%
	Hat wenig gebracht	4	17,4%	18	78,3%	0	0,0%	1	4,3%
	Hat nichts gebracht	0	0,0%	1	33,3%	1	33,3%	1	33,3%
	Kann ich nicht beurteilen	5	5,0%	45	45,0%	11	11,0%	39	39,0%
Summe / Durchschnitt		13	9,6%	67	49,3%	12	8,8%	44	32,4%
Erfolg für Verbrechensfurcht	Hat viel gebracht	4	50,0%	3	37,5%	0	0,0%	1	12,5%
	Hat wenig gebracht	5	16,7%	24	80,0%	0	0,0%	1	3,3%
	Hat nichts gebracht	1	14,3%	3	42,9%	2	28,6%	1	14,3%
	Kann ich nicht beurteilen	3	3,3%	33	36,3%	11	12,1%	44	48,4%
Summe / Durchschnitt		13	9,6%	63	46,3%	13	9,6%	47	34,6%

Erneut zeigt sich, daß sich das Antwortprofil der befragten Personen in den beiden Bereichen „Kriminalitätsbelastung" und „Verbrechensfurcht" nur unwesentlich unterscheidet, insbesondere dann, wenn man die absolute Zahl der Nennungen betrachtet. 40 % (bzgl. Kriminalitätsbelastung) bzw. 50 % (bzgl. Verbrechensfurcht) derjenigen Teilnehmer, die von einem hohen Maß an Umsetzung städtebaulicher Maßnahmen ausgehen, geben an, daß diese viel gebracht haben; rund 17 % meinen dagegen, die Maßnahmen hätten nur wenig gebracht. Die unterschiedliche Prozentuierung bei jenen Antworten, die zwar eine hohe Realisierung annehmen, jedoch davon ausgehen, diese hätten nichts gebracht, darf in Anbetracht des kleinen n nicht überbewertet werden. Rund 80 % der Befragten, welche die Umsetzung der städtebaulichen Maßnahmen als nur „Wenig realisiert" einstufen, geben an, daß diese auch wenig gebracht haben. Jeweils drei befragte Personen (die 30 % bzw. 37,5 % entsprechen) glauben, daß die wenigen realisierten Maßnahmen dennoch viel gebracht haben. Durch den Umstand, daß kaum ein Teilnehmer in Frage 16 des Fragebogens angegeben hatte, es sei keine Realisierung von Maßnahmen erfolgt, ist die Anzahl von nur drei Nennungen in dieser Kategorie einer weiteren Bewertung nicht zugänglich.

Eine ähnliche Varianz im Antwortmuster zeigt sich, wenn man die Antworten jener Teilnehmer betrachtet, die bei den Fragen 12 und 16 des Fragebogens ihre Einschätzung bzgl. der Realisierung studienbezogener oder genereller städtebaulicher Maßnahmen geäußert hatten, und mit ihren Angaben zu der Fragestellung kombiniert, was diese Maßnahmen im Hinblick auf eine Reduzierung der Kriminalitätsbelastung tatsächlich gebracht haben. Wie Abbildung 25 zeigt, billigen vor allem jene Personen, die zuvor einen hohen Grad an Realisierung städtebaulicher Maßnahmen angegeben hatten, diesen auch einen vergleichsweise hohen Wirkungsgrad zu. Dennoch erzielt die Antwort „Hat wenig gebracht" bei den Teilnehmern, die von einer hohen Umsetzung städtebaulicher Maßnahmen ausgehen, mit 30 % einen prozentual höheren Wert, als bei denjenigen Befragten, die nur von einer geringeren Realisierung städtebaulicher Maßnahmen ausgehen (23,7 %). Dieser Umstand ist damit zu begründen, daß vergleichsweise viele Teilnehmer, die nur von einer bescheidenen Durchführung ausgehen, den Erfolg der Maßnahmen erheblich häufiger nicht beurteilen können, als befragte Personen, die von einem hohen Maß an Realisierung ausgehen.

EXPERTENWISSEN ÜBER KRIMINALGEOGRAPHIE 197

Neben den Antworten derjenigen, welche die gestellte Frage konsequent mit „Kann ich nicht beurteilen" beantwortet haben, wenn sie zuvor keine realisierten Maßnahmen oder keine Kenntnis hierüber angegeben hatten, ist in diesem Zusammenhang eine andere Gruppe von Nennungen bemerkenswert: Über 5 % der Antworten (n = 8), die nach eigener Aussage zwar nicht beurteilen können, ob städtebauliche Maßnahmen in die Praxis umgesetzt worden sind, gehen dennoch davon aus, daß diese viel zu einer Reduzierung der Kriminalitätsbelastung in der Stadt beigetragen haben!

Abbildung 25: *Erfolg städtebaulicher Maßnahmen zur Reduzierung von Kriminalitätsbelastung in Abhängigkeit von der Einschätzung der Realisierung städtebaulicher Maßnahmen*

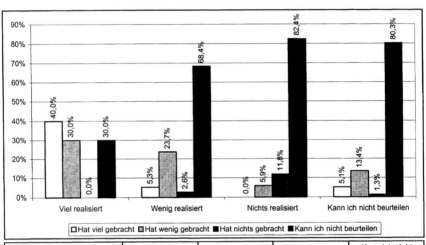

	Hat viel gebracht	Hat wenig gebracht	Hat nichts gebracht	Kann ich nicht beurteilen
Viel realisiert	8	6	0	6
Wenig realisiert	4	18	2	52
Nichts realisiert	0	1	2	14
Kann ich nicht beurteilen	8	21	2	126
Summe n =	20	46	6	198

Vergleicht man die Einschätzung der befragten Personen zum Erfolg städtebaulicher Maßnahmen hinsichtlich einer Reduzierung der Verbrechensfurcht in der Bevölkerung, so zeigt sich ein ähnliches Bild, wie es sich zuvor bereits bei der Betrachtung der Ansichten bzgl. der Kriminalitätsbelastung geboten hat. Für diese Auswertung wurden die Antworten der Fragen 13 und 17 des Fragebogens miteinander kombiniert; die hierbei gewonnenen Ergebnisse werden in Abbildung 26 graphisch veranschaulicht.

Abbildung 26: Erfolg städtebaulicher Maßnahmen zur Reduzierung von Verbrechensfurcht in Abhängigkeit von der Einschätzung der Realisierung städtebaulicher Maßnahmen

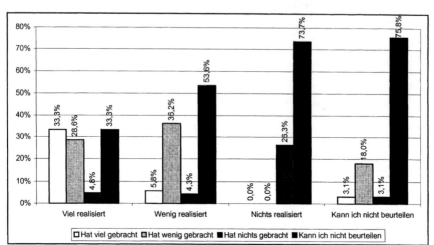

	Hat viel gebracht	Hat wenig gebracht	Hat nichts gebracht	Kann ich nicht beurteilen
Viel realisiert	7	6	1	7
Wenig realisiert	4	25	3	37
Nichts realisiert	0	0	5	14
Kann ich nicht beurteilen	5	29	5	122
Summe n =	16	60	14	180

Es zeigt sich, daß bei den Antworten, die von einem hohen Grad an Realisierung städtebaulicher Maßnahmen ausgehen, die Erfolgseinschätzung bzgl. einer möglichen Reduzierung der Verbrechensfurcht nicht ganz so hoch ist, wie in bezug auf eine denkbare Kriminalitätsreduzierung. Ferner ist bei diesem Vergleich festzustellen, daß hinsichtlich der Verbrechensfurcht 36,2 % derjenigen Befragten (und nur 23,7 % hinsichtlich der Kriminalitätsbelastung), die von einer geringen Realisierung ausgehen, auch annehmen, daß die Maßnahmen wenig gebracht haben. Im übrigen geben 26,3 % der Teilnehmer, die keine Umsetzung von Maßnahmen wahrnehmen können, an, daß dies auch nichts gebracht hat; bei der Einschätzung einer möglichen Reduzierung der Kriminalitätsbelastung tun dies nur 11,8 %.

Wiederum können fünf befragte Personen nicht beurteilen, ob überhaupt städtebauliche Maßnahmen durchgeführt worden sind, glauben aber, daß diese viel gebracht haben.

EXPERTENWISSEN ÜBER KRIMINALGEOGRAPHIE 199

Während bei den vorausgegangenen Auswertungen die Frage nach der Erfolgseinschätzung von städtebaulichen Maßnahmen aus der Sicht der befragten Personen im Mittelpunkt stand, so ist nun die Auffassung der Teilnehmer bzgl. der Frage zu untersuchen, ob zur Reduzierung von Kriminalitätsbelastung und Verbrechensfurcht weitere städtebauliche Maßnahmen als erforderlich angesehen werden. Teilt man die in diesem Zusammenhang gegebenen Antworten auf die einzelnen Gruppen auf, so zeigen sich die in Abbildung 27 dargestellten Ergebnisse, zunächst im Hinblick auf die Notwendigkeit weiterer Maßnahmen zur Reduzierung der Kriminalitätsbelastung:

Abbildung 27: *Notwendigkeit weiterer städtebaulicher Maßnahmen zur Reduzierung von Kriminalitätsbelastung*

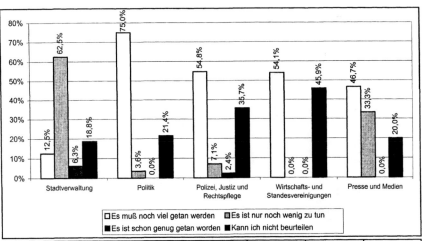

	Es muß noch viel getan werden	Es ist nur noch wenig zu tun	Es ist schon genug getan worden	Kann ich nicht beurteilen
Stadtverwaltung	2	10	1	3
Politik	21	1	0	6
Polizei, Justiz und Rechtspflege	23	3	1	15
Wirtschafts- und Standesvereinigungen	20	0	0	17
Presse und Medien	7	5	0	3
Summe n =	73	19	2	44

Wie die Abbildung 27 erkennen läßt, unterscheiden sich die Antworten der Stadtverwaltung wieder wesentlich von jenen der übrigen Teilnehmerkreise. Während die Befragten aus der Politik zu 75 %, gefolgt von der Gruppe „Polizei, Justiz und Rechtspflege" sowie den Wirtschafts- und Standesvereinigungen mit jeweils rund 54 %, davon ausgehen, daß im Bereich des Städtebaus noch viel getan werden muß, teilt die

Stadtverwaltung diese Auffassung mit lediglich 12,5 % der Nennungen. Sie ist mit einer überwiegenden Mehrheit von 62,5 % vielmehr der Ansicht, daß auf der Ebene des Städtebaus nur noch wenig zu tun ist; mit einem Drittel der Antworten wird sie hierbei nur von den Presse- und Medienvertretern gestützt. Mit bloß zwei Antworten stellt sich auch die Anzahl derjenigen Teilnehmer, die glaubt, daß bereits genug getan worden ist, verschwindend gering dar.

Noch deutlicher zeigt sich in Abbildung 28 die Diskrepanz zwischen der Einschätzung der Stadtverwaltung und den übrigen Teilnehmerkreisen bei der Frage, ob im Hinblick auf die Reduzierung der Verbrechensfurcht in der Bevölkerung weitere städtebauliche Maßnahmen erforderlich sind:

Abbildung 28: Notwendigkeit weiterer städtebaulicher Maßnahmen zur Reduzierung von Verbrechensfurcht

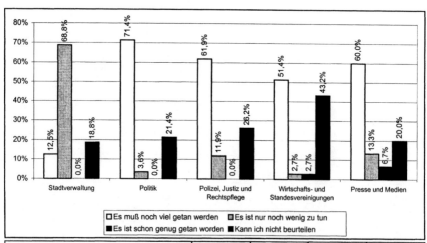

	Es muß noch viel getan werden	Es ist nur noch wenig zu tun	Es ist schon genug getan worden	Kann ich nicht beurteilen
Stadtverwaltung	2	11	0	3
Politik	20	1	0	6
Polizei, Justiz und Rechtspflege	26	5	0	11
Wirtschafts- und Standesvereinigungen	19	1	1	16
Presse und Medien	9	2	1	3
Summe n =	76	20	2	39

Mit Ausnahme der Stadtverwaltung, die wiederum mit nur 12,5 % der Nennungen eine Vielzahl von weiteren städtebaulichen Maßnahmen für notwendig hält, ist die Einschätzung aller übrigen Gruppen in dieser Hinsicht eindeutig: Jeweils über die Hälfte, teilweise sogar über 70 % aller Antworten außerhalb der Stadtverwaltung sind der Meinung, daß im Bereich des Städtebaus noch viel getan werden muß. Wie schon zuvor bei der Beurteilung der Notwendigkeit weiterer Maßnahmen zur Reduzierung der Kriminalitätsbelastung, so vertreten auch bzgl. der Verbrechensfurcht nur zwei Teilnehmer die Ansicht, daß in diesem Bereich schon genug getan worden ist.

Untersucht man die Einschätzung der befragten Personen zu dieser Frage auf der Ebene der einzelnen Städte, so ergeben sich die in Tabelle 29 dargestellten Werte:

Tabelle 29: Notwendigkeit weiterer städtebaulicher Maßnahmen zur Reduzierung der Kriminalitätsbelastung in den einzelnen Städten

	Es muß noch viel getan werden		Es ist nur noch wenig zu tun		Es ist schon genug getan worden		Kann ich nicht beurteilen	
	n	Prozent	n	Prozent	n	Prozent	n	Prozent
Bochum	9	64,3%	0	0,0%	0	0,0%	5	35,7%
Dresden	5	50,0%	2	20,0%	0	0,0%	3	30,0%
Erfurt	4	66,7%	1	16,7%	0	0,0%	1	16,7%
Kiel	6	50,0%	0	0,0%	0	0,0%	6	50,0%
Köln	8	72,7%	2	18,2%	0	0,0%	1	9,1%
Landau	4	28,6%	2	14,3%	1	7,1%	7	50,0%
München	5	45,5%	4	36,4%	1	9,1%	1	9,1%
Neumünster	5	45,5%	2	18,2%	0	0,0%	4	36,4%
Nürnberg	8	61,5%	1	7,7%	0	0,0%	4	30,8%
Ostberlin	7	87,5%	0	0,0%	0	0,0%	1	12,5%
Regensburg	2	14,3%	3	21,4%	0	0,0%	9	64,3%
Solingen	10	71,4%	2	14,3%	0	0,0%	2	14,3%
Summe / Durchschnitt	73	52,9%	19	13,8%	2	1,4%	44	31,9%

Während in Landau mit 28,6 % der Antworten das Erfordernis weiterer städtebaulicher Maßnahmen als vergleichsweise gering eingestuft wird, hält man in Ostberlin (87,5 %), gefolgt von Köln (72,7 %) und Solingen (71,4 %), derartige Schritte für dringend notwendig. Die Befragten in Regensburg weisen mit nur 14,3 % der Nennungen in der Kategorie „Es muß noch viel getan werden" zwar den niedrigsten Bedarf an weiteren städtebaulichen Maßnahmen auf, gleichzeitig geben in dieser Stadt mit 64,3 % jedoch die meisten Teilnehmer an, daß sie diese Frage nicht beurteilen können. München führt mit 36,4 % der Antworten in der Kategorie, daß nur noch wenig zu tun ist; diese Einschätzung wird hingegen von keinem Teilnehmer aus Bochum, Kiel oder Ostberlin geteilt.

Analoge Ergebnisse zeigen sich in Tabelle 30 bei einer Aufteilung der Antworten auf die einzelnen Städte zur Frage, was die Notwendigkeit weiterer städtebaulicher Maßnahmen im Hinblick auf eine Reduzierung der Verbrechensfurcht anbelangt:

Tabelle 30: Auswirkungen städtebaulicher Maßnahmen auf die Verbrechensfurcht in den einzelnen Städten

	Es muß noch viel getan werden		Es ist nur noch wenig zu tun		Es ist schon genug getan worden		Kann ich nicht beurteilen	
	n	Prozent	n	Prozent	n	Prozent	n	Prozent
Bochum	8	57,1%	1	7,1%	0	0,0%	5	35,7%
Dresden	6	60,0%	2	20,0%	0	0,0%	2	20,0%
Erfurt	4	66,7%	1	16,7%	0	0,0%	1	16,7%
Kiel	7	58,3%	0	0,0%	0	0,0%	5	41,7%
Köln	9	81,8%	1	9,1%	0	0,0%	1	9,1%
Landau	5	35,7%	2	14,3%	0	0,0%	7	50,0%
München	4	36,4%	5	45,5%	1	9,1%	1	9,1%
Neumünster	5	45,5%	2	18,2%	0	0,0%	4	36,4%
Nürnberg	8	61,5%	1	7,7%	0	0,0%	4	30,8%
Ostberlin	7	87,5%	1	12,5%	0	0,0%	0	0,0%
Regensburg	3	21,4%	2	14,3%	1	7,1%	8	57,1%
Solingen	10	76,9%	2	15,4%	0	0,0%	1	7,7%
Summe / Durchschnitt	76	55,5%	20	14,6%	2	1,5%	39	28,5%

Wie sich der vorstehenden Tabelle entnehmen läßt, bleibt die Antwortverteilung auch für den Bereich der erforderlichen Maßnahmen zur Reduzierung der Viktimisierungsfurcht nahezu konstant. Wiederum führen Ostberlin mit 87,5 %, Köln mit 81,8 % und Solingen mit 76,9 % der Nennungen die Reihe derjenigen Städte an, in denen nach Ansicht der Befragten noch viel getan werden muß; in Regensburg nimmt man dies nur in 21,4 % der Fälle an. Die Befragten in der Stadt München vertreten dagegen mit 45,5 % der Antworten erneut die Auffassung, daß nur noch wenig zu tun ist. Die Quote derjenigen Teilnehmer, die diese Frage nicht beurteilen können, umfaßt ein Spektrum, das sich von 0 % (in Ostberlin) bis hin zu 57,1 % (in Regensburg) erstreckt. Erwähnenswert ist ferner erneut die geringe Anzahl von befragten Personen, nach deren Ansicht schon genug getan worden ist.

Interessant gestaltet sich ein Blick auf die Verteilung der Antworten, wenn man die Einschätzung bzgl. der Notwendigkeit weiterer städtebaulicher Maßnahmen mit den jeweiligen Ansichten in Verbindung bringt, in welchem Umfang solche Maßnahmen bereits realisiert worden sind. Abbildung 29 zeigt die Ergebnisse im Hinblick auf die Einschätzungen bzgl. der Kriminalitätsbelastung:

Abbildung 29: Notwendigkeit weiterer städtebaulicher Maßnahmen zur Reduzierung von Kriminalitätsbelastung in Abhängigkeit von bereits realisierten Maßnahmen

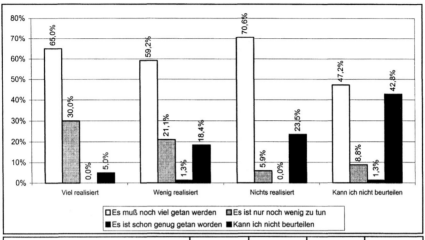

	Es muß noch viel getan werden	Es ist nur noch wenig zu tun	Es ist schon genug getan worden	Kann ich nicht beurteilen
Viel realisiert	13	6	0	1
Wenig realisiert	45	16	1	14
Nichts realisiert	12	1	0	4
Kann ich nicht beurteilen	75	14	2	68
Summe n =	145	37	3	87

Läßt man die Antworten, die das Maß der bisherigen Realisierung nicht beurteilen können, außer Acht, so fällt auf, daß der überwiegende Teil der Befragten der Auffassung ist, es müsse noch viel getan werden, und zwar weitgehend unabhängig von der persönlichen Einschätzung, in welchem Maß in der Vergangenheit bereits städtebauliche Maßnahmen umgesetzt worden sind. Obwohl beide Antwortgruppen der Ansicht sind, es müsse noch viel getan werden, liegt der Unterschied zwischen denjenigen, nach deren Auffassung bislang nichts realisiert worden ist (70,6 %), und denjenigen, die von einer hohen Realisierung ausgehen (65 %), in absoluten Zahlen betrachtet gerade einmal in einer einzigen Antwort.

Auffallend ist ferner, daß die Anzahl derjenigen Teilnehmer, welche die Frage nach der Notwendigkeit weiterer städtebaulicher Maßnahmen nicht beurteilen können, sukzessive ansteigt, je weniger die Befragten von einer bisherigen Umsetzung von Maßnahmen ausgehen. Gleichzeitig ist der umgekehrte Trend zu erkennen, daß mit zunehmender Einschätzung umgesetzter Maßnahmen auch die Anzahl von Antworten in der Kategorie „Es ist nur noch wenig zu tun" zunimmt; diese Tendenz trifft allerdings nicht für die Angaben derjenigen zu, welche die Frage nach der Realisierung bisheriger Maßnahmen nicht beurteilen können.

Andere Ergebnisse zeigt die Verteilung der Antworten in bezug auf die Verbrechensfurcht in Abbildung 30:

Abbildung 30: Notwendigkeit weiterer städtebaulicher Maßnahmen zur Reduzierung von Verbrechensfurcht in Abhängigkeit von bereits realisierten Maßnahmen

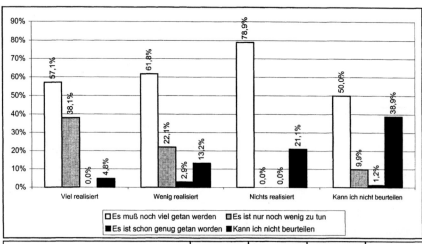

	Es muß noch viel getan werden	Es ist nur noch wenig zu tun	Es ist schon genug getan worden	Kann ich nicht beurteilen
Viel realisiert	12	8	0	1
Wenig realisiert	42	15	2	9
Nichts realisiert	15	0	0	4
Kann ich nicht beurteilen	81	16	2	63
Summe n =	150	39	4	77

Noch deutlicher als bei der objektiven Kriminalitätsbelastung zeigt sich bei der Frage nach den Maßnahmen zur Reduzierung der Verbrechensfurcht, daß die befragten Personen einen dringenden Handlungsbedarf auf städtebaulicher Ebene erkennen, wenngleich das Maß der individuellen Einschätzung, in welchem Umfang bisherige städtebauliche Gestaltungen umgesetzt worden sind, hierbei eine etwas größere Rolle spielt. Mit 78,9 % der Antworten meinen diejenigen Personen, die keine Realisierung feststellen, daß noch viel getan werden muß; bei denjenigen Teilnehmern, die ein hohes Maß an Realisierung feststellen, sind dies nur 57,1 %. Dieselben Trends, die bereits bei der Einschätzung der Befragten bzgl. weiterer Maßnahmen im Hinblick auf eine Reduzierung der Kriminalitätsbelastung zu erkennen sind, zeichnen sich auch bzgl. der Verbrechensfurcht ab. Wie häufig die befragten Personen die Kategorien „Es ist nur noch wenig zu tun" und „Kann ich nicht beurteilen" angeben, hängt von ihrer individuellen Auffassung ab, in welchem Umfang städtebauliche Maßnahmen in der Vergangenheit realisiert worden sind.

Eine klare Sprache sprechen auch diejenigen Zahlen, die man bei einer Verknüpfung der Erfolgseinschätzung bisheriger mit der Notwendigkeit künftiger städtebaulicher Maßnahmen erhält, wie es Tabelle 31 zeigt:

Tabelle 31: *Notwendigkeit städtebaulicher Maßnahmen zur Reduzierung von Kriminalitätsbelastung oder Verbrechensfurcht in Abhängigkeit von der Einschätzung des bisherigen Erfolges*

		Es muß noch viel getan werden		Es ist nur noch wenig zu tun		Es ist schon genug getan worden		Kann ich nicht beurteilen	
		n	Prozent	n	Prozent	n	Prozent	n	Prozent
Erfolg für Kriminalitätsbelastung	Hat viel gebracht	7	70,0%	3	30,0%	0	0,0%	0	0,0%
	Hat wenig gebracht	14	60,9%	7	30,4%	1	4,3%	1	4,3%
	Hat nichts gebracht	2	66,7%	0	0,0%	0	0,0%	1	33,3%
	Kann ich nicht beurteilen	49	48,5%	9	8,9%	1	1,0%	42	41,6%
Summe / Durchschnitt		72	52,6%	19	13,9%	2	1,5%	44	32,1%
Erfolg für Verbrechensfurcht	Hat viel gebracht	6	75,0%	2	25,0%	0	0,0%	0	0,0%
	Hat wenig gebracht	20	66,7%	7	23,3%	1	3,3%	2	6,7%
	Hat nichts gebracht	6	85,7%	1	14,3%	0	0,0%	0	0,0%
	Kann ich nicht beurteilen	43	47,3%	10	11,0%	1	1,1%	37	40,7%
Summe / Durchschnitt		75	55,1%	20	14,7%	2	1,5%	39	28,7%

Unabhängig von der Einschätzung der Befragten, ob die bisher umgesetzten städtebaulichen Maßnahmen erfolgreich waren, sind die Teilnehmer – mit Ausnahme der Antwortkategorie „Kann ich nicht beurteilen" – mit jeweils absoluter Mehrheit der Auffassung, daß in diesem Bereich noch viel getan werden müsse. Erstaunlicherweise gehen bei der Erfolgseinschätzung bzgl. der Verbrechensfurcht genau diejenigen befragten Personen, nach deren Meinung frühere Maßnahmen nichts gebracht haben, mit der höchsten Quote (85,7 %) davon aus, daß hier noch viel zu tun ist. Daß nur noch wenig zu tun ist, meinen hinsichtlich der Kriminalitätsbelastung jeweils rund 30 % der Befragten, die den bisherigen Erfolg mit „Hat viel gebracht" bzw. „Hat wenig gebracht" einschätzen; hinsichtlich der Verbrechensfurcht beträgt die diesbzgl. Anzahl der Nennungen jeweils rund 25 %. Kaum ein Teilnehmer vertritt dagegen die Ansicht, daß auf städtebaulicher Ebene schon genug getan worden ist.

Bei der Fragestellung, ob die teilnehmenden Personen die Durchführung weiterer kriminalgeographischer Untersuchungen als sinnvoll ansehen, wurde bereits innerhalb des Fragebogens differenziert, ob die Teilnehmer dies nur für die eigene Stadt oder generell befürworten. Hintergrund dieser Unterscheidung sind die im Ausland bestätigten Befunde von *Feltes*, nach der die Mehrheit der Bürger die eigene Nachbarschaft und die Kriminalitätsrate dort als niedrig und stabil empfindet, während sie von steigenden Kriminalitätsraten und steigender Unsicherheit in anderen Gebieten ausgeht[29]. Wie sich Tabelle 32 entnehmen läßt, bestätigt eine Verknüpfung der Fragen 24 und 25 indessen den hierauf basierenden Gedanken nicht, die Befragten könnten außerhalb ihrer Stadt kriminalgeographische Studien befürworten, innerhalb dagegen nicht.

Tabelle 32: Unterschiede zwischen der stadtbezogenen und der generellen Befürwortung weiterer kriminalgeographischer Untersuchungen

		Sinn genereller kriminalgeographischer Studien						
		Ist sinnvoll		Ist weniger sinnvoll		Ist nicht sinnvoll		Kann ich nicht beurteilen	
		n	Prozent	n	Prozent	n	Prozent	n	Prozent
Sinn von Studien in eigener Stadt	Ist sinnvoll	86	96,6%	1	1,1%	1	1,1%	1	1,1%
	Ist weniger sinnvoll	5	41,7%	6	50,0%	0	0,0%	1	8,3%
	Ist nicht sinnvoll	2	40,0%	0	0,0%	1	20,0%	2	40,0%
	Kann ich nicht beurteilen	8	26,7%	0	0,0%	0	0,0%	22	73,3%
Summe / Durchschnitt		101	74,3%	7	5,1%	2	1,5%	26	19,1%

Es zeigt sich, daß 96,6 % derjenigen Befragten, die weitere Studien in ihrer eigenen Stadt für sinnvoll halten, dies auch generell befürworten; nur drei Personen urteilen hiervon abweichend. Im Gegensatz dazu geben nur 40 % der Teilnehmer (bei sehr kleinem n), die künftige Untersuchungen in ihrer Stadt nicht für sinnvoll halten, an, daß diese generell, d.h. außerhalb des eigenen Stadtgebietes, sinnvoll sind. Immerhin vertreten nur 20 % der befragten Personen, welche weitere Studien im Stadtgebiet als nicht sinnvoll einstufen, die Auffassung, daß dies auch generell nicht sinnvoll ist. Ein hoher Wert ergibt sich mit 73,3 % ferner in der Gruppe derjenigen Antworten, die weder die Frage nach dem Sinn von künftigen Untersuchungen in der eigenen Stadt noch generell beurteilen können.

---

[29] *Feltes*, Verbrechensopfer, Dunkelziffer und Verbrechensfurcht, 1987, 413.

EXPERTENWISSEN ÜBER KRIMINALGEOGRAPHIE   207

Verteilt man die Gesamtheit der Antworten auf die einzelnen Teilnehmerkreise, so zeigen sich die in Abbildung 31 dargestellten Resultate, was die Ansicht der befragten Personen über stadtbezogene Studien anbelangt:

Abbildung 31: Gruppenbezogene Ergebnisse zur Frage, ob weitere kriminalgeographische Studien in der eigenen Stadt als sinnvoll angesehen werden

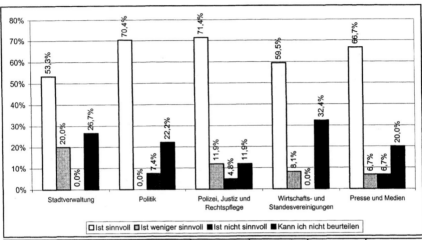

	Ist sinnvoll	Ist weniger sinnvoll	Ist nicht sinnvoll	Kann ich nicht beurteilen
Stadtverwaltung	8	3	0	4
Politik	19	0	2	6
Polizei, Justiz und Rechtspflege	30	5	2	5
Wirtschafts- und Standesvereinigungen	22	3	0	12
Presse und Medien	10	1	1	3
Summe n =	89	12	5	30

Mit 53,3 % der Nennungen bleibt lediglich die Stadtverwaltung hinter der sonst deutlichen Ansicht der übrigen Teilnehmerkreise, die sich mit klarer Mehrheit auch für künftige Studien in der eigenen Stadt aussprechen, zurück. Dafür weist die Stadtverwaltung mit 20 % der Antworten „Ist weniger sinnvoll" den prozentual höchsten Wert aller befragten Gruppen in dieser Kategorie auf. Fast ein Drittel der Teilnehmer aus der Gruppe „Wirtschafts- und Standesvereinigungen" können nicht einmal die Frage beurteilen, ob sie für ihre eigene Stadt weitere kriminalgeographische Untersuchungen befürworten. Allgemein ist bei der Bewertung der Antwortmöglichkeiten „Ist weniger sinnvoll" und „Ist nicht sinnvoll" Zurückhaltung geboten, da die Anzahl der Nennungen sehr niedrig ist.

Die Einschätzung der Befragten ändert sich jedoch, sobald sie nach dem Sinn kriminalgeographischer Untersuchungen jenseits der Stadtgrenzen gefragt werden, wie Abbildung 32 zeigt:

Abbildung 32: Gruppenbezogene Ergebnisse zur Frage, ob weitere kriminalgeographische Studien generell als sinnvoll angesehen werden

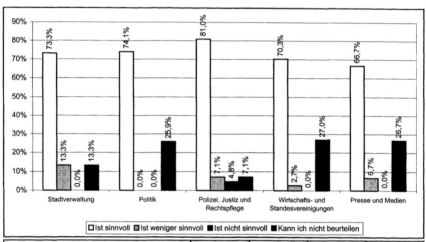

	Ist sinnvoll	Ist weniger sinnvoll	Ist nicht sinnvoll	Kann ich nicht beurteilen
Stadtverwaltung	11	2	0	2
Politik	20	0	0	7
Polizei, Justiz und Rechtspflege	34	3	2	3
Wirtschafts- und Standesvereinigungen	26	1	0	10
Presse und Medien	10	1	0	4
Summe n =	101	7	2	26

Mit fast drei Viertel der Nennungen reiht sich bei der Frage nach einem generellen Sinn künftiger kriminalgeographischer Untersuchungen die Stadtverwaltung in die allgemeine und überaus deutliche Befürwortung solcher Studien ein. Etwas geringer fällt auch der durchschnittliche Anteil derjenigen Personen aus, welche die Frage nicht beurteilen können. Auffallend ist hierbei, daß bei den Befragten der Gruppe „Politik" eine Dichotomie der Antworten auftritt: Entweder schätzen diese Teilnehmer generelle künftige Studien als sinnvoll ein, oder sie vermögen diese Frage nicht zu beurteilen; keine Antwort entfällt jedoch auf die Kategorien „Ist weniger sinnvoll" oder „Ist nicht sinnvoll".

Um mögliche Unterschiede in den Antworten der Teilnehmer zur Frage nach dem künftigen Sinn stadtbezogener und genereller kriminalgeographischer Studien in den einzelnen Städten herausarbeiten zu können, wurde ferner eine lokale Aufteilung der Angaben vorgenommen; Tabelle 33 zeigt zunächst die Ergebnisse der Einschätzung der Befragten zu weiteren Studien in der eigenen Stadt:

Tabelle 33: *Stadtbezogene Ergebnisse zur Frage, ob weitere kriminalgeographische Studien in der eigenen Stadt als sinnvoll angesehen werden*

	Ist sinnvoll		Ist weniger sinnvoll		Ist nicht sinnvoll		Kann ich nicht beurteilen	
	n	Prozent	n	Prozent	n	Prozent	n	Prozent
Bochum	8	57,1%	0	0,0%	0	0,0%	6	42,9%
Dresden	9	90,0%	1	10,0%	0	0,0%	0	0,0%
Erfurt	5	83,3%	0	0,0%	1	16,7%	0	0,0%
Kiel	7	58,3%	1	8,3%	1	8,3%	3	25,0%
Köln	9	81,8%	0	0,0%	0	0,0%	2	18,2%
Landau	9	64,3%	2	14,3%	0	0,0%	3	21,4%
München	7	63,6%	1	9,1%	1	9,1%	2	18,2%
Neumünster	7	63,6%	2	18,2%	0	0,0%	2	18,2%
Nürnberg	6	50,0%	1	8,3%	0	0,0%	5	41,7%
Ostberlin	6	75,0%	0	0,0%	1	12,5%	1	12,5%
Regensburg	5	35,7%	4	28,6%	1	7,1%	4	28,6%
Solingen	11	84,6%	0	0,0%	0	0,0%	2	15,4%
Summe / Durchschnitt	89	65,4%	12	8,8%	5	3,7%	30	22,1%

Hierbei zeigen sich teilweise deutliche Unterschiede. Während die Befragten in den Städten Dresden, Solingen, Erfurt und Köln mit jeweils über 80 % der Antworten die Auffassung vertreten, daß weitere kriminalgeographische Untersuchungen auch in ihrer eigenen Stadt sinnvoll sind, wird dies in Regensburg mit gerade einmal 35,7 % der Nennungen befürwortet; dort ist man hingegen zu 28,6 % der Auffassung, daß dies weniger sinnvoll ist. Auch die Stadt Bochum überrascht mit den Antworten ihrer Teilnehmer: Mit einer Quote von 42,9 % können die Befragten die Frage nicht beurteilen, die restlichen 57,1 % halten weitere Studien in der Stadt für sinnvoll. Dieses wenngleich unterdurchschnittliche, so doch mehrheitliche Ergebnis ist bemerkenswert, wenn man bedenkt, daß Bochum durch die großen kriminalgeographischen Untersuchungen von *Schwind*[30] zu den in dieser Hinsicht am häufigsten untersuchten Städten Deutschlands zählen dürfte.

---

[30] Siehe auch den „Kriminalitätsatlas Bochum", Kapitel 1, Seite 92 ff.

Analog zu der Verteilung der Antworten in den einzelnen Teilnehmerkreisen, sind auch die Einschätzungen der Befragten bzgl. genereller künftiger Studien in den einzelnen untersuchten Städten noch positiver, wie Tabelle 34 zeigt:

Tabelle 34: Stadtbezogene Ergebnisse zur Frage, ob weitere kriminalgeographische Studien generell als sinnvoll angesehen werden

	Ist sinnvoll		Ist weniger sinnvoll		Ist nicht sinnvoll		Kann ich nicht beurteilen	
	n	Prozent	n	Prozent	n	Prozent	n	Prozent
Bochum	9	64,3%	0	0,0%	0	0,0%	5	35,7%
Dresden	9	90,0%	1	10,0%	0	0,0%	0	0,0%
Erfurt	6	100,0%	0	0,0%	0	0,0%	0	0,0%
Kiel	8	66,7%	0	0,0%	0	0,0%	4	33,3%
Köln	10	90,9%	0	0,0%	0	0,0%	1	9,1%
Landau	10	71,4%	1	7,1%	0	0,0%	3	21,4%
München	6	54,5%	2	18,2%	1	9,1%	2	18,2%
Neumünster	9	81,8%	0	0,0%	0	0,0%	2	18,2%
Nürnberg	7	58,3%	1	8,3%	1	8,3%	3	25,0%
Ostberlin	5	62,5%	0	0,0%	0	0,0%	3	37,5%
Regensburg	9	64,3%	2	14,3%	0	0,0%	3	21,4%
Solingen	13	100,0%	0	0,0%	0	0,0%	0	0,0%
Summe / Durchschnitt	101	74,3%	7	5,1%	2	1,5%	26	19,1%

Ausnahmslos werden künftige kriminalgeographische Untersuchungen genereller Art von den Städten Erfurt und Solingen befürwortet. München und Nürnberg weisen dagegen in ihrer Einschätzung dieser Frage mit 54,4 % bzw. 58,3 % der Nennungen ein höheres Maß an Distanz auf. In diesen beiden Städten finden sich die einzigen Teilnehmer, welche angeben, daß auch generelle Studien außerhalb des Stadtgebietes nicht sinnvoll sind. Angesichts der wiederum nur verschwindend kleinen Anzahl von Antworten in den Kategorien „Ist weniger sinnvoll" und „Ist nicht sinnvoll" sind die darin befindlichen Verteilungen einer Interpretation nicht zugänglich.

Der allgemein zu beobachtende und mißliche Umstand, daß bei Betrachtung der gesamten Stichprobe stets ein hoher Anteil der Befragten angibt, sich zu den jeweiligen Fragen nicht erklären zu können, kann nicht ohne Einfluß auf die übrige vorgefundene Verteilung der Antworten bleiben. Es ist daher zuweilen erforderlich, für eine qualitativ aussagekräftigere Bewertung einzelner Aspekte nur die Angaben desjenigen Personenkreises heranzuziehen, der zumindest eine grundlegende Kenntnis der von ihm zu beurteilenden Thematik besitzt. Betrachtet man demzufolge die Einschätzung derjenigen befragten Personen, die in der Eingangsfrage des Fragebogens angegeben hatten, die kriminalgeographische Studie über ihre Stadt zu kennen, zur Frage nach dem Sinn weiterer Untersuchungen in ihrer Stadt, so zeigt sich die in Abbildung 33 graphisch veranschaulichte Verteilung:

Abbildung 33: Einschätzung, ob weitere kriminalgeographische Studien in der eigenen Stadt als sinnvoll angesehen werden, in Abhängigkeit von genereller Bekanntheit der Studie

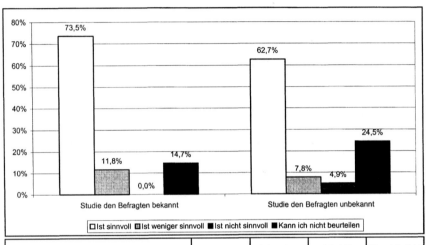

	Ist sinnvoll	Ist weniger sinnvoll	Ist nicht sinnvoll	Kann ich nicht beurteilen
Studie den Befragten bekannt	25	4	0	5
Studie den Befragten unbekannt	64	8	5	25
Summe n =	89	12	5	30

Mit 73,5 % der Nennungen übersteigt die Anzahl derjenigen Befragten, die eine Kenntnis von der Existenz der kriminalgeographischen Studie besitzen, jene Teilnehmer ohne Kenntnis zu über 10 % in der Aussage, daß auch weitere Studien in der eigenen Stadt sinnvoll sind. Ebenfalls ein rund zehnprozentiger Unterschied zwischen diesen beiden Gruppen zeigt sich in der Kategorie „Kann ich nicht beurteilen"; befragte Personen mit Kenntnis der Studie zeigen sich demnach entscheidungsfreudiger als die Vergleichspersonen ohne diese Kenntnis. Knapp 5 % der Teilnehmer, welche die Studie nicht kennen, geben an, daß künftige Studien über die eigene Stadt überhaupt nicht sinnvoll seien, eine Einschätzung, die von keiner Person mit Kenntnis der Studie geteilt wird. Die Verteilungsunterschiede sind aufgrund des vorliegenden chi^2-Wertes nicht signifikant ($chi^2 = 3{,}68$; $df = 3$; $p < .30$).

Eine noch stärkere Befürwortung zeigt Abbildung 34 bzgl. der Auswertung der Frage, ob die befragten Personen, die eine Kenntnis von der bereits vorhandenen Untersuchung besitzen, weitere kriminalgeographische Studien generell für sinnvoll halten:

Abbildung 34: Einschätzung, ob weitere kriminalgeographische Studien generell als sinnvoll angesehen werden, in Abhängigkeit von genereller Bekanntheit der Studie

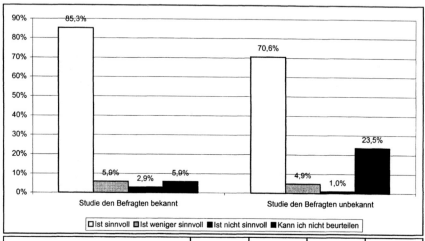

	Ist sinnvoll	Ist weniger sinnvoll	Ist nicht sinnvoll	Kann ich nicht beurteilen
Studie den Befragten bekannt	29	2	1	2
Studie den Befragten unbekannt	72	5	1	24
Summe n =	101	7	2	26

Im Vergleich zur Frage nach dem Sinn weiterer Studien in der eigenen Stadt (vgl. Abbildung 33) erhöht sich der Anteil des ausgewerteten Personenkreises, der künftige Untersuchungen für sinnvoll hält, nochmals nicht unwesentlich: Über 85 % derjenigen, welche die bisherige Studie kennen, sowie über 70 % derer, welche die Untersuchung nicht kennen, geben an, künftige Studien außerhalb des Stadtgebietes generell für sinnvoll zu halten. Der Unterschied in den Angaben der Personen mit im Vergleich zu jenen ohne Kenntnis der kriminalgeographischen Studie ihrer Stadt liegt damit bei fast 15 %. Neben einer verschwindend geringen Anzahl von Nennungen, welche die generelle Durchführung weiterer kriminalgeographischer Untersuchungen als nicht sinnvoll einstuft, zeigt sich ferner, daß die Kenntnis der Studie mit nur knapp 6 % der Antworten in der Kategorie „Kann ich nicht beurteilen" bei den Teilnehmern ein wesentlich höheres Maß an Entscheidungsfreudigkeit mit sich bringt, als dies bei

23,5 % der Befragten ohne Kenntnis der Studie der Fall ist. Wiederum sind die Verteilungsunterschiede statistisch nicht signifikant (chi^2 = 5,61; df = 3; p < .13).

Überprüft man die Befürwortung aller Teilnehmer bzgl. weiterer genereller Studien in Abhängigkeit von ihren inhaltlichen Kenntnissen der über ihre Stadt veröffentlichten Untersuchung, so fällt das Ergebnis in Abbildung 35 erwartungsgemäß aus:

Abbildung 35: Einschätzung, ob weitere kriminalgeographische Studien generell als sinnvoll angesehen werden, in Abhängigkeit von inhaltlicher Bekanntheit der Studie

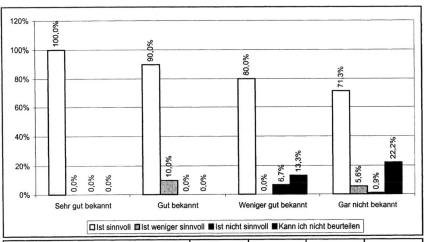

	Ist sinnvoll	Ist weniger sinnvoll	Ist nicht sinnvoll	Kann ich nicht beurteilen
Sehr gut bekannt	3	0	0	0
Gut bekannt	9	1	0	0
Weniger gut bekannt	12	0	1	2
Gar nicht bekannt	77	6	1	24
Summe n =	101	7	2	26

Es zeigt sich, daß mit zunehmender inhaltlicher Kenntnis von der jeweiligen Studie der Anteil derjenigen Befragten, der die weitere Durchführung genereller kriminalgeographischer Untersuchungen für sinnvoll erachtet, nahezu linear von rund 70 % auf 100 % ansteigt. Auffallend ist dabei, daß alle befragten Teilnehmer, die eine sehr gute inhaltliche Bekanntheit der Studie angegeben hatten, ausnahmslos künftige Studien als sinnvoll ansehen. Ferner traut sich nur ein Teil derjenigen befragten Personen, die bei der Frage nach der Kenntnis in den Kategorien „Weniger bekannt" oder

"Gar nicht bekannt" geantwortet hatten, keine Beurteilung der Frage nach dem Sinn genereller künftiger Studien zu.

Betrachtet man hingegen die Einschätzung der Teilnehmer über künftige Studien in der eigenen Stadt, so zeigt sich das in Abbildung 36 dargestellte Bild:

Abbildung 36: Einschätzung, ob weitere kriminalgeographische Studien in der eigenen Stadt als sinnvoll angesehen werden, in Abhängigkeit von inhaltlicher Bekanntheit der Studie

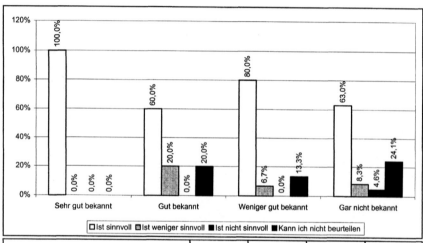

	Ist sinnvoll	Ist weniger sinnvoll	Ist nicht sinnvoll	Kann ich nicht beurteilen
Sehr gut bekannt	3	0	0	0
Gut bekannt	6	2	0	2
Weniger gut bekannt	12	1	0	2
Gar nicht bekannt	68	9	5	26
Summe n =	89	12	5	30

Diejenigen Teilnehmer, die sich selbst eine sehr gute Inhaltskenntnis von der bisherigen Studie zuschreiben, zeigen ein absolut identisches Ergebnis wie zuvor bei der Frage nach dem Sinn genereller künftiger Untersuchungen (vgl. Abbildung 35): Sie erweisen sich als entscheidungssicher und vertreten zu 100 % die Auffassung, daß weitere Studien auch in ihrer Stadt sinnvoll sind. Erstaunlicherweise übersteigt jedoch – was die Einschätzung künftiger Studien über die eigene Stadt betrifft – mit 80 % der Nennungen der Anteil derjenigen Personen, die sich weniger gute inhaltliche Kenntnisse zusprechen, den Anteil jener, die sich gute Inhaltskenntnis zutrauen (60 %), um 20 %, so daß bzgl. künftiger kriminalgeographischer Untersuchungen in der jeweils eigenen Stadt der Befragten keine lineare Abhängigkeit vom Kenntnisstand der Teilnehmer angenommen werden kann. Auch diese Verteilungsunterschiede sind aufgrund des chi²-Wertes nicht signifikant (chi² = 5,66; df = 9; p < .77).

Interessant erscheint in diesem Zusammenhang die Frage, aus welchen Gründen die befragten Personen künftige Studien ablehnen bzw. was – je nach Einschätzung – gegen die Durchführung weiterer Untersuchungen spricht. Abbildung 37 veranschaulicht zunächst, welche Gründe von denjenigen Personen angegeben werden, die sich über den Sinn weitere Studien in der eigenen Stadt äußern.

Abbildung 37: Gründe gegen die Durchführung weiterer kriminalgeographischer Studien in Abhängigkeit von der Einschätzung, ob diese in der eigenen Stadt sinnvoll sind

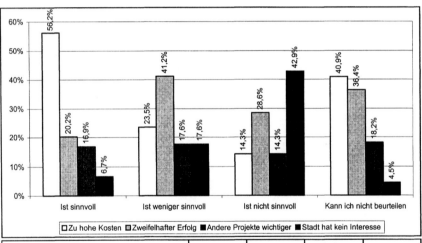

	Zu hohe Kosten	Zweifelhafter Erfolg	Andere Projekte wichtiger	Stadt hat kein Interesse
Ist sinnvoll	50	18	15	6
Ist weniger sinnvoll	4	7	3	3
Ist nicht sinnvoll	1	2	1	3
Kann ich nicht beurteilen	9	8	4	1
Summe n =	64	35	23	13

Zunächst zeigt sich, daß der prozentuale Anteil der Befragten, die andere Projekte als wichtiger einstufen, mit Werten zwischen 14,3 % und 18,2 % nahezu konstant bleibt, und zwar unabhängig von ihrer Einschätzung, ob weitere kriminalgeographische Studien in der eigenen Stadt sinnvoll sind oder nicht. Ferner ist bei der Auswertung der Antworten ein anderer Zusammenhang auffällig, wenn man die Nennungen der Kategorie „Kann ich nicht beurteilen" unberücksichtigt läßt: Die Ansicht der Befragten, daß zu hohe Kosten der Grund gegen künftige kriminalgeographische Untersuchungen sind, steht in reziprokem Verhältnis zu der Auffassung, die Stadt habe kein Interesse an dieser Thematik. So fällt die Anzahl der Nennungen in der Kategorie „Zu hohe Kosten" von 56,2 % über 23,5 % bis zu 14,3 % beständig ab, je weniger die Befragten künftige Studien als sinnvoll ansehen, während die Anzahl der Personen, welche die Ansicht eines mangelnden städtischen Interesses vertritt, von 6,7 % über 17,6 % bis hin zu 42,9 % in fast gleichem Maße zunimmt. In der bei vorstehender Betrachtung unberücksichtigten Gruppe der Teilnehmer, die sich eine Beantwortung dieser Frage nicht zutraut, wird mit rund 40 % der Angaben ebenfalls ein vermeintlich zu hoher Kostenfaktor, gefolgt von der Einschätzung eines zweifelhaften Erfolges, als überwiegender Grund gegen künftige kriminalgeographische Untersuchungen angegeben.

Betrachtet man die in Abbildung 38 dargestellte unterschiedliche Verteilung der Gründe, die von jenen Teilnehmern genannt werden, die sich generell gegen die künftige Durchführung derartiger Studien aussprechen, so ergeben sich in Verbindung mit der Einschätzung der Befragten nach dem Sinn dieser Untersuchungen keine wesentlichen Abweichungen im Vergleich zu dem in Abbildung 37 veranschaulichten Antwortmuster. Mit 52 % der Nennungen geben diejenigen Befragten, die künftige kriminalgeographische Studien generell für sinnvoll halten, zu hohe Kosten als Grund gegen die Durchführung weiterer Untersuchungen an, ebenso wie 42,3 % der Teilnehmer, die den diesbzgl. Sinn nicht beurteilen können. Auch die übrige Verteilung der Antworten entspricht im wesentlichen jener, die bereits bei der Verknüpfung der Frage nach dem Sinn künftiger Studien in der eigenen Stadt mit den Ansichten über mögliche Gründe gegen deren Durchführung dargelegt wurde (vgl. Abbildung 37). Diejenigen Personen, die weitere Untersuchungen generell als weniger sinnvoll einstufen, schreiben dies mit 40 % der Antworten vor allem dem ihrer Ansicht nach zweifelhaften Erfolg zu; die anderen Gründe werden zu jeweils gleichen Anteilen von 20 % genannt. 16,3 % der befragten Personen, die weitere kriminalgeographische Untersuchungen generell für sinnvoll halten, geben als möglichen Grund gegen deren künftige Durchführung an, daß andere Projekte wichtiger sind, 9,2 % gehen davon aus, daß die Stadt an dieser Thematik kein Interesse hat (siehe Abbildung 38).

Abbildung 38: Gründe gegen die Durchführung weiterer kriminalgeographischer Studien in Abhängigkeit von der Einschätzung, ob diese generell sinnvoll sind

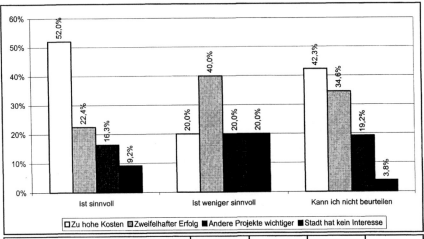

	Zu hohe Kosten	Zweifelhafter Erfolg	Andere Projekte wichtiger	Stadt hat kein Interesse
Ist sinnvoll	51	22	16	9
Ist weniger sinnvoll	2	4	2	2
Ist nicht sinnvoll	0	0	0	1
Kann ich nicht beurteilen	11	9	5	1
Summe n =	64	35	23	13

Da die Antwortkategorie „Ist nicht sinnvoll" mit nur einer einzigen Nennung besetzt ist, wird von einer graphischen Darstellung dieses Ergebnisses, das sich lediglich verzerrend auf die Abbildung 38 auswirken würde, abgesehen.

Zur Prüfung der Frage, ob kriminalgeographische Untersuchungen nach Auffassung der Teilnehmer geeignet sind, praxisnahe Empfehlungen zur Reduzierung der Kriminalitätsbelastung oder der Verbrechensfurcht zu geben, zeigt Abbildung 39 im Hinblick auf die objektive Kriminalitätsbelastung, daß die Ansichten hierzu zwischen den einzelnen befragten Teilnehmerkreisen divergieren. Mit 73,2 % der Nennungen wird die Praxistauglichkeit kriminalgeographischer Studien allem voran von der Gruppe „Polizei, Justiz und Rechtspflege", gefolgt von den Antworten der Gruppe „Presse und Medien" (66,7 %) sowie der Politik (63 %) als „Sehr geeignet" eingeschätzt. Mit nur 50 % der Nennungen in dieser Kategorie bringt die Stadtverwaltung dagegen – im Vergleich zu den übrigen Befragtengruppen – ein etwas höheres Maß an Zweifeln an einer derartigen Eignung zum Ausdruck, sie erweist sich jedoch mit nur einer Antwort in der Kategorie „Kann ich nicht beurteilen" als entscheidungssicher, genau wie die Vertreter der Gruppe „Polizei, Justiz und Rechtspflege", von denen ebenfalls nur 7,3 % kein Urteil abgeben. Ein höheres Maß an Unsicherheit bei der Beurteilung der Praxistauglichkeit zeigen die Befragten der Gruppe „Wirtschafts- und Standesvereinigungen" (36,1 %), dicht gefolgt von den befragten Personen der Gruppe „Presse und Medien" (33,3 %) sowie der Politik (25,9 %), die jeweils in der Kategorie „Kann ich nicht beurteilen" antworten.

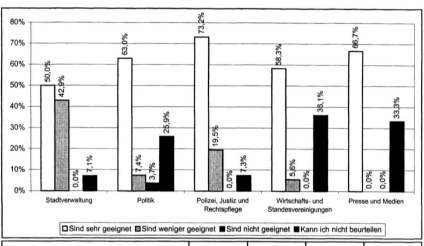

Abbildung 39: Eignung kriminalgeographischer Studien für praxisnahe Empfehlungen zur Reduzierung der Kriminalitätsbelastung in den einzelnen Gruppen

	Sind sehr geeignet	Sind weniger geeignet	Sind nicht geeignet	Kann ich nicht beurteilen
Stadtverwaltung	7	6	0	1
Politik	17	2	1	7
Polizei, Justiz und Rechtspflege	30	8	0	3
Wirtschafts- und Standesvereinigungen	21	2	0	13
Presse und Medien	10	0	0	5
Summe n =	85	18	1	29

Die Antwortkategorie „Sind nicht geeignet" ist durch nur eine Nennung, die dem Bereich der Politik entstammt, gekennzeichnet. Die Verteilungsunterschiede sind hoch signifikant (chi^2 = 29,38; df = 12; p < .01).

Abbildung 40 zeigt die Antwortverteilung der befragten Personen in den einzelnen Teilnehmerkreisen zu der Frage nach der Eignung kriminalgeographischer Untersuchungen im Hinblick auf deren Empfehlungsgehalt zur subjektiv wahrgenommenen Viktimisierungsfurcht:

Abbildung 40: *Eignung kriminalgeographischer Studien für praxisnahe Empfehlungen zur Reduzierung der Verbrechensfurcht in den einzelnen Gruppen*

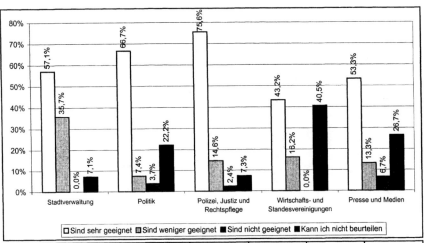

	Sind sehr geeignet	Sind weniger geeignet	Sind nicht geeignet	Kann ich nicht beurteilen
Stadtverwaltung	8	5	0	1
Politik	18	2	1	6
Polizei, Justiz und Rechtspflege	31	6	1	3
Wirtschafts- und Standesvereinigungen	16	6	0	15
Presse und Medien	8	2	1	4
Summe n =	81	21	3	29

Mit 75,6 %, 66,7 % und 57,1 % der Antworten in der Kategorie „Sind sehr geeignet" billigen die Gruppen „Stadtverwaltung", „Politik" sowie „Polizei, Justiz und Rechtspflege" kriminalgeographischen Untersuchungen in bezug auf die Verbrechensfurcht gegenüber der vorherigen Einschätzung bzgl. der Kriminalitätsbelastung (vgl. Abbildung 39) ein hoch höheres Maß an Eignung für die Praxis zu. Anders verhält es sich dagegen bei den Vertretern der Wirtschafts- und Standesvereinigungen sowie der Gruppe „Presse und Medien"; hier liegt die Einschätzung, daß die Studien in bezug auf die Verbrechensfurcht sehr geeignet sind, mit 43,2 % bzw. 53,3 % um mehr als 15 % bzw. 13 % niedriger als bei den vergleichsweisen Nennungen zur Kriminalitätsbelastung. Immerhin drei Nennungen vertreten bei dieser Frage die Ansicht, kriminalgeographische Untersuchungen seien überhaupt nicht geeignet, um praxisnahe Empfehlungen zur Reduzierung von Verbrechensfurcht zu geben. Die Verteilungsunterschiede sind statistisch bedeutsam (chi^2 = 22,80; df = 12; p < .05).

Eine unterschiedliche Gewichtung der Antworten in den einzelnen Kategorien wird auch aus Tabelle 35 deutlich, wenn man die Angaben der Teilnehmer auf die einzelnen Städte verteilt, zunächst zur Frage der Kriminalitätsbelastung:

Tabelle 35: Eignung kriminalgeographischer Studien für praxisnahe Empfehlungen zur Reduzierung der Kriminalitätsbelastung in den einzelnen Städten

	Sind sehr geeignet		Sind weniger geeignet		Sind nicht geeignet		Kann ich nicht beurteilen	
	n	Prozent	n	Prozent	n	Prozent	n	Prozent
Bochum	9	69,2%	0	0,0%	0	0,0%	4	30,8%
Dresden	7	70,0%	1	10,0%	0	0,0%	2	20,0%
Erfurt	5	83,3%	1	16,7%	0	0,0%	0	0,0%
Kiel	9	75,0%	1	8,3%	0	0,0%	2	16,7%
Köln	8	72,7%	1	9,1%	0	0,0%	2	18,2%
Landau	9	64,3%	1	7,1%	0	0,0%	4	28,6%
München	4	40,0%	5	50,0%	0	0,0%	1	10,0%
Neumünster	7	63,6%	1	9,1%	0	0,0%	3	27,3%
Nürnberg	7	58,3%	2	16,7%	0	0,0%	3	25,0%
Ostberlin	5	71,4%	0	0,0%	1	14,3%	1	14,3%
Regensburg	7	50,0%	2	14,3%	0	0,0%	5	35,7%
Solingen	8	61,5%	3	23,1%	0	0,0%	2	15,4%
Summe / Durchschnitt	85	63,9%	18	13,5%	1	0,8%	29	21,8%

Die Städte Kiel (75 %), Köln (72,7 %), und Ostberlin (71,4 %) liegen bei der Einschätzung der Frage, ob sich kriminalgeographische Studien für praxisnahe Empfehlungen zur Reduzierung der Kriminalitätsbelastung eignen, teilweise erheblich über der 70 %-Marke, während die Befragten in München diese Praxistauglichkeit mit gerade einmal 40 % annehmen. Vergleicht man diesen kleinsten Wert mit dem Spitzenreiter Erfurt (83,3 %), so ist die Quote der in Erfurt befragten Personen mehr als doppelt so hoch wie in München. Dort geben die Teilnehmer hingegen zu 50 % an, die Studien seien weniger geeignet, wobei diese Prozentuierung nicht darüber hinwegtäuschen darf, daß sich die absolute Anzahl der befragten Münchener in den Kategorien „Sind sehr geeignet" und „Sind nicht geeignet" in nur einer einzigen Nennung unterscheidet. Ebenfalls lediglich einmal wird von einem Ostberliner Teilnehmer angegeben, kriminalgeographische Studien seien für praxisnahe Empfehlungen zur Reduzierung der Kriminalitätsbelastung nicht geeignet.

Unterschiede zeigen sich ferner beim Blick auf die Einschätzung der Befragten bzgl. der Eignung der Untersuchungen für Empfehlungen zur Reduzierung der Verbrechensfurcht in Tabelle 36:

Tabelle 36: Eignung kriminalgeographischer Studien für praxisnahe Empfehlungen zur Reduzierung der Verbrechensfurcht in den einzelnen Städten

	Sind sehr geeignet		Sind weniger geeignet		Sind nicht geeignet		Kann ich nicht beurteilen	
	n	Prozent	n	Prozent	n	Prozent	n	Prozent
Bochum	9	64,3%	1	7,1%	0	0,0%	4	28,6%
Dresden	8	80,0%	1	10,0%	0	0,0%	1	10,0%
Erfurt	5	83,3%	0	0,0%	1	16,7%	0	0,0%
Kiel	7	58,3%	3	25,0%	1	8,3%	1	8,3%
Köln	7	63,6%	2	18,2%	0	0,0%	2	18,2%
Landau	7	50,0%	2	14,3%	0	0,0%	5	35,7%
München	5	50,0%	4	40,0%	0	0,0%	1	10,0%
Neumünster	8	72,7%	0	0,0%	0	0,0%	3	27,3%
Nürnberg	7	63,6%	1	9,1%	0	0,0%	3	27,3%
Ostberlin	5	62,5%	1	12,5%	1	12,5%	1	12,5%
Regensburg	6	42,9%	3	21,4%	0	0,0%	5	35,7%
Solingen	7	53,8%	3	23,1%	0	0,0%	3	23,1%
Summe / Durchschnitt	81	60,4%	21	15,7%	3	2,2%	29	21,6%

Hier wird den Studien in der Stadt Regensburg mit 42,9 % der Nennungen der geringste Umfang an Eignung zugebilligt; Erfurt und Dresden erreichen dagegen überdurchschnittliche Werte von bzw. über 80 %. Ein zumindest prozentual höheres Maß an Differenzierung zwischen objektiver Kriminalitätsbelastung und subjektiver Verbrechensfurcht zeigt die Stadt Kiel mit den Angaben ihrer Befragten. Drei Viertel aller befragten Personen geben dort an, daß sich kriminalgeographische Untersuchungen sehr gut für praxisnahe Empfehlungen zur Reduzierung von Kriminalität eignen (vgl. Tabelle 35), lediglich 58,3 % nehmen dies hingegen für die Eignung hinsichtlich der Empfehlungen zur Reduktion der Verbrechensfurcht an; allerdings ist dieser Unterschied absolut betrachtet auf nur zwei Nennungen zurückzuführen. Die im Vergleich zwischen den Tabellen 35 und 36 „ausgewechselten" Werte der Münchener Befragten in den Kategorien „Sind sehr geeignet" und „Sind weniger geeignet" beruhen wiederum auf dem Umstand, daß nur ein Teilnehmer jeweils unterschiedlich geantwortet hat.

Um zu untersuchen, ob die Bekanntheit der bereits vorliegenden kriminalgeographischen Studien einen Einfluß auf die Einschätzung der Befragten bzgl. deren Eignung für Empfehlungen zur Kriminalitätsbelastung oder Verbrechensfurcht hat, wurden in Abbildung 41 die entsprechenden Variablen des Fragebogens (Fragen 1 und 26) miteinander verknüpft und ausgewertet.

Abbildung 41: *Eignung kriminalgeographischer Studien für praxisnahe Empfehlungen zur Reduzierung der Kriminalitätsbelastung in Abhängigkeit von der Bekanntheit der Studie*

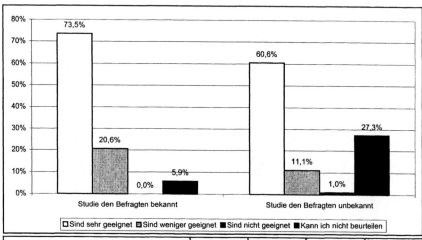

	Sind sehr geeignet	Sind weniger geeignet	Sind nicht geeignet	Kann ich nicht beurteilen
Studie den Befragten bekannt	25	7	0	2
Studie den Befragten unbekannt	60	11	1	27
Summe n =	85	18	1	29

Es zeigt sich, daß diejenigen Teilnehmer, die zumindest von der Existenz der bisherigen kriminalgeographischen Studie ihrer Stadt wissen, mit 73,5 % der Nennungen die Eignung derartiger Untersuchungen für die Praxis deutlich höher einschätzen als jene, welche die Studie ihrer Stadt nicht kennen (60,6 %). Ferner wirkt sich die Kenntnis der Studie auf die Entscheidungssicherheit der Teilnehmer aus. Diejenigen befragten Personen, welche die Untersuchung kennen, geben nur zu knapp 6 % an, daß sie die Frage nach der Eignung für praxisnahe Empfehlungen zur Reduzierung der Kriminalitätsbelastung nicht beurteilen können, während dies 27,3 % derjenigen angeben, welche die Studie nicht kennen. Diese Verteilungsunterschiede sind statistisch signifikant (chi^2 = 7,96; df = 3; p < .05).

Eine etwas geringere Eignung kriminalgeographischer Studien für Empfehlungsmöglichkeiten weisen die Einschätzungen der befragten Personen hinsichtlich der Reduzierung der Verbrechensfurcht auf, wie Abbildung 42 zeigt:

Abbildung 42: Eignung kriminalgeographischer Studien für praxisnahe Empfehlungen zur Reduzierung der Verbrechensfurcht in Abhängigkeit von der Bekanntheit der Studie

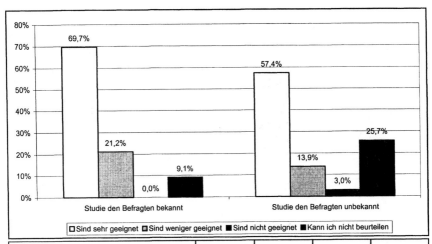

	Sind sehr geeignet	Sind weniger geeignet	Sind nicht geeignet	Kann ich nicht beurteilen
Studie den Befragten bekannt	23	7	0	3
Studie den Befragten unbekannt	58	14	3	26
Summe n =	81	21	3	29

Hinsichtlich der verbrechensfurchtreduzierenden Eignung für Empfehlungen geben immerhin drei Befragte an, daß sie kriminalgeographische Untersuchungen für nicht geeignet halten; keine Nennung erfolgt hier bei jenen, denen die Studie bekannt ist. Die Differenz in der je nach Kenntnis der Studie unterschiedlich hoch ausfallenden Anzahl der Nennungen in der Antwortkategorie „Sind sehr geeignet" (bei der Eignung für die Verbrechensfurcht 69,7 % gegenüber 57,4 %) beträgt nur noch 12,3 % (zum Vergleich: Bei der Eignung für die Kriminalitätsbelastung 12,9 %); auch fällt der Unterschied der Angaben in der Kategorie „Kann ich nicht beurteilen" mit 9,1 % gegen 25,4 % nicht mehr so deutlich aus. Die Verteilungsunterschiede sind nicht signifikant, wenngleich dieselbe Tendenz wie bei der Auswertung der Einschätzung bzgl. der Kriminalitätsbelastung beobachtet werden kann (chi^2 = 5,64; df = 3; p < .13).

Verknüpft man die Ansichten der Teilnehmer über die Eignung kriminalgeographischer Untersuchungen für praxisnahe Empfehlungen mit der Variablen aus Frage 6 (inhaltliche Kenntnis der Befragten von der Studie über ihre Stadt), so zeigt sich kein einheitliches Ergebnis, weder im Zusammenhang mit objektiver Kriminalitätsbelastung noch mit subjektiv empfundener Viktimisierungsfurcht. Aus diesem Grund wurde von einer graphischen Darstellung der Werte abgesehen.

Kombiniert man hingegen die Aussagen der befragten Personen im Hinblick auf ihre Meinung, ob kriminalgeographische Untersuchungen praxisnahe Empfehlungen zur Reduzierung von Kriminalitätsbelastung geben können, mit ihrer diesbzgl. Einschätzung im Hinblick auf eine Reduzierung der Verbrechensfurcht, so zeigen sich die in Tabelle 37 dargestellten Werte:

Tabelle 37: Wechselbeziehung zwischen eingeschätzter Eignung zur Reduzierung von Kriminalitätsbelastung und Verbrechensfurcht

		Eignung von Studien zur Reduzierung der Verbrechensfurcht							
		Sind sehr geeignet		Sind weniger geeignet		Sind nicht geeignet		Kann ich nicht beurteilen	
		n	Prozent	n	Prozent	n	Prozent	n	Prozent
Eignung für Kriminalitätsbelastung	Sind sehr geeignet	76	90,5%	6	7,1%	0	0,0%	2	2,4%
	Sind weniger geeignet	3	16,7%	14	77,8%	1	5,6%	0	0,0%
	Sind nicht geeignet	0	0,0%	0	0,0%	1	100,0%	0	0,0%
	Kann ich nicht beurteilen	1	3,4%	0	0,0%	1	3,4%	27	93,1%
Summe / Durchschnitt		80	60,6%	20	15,2%	3	2,3%	29	22,0%

Die mit 90,5 %, 77,8 %, 100 % und 93,1 % auffallend hohen Werte in der Diagonalen des 4x4-Felder-Schemas finden ihren Niederschlag im außergewöhnlich hohen Spearman-Korrelationskoeffizienten von .86. Dies zeigt einen nahezu perfekten Zusammenhang der beiden Variablen und läßt ferner darauf schließen, daß die befragten Personen kaum zwischen objektiver Kriminalitätsbelastung und subjektiver Verbrechensfurcht differenzieren.

Verbindet man zum Thema Kriminalitätsbelastung die Ansichten der Befragten über das Maß der bisher realisierten studienbezogenen städtebaulichen Maßnahmen mit ihrer Einschätzung der Eignung kriminalgeographischer Untersuchungen, praxisnahe Empfehlungen aussprechen zu können, so ergeben sich die nachfolgend in Tabelle 38 dargestellten Resultate:

Tabelle 38: Eignung kriminalgeogr. Studien zur Empfehlung kriminalitätsreduzierender Maßnahmen in Abhängigkeit von eingeschätzter Realisierung studienbezogener Maßnahmen

		Eignung von Studien zur Reduzierung der Kriminalitätsbelastung						
		Sind sehr geeignet		Sind weniger geeignet		Sind nicht geeignet		Kann ich nicht beurteilen	
		n	Prozent	n	Prozent	n	Prozent	n	Prozent
Umsetzung studienbez. Maßnahmen	Viel realisiert	4	66,7%	2	33,3%	0	0,0%	0	0,0%
	Wenig realisiert	8	88,9%	0	0,0%	0	0,0%	1	11,1%
	Nichts realisiert	3	60,0%	1	20,0%	0	0,0%	1	20,0%
	Kann ich nicht beurteilen	67	60,9%	15	13,6%	1	0,9%	27	24,5%
Summe / Durchschnitt		82	63,1%	18	13,8%	1	0,8%	29	22,3%

Erstaunlich ist, daß mit 88,9 % die Anzahl derjenigen Personen, die nur von wenig realisierten städtebaulichen Maßnahmen ausgehen, in der Antwortkategorie „Sind sehr geeignet" über 20 % höher liegt als bei jenen, die ein hohes Maß an Umsetzung städtebaulicher Maßnahmen annehmen (66,7 %). Von den Teilnehmern, nach deren Auffassung keine Durchführung städtebaulicher Maßnahmen erfolgt ist, gestehen indessen nur 60 % den Studien eine praxisnahe Eignung für Empfehlungen zu. Ein Drittel der Befragten, die von einem hohen Maß an Realisierung ausgehen, sind dagegen der Ansicht, daß sich kriminalgeographische Untersuchungen weniger für kriminalitätsreduzierende Empfehlungen eignen; hierbei ist jedoch die geringe Anzahl von Nennungen zu berücksichtigen.

Diese Verteilung ändert sich jedoch, wenn man den Zusammenhang mit der Variablen der generell realisierten Maßnahmen prüft, wie Tabelle 39 zeigt:

Tabelle 39: Eignung kriminalgeogr. Studien zur Empfehlung kriminalitätsreduzierender Maßnahmen in Abhängigkeit von eingeschätzter Realisierung genereller Maßnahmen

		Eignung von Studien zur Reduzierung der Kriminalitätsbelastung						
		Sind sehr geeignet		Sind weniger geeignet		Sind nicht geeignet		Kann ich nicht beurteilen	
		n	Prozent	n	Prozent	n	Prozent	n	Prozent
Umsetzung genereller Maßnahmen	Viel realisiert	8	66,7%	1	8,3%	0	0,0%	3	25,0%
	Wenig realisiert	42	65,6%	11	17,2%	0	0,0%	11	17,2%
	Nichts realisiert	9	75,0%	2	16,7%	1	8,3%	0	0,0%
	Kann ich nicht beurteilen	26	59,1%	4	9,1%	0	0,0%	14	31,8%
Summe / Durchschnitt		85	64,4%	18	13,6%	1	0,8%	28	21,2%

Mit 75 % der Nennungen vertreten im Gegensatz zu den in Tabelle 38 dargestellten Werten genau jene Befragten die Auffassung einer sehr guten Eignung kriminalgeographischer Studien, nach deren Meinung bislang generell noch keine städtebaulichen Maßnahmen zur Reduzierung der Kriminalitätsbelastung durchgeführt worden sind. Teilnehmer, die von einem geringen Maß an Realisierung genereller bisheriger Maßnahmen ausgehen, geben mit jeweils 17,2 % der Nennungen an, daß sie kriminalgeographische Untersuchungen für weniger geeignet halten bzw. diese Frage nicht beurteilen können. Kein Urteil will sich ferner ein Viertel der befragten Personen erlauben, die von einem hohen Maß an Realisierung ausgehen. Lediglich eine Nennung erzielt die Einschätzung, daß die Studien keine empfehlende Eignung besitzen.

Die Unterschiede in den vorgefundenen Ergebnissen gebieten es, den Zusammenhang zwischen dem Grad der Realisierung bisheriger städtebaulicher Maßnahmen und die hiermit verbundene Einschätzung der Eignung für die Reduzierung der Verbrechensfurcht zu betrachten. Tabelle 40 zeigt dies zunächst unter dem Aspekt der studienbezogenen Umsetzung von Maßnahmen zur Viktimisierungsfurcht:

Tabelle 40: Eignung kriminalgeogr. Studien zur Empfehlung verbrechensfurchtreduzierender Maßnahmen in Abhängigkeit von eingeschätzter Realisierung studienbez. Maßnahmen

		Eignung von Studien zur Reduzierung der Verbrechensfurcht							
		Sind sehr geeignet		Sind weniger geeignet		Sind nicht geeignet		Kann ich nicht beurteilen	
		n	Prozent	n	Prozent	n	Prozent	n	Prozent
Umsetzung studienbez. Maßnahmen	Viel realisiert	7	100,0%	0	0,0%	0	0,0%	0	0,0%
	Wenig realisiert	4	66,7%	1	16,7%	0	0,0%	1	16,7%
	Nichts realisiert	4	66,7%	1	16,7%	0	0,0%	1	16,7%
	Kann ich nicht beurteilen	63	56,3%	19	17,0%	3	2,7%	27	24,1%
Summe / Durchschnitt		78	59,5%	21	16,0%	3	2,3%	29	22,1%

Die Gruppe jener Befragten, die von einer hohen Umsetzung der studienbezogenen Maßnahmen ausgeht, ist ausnahmslos der Ansicht, daß sich kriminalgeographische Studien sehr gut für eine Aussprache von Empfehlungen zur Reduzierung der Verbrechensfurcht eignen. Sieht man von den Angaben in der Kategorie jener Teilnehmer ab, welche die Frage nach der Umsetzung studienbezogener Maßnahmen nicht beurteilen können, so sind die Kategorien „Sind weniger geeignet", „Sind nicht geeignet" sowie „Kann ich nicht beurteilen" durch eine außerordentlich geringe Anzahl von Nennungen gekennzeichnet, die eine weiterführende Interpretation verbieten.

Wie Tabelle 41 zeigt, ändern sich die Meinungen der Befragten, sobald man die Variable der Eignung kriminalgeographischer Untersuchungen für Empfehlungen verbrechensfurchtreduzierender Maßnahmen mit der Ansicht über die generelle bisherige Realisierung städtebaulicher Maßnahmen kombiniert.

Tabelle 41: Eignung kriminalgeogr. Studien zur Empfehlung verbrechensfurchtreduzierender Maßnahmen in Abhängigkeit von eingeschätzter Realisierung genereller Maßnahmen

		Eignung von Studien zur Reduzierung der Verbrechensfurcht						
		Sind sehr geeignet		Sind weniger geeignet		Sind nicht geeignet		Kann ich nicht beurteilen	
		n	Prozent	n	Prozent	n	Prozent	n	Prozent
Umsetzung genereller Maßnahmen	Viel realisiert	7	63,6%	2	18,2%	0	0,0%	2	18,2%
	Wenig realisiert	37	60,7%	12	19,7%	0	0,0%	12	19,7%
	Nichts realisiert	8	61,5%	1	7,7%	2	15,4%	2	15,4%
	Kann ich nicht beurteilen	29	60,4%	6	12,5%	1	2,1%	12	25,0%
Summe / Durchschnitt		81	60,9%	21	15,8%	3	2,3%	28	21,1%

Die bei dieser Verknüpfung erzielten Durchschnittswerte der Antworten entsprechen bis auf wenige Zehntel Prozentpunkte denjenigen aus Tabelle 40; auch bei dieser Beurteilung sind die Befragten mit jeweils über 60 % der Nennungen mehrheitlich und einheitlich davon überzeugt, daß kriminalgeographische Untersuchungen sehr geeignet sind, Empfehlungen zur Reduzierung der Verbrechensfurcht zu geben. Noch deutlicher als in Tabelle 40 zeigt sich jedoch, daß die Teilnehmer dies unabhängig von ihrer zuvor abgegebenen Einschätzung einer hohen oder niedrigen Umsetzung von städtebaulichen Maßnahmen angeben; so wird auch der in Tabelle 40 erzielte Spitzenwert von 100 % nunmehr in Tabelle 41 auf ein durchschnittliches Maß von 63,6 % nivelliert. Die Antworten der Teilnehmer, die das Maß an Eignung nicht beurteilen können, entsprechen ebenfalls diesem Trend. Die absolute Anzahl der Nennungen in den Kategorien „Sind weniger geeignet" und „Sind nicht geeignet" ist im Durchschnitt mit 21 bzw. 3 Antworten identisch mit den Werten in Tabelle 40; in der Kategorie „Kann ich nicht beurteilen" liegt der Unterschied bei nur einer Angabe. Dies zeigt, daß sich die angenommene Eignung kriminalgeographischer Untersuchungen zur Empfehlung verbrechensfurchtreduzierender Maßnahmen losgelöst davon darstellt, inwieweit die Befragten von einer generellen oder bloß studienbezogenen Realisierung städtebaulicher Maßnahmen ausgehen. Ferner indiziert auch ein Vergleich der Ergebnisse der Tabellen 38/39 mit denjenigen der Tabellen 40/41 die kaum vorhandene Differenzierung der Teilnehmer hinsichtlich ihrer Einschätzung von Kriminalitätsbelastung und Verbrechensfurcht.

Lohnenswert erscheint auch eine Verknüpfung der Ansichten über die Eignung kriminalgeographischer Studien für entsprechende Empfehlungen und der Frage, ob nach Ansicht der Teilnehmer weitere städtebauliche Maßnahmen ergriffen werden müssen. Tabelle 42 zeigt die Ergebnisse auf der Ebene der Kriminalitätsbelastung:

Tabelle 42: Eignung kriminalgeogr. Studien zur Empfehlung kriminalitätsreduzierender Maßnahmen in Abhängigkeit von der Notwendigkeit weiterer städtebaulicher Maßnahmen

		Eignung von Studien zur Reduzierung der Kriminalitätsbelastung							
		Sind sehr geeignet		Sind weniger geeignet		Sind nicht geeignet		Kann ich nicht beurteilen	
		n	Prozent	n	Prozent	n	Prozent	n	Prozent
Notwendig-keit weiterer Maßnahmen	Es muß noch viel getan werden	56	78,9%	5	7,0%	1	1,4%	9	12,7%
	Es ist nur noch wenig zu tun	11	61,1%	5	27,8%	0	0,0%	2	11,1%
	Es ist schon genug getan worden	0	0,0%	1	50,0%	0	0,0%	1	50,0%
	Kann ich nicht beurteilen	18	42,9%	7	16,7%	0	0,0%	17	40,5%
Summe / Durchschnitt		85	63,9%	18	13,5%	1	0,8%	29	21,8%

Läßt man die Antworten derjenigen Teilnehmer, welche die Frage nach der Notwendigkeit weiterer städtebaulicher Maßnahmen nicht beurteilen, beiseite, so zeigt sich, daß mit der Abnahme der eingeschätzten Erforderlichkeit weiterer Maßnahmen auch die Werte für das Maß an zugebilligter Eignung kriminalgeographischer Studien für praxisnahe Empfehlungen von 78,9 % über 61,1 % bis hin zu 0 % abnehmen. Im Gegenzug steigt die Anzahl der Antworten in der Kategorie „Sind weniger geeignet" von 7 % über 27,8 % bis zu 50 %, je weniger Befragte der Meinung sind, daß ausreichend viele städtebauliche Maßnahmen durchgeführt worden sind. Zu beachten ist hierbei jedoch, daß die Kategorie „Es ist schon genug getan worden" mit insgesamt lediglich zwei Nennungen besetzt ist.

Wiederum ein nur sehr bescheidenes Maß an Differenzierung zwischen Kriminalitätsbelastung und Verbrechensfurcht weisen auch die nachstehenden Ergebnisse in Tabelle 43 auf, bei denen die Frage der Eignung für Empfehlungen mit der Forderung nach weiteren städtebaulichen Maßnahmen zur Reduzierung der Verbrechensfurcht verknüpft wurde:

Tabelle 43: Eignung kriminalgeogr. Studien zur Empfehlung verbrechensfurchtreduzierender Maßnahmen in Abhängigkeit von der Notwendigkeit weiterer städtebaulicher Maßnahmen

		Eignung von Studien zur Reduzierung der Verbrechensfurcht							
		Sind sehr geeignet		Sind weniger geeignet		Sind nicht geeignet		Kann ich nicht beurteilen	
		n	Prozent	n	Prozent	n	Prozent	n	Prozent
Notwendig-keit weiterer Maßnahmen	Es muß noch viel getan werden	58	77,3%	7	9,3%	1	1,3%	9	12,0%
	Es ist nur noch wenig zu tun	11	61,1%	6	33,3%	0	0,0%	1	5,6%
	Es ist schon genug getan worden	1	50,0%	0	0,0%	0	0,0%	1	50,0%
	Kann ich nicht beurteilen	11	28,2%	8	20,5%	2	5,1%	18	46,2%
Summe / Durchschnitt		81	60,4%	21	15,7%	3	2,2%	29	21,6%

Die Ergebnisse zeigen einige Parallelen zu den vorangegangenen Resultaten aus Tabelle 42: Wenngleich in Tabelle 43 ein vordergründiger Unterschied von 50 % (n = 1) in der Schnittmenge der Kategorien „Es ist schon genug getan worden" und „Sind sehr geeignet" besteht, so kann diese einzige Nennung nicht über den Trend hinwegtäuschen, daß auch die Einschätzung einer sehr guten verbrechensfurchtreduzierenden Eignung kriminalgeographischer Studien abnimmt, sobald die Teilnehmer glauben, daß auf städtebaulicher Ebene noch nicht genug getan worden ist. Der bereits in der Darstellung von Tabelle 42 aufgezeigte und hierzu reziproke Verlauf in der Kategorie „Sind weniger geeignet" (Zunahme der Werte bei abnehmender eingeschätzter Notwendigkeit weiterer Maßnahmen) wird in Tabelle 43 ebenfalls von der Umverteilung einer einzigen Nennung getrübt; dies resultiert aus den ausgewechselten Werten von 50 % und 0 % bei den Antworten, nach deren Ansicht auf städtebaulicher Ebene bereits genug getan worden ist und die kriminalgeographischen Studien einmal eine sehr gute, zum anderen eine weniger gute Eignung zubilligen.

Der Umstand, daß die befragten Personen zwischen den Bereichen der objektiven Kriminalitätsbelastung und der subjektiv empfundenen Viktimisierungsfurcht größtenteils nahezu keine Differenzierung vornehmen (bei teilweise sogar völlig identischer Anzahl der absoluten Nennungen), legt es bei der Verknüpfung der nachfolgenden Variablen zur Vermeidung von Wiederholungen nahe, Teilbereiche miteinander kombiniert auszuwerten; diese Vorgehensweise wird von dem entsprechend außerordentlich hohen Korrelationskoeffizienten der beiden Variablen (siehe Tabelle 37) gestützt. Hinzu tritt die in Tabelle 32 aufgezeigte Deckungsgleichheit im Hinblick auf die zwar denkbare, aber nicht vorgenommene Trennung der Befragten zwischen dem Sinn weiterer kriminalgeographischer Untersuchungen in der eigenen Stadt sowie der Bewertung dieser Frage außerhalb des eigenen Stadtgebietes.

Tabelle 44 zeigt im Ergebnis, wie sich die Einschätzung der Teilnehmer über die Notwendigkeit, weitere kriminalgeographische Studien durchzuführen, auf ihr Urteil über die Eignung solcher Studien bzgl. ihres empfehlenden Charakters im Hinblick auf eine Reduzierung von Kriminalitätsbelastung auswirkt:

Tabelle 44: Eignung kriminalgeogr. Studien zur Empfehlung kriminalitätsreduzierender Maßnahmen in Abhängigkeit von der Notwendigkeit weiterer kriminalgeographischer Untersuchungen

		Eignung von Studien zur Reduzierung der Kriminalitätsbelastung						
		Sind sehr geeignet		Sind weniger geeignet		Sind nicht geeignet		Kann ich nicht beurteilen	
		n	Prozent	n	Prozent	n	Prozent	n	Prozent
Notwendigkeit weiterer Studien	Weitere Studien sinnvoll	154	81,9%	16	8,5%	0	0,0%	18	9,6%
	Weitere Studien weniger sinnvoll	2	10,5%	14	73,7%	0	0,0%	3	15,8%
	Weitere Studien nicht sinnvoll	2	40,0%	1	20,0%	1	20,0%	1	20,0%
	Kann ich nicht beurteilen	12	22,2%	5	9,3%	1	1,9%	36	66,7%
Summe / Durchschnitt		170	63,9%	36	13,5%	2	0,8%	58	21,8%

Diejenigen Befragten, die weitere kriminalgeographische Studien für sinnvoll halten, vertreten zu 81,9 % die Auffassung, daß diese für kriminalitätsreduzierende Empfehlungen sehr geeignet sind. Eine hohe Eignung nehmen ferner 40 % derjenigen an, welche weitere Studien nicht für sinnvoll halten, dagegen nur 10,5 % derjenigen, die weitere Studien nur als weniger sinnvoll einstufen. Halten die befragten Personen künftige Untersuchungen für weniger sinnvoll, so sehen 73,7 % von ihnen auch die Studien als weniger geeignet an.

Nur leicht veränderte Ergebnisse zeigen sich in Tabelle 45, wenn man die Variable „Notwendigkeit weiterer Maßnahmen auf städtebaulicher Ebene" mit der eingeschätzten Eignung kriminalgeographischen Untersuchungen zu verbrechensfurchtreduzierenden Empfehlungen kombiniert:

Tabelle 45: Eignung kriminalgeogr. Studien zur Empfehlung verbrechensfurchtreduzierender Maßnahmen in Abhängigkeit von der Notwendigkeit weiterer kriminalgeogr. Untersuchungen

		Eignung von Studien zur Reduzierung der Verbrechensfurcht						
		Sind sehr geeignet		Sind weniger geeignet		Sind nicht geeignet		Kann ich nicht beurteilen	
		n	Prozent	n	Prozent	n	Prozent	n	Prozent
Notwendigkeit weiterer Studien	Weitere Studien sinnvoll	147	78,2%	20	10,6%	1	0,5%	20	10,6%
	Weitere Studien weniger sinnvoll	3	15,8%	13	68,4%	0	0,0%	3	15,8%
	Weitere Studien nicht sinnvoll	2	40,0%	0	0,0%	3	60,0%	0	0,0%
	Kann ich nicht beurteilen	10	17,9%	9	16,1%	2	3,6%	35	62,5%
Summe / Durchschnitt		162	60,4%	42	15,7%	6	2,2%	58	21,6%

Hier treffen die bereits in Tabelle 44 beschriebenen Zusammenhänge, allerdings in leicht abgeschwächter Form, zu. Wiederum halten knapp 80 % derjenigen, die weitere kriminalgeographische Untersuchungen für sehr sinnvoll halten, diese auch für Empfehlungen zur Reduzierung der Verbrechensfurcht sehr geeignet. Auffallend ist jedoch, daß bei den geäußerten Ansichten zur Verbrechensfurcht im Gegensatz zur vorherigen Einschätzung hinsichtlich der Kriminalitätsbelastung (vgl. Tabelle 44) die Gruppe derjenigen Befragten, die weitere Studien für nicht sinnvoll halten, diesen zu 60 % (bei der Kriminalitätsbelastung: 20 %) eine Eignung für Empfehlungen absprechen; allerdings ist auch hier die nur geringe Anzahl der Nennungen zu beachten.

Zur Prüfung der Frage, ob städtebauliche Maßnahmen nach Ansicht der Befragten als geeignetes Mittel zur Reduzierung von Kriminalitätsbelastung oder Verbrechensfurcht angesehen werden, werden zunächst die bereits in Abbildung 12 in ihrer Gesamtheit dargestellten Antworten auf die einzelnen Städten verteilt. Hinsichtlich der möglichen Auswirkungen auf die Kriminalitätsbelastung ergeben sich die in Tabelle 46 dargestellten Werte:

Tabelle 46: Eignung städtebaulicher Maßnahmen zur Reduzierung von Kriminalitätsbelastung in den einzelnen Städten

	Sind sehr geeignet		Sind weniger geeignet		Sind nicht geeignet		Kann ich nicht beurteilen	
	n	Prozent	n	Prozent	n	Prozent	n	Prozent
Bochum	11	78,6%	2	14,3%	0	0,0%	1	7,1%
Dresden	10	100,0%	0	0,0%	0	0,0%	0	0,0%
Erfurt	6	100,0%	0	0,0%	0	0,0%	0	0,0%
Kiel	9	75,0%	1	8,3%	0	0,0%	2	16,7%
Köln	9	81,8%	2	18,2%	0	0,0%	0	0,0%
Landau	9	64,3%	3	21,4%	0	0,0%	2	14,3%
München	7	70,0%	3	30,0%	0	0,0%	0	0,0%
Neumünster	7	63,6%	2	18,2%	0	0,0%	2	18,2%
Nürnberg	11	84,6%	1	7,7%	0	0,0%	1	7,7%
Ostberlin	6	75,0%	1	12,5%	1	12,5%	0	0,0%
Regensburg	7	58,3%	4	33,3%	0	0,0%	1	8,3%
Solingen	14	100,0%	0	0,0%	0	0,0%	0	0,0%
Summe / Durchschnitt	106	78,5%	19	14,1%	1	0,7%	9	6,7%

Es zeigt sich, daß von den befragten Personen in den Städten Dresden, Erfurt und Solingen mit 100 % der Antworten einhellig die Auffassung einer kriminalitätsreduzierenden Eignung städtebaulicher Maßnahmen vertreten wird, während die Teilnehmer aus Regensburg dies mit nur 58,3 % der Nennungen zurückhaltender beurteilen. In München und Regensburg ist eine mit bzw. sogar über 30 % der Antworten überdurchschnittliche Auffassung der Befragten anzutreffen, daß städtebauliche Maßnahmen weniger geeignet sind, um eine Reduzierung der Kriminalitätsbelastung zu erreichen. Erstaunlich gering ist der vergleichsweise geringe Prozentsatz derjenigen Befragten, die diese Frage nicht beurteilen können.

Im Hinblick auf die Eignung städtebaulicher Maßnahmen für eine Reduzierung der Verbrechensfurcht verteilen sich die Antworten in den einzelnen Städten auf die in Tabelle 47 dargestellte Weise:

Tabelle 47: *Eignung städtebaulicher Maßnahmen zur Reduzierung von Verbrechensfurcht in den einzelnen Städten*

	Sind sehr geeignet		Sind weniger geeignet		Sind nicht geeignet		Kann ich nicht beurteilen	
	n	Prozent	n	Prozent	n	Prozent	n	Prozent
Bochum	11	78,6%	1	7,1%	0	0,0%	2	14,3%
Dresden	10	100,0%	0	0,0%	0	0,0%	0	0,0%
Erfurt	5	83,3%	1	16,7%	0	0,0%	0	0,0%
Kiel	8	66,7%	2	16,7%	0	0,0%	2	16,7%
Köln	10	90,9%	1	9,1%	0	0,0%	0	0,0%
Landau	8	57,1%	4	28,6%	0	0,0%	2	14,3%
München	5	50,0%	5	50,0%	0	0,0%	0	0,0%
Neumünster	5	45,5%	3	27,3%	0	0,0%	3	27,3%
Nürnberg	11	84,6%	1	7,7%	0	0,0%	1	7,7%
Ostberlin	6	75,0%	2	25,0%	0	0,0%	0	0,0%
Regensburg	8	66,7%	3	25,0%	0	0,0%	1	8,3%
Solingen	11	78,6%	3	21,4%	0	0,0%	0	0,0%
Summe / Durchschnitt	98	72,6%	26	19,3%	0	0,0%	11	8,1%

Wie die vorstehende Tabelle zeigt, billigen die befragten Personen städtebaulichen Maßnahmen in bezug auf die Viktimisierungsfurcht in der Bevölkerung keinen so hohen Wirkungsgrad zu wie bei der Kriminalitätsbelastung. Während es in Tabelle 46 noch drei Städte sind, welche die Maßnahmen für hundertprozentig geeignet halten, wird diese Einschätzung lediglich noch in der Stadt Dresden bestätigt; Köln folgt hier mit 90,9 % der Nennungen an zweiter Stelle. Die befragten Personen aus Neumünster sind mit nur 45,5 % der Antworten der Auffassung, daß Maßnahmen auf städtebaulicher Ebene zur Verbrechensfurchtreduzierung sehr geeignet sind, wobei die Teilnehmer aus dieser Stadt mit 27,3 % zu der größten Gruppe derer zählen, welche diese Frage nicht beurteilen können. Da die Kategorie „Sind nicht geeignet" in Tabelle 47 von keinem einzigen Befragten genannt wird, ist die Skepsis, was die Erfolgsaussichten der Auswirkungen städtebaulicher Maßnahmen auf die Verbrechensfurcht anbelangt, in der Stadt München am größten; dort halten sich die Antworten in den Kategorien „Sind sehr geeignet" und „Sind weniger geeignet" mit jeweils fünf Nennungen genau die Waage.

Eine Differenzierung der Ergebnisse auf die einzelnen befragten Teilnehmerkreise erbringt folgende Resultate, die im Hinblick auf die Reduzierung der Kriminalitätsbelastung zunächst in Abbildung 43 dargestellt werden:

Abbildung 43: *Eignung städtebaulicher Maßnahmen zur Reduzierung von Kriminalitätsbelastung in den einzelnen Gruppen*

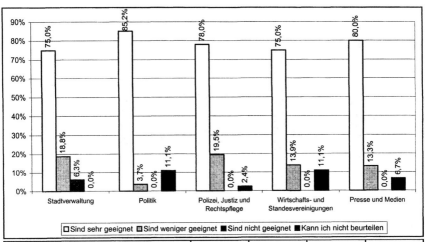

	Sind sehr geeignet	Sind weniger geeignet	Sind nicht geeignet	Kann ich nicht beurteilen
Stadtverwaltung	12	3	1	0
Politik	23	1	0	3
Polizei, Justiz und Rechtspflege	32	8	0	1
Wirtschafts- und Standesvereinigungen	27	5	0	4
Presse und Medien	12	2	0	1
Summe n =	106	19	1	9

Anhand der vorstehenden Verteilung erkennt man, daß die Einschätzung einer hohen kriminalitätsreduzierenden Eignung in allen Teilnehmerkreisen bei oder teilweise deutlich über 75 % liegt, wobei die Vertreter der Politik mit 85,2 % der Antworten an erster Stelle liegen. Mit prozentualen Werten von 19,5 % bzw. 18,8 % äußern die Teilnehmer der Gruppe „Polizei, Justiz und Rechtspflege" sowie die befragten Personen aus dem Bereich der Stadtverwaltung mit ihren Antworten in der Kategorie „Sind weniger geeignet" am ehesten Zweifel am Erfolg städtebaulicher Maßnahmen.

Etwas niedrigere Werte erzielt die Frage nach der Eignung städtebaulicher Maßnahmen für eine Reduzierung der Verbrechensfurcht (siehe Abbildung 44):

Abbildung 44: Eignung städtebaulicher Maßnahmen zur Reduzierung von Verbrechensfurcht in den einzelnen Gruppen

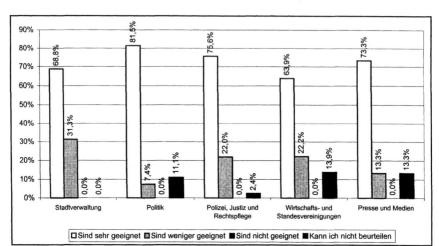

Bei dieser Einschätzung wird die 75 %-Marke von den Gruppen „Stadtverwaltung", „Wirtschafts- und Standesvereinigungen" sowie „Presse und Medien" unterschritten. Lediglich die Teilnehmer aus der Politik und der Gruppe „Polizei, Justiz und Rechtspflege" liegen mit Werten von 81,5 % bzw. 75,6 % oberhalb dieser Grenze, die im Vergleich zu der Erfolgseinschätzung städtebaulicher Maßnahmen auf die Kriminalitätsbelastung (siehe Abbildung 43) von sämtlichen Teilnehmerkreisen erreicht wird. Obwohl keiner der Befragten angibt, daß städtebauliche Maßnahmen überhaupt nicht geeignet sind, einen reduzierenden Einfluß auf die Verbrechensfurcht der Bürger auszuüben, liegen die Gruppen „Stadtverwaltung", „Polizei, Justiz und Rechtspflege" und „Wirtschafts- und Standesvereinigungen" mit 31,3 % sowie zweimal 22,2 % der Nennungen in der Antwortkategorie „Sind weniger geeignet" über den Werten, die sie bei der Einschätzung auf die Wirksamkeit bzgl. der objektiven Kriminalitätsbelastung angeben (18,8 %, 19,5 % und 13,9 %, vgl. Abbildung 43).

EXPERTENWISSEN ÜBER KRIMINALGEOGRAPHIE 235

Wie die nachfolgende Tabelle 48 zeigt, besteht in den Auffassungen der Befragten zu den Bereichen „Eignung städtebaulicher Maßnahmen zur Reduzierung der Kriminalitätsbelastung" und „Eignung städtebaulicher Maßnahmen zur Reduzierung der Verbrechensfurcht" ein hohes Maß an Homogenität:

Tabelle 48: Zusammenhang zwischen Einschätzung der Eignung städtebaulicher Maßnahmen für eine Reduzierung von Kriminalitätsbelastung und Verbrechensfurcht

		Städtebau gegen Verbrechensfurcht							
		Sind sehr geeignet		Sind weniger geeignet		Sind nicht geeignet		Kann ich nicht beurteilen	
		n	Prozent	n	Prozent	n	Prozent	n	Prozent
Städtebau gegen Kriminalität	Sind sehr geeignet	93	87,7%	11	10,4%	0	0,0%	2	1,9%
	Sind weniger geeignet	4	21,1%	15	78,9%	0	0,0%	0	0,0%
	Sind nicht geeignet	1	100,0%	0	0,0%	0	0,0%	0	0,0%
	Kann ich nicht beurteilen	0	0,0%	0	0,0%	0	0,0%	9	100,0%
Summe / Durchschnitt		98	72,6%	26	19,3%	0	0,0%	11	8,1%

Mit Ausnahme der von keiner befragten Person genannten Antwortkombination (was im übrigen nur auf eine einzige horizontal unterschiedlich verteilte Nennung zurückzuführen ist), die nicht nur die Eignung städtebauliche Maßnahmen für eine Reduzierung der Kriminalitätsbelastung, sondern auch für eine Reduzierung der Verbrechensfurcht gänzlich verneint, zeigen sich mit 87,7 %, 78,9 % und 100 % erneut hohe Werte in der Diagonalen des 4x4-Felder-Schemas. Dies läßt wiederum – neben einem hohen Zusammenhang der beiden Variablen – darauf schließen, daß die befragten Personen keine Differenzierung bzgl. ihrer Einschätzung über mögliche Auswirkungen städtebaulicher Maßnahmen auf die objektive Kriminalitätsbelastung oder die subjektive Verbrechensfurcht vornehmen.

Doch nicht nur der in Tabelle 48 aufgezeigte Zusammenhang zwischen der Eignung städtebaulicher Maßnahmen zur Reduzierung von Kriminalitätsbelastung und Verbrechensfurcht, sondern auch die Einschätzung der befragten Personen in bezug auf die bisherigen Erfolge solcher Maßnahmen kann Aufschlüsse über eine Wechselwirkung dieser Variablen geben. Setzt man die Antworten der Teilnehmer zu der Frage, ob die Durchführung städtebaulicher Maßnahmen in der Vergangenheit zu einer Reduzierung der Kriminalitätsbelastung geführt hat, in das Verhältnis zu ihrer Einschätzung der diesbzgl. Eignung solcher Maßnahmen, so ergibt sich folgendes Bild (siehe Abbildung 45):

Abbildung 45: Einschätzung der Eignung städtebaulicher Maßnahmen für eine Reduzierung der Kriminalitätsbelastung in Abhängigkeit von deren bisherigem Erfolg

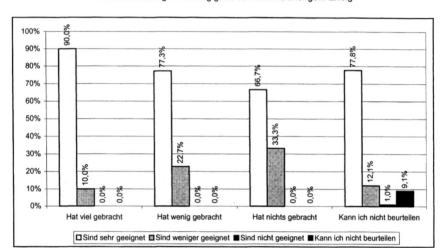

Läßt man die Gruppe derjenigen Personen, welche die Auswirkungen städtebaulicher Maßnahmen in der Vergangenheit nicht beurteilen können, außer betracht, so zeigt sich, daß mit abnehmender Einschätzung des bisherigen Erfolges auch das Vertrauen der Befragten in künftige Erfolge abnimmt: Die Anzahl derjenigen Teilnehmer, die städtebauliche Maßnahmen für sehr geeignet zur Reduzierung der Kriminalitätsbelastung halten, fällt von 90 % in der Kategorie „Hat viel gebracht" über 77,3 % in der Kategorie „Hat wenig gebracht" bis hin zu 66,7 % in der Kategorie „Hat nichts gebracht". Gleichzeitig steigen die Zweifel an der Erfolgstauglichkeit städtebaulicher Maßnahmen von 10 % über 22,7 % bis zu 33,3 % der Antworten an, je mehr die befragten Personen davon ausgehen, daß die Maßnahmen auch in der Vergangenheit nichts gebracht haben.

Ein anderes Verteilungsmuster zeigen die Antworten der Teilnehmer in Abbildung 46 hinsichtlich der Eignung städtebaulicher Maßnahmen zur Reduzierung der Verbrechensfurcht:

Abbildung 46: *Einschätzung der Eignung städtebaulicher Maßnahmen für eine Reduzierung der Verbrechensfurcht in Abhängigkeit von deren bisherigem Erfolg*

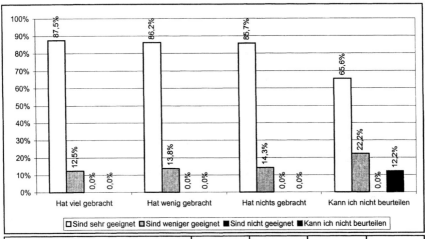

Läßt man wiederum die Antworten der Teilnehmer, welche die Frage nicht beurteilen können, außer Betracht, so zeigt sich, daß der prozentuale Anteil derjenigen befragten Personen, die städtebaulichen Maßnahmen ein hohes Maß an verbrechensfurchtreduzierender Eignung zusprechen, mit Werten zwischen 85,7 % und 87,5 % nahezu konstant bleibt, und zwar völlig losgelöst von der Einschätzung, ob die in der Vergangenheit durchgeführten Maßnahmen etwas gebracht haben oder nicht. Vergleicht man dieses gleichbleibende Ergebnis mit den in Abbildung 45 festgestellten abnehmenden Werten, so läßt sich an dieser Stelle eine Differenzierung der Einschätzungen zwischen Kriminalitätsbelastung und Verbrechensfurcht feststellen. Die gleiche Beständigkeit zeigt sich auch bei jenen Teilnehmern, nach deren Auffassung städtebauliche Maßnahmen für eine Reduzierung der Verbrechensfurcht weniger geeignet sind; auch sie antworten (ohne die Kategorie „Kann ich nicht beurteilen") mit konstanten Werten zwischen 12,5 % und 14,3 % unabhängig von ihrer Einschätzung, was die erfolgsorientierte Bewertung der Maßnahmen in der Vergangenheit betrifft.

Eine tendenziell ähnliche Verteilung der Antworten, wie sie bei der Einschätzung der Befragten über die Eignung städtebaulicher Maßnahmen zur Reduzierung der Kriminalitätsbelastung in Abhängigkeit von deren bisherigen Erfolg anzutreffen ist (vgl. Abbildung 45), zeigt sich in Abbildung 47, wenn man die Auffassungen der Teilnehmer hinsichtlich dieser Eignung mit der Notwendigkeit weiterer Maßnahmen zur Reduzierung der Kriminalitätsbelastung verknüpft:

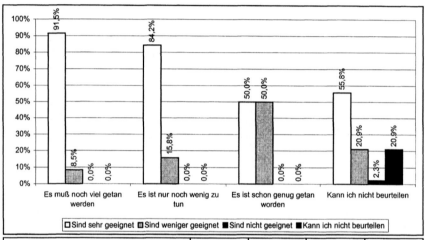

Abbildung 47: Einschätzung der Eignung städtebaulicher Maßnahmen für eine Reduzierung der Kriminalitätsbelastung in Abhängigkeit von der Forderung weiterer Maßnahmen

	Sind sehr geeignet	Sind weniger geeignet	Sind nicht geeignet	Kann ich nicht beurteilen
Es muß noch viel getan werden	65	6	0	0
Es ist nur noch wenig zu tun	16	3	0	0
Es ist schon genug getan worden	1	1	0	0
Kann ich nicht beurteilen	24	9	1	9
Summe n =	106	19	1	9

Ohne Betrachtung der Antworten jener Teilnehmer, welche die Notwendigkeit weiterer städtebaulicher Maßnahmen nicht beurteilen können, zeigt sich, daß mit abnehmender Einschätzung der Erforderlichkeit künftiger Maßnahmen auch der Glaube der Befragten an künftige Erfolge abnimmt. So fällt die Anzahl derjenigen befragten Personen, die städtebauliche Maßnahmen für sehr geeignet zur Reduzierung der Kriminalitätsbelastung halten, von 91,5 % in der Kategorie „Es muß noch viel getan werden" über 84,2 % in der Kategorie „Es ist nur noch wenig zu tun" bis hin zu 50 % in der Kategorie „Es ist schon genug getan worden", wobei in der letztgenannten Kate-

EXPERTENWISSEN ÜBER KRIMINALGEOGRAPHIE 239

gorie nochmals ausdrücklich auf die geringe Anzahl der Nennungen hinzuweisen ist. Die geäußerten Zweifel an der Erfolgstauglichkeit städtebaulicher Maßnahmen steigen mit Werten von 8,5 % über 15,8 % bis zu 50 % (bei n = 1) dagegen nicht so kontinuierlich an, wie dies in Abbildung 45 der Fall ist.

Die Erwartung, hinsichtlich der Einschätzung der Befragten im Hinblick auf die Eignung städtebaulicher Maßnahmen zur Reduzierung der Verbrechensfurcht vergleichbar konstante Ergebnisse wie in Abbildung 46 zu erhalten, bestätigt sich indessen nicht. Vielmehr zeigen die in Abbildung 48 dargestellten Werte eine Verteilung, die der bereits in Abbildung 45 veranschaulichten gleicht:

Abbildung 48: Einschätzung der Eignung städtebaulicher Maßnahmen für eine Reduzierung der Verbrechensfurcht in Abhängigkeit von der Forderung weiterer Maßnahmen

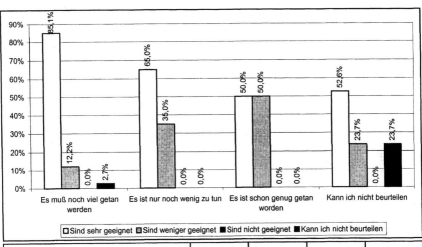

	Sind sehr geeignet	Sind weniger geeignet	Sind nicht geeignet	Kann ich nicht beurteilen
Es muß noch viel getan werden	63	9	0	2
Es ist nur noch wenig zu tun	13	7	0	0
Es ist schon genug getan worden	1	1	0	0
Kann ich nicht beurteilen	20	9	0	9
Summe n =	97	26	0	11

Ohne Berücksichtigung der Nennungen in der Kategorie „Kann ich nicht beurteilen" zeigt sich, daß mit abnehmender Einschätzung der Erforderlichkeit weiterer städtebaulicher Maßnahmen auch das Vertrauen der Befragten in künftige Erfolge abnimmt. Die Anzahl der Befragten, die städtebauliche Maßnahmen für sehr geeignet zur Reduzierung der Kriminalitätsbelastung halten, fällt von 85,1 % in der Kategorie „Es muß noch viel getan werden" über 65 % in der Kategorie „Es ist nur noch wenig zu tun" bis hin zu 50 % (bei n = 1) in der Kategorie „Es ist schon genug getan worden". Gleichzeitig steigen wiederum die Zweifel an der Erfolgstauglichkeit städtebaulicher Maßnahmen von 12,2 % über 35 % bis zu 50 % (bei n = 1) der Antworten an, je mehr die befragten Personen davon ausgehen, daß in der Vergangenheit schon genug getan worden ist. Im übrigen ist nicht ein einziger Befragter der Auffassung, daß städtebauliche Maßnahmen für eine Absenkung der Verbrechensfurcht nicht geeignet sind.

Abschließend soll noch ein Blick auf die Kombination der Antworten jener Teilnehmer geworfen werden, die sowohl zu der Frage, ob kriminalgeographische Untersuchungen ein geeignetes Mittel sind, um praxisnahe Empfehlungen zur Reduzierung der Kriminalitätsbelastung bzw. Verbrechensfurcht zu geben, Stellung genommen haben, wie auch dazu, ob städtebauliche Maßnahmen einen reduzierenden Einfluß auf diese Faktoren ausüben können.

Was die Einschätzung der Eignung städtebaulicher Maßnahmen im Hinblick auf eine mögliche Reduzierung der Kriminalitätsbelastung anbelangt, so zeigt sich bei der Auswertung der Antworten eine deutliche Polarisierung in der Haltung der befragten Personen. Je nachdem, ob die Befragten kriminalgeographische Untersuchungen für geeignet halten, praxisnahe Empfehlungen zu geben, stufen sie auch städtebauliche Maßnahmen als mehr oder minder geeignet zur Reduzierung der Kriminalitätsbelastung ein. Dementsprechend sind 92,7 % der Teilnehmer, die kriminalgeographische Studien für sehr geeignet halten, auch der Meinung, daß städtebauliche Maßnahmen zur Reduzierung der Kriminalitätsbelastung sehr geeignet sind; nur 50 % der Befragten geben dies an, sofern sie kriminalgeographische Untersuchungen für weniger geeignet halten, praxisnahe Empfehlungen für kriminalitätsreduzierende Maßnahmen auszusprechen.

Immerhin stufen 55,2 % der Teilnehmer, die zur Frage nach der entsprechenden Eignung kriminalgeographische Studien kein Urteil abgeben, städtebauliche Maßnahmen dennoch als sehr geeignet ein, um zu einer Reduzierung der Kriminalitätsbelastung beizutragen (siehe Abbildung 49):

Abbildung 49: Eignung städtebaulicher Maßnahmen zur Reduzierung der Kriminalitätsbelastung in Abhängigkeit von der Eignung kriminalgeographischer Studien zur Empfehlung kriminalitätsreduzierender Maßnahmen

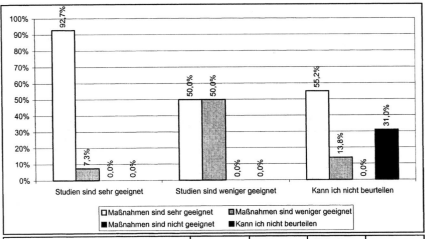

	Maßnahmen sind sehr geeignet	Maßnahmen sind weniger geeignet	Maßnahmen sind nicht geeignet	Kann ich nicht beurteilen
Studien sind sehr geeignet	76	6	0	0
Studien sind weniger geeignet	9	9	0	0
Studien sind nicht geeignet	1	0	0	0
Kann ich nicht beurteilen	16	4	0	9
Summe n =	102	19	0	9

Da die Antwortkategorie „Studien sind nicht geeignet" mit nur einer einzigen Nennung besetzt ist, wurde von einer graphischen Darstellung dieses Ergebnisses, das nur eine graphisch verzerrende Auswirkung hätte, abgesehen.

Leicht veränderte Ansichten zeigen die befragten Personen bei ihrer Einschätzung der Frage, ob städtebauliche Maßnahmen für eine Reduzierung der Verbrechensfurcht geeignet sind, wobei dies erneut in Abhängigkeit von der eingeschätzten Eignung kriminalgeographischer Untersuchungen zur Empfehlung verbrechensfurchtreduzierender Maßnahmen betrachtet wird. Je weniger die befragten Personen kriminalgeographische Studien als geeignet für praxisnahe Empfehlungen ansehen, desto stärker wächst mit Werten von 11,4 % über 60 % bis zu 66,7 % die Skepsis, was die Eignung städtebaulicher Maßnahmen zur Reduzierung von Verbrechensfurcht betrifft. Gleichzeitig sinkt mit der abnehmenden Wertschätzung kriminalgeographischer Untersuchungen auch die Auffassung, daß Maßnahmen auf städtebaulicher Ebene zur Reduzierung der Verbrechensfurcht sehr geeignet sind, von 88,6 % der Antworten über 40 % bis hin zu 0 %. Keine Nennung erhält dagegen wiederum die Einschätzung, daß städtebauliche Maßnahmen hierzu überhaupt nicht geeignet sind. Die vorstehend beschriebenen Ergebnisse werden in Abbildung 50 graphisch dargestellt:

Abbildung 50: *Eignung städtebaulicher Maßnahmen zur Reduzierung der Verbrechensfurcht in Abhängigkeit von der Eignung kriminalgeographischer Studien zur Empfehlung verbrechensfurchtreduzierender Maßnahmen*

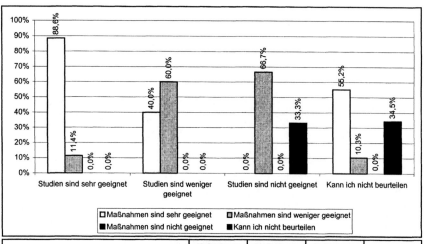

	Maßnahmen sind sehr geeignet	Maßnahmen sind weniger geeignet	Maßnahmen sind nicht geeignet	Kann ich nicht beurteilen
Studien sind sehr geeignet	70	9	0	0
Studien sind weniger geeignet	8	12	0	0
Studien sind nicht geeignet	0	2	0	1
Kann ich nicht beurteilen	16	3	0	10
Summe n =	94	26	0	11

Ferner liegt der Anteil derjenigen befragten Personen, die sich kein Urteil über die Eignung kriminalgeographischer Studien zur Empfehlung verbrechensfurchtreduzierender Maßnahmen erlauben wollen und dennoch städtebauliche Maßnahmen für sehr geeignet zur Senkung der Verbrechensfurcht halten, mit 55,2 % der Nennungen über dem Anteil jener Teilnehmer, welche die kriminalgeographischen Untersuchungen für weniger praxistauglich halten (40 %); diese Ergebnisse entsprechen damit annähernd der bereits in Abbildung 49 dargestellten Verteilung.

V. Diskussion der Ergebnisse und Überprüfung der Hypothesen

Auf der Grundlage der vorstehend dargelegten statistischen Auswertungen und Analysen sollen nunmehr die zu Beginn dieser Arbeit aufgestellten Hypothesen eine Überprüfung erfahren, wozu nicht nur die in Abschnitt IV.1 aufgeführte deskriptive Darstellung der erhobenen Variablen, sondern auch deren in Abschnitt IV.2 vorgenommene Verknüpfungen und differenzierte Betrachtungen herangezogen werden.

1. Hypothese 1: Bekanntheitsgrad bisheriger kriminalgeographischer Studien

Nach Hypothese 1 sind bisherige kriminalgeographische Studien den befragten städtischen Entscheidungsträgern und Repräsentanten unbekannt. Die zur Beurteilung dieser Annahme zunächst generelle Auswertung der Eingangsfrage des Fragebogens zeigt, daß nahezu drei von vier befragten Personen tatsächlich keinerlei Kenntnis von der Existenz einer kriminalgeographischen Untersuchung über ihre eigene Stadt haben. Bei undifferenzierter Betrachtungsweise spricht dies zunächst für eine überwiegende Bestätigung dieser Hypothese.

Wie ein Blick auf die Verteilung der Antworten in den einzelnen befragten Städten zeigt, bedarf das aufgrund der Datenerhebung gewonnene Material einer eingehenden Aufbereitung. Dabei offenbaren sich bereits bei einer stadtbezogenen Betrachtung der Ergebnisse erhebliche Unterschiede. Während in manchen Orten über die Hälfte der befragten Personen eine Kenntnis von der Existenz einer solchen Studie über ihre Stadt angeben, weiß in anderen Städten kein einziger Teilnehmer, daß seine eigene Stadt bereits einmal Gegenstand einer kriminalgeographischen Untersuchung war. Dieser Umstand ist jedoch nicht ausschließlich – wie man annehmen könnte – auf das Alter der individuellen Studien zurückzuführen. Wenngleich sich zeigt, daß Untersuchungen der Jahre 1983 – 1990 einen höheren Bekanntheitsgrad im Bewußtsein der Befragten aufweisen als vergleichbare Studien aus den Jahren 1968 – 1980, so relativiert sich dies angesichts des Umstands, daß gerade jüngere ostdeutsche Untersuchungen aus dem Jahr 1995 hinsichtlich ihres Bekanntheitsgrades bei den befragten Personen deutlich abfallen und damit fast dasselbe Maß an Bekanntheit aufweisen wie Studien, die fast dreißig Jahre älter sind. Allerdings ist darauf hinzuweisen, daß der geringe Bekanntheitsgrad der ostdeutschen kriminalgeographischen Untersuchungen aus dem Jahr 1995, ebenso wie die niedrige Beteiligungsquote der im Rahmen der vorliegenden Arbeit in Ostdeutschland angeschriebenen Personen, möglicherweise auf eine gewisse Reserviertheit ostdeutscher Kommunen gegenüber westdeutschen Befragungen zurückzuführen ist. Es muß jedoch künftigen Untersuchungen vorbehalten bleiben, diese Vermutung zu verifizieren.

Ein ausgesprochen heterogenes Maß an Bekanntheit findet sich, sobald man die abgegebenen Antworten auf die einzelnen befragten Gruppen verteilt. Die befragten Vertreter der Stadtverwaltung äußern sich hierbei auffallend unterschiedlich im Gegensatz zu den befragten Personen der übrigen Teilnehmerkreise. Während sich die allgemeine Verteilung der Antworten zwischen denjenigen Befragten, die eine Kenntnis von der Existenz der kriminalgeographischen Studie über ihre Stadt haben, zu denen, die hiervon keine Kenntnis besitzen, in einem Verhältnis von 1:3 bewegt, geben die Teilnehmer der Stadtverwaltung diesbzgl. ein Verhältnis von 3:1 an.

Dieser bei der Gruppe der Stadtverwaltung vorgefundene und einmalig hohe Kenntnisstand über die bisherigen stadtbezogenen Studien mag zum einen in der Tatsache begründet sein, daß bei der Erstellung derartiger Untersuchungen zur Sicherung der Repräsentativität regelmäßig auf demographisches Datenmaterial zur Stichprobe zurückgegriffen wird, das den Verfassern der Studien – mangels anderweitiger Verfügbarkeit – ausschließlich von Seiten der Stadtverwaltung überlassen werden kann. Zum anderen hat sich jedoch aufgrund der Resonanz über die vorliegende Befragung gezeigt, daß einzelne Vertreter der Stadtverwaltungen erst durch die erfolgte Ansprache auf die kriminalgeographische Studie ihrer Stadt hiervon Kenntnis erlangten und die Beantwortung des Fragebogens auch zeitlich von einer gezielten Durcharbeit der vorhandenen Studie abhängig machten. Dies läßt Raum für die Vermutung, daß sich der Kenntnisstand der Vertreter der Stadtverwaltungen oftmals nur deshalb so vorbildlich präsentiert, weil durch ein der Beantwortung des Fragebogens vorhergehendes und gezieltes Studium der vergangenen kriminalgeographischen Untersuchung über die eigene Stadt dem Bewußtsein der Befragten zuvor eine „Gedächtnisstütze" zuteil wurde.

Auffällig niedrig zeigt sich dagegen der einschlägige Kenntnisstand der Wirtschafts- und Standesvereinigungen. Obwohl zu den befragten Vertretern dieser Gruppe u.a. Vorsitzende von Architektenkammern und -verbänden zählen, die sich mit baulicher Gestaltung und den damit einhergehenden städtebaulichen Auswirkungen von Berufs wegen befassen sollten, wissen nur rund fünf Prozent dieses Teilnehmerkreises, daß über ihre Stadt bereits einmal eine kriminalgeographische Untersuchung durchgeführt worden ist. Auch die Teilnehmer der Gruppe „Polizei, Justiz und Rechtspflege" bieten mit ihrem lediglich durchschnittlichen Wissen ein enttäuschendes Bild. Dieser bescheidene Kenntnisstand läßt wahlweise darauf schließen, daß derartige Publikationen nicht bis zu den Vertretern dieser Gruppen vorgedrungen sind oder sich diese nicht mit den Auswirkungen städtebaulicher Maßnahmen auf objektive Kriminalitätsbelastung oder subjektiv wahrgenommene Verbrechensfurcht beschäftigten wollen oder können.

Aufgrund der bei differenzierter Betrachtungsweise unterschiedlichen Verteilung der Antworten (sowohl in ihrer stadtbezogenen als auch in ihrer gruppenspezifischen Ausprägung) zur Frage nach der Kenntnis der befragten Personen von der Existenz einer kriminalgeographischen Studie über ihre eigene Stadt läßt sich Hypothese 1 nicht vollumfänglich, sondern nur partiell bestätigen.

2. Hypothese 2: Mutmaßlicher Bekanntheitsgrad bisheriger kriminalgeographischer Studien

Hypothese 2 zufolge wird kriminalgeographischen Studien im kommunalpolitischen Bereich und bei den städtischen Entscheidungsträgern und Repräsentanten kein Bekanntheitsgrad zugebilligt. Zur Prüfung dieser Annahme wurde den befragten Personen eine differenzierte Fragestellung vorgelegt; hierbei kann eine gewisse Varianz im Antwortmuster der Teilnehmer festgestellt werden.

So zeigt sich, daß die befragten Personen zu nicht einmal einem Prozent davon ausgehen, die Studien seien in der Kommunalpolitik gut bekannt, während sie dies mit über zehn Prozent der Antworten von den städtischen Entscheidungsträgern annehmen. Diese unterschiedliche Einschätzung spiegeln die Teilnehmer auch in ihren Ansichten über die völlige Unbekanntheit derartiger Untersuchungen wider: Über ein

Viertel der Befragten ist der Auffassung, daß in der Kommunalpolitik keinerlei Wissen über die Existenz kriminalgeographischer Studien vorhanden ist, bei den städtischen Entscheidungsträgern nehmen dies hingegen nur knapp zehn Prozent der Teilnehmer an.

Dabei zeigen sich statistisch hoch signifikante Verteilungsunterschiede, sofern man die Einschätzung der Befragten in Abhängigkeit von ihrer persönlichen Kenntnis von der Existenz der jeweiligen Studie betrachtet. Generell gilt, daß diejenigen Befragten, welche um das Vorhandensein der kriminalgeographischen Untersuchung über ihre Stadt wissen, dieser auch ein wesentlich höheres Maß an Bekanntheit zubilligen als Teilnehmer ohne dieses Wissen. Allerdings wird befragtenseits hierbei differenziert: Während nur knapp drei Prozent der Befragten mit Kenntnis der Studie ihrer eigenen Stadt glauben, diese sei kommunalpolitisch gut bekannt, nimmt dies ein Drittel der Teilnehmer für den Bereich der städtischen Entscheidungsträger und Repräsentanten an.

Grundsätzlich ist sonach festzuhalten, daß städtischen Repräsentanten und Entscheidungsträgern gegenüber den Kommunalpolitikern ein höheres Maß an kriminalgeographischem Wissen zugebilligt wird. Dies überrascht vor dem Hintergrund, daß es sich bei den Vertretern der Kommunalpolitik auf der Ebene der Stadtparlamente funktionell um überaus bedeutsame Mitglieder der Legislative handelt, in deren Entscheidungsgewalt die konkrete Ausführung städtebaulicher Gestaltungen, z.B. in Form von Flächennutzungs- oder Bebauungsplänen, letztendlich liegt. Dennoch wiesen die mit der bloßen Ausführung dieser legislativ getroffenen Entscheidungen betrauten Exekutivorgane einen informationellen Vertrauensvorschuß im Hinblick auf ihre kriminalgeographische Kenntnisse bei den befragten Personen auf.

Auf zwei Auffälligkeiten ist in diesem Zusammenhang gesondert hinzuweisen. Zum einen billigen die befragten Personen trotz des objektiv überdurchschnittlich vorhandenen Bekanntheitsgrades bei den Vertretern der Politik ausgerechnet dieser Gruppe die geringste Bekanntheit zu – ein Umstand, der nicht gerade ein Verhältnis ausdrückt, das durch ein besonderes Vertrauen der Teilnehmer zu ihren gewählten politischen Vertretern gekennzeichnet ist. Zum anderen schätzt sich vornehmlich die Stadtverwaltung mit fast einem Drittel der Antworten als Institution ein, in der eine gute Bekanntheit der kriminalgeographischen Untersuchungen vorhanden sei. Dabei handelt es sich jedoch um eine Selbsteinschätzung, die von der Hälfte der verbleibenden Teilnehmerkreise nicht im entferntesten geteilt wird. Bei der Stadtverwaltung könnte der Wunsch, nach außen hin ein kompetentes Erscheinungsbild abzugeben, Grund für diese überaus positive Selbstdarstellung sein. Maßgeblich beeinflußt wird die Auswertung der mutmaßlichen Bekanntheit sowohl in der Kommunalpolitik als auch bei den städtischen Entscheidungsträgern von dem Umstand, daß ein hoher Prozentsatz von teilweise über siebzig Prozent der Befragten diese Frage nicht beurteilen kann.

Wenngleich die vorgefundenen Ergebnisse einen gewissen Trend skizzieren, der in Richtung auf die in Hypothese 2 formulierte Aussage hindeutet, so kann diese Annahme dennoch in der a priori aufgestellten Form nicht bestätigt werden.

3. Hypothese 3: Bekanntheitsgrad der Ergebnisse kriminalgeographischer Studien

Nach Hypothese 3 sind die Ergebnisse kriminalgeographischer Studien, insbesondere in bezug auf städtebauliche Maßnahmen zur Reduzierung von Kriminalitätsbelastung oder Verbrechensfurcht, nicht bekannt. Pauschal geben bei dieser Frage rund zehn Prozent der befragten Personen eine gute bis sehr gute Kenntnis, weitere rund zehn Prozent eine weniger gute Kenntnis und rund achtzig Prozent überhaupt keine Kenntnis der Ergebnisse an, was sich insoweit mit den Antworten der Teilnehmer auf die Frage deckt, ob sie generell von der Existenz einer kriminalgeographischen Untersuchung über ihre Stadt wissen.

Es liegt somit nahe, zur tiefergehenden Analyse des Kenntnisstandes der Teilnehmer nur diejenigen befragten Personen zu berücksichtigen, die bei der Eingangsfrage angegeben hatten, sie wüßten generell vom Vorhandensein der städtischen Untersuchung. Dabei zeigt sich, daß von den zwanzig Prozent der Teilnehmer, die zumindest ein gewisses Maß an Kenntnis angeben, auf weitere Nachfrage wiederum über sechzig Prozent offenbaren, wenig bis nichts über die Studie ihrer Stadt zu wissen. Addiert man die Anzahl dieser Befragten zu denjenigen, die von vorneherein jegliche Kenntnis über die Untersuchung verneinen, so beläuft sich die Quote der befragten

Personen, die nur wenig bis nichts über die kriminalgeographische Untersuchung ihrer eigenen Stadt wissen, auf über neunzig Prozent.

Dieses Resultat spiegelt sich auch in den Angaben der Teilnehmer zur Frage nach konkreten Einzelmaßnahmen zur Reduzierung von Kriminalitätsbelastung und Verbrechensfurcht wider. Auf Seiten der befragten Personen erfolgt praktisch keine Differenzierung zwischen diesen beiden Teilbereichen, vielmehr geben beständig über neunzig Prozent von ihnen an, keinerlei Angaben zu etwaigen Einzelempfehlungen machen zu können. Die überaus wenigen Teilnehmer, die sich dennoch an konkret empfohlene Maßnahmen erinnern, nennen die Bereiche von Grünanlagen, Beleuchtung und Unterführungen in einer relativ gleichmäßigen Verteilung.

Es drängt sich jedoch die Vermutung auf, daß diese Befragten die von ihnen angegebenen Maßnahmen nicht aus ihrem Erinnerungsvermögen – und damit aus präsentem Wissen aus dem Bereich der Kriminalgeographie – abgerufen haben, sondern schlichtweg deshalb Angaben machen können, weil sich ein Exemplar der Untersuchung über ihre Stadt in ihrem unmittelbaren Zugriffsbereich befindet, wie einige Teilnehmer bei einem telefonischen Kontakt einräumten. Gestützt wird diese Annahme zudem auf der wiederholt anzutreffenden Aussage, nach der einige Befragte eine Beantwortung des Fragebogens von einer vorhergehenden Durcharbeit der kriminalgeographischen Studie abhängig machen wollten. Dies wird auch von den Ergebnissen untermauert, daß jeweils zwanzig Prozent derjenigen Befragten, die nach eigenen Angaben eine Kenntnis von der kriminalgeographischen Untersuchung über ihre Stadt besitzen, dieses Wissen aufgrund einer eigenen Beteiligung hieran oder wegen des Umstands haben, daß sie in ihrer dienstlichen Eigenschaft damit befaßt waren.

Zusammenfassend ist festzuhalten, daß fast achtzig Prozent der befragten Personen überhaupt keine inhaltliche Kenntnisse der kriminalgeographischen Untersuchung über ihre Stadt haben; von den verbleibenden Teilnehmern, die nach eigenen Angaben solches Wissen besitzen, räumen auf genauere Nachfrage wiederum mehr als sechzig Prozent ein, doch nur bescheidene bis gar keine Einblicke in den Informationsgehalt der kriminalgeographischen Studie zu haben.

Hypothese 3 kann daher auf Grundlage der vorgefundenen Ergebnisse bestätigt werden.

Um eine Steigerung des Verbreitungs- und Bekanntheitsgrades derartiger Untersuchungen zu erreichen, ist nach überwiegender Auffassung der Befragten eine entsprechende Bekanntgabe der kriminalgeographischen Untersuchungsergebnisse durch Presse und Medien notwendig. Mit fast dreißig Prozent der Antworten wird ferner eine Einbeziehung von Behörden, verbunden mit einer politischen Diskussion, als erforderlich angesehen.

4. Hypothese 4: Realisierung städtebaulicher Maßnahmen aufgrund studienbezogener Empfehlungen

Hypothese 4 stellt die zentrale Annahme auf, daß die in kriminalgeographischen Studien empfohlenen städtebaulichen Maßnahmen zur Reduzierung von Kriminalitätsbelastung oder Verbrechensfurcht nicht realisiert worden sind. Die Beurteilung dieser Vermutung gestaltet sich vor dem Hintergrund als schwierig, weil nur eine vergleichsweise geringe Anzahl von Antworten zur Verfügung steht, um hierüber eine auf ausreichendes Datenmaterial gestützte Aussage treffen zu können. Andererseits war im Rahmen der vorliegenden Arbeit eine unmittelbare Überprüfung der tatsächlich durchgeführten städtebaulichen Maßnahmen vor Ort aus zeitlichen und wirtschaftlichen Gründen nicht möglich. Durchschnittlich rund sechs von sieben Teilnehmern können sich zur Frage der Umsetzung kriminalgeographisch empfohlener Maßnahmen kein Urteil bilden, was jedoch nur folgerichtig ist, da ein entsprechend hoher Anteil an befragten Personen auch nicht in der Lage ist, studienbezogene städtebauliche Maßnahmen zu nennen. Eine Auswertung der wenigen aussagekräftigen Antworten zeigt, daß sich die Ansichten der Teilnehmer über eine Umsetzung städtebaulicher Maßnahmen auf der Basis der kriminalgeographischen Studie ihrer Stadt häufig zwar prozentual verschieden, in der absoluten Zahl der Nennungen jedoch oftmals nahezu gleich darstellen; insoweit kann nicht von einer nachhaltig unterschiedlichen Gewichtung gesprochen werden.

Erwähnenswert scheint die Tatsache, daß die Vertreter der Stadtverwaltung im Gegensatz zu den übrigen befragten Personen verstärkt davon ausgehen, es seien viele städtebauliche Maßnahmen realisiert worden, und zwar mehr zur Reduzierung der Verbrechensfurcht (drei von acht Befragten), als zur Reduzierung der Kriminalitätsbelastung (ein Viertel der Befragten). Als unmittelbar für den Städtebau verantwortliche Behörde steht sie mit dieser autokratischen Auffassung einer hohen Umsetzung, mit der sie sich selbst in ein positives Licht rückt, jedoch weitgehend allein. Auf lokaler Ebene erreicht die Einschätzung, daß viele städtebauliche Maßnahmen auf der Grundlage einer kriminalgeographischen Untersuchung realisiert worden sind, in manchen Städten sowohl in bezug auf die Kriminalitätsbelastung, wie auch hinsichtlich der Verbrechensfurcht zwar Werte von bis zu zwanzig Prozent; dies darf jedoch nicht darüber hinwegtäuschen, daß dies die prozentuale Auffassung von absolut betrachtet nur sehr wenigen befragten Personen darstellt.

Es zeigt sich ferner der Trend, daß diejenigen Befragten, die nach eigenen Angaben inhaltliche Kenntnis von der kriminalgeographischen Studie ihrer Stadt besitzen, auch ein höheres Maß an realisierten städtebaulichen Maßnahmen annehmen, als dies die Teilnehmer ohne Kenntnis der Studie ihrer Stadt tun. Im übrigen scheint das Alter der bisherigen Untersuchungen ebenfalls einen Einfluß auf die Einschätzung der studienbezogen umgesetzten Maßnahmen zu haben, was möglicherweise auf den Effekt einer zunehmend verblassenden Erinnerungsfähigkeit der Befragten zurückzuführen ist: Tendenziell gibt eine zunehmende Anzahl von Teilnehmern an, es seien studienbezogene städtebauliche Maßnahmen realisiert worden, je jünger die zugrundeliegende kriminalgeographische Untersuchung ist. Erneut ist hierbei jedoch auf die absolut gesehen geringe Zahl der Nennungen hinzuweisen.

Allgemein kann festgestellt werden, daß die Befragten bei ihrer Einschätzung der Realisierung bisheriger studienbezogener Maßnahmen zwischen den Bereichen der objektiven Kriminalitätsbelastung und der subjektiv wahrgenommenen Verbrechensfurcht praktisch nicht unterscheiden. Mit fast vierzig Prozent der Antworten geben die befragten Personen als Grund für die mangelnde Umsetzung studienbezogener Maßnahmen an, daß andere Projekte wichtiger sind; mit rund dreißig Prozent der Nennungen bewegt sich die Auffassung, zu hohe Kosten würden hierbei eine Rolle spielen, nur an zweiter Stelle. Aussagekräftigere Werte erhält man nur, wenn man zur Prüfung der Ausgangshypothese ausschließlich die Antworten jener befragter Personen heranzieht, die zuvor selbst eine inhaltliche Kenntnis von der kriminalgeographischen Studie über ihre Stadt angegeben hatten. Hierbei zeigt sich neben einem deutlich erhöhten Maß an Entscheidungssicherheit, daß rund ein Viertel der Teilnehmer viele Maßnahmen zur Reduzierung der Kriminalitätsbelastung, fast dreißig Prozent der Befragten sogar zur Senkung der Verbrechensfurcht als realisiert ansehen. Insoweit ist an dieser Stelle erstmals eine leichte Tendenz bei den Angaben der befragten Personen festzustellen, daß bei der Zielrichtung der realisierten städtebaulichen Maßnahmen zwischen einer Reduzierung der objektiven Kriminalitätsbelastung und der Reduzierung der subjektiven Viktimisierungsfurcht unterschieden wird; gleichwohl basiert dieser Umstand auf der ungleichen Verteilung von nur wenigen Antworten. Allerdings kann bei einer Betrachtung der Antwortverteilung der Eindruck entstehen, daß sich die Befragten, um eine eindeutige Stellungnahme in den Kategorien „Es wurde viel realisiert" oder „Es wurde nichts realisiert" zu vermeiden, auf die gemäßigte Antwort „Es wurde wenig realisiert" zurückziehen. Diese Einschätzung könnte dabei möglicherweise nicht eine präzise Darstellung der tatsächlichen Sachlage wiedergeben, sondern vielmehr auf der eigenen Unkenntnis der Teilnehmer über die kriminalgeographisch in ihrer Stadt geforderten Maßnahmen beruhen. Dies spricht wiederum dafür, daß die wenigen durchgeführten Maßnahmen auf städtebaulicher Ebene nicht derart auffallend und einprägsam waren, daß sie sich im Bewußtsein der Bürger – und damit auch im Bewußtsein der befragten Personen – festgesetzt hätten.

Da die Spitzenwerte bei der allgemeinen Verteilung der Antworten zur Frage der Umsetzung kriminalgeographisch empfohlener städtebaulicher Maßnahmen in den entscheidungserheblichen Antwortkategorien hinsichtlich der Kriminalitätsbelastung nur knapp sieben Prozent, hinsichtlich der Verbrechensfurcht sogar nur knapp sechs Prozent der Nennungen ausmachen, ist Hypothese 4 damit aufgrund des nur unzureichenden Datenmaterials einer abschließenden Beurteilung nicht zugänglich.

5. Hypothese 5: Generelle Durchführung städtebaulicher Maßnahmen

Nach Hypothese 5 wurden zur Reduzierung von Kriminalitätsbelastung oder Verbrechensfurcht bislang generell keine städtebaulichen Maßnahmen realisiert. Wenngleich diese Annahme in der a priori vorliegenden Formulierung nur von knapp zehn

Prozent der Befragten bestätigt wird, so äußern dennoch mehr als die Hälfte der Teilnehmer, daß nach ihrer Ansicht generell wenig bis keine städtebaulichen Maßnahmen durchgeführt worden sind. Wie ein Vergleich zeigt, geben die befragten Personen im Hinblick auf eine Realisierung genereller Maßnahmen auf städtebaulicher Ebene fast doppelt so häufig an, es sei diesbzgl. viel realisiert worden, als zur Frage der Umsetzung studienbezogener städtebaulicher Maßnahmen. Hierbei führen nach Ansicht der Befragten vor allem Maßnahmen im Bereich der Beleuchtung die Rangliste der in die Praxis umgesetzten Maßnahmen an.

Dabei differieren die Antworten in den einzelnen Städten teilweise erheblich. Während bzgl. einer Reduzierung der Verbrechensfurcht in fünf, bzgl. einer Reduzierung der Kriminalitätsbelastung sogar in sechs Städten kein einziger Befragter angibt, es seien generell viele städtebauliche Maßnahmen realisiert worden, so erreicht diese Einschätzung beispielsweise in der Stadt Nürnberg Werte von jeweils fast vierzig Prozent. Dies muß jedoch nicht zwangsläufig mit einem objektiv hohen Maß an durchgeführten städtebaulichen Maßnahmen zusammenhängen, sondern kann möglicherweise auch auf den Umstand zurückzuführen sein, daß Nürnberg zu den Pilotstädten des seit 1994 durchgeführten dreijährigen Projekts „Sicherheitswacht in Bayern" zählt, dessen primäres Ziel die Stärkung des Sicherheitsgefühls der Bevölkerung durch sichtbare Präsenz und die Unterstützung der Polizei im Rahmen der Aufrechterhaltung von öffentlicher Sicherheit und Ordnung ist. Gleichwohl erfolgt der Einsatz der Sicherheitswacht insbesondere in größeren Wohnanlagen, öffentlichen Parks, in der Umgebung von Haltestellen öffentlicher Verkehrsmittel sowie im Umfeld von Gebäuden und Einrichtungen, bei denen es immer wieder zu Sachbeschädigungen kommt[31]. Insofern kann auch eine themenverwandte, von der Zielrichtung jedoch anders gelagerte intensive Diskussion über Fragen der Sicherheit zu solch einer positiven Einschätzung der Durchführung städtebaulicher Maßnahmen der befragten Personen in einer einzelnen Stadt beigetragen haben[32].

---

[31] Vgl. dazu http://www.bka.de/infopool/html: BKA – Infopool Prävention – Themengebiet Sicherheitsgefühl: Sicherheitswacht in Bayern; ferner *Steffen*, Sicherheitswacht Bayern, 1997.

[32] Siehe hierzu auch *Behring/Göschl/Lustig*, Zur Praxis einer „Kultur des Hinschauens", 1996, 49 ff.; zu den Erfahrungswerten siehe ferner *Spörl*, Zum Einsatz von Bürgern in einer „Sicherheitswacht", 1997, 33 ff.

Ein auffallend anderes Antwortprofil zeigen bei einer gruppenspezifischen Auswertung abermals die Vertreter der Stadtverwaltung. Im Gegensatz zu den befragten Personen der übrigen Teilnehmerkreise geben diese bzgl. der Frage nach einer Reduzierung der Kriminalitätsbelastung zu einem Drittel, hinsichtlich einer Reduzierung der Verbrechensfurcht sogar bis zu vierzig Prozent an, daß in der Vergangenheit ein hohes Maß an städtebaulichen Maßnahmen realisiert worden sei. Diese unterschiedlichen Prozentuierungen erwecken jedoch nur auf den ersten Blick den Eindruck, die Befragten hätten zwischen Maßnahmen zur Reduzierung der Kriminalitätsbelastung und solchen zur Reduzierung der Verbrechensfurcht unterschieden; dies ist faktisch allerdings nicht der Fall, da die Differenz hier in nur einer einzigen unterschiedlichen Nennung begründet ist.

Als mögliche Gründe gegen die Durchführung städtebaulicher Maßnahmen wird nicht nur in Großstädten wie Köln, Bochum und Nürnberg, sondern auch in kleineren Orten wie Neumünster vornehmlich ein zu hoher Kostenfaktor genannt; vor allem in den ostdeutschen Städten ist man dagegen überwiegend der Ansicht, daß andere Projekte wichtiger sind. Auf der Ebene der einzeln ausgewerteten Teilnehmerkreise gibt immerhin über ein Viertel der Vertreter der Wirtschafts- und Standesvereinigungen an, daß die Stadt an der generellen Durchführung städtebaulicher Maßnahmen zur Reduzierung von Kriminalitätsbelastung oder Verbrechensfurcht kein Interesse habe. Möglicherweise ist dieses pessimistische Urteil auf die häufig negativen Erfahrungen zurückzuführen, welche die befragten Personen dieses Teilnehmerkreises im Kontakt mit staatlichen Behörden gemacht haben. Weil Unternehmen der freien Wirtschaft in häufig eng umkämpften Märkten vornehmlich auf effizientes Handeln zum Zweck der Ziel- und Ertragsoptimierung bedacht sind, zeigt sich teilweise ein gewisses Unverständnis für einen eher schwerfälligen und bürokratischen Beamtenapparat, was sich eventuell in der hier vorliegenden Einschätzung dieses Teilnehmerkreises niederschlagen mag.

Aufgrund der sich bei differenzierter Betrachtungsweise ergebenden unterschiedlichen Verteilung der Antworten zur Frage nach einer generellen Realisierung städtebaulicher Maßnahmen sowie des Umstands, daß sich viele Befragte oftmals nicht auf eine eindeutige Aussage festlegen wollen, kann Hypothese 5 in der a priori aufgestellten Form nicht bestätigt werden.

6. Hypothese 6: Erfolg und Auswirkungen städtebaulicher Maßnahmen

Hypothese 6 zufolge bewirken städtebauliche Maßnahmen nach Ansicht der Befragten selbst bei deren Durchführung keine Reduzierung der Kriminalitätsbelastung oder der Verbrechensfurcht. In dieser reinen Aussageform können bzgl. der Kriminalitätsbelastung nur rund zwei Prozent, bzgl. der Verbrechensfurcht nur rund fünf Prozent der befragten Personen diese Annahme bestätigen; rund ein Viertel der Teilnehmer geht davon aus, daß die durchgeführten städtebaulichen Maßnahmen in beiden Bereichen zumindest teilweise etwas gebracht haben.

Betrachtet man die statistische Auswertung der abgegebenen Antworten, so stellt sich insbesondere die hohe Quote derjenigen Befragten, die diese Frage nicht beurteilen können, als problematisch dar, da für die Verteilung auf die aussagekräftigen Antwortkategorien nur wenige Nennungen verbleiben; dies betrifft insbesondere den Versuch einer Aufteilung der Nennungen auf die einzelnen Städte. So ist an dieser Stelle lediglich ein Hinweis auf die tendenzielle Ansicht der Befragten erlaubt, daß städtebauliche Maßnahmen nach ihrer Auffassung zu einer Reduzierung der Verbrechensfurcht noch weniger effektiv sind als zu einer Reduzierung der Kriminalitätsbelastung. Dies mag jedoch in dem Umstand begründet sein, daß bislang keine Evaluationen zur Frage der Effizienz städtebaulicher Maßnahmen vorliegen.

Erneut ist es die Gruppe der Stadtverwaltung, die im Vergleich zu den übrigen Teilnehmerkreisen die Frage nach dem Erfolg städtebaulicher Maßnahmen anders beurteilt. Sie geht hinsichtlich der Kriminalitätsbelastung zu einem Viertel der Antworten, bzgl. der Verbrechensfurcht zu knapp einem Fünftel davon aus, daß städtebauliche Maßnahmen zu einer Reduzierung dieser Faktoren beigetragen haben. Allgemein gilt, daß jene Personen, die von einem hohen Grad an Realisierung städtebaulicher Maßnahmen ausgehen, diesen auch einen vergleichsweise hohen Wirkungsgrad zubilligen, und zwar sowohl in bezug auf eine Reduzierung der Kriminalitätsbelastung, wie auch im Hinblick auf eine Reduzierung der Verbrechensfurcht. Diese Ergebnisse erlauben die Schlußfolgerung, daß diejenigen Personen (vor allem aus dem Bereich der Stadtverwaltung), die für eine Realisierung städtebaulicher Maßnahmen selbst zuständig sind, auch am ehesten an den Erfolg der von ihnen durchgeführten Maßnahmen glauben.

Aufgrund des hohen Prozentsatzes der Befragten, die zu den Hypothese 6 zugrundeliegenden Fragen kein Urteil abgegeben haben, und bei einer gleichzeitig nur geringen Anzahl von Nennungen, welche die Vermutung in ihrer ursprünglichen Form voll bestätigen, kann diese Annahme nicht aufrechterhalten werden. Der Umstand, daß nur wenige befragte Personen eine klare Position beziehen und mit ihren Antworten statt dessen eine nicht eindeutige Zuordnung erklären können oder wollen, muß zu einer Verwerfung von Hypothese 6 führen.

7. Hypothese 7: Erforderlichkeit weiterer städtebaulicher Maßnahmen

Hypothese 7 besagt, daß zur Reduzierung von Kriminalitätsbelastung und Verbrechensfurcht weitere städtebauliche Maßnahmen als erforderlich angesehen werden. Diese Annahme wird von den Befragten allgemein sowohl für eine Reduzierung der Kriminalitätsbelastung, wie auch für eine Reduzierung der Verbrechensfurcht mit jeweils über der Hälfte der Antworten bestätigt; nur anderthalb Prozent der Teilnehmer sind dagegen der Auffassung, es sei auf städtebaulicher Ebene bereits genug getan worden.

Allerdings fallen hier die Vertreter der Stadtverwaltung mit ihrer diesbzgl. Einschätzung wiederum aus dem Rahmen der sonstigen Nennungen. Während die übrigen Teilnehmerkreise auch künftig ein hohes Maß an städtebaulichen Maßnahmen mit Spitzenwerten von bis zu drei Vierteln der Antworten für erforderlich halten, sind die jeweiligen Oberbürgermeister und Stadtbaudezernenten hinsichtlich der Kriminalitätsbelastung zu gut sechzig Prozent, bzgl. der Verbrechensfurcht sogar zu fast siebzig Prozent der Auffassung, daß in diesem Bereich nur noch wenig zu tun ist. Dieses Ergebnis könnte vor dem Hintergrund zu erklären sein, daß die Stadtverwaltung als einzige Institution selbst am meisten von ihrer bisherigen städtebaulichen Schaffenskraft überzeugt ist, so daß sie daher den künftigen Handlungsbedarf in dieser Hinsicht als nur noch gering einstuft.

Wie eine Verteilung der Antworten auf die einzelnen Städte zeigt, bestehen in der Einschätzung der hohen Notwendigkeit weiterer Maßnahmen auch regionale Unterschiede; hier variieren die prozentualen Werte zwischen lediglich rund fünfzehn bis hin zu fast neunzig Prozent der Antworten. Vergleicht man die Angaben der untersuchten westdeutschen Städte mit jenen im Osten Deutschlands, so zeigt sich ferner, daß die Forderung nach vielen weiteren städtebaulichen Maßnahmen im Westen Deutschlands durchschnittlich zu rund zwanzig Prozent geringer ausgeprägt ist als im Osten der Republik; im Vergleich zu den Städten Bayerns beläuft sich der diesbzgl. Unterschied sogar auf bis zu dreißig Prozent. Diese Aussage besitzt nicht nur Gültigkeit in bezug auf eine Reduzierung der Kriminalitätsbelastung, sondern auch hinsichtlich einer Reduzierung der Verbrechensfurcht. Hier scheinen in manchen Städten der neuen Bundesländer noch erhebliche Defizite zu bestehen. Für die im Osten Deutschlands höher eingeschätzte Notwendigkeit künftiger städtebaulicher Maßnahmen können verschiedene Faktoren ausschlaggebend sein. So mag eine größere Aufgeschlossenheit der dort ansässigen Bevölkerung (einschließlich ihrer Repräsentanten und Entscheidungsträger) genauso zu diesen Ergebnissen führen wie der Umstand, daß in den ostdeutschen Kommunen – nicht zuletzt aufgrund deren sozialistischer Vergangenheit – generell ein höherer Bedarf an städtebaulichen Maßnahmen vorhanden ist, so daß hier das Nützliche mit dem Notwendigen verbunden werden kann.

Wesentlich geringere Bandbreiten der Nennungen erbringt dagegen die Verknüpfung der Frage nach der Erforderlichkeit künftiger mit der Realisierung bisheriger städtebaulicher Maßnahmen. Hier liegt der Anteil der Teilnehmer, die bzgl. der Kriminalitätsbelastung von bislang keinen realisierten Maßnahmen ausgehen und dennoch viele weitere Maßnahmen fordern, nur fünf Prozent über dem Anteil derjenigen, die von einem hohen Maß an Realisierung ausgehen und künftige Maßnahmen beanspruchen. Bzgl. der Verbrechensfurcht zeigen sich dagegen deutlichere Verteilungsunterschiede; dort beträgt der Unterschied in der Forderung nach weiteren städtebaulichen Maßnahmen zwischen den Antworten der Kategorien „Viel realisiert" und „Nichts realisiert" über zwanzig Prozent. Auffallend ist ferner, daß bei der Erfolgseinschätzung der verbrechensfurchtreduzierenden Maßnahmen genau diejenigen befragten Personen, nach deren Ansicht bisherige Maßnahmen nichts gebracht haben, zuvorderst davon ausgehen, daß auf städtebaulicher Ebene ein hoher künftiger Handlungsbedarf besteht: Ein scheinbar paradoxes Ergebnis, für das sich nur schwer eine Erklärung finden läßt. Wie eine Betrachtung der Antwortverteilung auf die Kategorien „Hat viel gebracht" und „Hat nichts gebracht" zeigt, liegt der Grund hierfür u.a. in der Tatsache, daß nur bei einer prozentualen Darstellung der Werte dieses erstaunliche Resultat zutage tritt; die Anzahl der absoluten Nennungen in den beiden Kategorien ist hingegen – unter Berücksichtigung des kleinen n – identisch. Ferner erscheint es denkbar, daß die Antwortmöglichkeit „Es ist noch viel zu tun" im Bereich des Städtebaus ebenso zum „kollektiven Alltagswissen" zu zählen ist, wie dies *Kerner* hinsichtlich der allgemein anzutreffenden Einschätzung des Kriminalitätsanstiegs feststellte, so daß auch Umfragen zur allgemeinen Kriminalitätsentwicklung in der Tendenz zur Reproduktion des „schon immer" Gewußten führen[33].

In Anbetracht der vorstehend dargelegten Ergebnisse, die auch bei einer tiefergehenden Analyse der Antworten eine Bestätigung der zuvor aufgestellten Annahme erbringen, kann Hypothese 7 als zutreffend eingestuft werden.

8. Hypothese 8: Zweckmäßigkeit künftiger kriminalgeographischer Untersuchungen

Nach Hypothese 8 wird die Durchführung weiterer kriminalgeographischer Untersuchungen als sinnvoll angesehen. Diese Annahme wird allgemein von den Befragten bzgl. ihrer eigenen Stadt mit knapp zwei Drittel, außerhalb des Stadtgebiets mit fast drei Viertel der Antworten bestätigt. Damit befürworten sechs von sieben befragten Personen, die kriminalgeographische Untersuchungen generell für sinnvoll halten, diese auch für ihre eigene Stadt.

Durchbrochen wird dieser Trend lediglich von den Vertretern der Stadtverwaltung zur Frage nach dem Sinn künftiger Studien über die eigene Stadt. Während sich diese Teilnehmer hinsichtlich ihrer Antworten zur Frage nach dem Sinn genereller Studien außerhalb des Stadtgebiets in den Kreis der sich allgemein positiv äußernden Gruppen einreihen, sieht die Stadtverwaltung in bezug auf die eigene Stadt – im Gegensatz zu den übrigen Teilnehmerkreisen – einen entsprechenden Handlungsbedarf als nicht so vordringlich an. Bezogen auf die Gruppe der Stadtverwaltung bestätigt sich demnach die Annahme, daß die Befragten außerhalb ihrer Stadt kriminalgeographische Untersuchungen befürworten, innerhalb dagegen nicht. Dies geht im übertrage-

---

[33] Vgl. *Kerner*, Kriminalitätseinschätzung und Innere Sicherheit, 1980, 87.

nen Sinn mit der durch andere Befunde gestützten Auffassung einher, nach der die Mehrheit der Bürger die eigene Nachbarschaft und die dortige Kriminalitätsrate als niedrig und stabil empfindet, während sie von steigenden Kriminalitätsraten und steigender Unsicherheit in anderen Gebieten ausgeht[34].

Auch auf lokaler Ebene zeigen sich zwar Unterschiede bei der Einschätzung des Nutzens weiterer kriminalgeographischer Untersuchungen; stets überwiegt jedoch dabei die Anzahl der befragten Personen, die weitere Studien für sinnvoll halten. Ist es bei der Frage nach dem Sinn künftiger Untersuchungen über die eigene Stadt nur eine ostdeutsche Kommune, die dies mit neunzig Prozent der Antworten befürwortet, so sind es bei der Frage, ob weitere kriminalgeographische Studien generell als sinnvoll angesehen werden, sogar zwei Städte, die sich ausnahmslos in diesem Sinne äußern. Diese Auffassung findet eine weitere Bestätigung, betrachtet man nur diejenigen Teilnehmer, die selbst inhaltliche Kenntnisse von der kriminalgeographischen Untersuchung über ihre eigene Stadt besitzen. Hierbei zeigt sich, daß ausnahmslos alle Befragten, die zuvor eine inhaltliche Kenntnis von der Studie über ihre Stadt angegeben hatten, auch weitere derartige Studien für sinnvoll halten, und zwar sowohl in der eigenen Stadt als auch außerhalb des Stadtgebiets. Ferner ist ein Trend erkennbar, daß mit abnehmender Kenntnis vom Inhalt der kriminalgeographischen Studie über die eigene Stadt ebenso die Auffassung abnimmt, weitere Studien könnten auch in Zukunft sinnvoll sein. Dies läßt den Schluß zu, daß Personen, die aufgrund eigener Kenntnis ein positives Wissen über kriminalgeographische Zusammenhänge haben, derartige Untersuchungen allgemein für wesentlich sinnvoller halten als Personen ohne dieses Hintergrundwissen.

Das Abhängigkeitsverhältnis dieser beiden Variablen spiegelt sich auch in den Gründen wider, die nach Ansicht der Befragten möglicherweise gegen eine Durchführung weiterer Studien sprechen könnten. Während mehr als die Hälfte der befragten Personen, die kriminalgeographische Untersuchungen in der eigenen Stadt als sinnvoll einstufen, zu hohe Kosten als Hauptgrund gegen künftige Studien nennen, geben über vierzig Prozent der Teilnehmer, die weitere Untersuchungen für nicht sinnvoll halten, an, daß die Stadt kein Interesse hieran habe. Diejenigen befragten Personen,

---

[34] Vgl. *Feltes*, Verbrechensopfer, Dunkelziffer und Verbrechensfurcht, 1987, 413.

die künftige kriminalgeographische Untersuchungen als weniger sinnvoll beurteilen, nennen dagegen vornehmlich den zweifelhaften Erfolg als möglichen Hinderungsgrund für künftige Studien.

Insgesamt betrachtet hat Hypothese 8 damit eine umfassende Bestätigung gefunden; die befragten Personen sehen mehrheitlich auch weitere kriminalgeographische Untersuchungen als sinnvoll an.

9. Hypothese 9: Eignung kriminalgeographischer Studien für praxisnahe Empfehlungen

Hypothese 9 zufolge sind kriminalgeographische Untersuchungen geeignet, um praxisnahe Empfehlungen zur Reduzierung von Kriminalitätsbelastung oder Verbrechensfurcht zu geben. Mit einer deutlichen Mehrheit von über sechzig Prozent der Antworten gehen die befragten Personen von einer solchen Eignung kriminalgeographischer Studien aus, wobei in den allgemeinen Angaben der Befragten praktisch keine Unterscheidung zwischen der Einschätzung hinsichtlich einer Reduzierung der Kriminalitätsbelastung und einer Reduzierung der Verbrechensfurcht festzustellen ist.

Ein differenziertes Antwortbild erbringt die Verteilung der Antworten auf die einzelnen Teilnehmerkreise. Hierbei zeigt sich, daß sich die Vertreter der Stadtverwaltung mit ihren Einschätzungen erneut von allen anderen unterscheiden. Wenngleich zwar genau die Hälfte dieser Personen ebenfalls eine sehr gute Eignung der Studien für praxisnahe Empfehlungen zur Reduzierung der Kriminalitätsbelastung angeben, so fällt der Anteil dieser Ansichten gegenüber dem Durchschnitt der übrigen Antworten doch zurückhaltender aus. Dies mag mit den Zweifeln zusammenhängen, welche die befragten Personen der Gruppe „Stadtverwaltung" bereits bei der Frage nach der Notwendigkeit weiterer kriminalgeographischer Untersuchungen, insbesondere über die eigene Stadt, geäußert hatten. Hinsichtlich einer Eignung für praxisorientierte Empfehlungen zur Reduzierung der Verbrechensfurcht geben in der Spitze sogar drei von vier Personen der Gruppe „Polizei, Justiz und Rechtspflege" an, daß sie eine entsprechende Tauglichkeit annehmen.

Deutliche Unterschiede zeigen sich auch bei einer Betrachtung der Verteilung auf lokaler Ebene. Hier wird die Einschätzung, daß kriminalgeographische Studien für Empfehlungen zur Reduzierung von Kriminalitätsbelastung oder Verbrechensfurcht sehr geeignet sind, in manchen Städten mehr als doppelt so oft vertreten wie in anderen Orten. Insbesondere zeigen die ostdeutschen Städte ein erheblich höheres Maß an Innovationsfreude und Optimismus in bezug auf die kriminalitäts- und verbrechensfurchtreduzierende Eignung kriminalgeographischer Untersuchungen als dies im Vergleich die Vertreter der westdeutschen Städte durchschnittlich tun. Im übrigen sehen diejenigen Befragten, die vom Vorhandensein der bisherigen Studien wissen, deren Eignung für die Praxis durchweg höher an, als jene Teilnehmer, welche die Untersuchung nicht kennen.

Wie eine entsprechende statistische Auswertung ergeben hat, besteht eine enge Wechselbeziehung zwischen der Einschätzung der Befragten im Hinblick auf eine Eignung kriminalgeographischer Untersuchungen zur Reduzierung der Kriminalitätsbelastung und der vermuteten Eignung zu einer Reduzierung der Verbrechensfurcht; hier wird von den Befragten so gut wie keine Differenzierung zwischen der objektiven Belastung und dem subjektiven Empfinden vorgenommen. Allgemein zeigt sich, daß auch bei einer Verknüpfung der Ansichten über die praxisbezogene Eignung kriminalgeographischer Studien in Abhängigkeit von diversen anderen Auffassungen (wie z.B. zur Frage nach der Umsetzung städtebaulicher Maßnahmen, deren künftiger Notwendigkeit, etc.) die Einschätzung einer hohen Eignung bei denjenigen Befragten, die sich hierzu ein Urteil erlauben, fast immer an erster Stelle genannt wird.

Hypothese 9 hat damit auf der Grundlage der aus der vorliegenden Arbeit gewonnenen Daten der befragten Personen eine mehrheitliche Bestätigung erfahren.

Als alternative Erkenntnisquellen zu kriminalgeographischen Studien können nach Ansicht der Befragten neben Vergleichsuntersuchungen und statistischen Analysen vor allem Bürgerbefragungen dienen, die mit fast dreißig Prozent der Antworten zur meistgenannten Maßnahme zählen. Fast die Hälfte aller Teilnehmer führt indessen einen möglicherweise zu hohen Kostenfaktor als Grund gegen die künftige Durchführung von kriminalgeographischen Untersuchungen an; diese Einschätzung wird damit beinahe doppelt so häufig genannt wie die Ansicht, derartigen Studien sei nur ein zweifelhafter Erfolg beschieden.

10. Hypothese 10: Wirksamkeit städtebaulicher Maßnahmen

Nach Hypothese 10 werden städtebauliche Maßnahmen als geeignetes Mittel zur Reduzierung von Kriminalitätsbelastung und Verbrechensfurcht angesehen. Diese Annahme bestätigen in ihrer zunächst undifferenzierten Ausprägung gut siebzig Prozent der Befragten hinsichtlich der Viktimisierungsfurcht, daneben sogar knapp achtzig Prozent der Teilnehmer hinsichtlich der objektiven Kriminalitätsbelastung.

Während auf lokaler Ebene im Hinblick auf eine Reduzierung der Verbrechensfurcht nur die Befragten einer einzigen ostdeutschen Stadt ausnahmslos von einer hohen diesbzgl. Wirksamkeit ausgehen, finden sich hinsichtlich einer Reduzierung der Kriminalitätsbelastung sogar drei Städte, deren Teilnehmer diese Ansicht hundertprozentig teilen. Diese Werteverteilung in der Spitze ist Ausfluß des allgemein zu beobachtenden Trends, daß die befragten Personen städtebaulichen Maßnahmen im Hinblick auf eine Reduzierung der Kriminalitätsbelastung einen höheren Wirkungsgrad zubilligen als für eine mögliche Reduzierung der Verbrechensfurcht; hier äußern teilweise bis zur Hälfte der Befragten eine gewisse Skepsis gegenüber dem Erfolg dieser Maßnahmen.

Eine in sich geschlossene Beurteilung zeigt auch die Verteilung der Antworten auf die einzelnen Teilnehmerkreise: So nehmen ausnahmslos mindestens drei von vier Befragten an, daß städtebauliche Maßnahmen zur Reduzierung der Kriminalitätsbelastung sehr geeignet sind; im Hinblick auf eine Reduzierung der Verbrechensfurcht fallen lediglich die Vertreter der Wirtschafts- und Standesvereinigungen in ihrer Befürwortung etwas zurück, behalten jedoch ebenfalls mehrheitlich diese Auffassung bei. Dies könnte darauf zurückzuführen sein, daß die Verbrechensfurcht für die Teilnehmer aus dem Kreis der Wirtschaft nicht so „greifbar" ist wie die vorhandene, „sichtbare" und durch offizielle Kriminalstatistiken dokumentierte Kriminalitätsbelastung, was wiederum durch ein nachvollziehbares Interesse dieser Befragten nach einem sicheren und stabilen Umfeld geprägt sein mag.

Ein hohes Maß an Homogenität zeigen die Befragten in ihrer Einschätzung der Auswirkungen städtebaulicher Maßnahmen auf die Teilbereiche der Kriminalitätsbelastung sowie der Verbrechensfurcht; so ergibt die statistische Auswertung einen diesbzgl. hohen Variablenzusammenhang, der darauf schließen läßt, daß die befragten Personen kaum eine Differenzierung in ihrer Einschätzung über mögliche Auswirkungen städtebaulicher Maßnahmen auf die objektive Kriminalitätsbelastung oder die subjektive Verbrechensfurcht vornehmen. Allerdings halten über achtzig Prozent der Teilnehmer ungeachtet ihrer Bewertung der bisherigen Erfolge städtebauliche Maßnahmen für eine Reduzierung der Verbrechensfurcht sehr geeignet, während sie dies hinsichtlich einer Reduzierung der Kriminalitätsbelastung immer weniger annehmen, je weniger sie vom Erfolg der bisherigen städtebaulichen Maßnahmen überzeugt sind.

Dasselbe Verteilungsmuster der Antworten zeigt sich auch bei der Verknüpfung der reduzierenden Eignung städtebaulicher Maßnahmen auf Kriminalitätsbelastung oder Verbrechensfurcht mit den anderen Einschätzungen der Teilnehmer. Je mehr die Teilnehmer von einem Erfolg bisheriger städtebaulicher Maßnahmen ausgehen, je stärker ihre Forderung nach weiteren städtebaulichen Maßnahmen ist und je häufiger die Befragten kriminalgeographische Studien als geeignet ansehen, praxisnahe Empfehlungen zu geben, desto deutlicher sprechen die befragten Personen städtebaulichen Maßnahmen eine hohe Eignung sowohl für eine Reduzierung der Kriminalitätsbelastung als auch für eine Reduzierung der Verbrechensfurcht zu.

In Anbetracht dieser Ergebnisse kann daher Hypothese 10 abschließend als überwiegend bestätigt angesehen werden.

VI. Zusammenfassung der empirischen Ergebnisse

Ausgehend von dem Umstand, daß als Fazit vieler kriminalgeographischer Untersuchungen häufig Präventionsmaßnahmen, gerade auch auf städtebaulicher Ebene, vorgeschlagen werden, die zu einer Reduzierung von objektiver Kriminalitätsbelastung und subjektiver Verbrechensfurcht beitragen sollen, wird in der Literatur regelmäßig die Forderung nach der Überprüfung derartiger präventiver Einzelmaßnahmen auf der Basis von Replikationsstudien laut. Eine Evaluation der Effizienz stadtplanerischer und städtebaulicher Maßnahmen setzt jedoch zwingend deren vorherige Durchführung voraus: Erst wenn die auf theoretischer Ebene geforderten Präventionskonzepte eine Umsetzung in die Praxis erfahren haben, ist in Grenzen eine Überprüfung, ob diese tatsächlich eine Verringerung von Kriminalität und Viktimisierungsfurcht gebracht haben, möglich.

Auf der Grundlage von insgesamt zehn Hypothesen sollte u.a. festgestellt werden, welchen Bekanntheitsgrad kriminalgeographische Untersuchungen aus der Vergangenheit heute noch besitzen, inwiefern die darin geforderten städtebaulichen Maßnahmen realisiert worden sind, was dies nach Auffassung der befragten Personen für eine Reduzierung von Kriminalitätsbelastung und Verbrechensfurcht gebracht hat und wie die Teilnehmer die Effizienz städtebaulicher Maßnahmen und kriminalgeographischer Studien einschätzen.

Zur Überprüfung der Hypothesen wurde ein postalisch versandter Fragebogen an Repräsentanten, Entscheidungsträger und kommunale Interessenverbände gerichtet, deren jeweilige Stadt in der Vergangenheit bereits einmal Gegenstand einer kriminalgeographischen Untersuchung war; es handelte sich dabei um zwölf bundesdeutsche Städte. Es wurden insgesamt 214 Personen angeschrieben, die den fünf Teilnehmerkreisen „Stadtverwaltung", „Politik", „Polizei, Justiz und Rechtspflege", „Wirtschafts- und Standesvereinigungen" sowie „Presse und Medien" zugeordnet wurden.

Nachdem innerhalb der gesetzten zweiwöchigen Frist lediglich 55 Befragte geantwortet hatten, wurde – soweit möglich – durch eine direkte telefonische Ansprache der angeschriebenen Personen versucht, diese zur Beantwortung des Fragebogens zu bewegen. Die Umfrage ergab schließlich einen Rücklauf von 138 Fragebogen, was einer Rücksendequote von 64,5 % entspricht. 76,8 % der Teilnehmer antworteten dabei persönlich, 23,2 % delegierten das Ausfüllen des Fragebogens an Mitarbeiter oder Untergebene. Die Annahme, daß sich eine Zunahme der Rücklaufdauer negativ auf die Anzahl der „originalen" Antworten (d.h. unmittelbare Antworten derjenigen Personen, an die das Anschreiben persönlich gerichtet war) auswirken könnte, fand keine Bestätigung.

Mit durchschnittlich nur 43,6 % der Antworten war die Rücklaufquote in den ostdeutschen Untersuchungsgebieten Dresden, Erfurt und Ostberlin am schwächsten; dagegen konnte in Regensburg mit 82,4 % das höchste Ergebnis erzielt werden. Aus der Stadt Erfurt wurden nur 35,3 % der Fragebogen zurückgesandt. Innerhalb der fünf gebildeten Gruppen lagen die Befragten der Staatsanwaltschaft mit einer Antwortquote von 90 % an der Spitze aller Teilnehmerkreise; mit nur 50 % der Antworten zeigten die Vertreter der Polizei ein auffallend geringes Interesse an der Umfrage, ebenso wie die Verbraucher- und Umweltverbände, die sogar nur zu einem Drittel antworteten. Während im Bereich der politischen Parteien mit 85,7 % der höchste Anteil an Original-Antworten erzielt wurde, delegierten diese Aufgabe 37,5 % der Stadtoberhäupter und sogar 50 % der angeschriebenen Polizeipräsidenten und Polizeidirektionsleiter.

Vorausschickend ist anzumerken, daß aufgrund der teilweise geringen Anzahl von Nennungen das für die statistische Auswertung und Verrechnung zur Verfügung stehende Datenmaterial häufig keine weiterführenden Interpretationen zuläßt, die an mancher Stelle wünschenswert gewesen wären. Der Gedanke einer alternativ denkbaren und repräsentativ angelegten Bevölkerungsbefragung mit einer entsprechend großen Stichprobe wurde jedoch verworfen; auch die Ergebnisse dieser Umfrage zeigen, daß es sich bei den Kenntnissen aus dem Bereich der Kriminalgeographie um Spezialwissen einiger weniger Personen handelt, so daß eine Bevölkerungsbefragung mit hoher Wahrscheinlichkeit zumindest bei den Kernfragen dieser Untersuchung Ergebnisse erbracht hätte, die der Begriff „verheerend" nur unzureichend bezeichnen würde. Die vorliegenden Angaben des „qualitativ hochwertigen" befragten Personenkreises sind daher im Licht der im Rahmen der vorliegenden Arbeit einzig denkbaren Form der Datenerhebung zu sehen. Aussagen, die ungeachtet der relativ kleinen Datenbasis dieser Antworten getroffen werden und deren Vergleichswerte vielfach prozentual zwar verschieden, absolut betrachtet jedoch identisch sind, können daher oftmals lediglich als tendenzielle Einschätzung der befragten Personen angesehen werden.

Die Frage, ob den teilnehmenden Personen bekannt ist, daß über ihre Stadt bereits einmal eine kriminalgeographische Untersuchung durchgeführt worden ist, beantworten 73,9 % der Befragten negativ; nur 26,1 % der Teilnehmer besitzen hiervon

Kenntnis. Auf die eigene inhaltliche Kenntnis der Untersuchungsergebnisse angesprochen, geben sogar 78,3 % der befragten Personen an, die Studie gar nicht zu kennen. Der Bekanntheitsgrad schwankt dabei in den einzelnen untersuchten Städten von 64,3 % bis hin zu mehrfach genannten 0 %, was nicht unmittelbar auf das unterschiedliche Alter der jeweiligen Studien zurückzuführen ist: So weisen Untersuchungen des Jahres 1995 einen nur unwesentlich höheren Bekanntheitsgrad auf, als kriminologische Studien aus den Jahren 1968 – 1980. Diejenigen Befragten, welche angeben, die kriminalgeographische Untersuchung über ihre Stadt zu kennen, haben dieses Wissen zu rund 20 % aus ihrer eigenen Beteiligung daran, aus ihrer dienstlichen Befassung oder der politischen Diskussion. Knapp 15 % der Teilnehmer haben aus der Presseberichterstattung davon erfahren. Als positiver Nebeneffekt der vorliegenden Untersuchung ergab sich, daß ein nicht näher quantifizierbarer Anteil von befragten Personen nach eigenen Angaben erst durch diese Umfrage von der Existenz einer kriminalgeographischen Studie ihrer Stadt erfahren hat. Bereits die bloße Nachfrage über den Kenntnisstand der stadtbezogenen Untersuchung hat damit Auswirkungen auf den Bekanntheitsgrad gezeigt.

Gravierende Unterschiede in der Bekanntheit der Untersuchungen werden offenbar, wenn man die Verteilung der Antworten in den einzelnen Teilnehmerkreisen betrachtet. Während die befragten Vertreter der Wirtschafts- und Standesvereinigungen sowie der Presse und der Medien deutlich unterdurchschnittliche Kenntnisse aufweisen, geben 75 % der Repräsentanten der Stadtverwaltung an, von der Existenz der kriminalgeographischen Studie über ihre Stadt zu wissen. Aufgrund der Varianz im Antwortmuster der einzelnen Städte wie auch in den einzelnen Teilnehmerkreisen, kann daher die Annahme, daß die bisherigen kriminalgeographischen Studien den befragten städtischen Entscheidungsträgern und Repräsentanten unbekannt sind, nur partiell bestätigt werden. Auf der Ebene der inhaltlichen Kenntnis von der kriminalgeographischen Untersuchung über ihre Stadt offenbaren die befragten Personen hingegen, daß sie nur über einen ausgesprochen bescheidenen Wissensstand verfügen; über 90 % der Teilnehmer räumen auf genauere Nachfrage ein, wenig bis nichts über die Studie aus der Vergangenheit zu wissen, so daß die Annahme, daß die Ergebnisse kriminalgeographischer Untersuchungen nicht bekannt sind, auf breiter Ebene eine Zustimmung gefunden hat.

Was den Bekanntheitsgrad der Studien in der Kommunalpolitik und bei Entscheidungsträgern anbelangt, so billigen nur 0,7 % der Teilnehmer den Vertretern der Kommunalpolitik und 10,1 % den städtischen Entscheidungsträgern eine gute Kenntnis hiervon zu. 26,1 % der Befragten halten die Untersuchungen kommunalpolitisch für völlig unbekannt, während sie dies zu nur 9,4 % bei den städtischen Entscheidungsträgern annehmen. Wie eine entsprechende Datenverknüpfung zeigt, hängt der zugebilligte Bekanntheitsgrad bei den befragten Personen wesentlich davon ab, ob die Teilnehmer selbst Kenntnis vom Vorliegen der kriminalgeographischen Studie über ihre Stadt haben. Befragte, die dies zuvor bejahten, erweisen sich in diesem Punkt als entscheidungssicherer und billigen in statistisch hoch signifikanter Weise sowohl den Kommunalpolitikern als auch den städtischen Entscheidungsträgern in erheblich höherem Maße eine Bekanntheit der Untersuchung zu. Auffallend ist ferner, daß nicht ein einziger Vertreter der Stadtverwaltung den kriminalgeographischen Studien eine gute Bekanntheit im kommunalpolitischen Bereich zugesteht; dies wird jedoch mit 31,3 % der Antworten von den städtischen Entscheidungsträgern angenommen. Die Kommunalpolitiker selbst schätzen den Umstand, daß die Untersuchungen in den eigenen Reihen überhaupt nicht bekannt sind, mit 42,9 % wesentlich höher ein, als bei den städtischen Entscheidungsträgern, von denen sie nur zu 7,1 % annehmen, daß diesen die Studie über die eigene Stadt gänzlich unbekannt ist. Die vorstehend dargestellten Ergebnisse verbieten somit die in ihrer ursprünglichen Form aufgestellte Annahme, daß den kriminalgeographischen Studien im kommunalpolitischen Bereich sowie bei den städtischen Entscheidungsträgern und Repräsentanten von Seiten der befragten Personen kein Bekanntheitsgrad zugebilligt wird.

Der mit 45,5 % der Nennungen meistgenannte Vorschlag, wie nach Ansicht der Befragten der Verbreitungs- und Bekanntheitsgrad kriminalgeographischer Studien zu steigern sei, bezieht sich auf die schlichte Bekanntgabe der Untersuchungen und deren Ergebnisse in der Presse und in den Medien. In diesem Zusammenhang wird auch die zeitgemäße Idee einer Präsentation der Resultate im Internet geäußert. 13,6 % der Teilnehmer sprechen sich ferner dafür aus, durch eine Neuauflage der Studie über ihre Stadt aktuelle Erkenntnisse über die derzeitige Kriminalitätslage zu gewinnen.

Befragt nach städtebaulichen Maßnahmen, die in der kriminalgeographischen Untersuchung über ihre Stadt evtl. genannt worden sind und an die sich die Teilnehmer zu erinnern glauben, werden zur Reduzierung der Kriminalitätsbelastung vornehmlich Verbesserungen der Beleuchtung, zur Verringerung der Verbrechensfurcht der Bürger hingegen Veränderungen im Bereich von Grünanlagen genannt.

Eine der zentralen Fragestellungen dieser Untersuchung ist die Umsetzung von städtebaulichen Maßnahmen, die aufgrund der Ergebnisse von kriminalgeographischen Untersuchungen gewonnen wurden. Das hierfür zur Verfügung stehende Datenmaterial erwies sich jedoch für eine auf empirischer Grundlage abgesicherte Beurteilung als zu gering. Dies ist zum einen darauf zurückzuführen, daß knapp drei Viertel der Befragten überhaupt nichts von einer kriminalgeographischen Studie über ihre Stadt wissen, so daß sie folgerichtig auch nicht über die Realisierung von darin empfohlenen Maßnahmen befinden können. Zum anderen zeigt sich, daß selbst von denjenigen Teilnehmern, die nach eigenen Angaben von den jeweiligen Studien wissen, ein beträchtlicher Anteil sich wiederum über die Frage von Veränderungen auf städtebaulicher Ebene kein Urteil erlaubt; die prozentuale Quote dieser befragten Personen erreicht daher 84,4 % der Nennungen.

Aus den vorstehend genannten Gründen ist daher auch bei der Verteilung der Antworten auf lokaler Ebene und innerhalb der einzelnen Teilnehmerkreise die notwendige Distanz zu halten. Wenngleich die Zuweisung der Nennungen zu den einzelnen Kategorien Spitzenwerte von 21,4 % (Ergebnis der Stadt Solingen, daß viele studienbezogene Empfehlungen zur Reduzierung der Kriminalitätsbelastung realisiert wurden) bis sogar 40 % (Vertreter der Stadt Dresden, die zu dieser Frage „Wenig realisiert" angeben), so darf nicht übersehen werden, daß diesen Wertungen lediglich 21 Antworten zugrunde liegen.

Deutliche Verteilungsunterschiede zeigen nur die jeweiligen Vertreter der Stadtverwaltung: Sie sind – im Gegensatz zu allen anderen Teilnehmerkreisen – bzgl. der Reduzierung der Kriminalitätsbelastung zu 25 %, bzgl. einer Reduzierung der Verbrechensfurcht sogar zu 37,5 % der Auffassung, daß städtebauliche Maßnahmen, die in der kriminalgeographischen Untersuchung über ihre Stadt empfohlen worden sind, auch eine Umsetzung in die Praxis gefunden haben. Generell sind diejenigen befragten Personen, die angeben, selbst im Besitz von inhaltlichen Kenntnissen der jeweiligen Studie zu sein, durch ein wesentlich höheres Maß an Entscheidungssicherheit gekennzeichnet als Teilnehmer ohne diese Kenntnisse. Befragte mit diesem Wissen beurteilen auch den Grad der Umsetzung städtebaulicher Maßnahmen erheblich positiver, wobei hier zumindest ansatzweise eine Differenzierung der Antworten nach objektiver Kriminalitätsbelastung und subjektiver Verbrechensfurcht festzustellen ist.

Inhaltliche Kenntnis der bisherigen kriminalgeographischen Untersuchung ist auch ein entscheidendes Kriterium bei der Beurteilung der Frage, ob eine Umsetzung studienbezogener städtebaulicher Maßnahmen zumindest in bescheidenem Rahmen erfolgt ist. Wenngleich dies nur die Hälfte des Personenkreises mit inhaltlichen Kenntnissen bestätigt, so zeigt sich, daß diese Einschätzung tendenziell zunimmt, je jünger die zugrundeliegende kriminalgeographische Studie ist. Jene befragten Personen, die von sich selbst behaupten, inhaltliche Kenntnisse der bisherigen Untersuchung über ihre Stadt zu haben, sind also eher geneigt, eine Realisierung von studienbezogenen Empfehlungen städtebaulicher Maßnahmen anzunehmen, je kürzer der zeitliche Abstand zu dieser Studie ist.

Auf der Grundlage des nur unzureichenden Datenmaterials kann jedoch keine abschließende Beurteilung der Frage getroffen werden, ob die in kriminalgeographischen Studien empfohlenen städtebaulichen Maßnahmen zur Reduzierung von Kriminalitätsbelastung oder Verbrechensfurcht realisiert worden sind oder nicht. Bei den angegebenen Gründen, warum es nach Ansicht der befragten Personen nicht zur Umsetzung von kriminalgeographisch empfohlenen städtebaulichen Maßnahmen gekommen ist, geben die Teilnehmer mit 39,1 % der Antworten an, daß andere Projekte wichtiger sind, gefolgt von der Ansicht, daß die hierfür anfallenden Kosten zu hoch sind.

Was die generelle Durchführung städtebaulicher Maßnahmen anbelangt, so sehen die befragten Personen diese in einem positiveren Licht: Bei einem vergleichsweise geringen Anteil der Befragten, die diese Frage nicht beurteilen können, gehen 9,5 % davon aus, daß „Viel realisiert", 48,9 % daß „Wenig realisiert" worden ist. Befragt nach den konkret durchgeführten Maßnahmen geben die Teilnehmer vorrangig Verbesserungen im Bereich der Beleuchtung, gefolgt von Änderungen in der Art der städtischen Bebauung an.

Während auf lokaler Ebene die Antwortkategorien „Viel realisiert" und „Nichts realisiert" wiederum nur wenige Nennungen aufweisen, die weiterführende Schlußfolgerungen praktisch ausschließen, zeichnen sich in der Kategorie „Wenig realisiert" doch deutliche Unterschiede ab. Hier liegt die Bandbreite der Antworten zur Kriminalitätsbelastung im Bereich zwischen 16,7 % und 81,8 %; bei der Verbrechensfurcht ist das Spektrum der Antworten, die von einer geringen Realisierung städtebaulicher Maßnahmen ausgehen, nicht derart heterogen ausgeprägt. Nach wie vor hält auch die Stadtverwaltung ihre Spitzenstellung mit der Auffassung, daß nicht nur studienbezogen, sondern auch generell viele Maßnahmen auf städtebaulicher Ebene durchgeführt worden sind; dies wird von den übrigen Teilnehmerkreisen anders beurteilt. Die teilweise hohe Varianz im Antwortmuster der befragten Personen muß somit dazu führen, daß die Hypothese, es seien zur Reduzierung von Kriminalitätsbelastung oder Verbrechensfurcht bislang generell keine städtebaulichen Maßnahmen durchgeführt worden, nicht aufrechterhalten werden kann.

Als Grund für die nur unzureichende Durchführung genereller städtebaulicher Maßnahmen sehen diejenigen befragten Personen, die generell von keiner sonderlich hohen bis gar keiner Durchführung städtebaulicher Maßnahmen zur Reduzierung von Kriminalitätsbelastung oder Verbrechensfurcht ausgehen, einen hohen Kostenfaktor (mit 50 % der Nennungen die meistgenannte Antwort der Gruppe „Presse und Medien") an, der jedoch nur unwesentlich häufiger genannt wird, als die erneute Einschätzung, daß andere Projekte wichtiger sind (mit 42,4 % die häufigste Antwort der Gruppe „Polizei, Justiz und Rechtspflege"). Dabei treffen die Teilnehmer regelmäßig keine Unterscheidung zwischen der Ebene der objektiven Kriminalitätsbelastung und der subjektiv wahrgenommenen Verbrechensfurcht.

Sehr zurückhaltend äußern sich die Befragten über den Erfolg bisheriger städtebaulicher Maßnahmen. Im Hinblick auf eine Reduzierung der Kriminalitätsbelastung geben 7,3 %, hinsichtlich einer Reduzierung der Verbrechensfurcht sogar nur 5,8 % an, daß die Maßnahmen viel gebracht haben; die überwiegende Mehrheit von knapp drei Vierteln (bzgl. Kriminalitätsbelastung) bzw. von gut zwei Dritteln (bzgl. Verbrechensfurcht) der Teilnehmer will hierzu wiederum nicht Stellung nehmen. Obgleich eine differenzierende Aufteilung der abgegebenen Antworten sowohl auf lokaler Ebene als auch auf der Stufe der einzelnen Teilnehmerkreise möglich ist, verbietet die geringe Anzahl der verbleibenden Nennungen in den aussagekräftigen Antwortkategorien eine weitergehende Interpretation der hierdurch entstehenden Ergebnisse. Verknüpft man die Variable der bisherigen Realisierung städtebaulicher Maßnahmen mit der Variablen der Erfolgseinschätzung, so zeigt sich sowohl hinsichtlich der Reduzierung der Kriminalitätsbelastung als auch bzgl. einer Reduzierung der Verbrechensfurcht, daß diejenigen Befragten, die von einem hohen Maß an realisierten Maßnahmen ausgehen, diesen auch am häufigsten eine positive Wirkung zuschreiben. Die Tatsache, daß sich ein hoher Anteil der Befragten bei der Beantwortung dieser Fragestellung indifferent zeigt und damit keine eindeutige Zuordnung ermöglicht, muß im Ergebnis zu einer Verwerfung der Annahme führen, daß städtebauliche Maßnahmen selbst bei ihrer Durchführung keine Reduzierung der Kriminalitätsbelastung oder der Verbrechensfurcht bewirken.

Trotz dieser skeptischen Einschätzung, was den Erfolg der bisherigen Bemühungen angeht, sind über die Hälfte der Befragten der Ansicht, daß auf städtebaulicher Ebene weitere Maßnahmen notwendig sind; nur 1,5 % der Teilnehmer sind der Auffassung, es sei schon genug getan worden. Wiederum sind es die Vertreter der Stadtverwaltung, die mit ihren Antworten zu dieser Fragestellung aus dem ansonsten relativ homogenen Verteilungsbild der Nennungen in den übrigen Gruppen herausfallen. Während sämtliche anderen Teilnehmerkreise mit Werten von bis zu 75 % angeben, daß eine hohe Notwendigkeit weiterer städtebaulicher Maßnahmen zur Reduzierung von Kriminalitätsbelastung und Verbrechensfurcht besteht, schließt sich die Stadtverwaltung mit einer Quote von jeweils lediglich 12,5 % dieser Meinung nur sehr zögerlich an. Sie vertritt dagegen zu über 60% die Ansicht, daß auf städtebaulicher Ebene nur noch wenig zu tun ist. Eine ähnlich zurückhaltende Auffassung über die Notwendigkeit weiterer städtebaulicher Maßnahmen geben hinsichtlich der beabsichtigten Reduzierung der Kriminalitätsbelastung auf lokaler Ebene nur die befragten Personen in Regensburg mit 14,3 % der Antworten an. In Ostberlin wird hingegen die Forderung, daß noch viel getan werden muß, in beiden Bereichen mit 87,5 % der Nennungen vertreten.

Bemerkenswert ist die Tatsache, daß die persönliche Einschätzung der Befragten, in welchem Maß in der Vergangenheit bereits städtebauliche Maßnahmen umgesetzt worden sind, ohne Auswirkung auf die überwiegend vertretene Ansicht bleibt, daß zur Reduzierung der Kriminalitätsbelastung noch viel getan werden muß. Hier zeigen sich Unterschiede im Vergleich zur Bewertung der Teilnehmer, was die Notwendigkeit weiterer städtebaulicher Maßnahmen zur Reduzierung der Verbrechensfurcht anbelangt. Mit Ausnahme derjenigen Befragten, die zu dieser Frage nicht eindeutig Stellung nehmen, nimmt die Forderung nach weiteren Maßnahmen immer mehr zu, je geringer der Anteil bisher durchgeführter Maßnahmen auf städtebaulicher Ebene eingeschätzt wird.

Keine wesentlichen Unterschiede in der Beurteilung der Notwendigkeit weiterer städtebaulicher Maßnahmen zeigen die befragten Personen dagegen in Abhängigkeit von ihrer Einschätzung des bisherigen Erfolges solcher Maßnahmen. Losgelöst von der jeweiligen Auffassung der Teilnehmer, ob bisherige städtebauliche Maßnahmen ein Erfolg beschieden war oder nicht, geben diese (mit Ausnahme der Antwortkategorie „Kann ich nicht beurteilen") stets mit absoluter Mehrheit an, daß in diesem Bereich noch viel zu tun ist. Bei der Erfolgsbewertung bzgl. einer Reduzierung der Verbrechensfurcht nehmen sogar gerade diejenigen Befragten, nach deren Ansicht frühere Maßnahmen nichts gebracht haben, mit 85,7 % der Antworten zuvorderst an, daß in diesem Bereich noch viel zu tun ist. Die Annahme, daß nach Ansicht der Befragten weitere städtebauliche Maßnahmen zur Reduzierung von Kriminalitätsbelastung und Verbrechensfurcht als erforderlich angesehen werden, kann damit als bestätigt angesehen werden.

In konsequenter Weise spricht sich auch die Mehrzahl der befragten Personen für die Durchführung weiterer kriminalgeographischer Untersuchungen aus, wobei diese in der eigenen Stadt nicht in gleich hohem Maße für erforderlich gehalten werden wie außerhalb des Stadtgebietes (65,4 % gegenüber 74,3 %). Dennoch läßt sich die Annahme, die Befragten könnten außerhalb ihrer eigenen Stadt kriminalgeographische Studien befürworten, innerhalb dagegen nicht, in dieser Form nicht aufrechterhalten. Bei einer gruppenspezifischen Verteilung der Antworten zeigt sich, daß lediglich die Vertreter der Stadtverwaltung bei der Frage nach weiteren Untersuchungen in der eigenen Stadt ein höheres Maß an Reserviertheit angeben als bei Studien außerhalb des Stadtgebietes. Dieser Trend setzt sich auch auf lokaler Ebene fort: Die Bandbreite der Antworten, welche weitere Studien in der eigenen Stadt befürworten, umfaßt Werte zwischen 35,7 % und 90 %, während Untersuchungen außerhalb des Stadtgebietes mit Werten zwischen 54,5 % und 100 % als noch sinnvoller angesehen werden.

Tendenziell ergibt sich ferner, daß Personen, die generell von der kriminalgeographischen Untersuchung über ihre Stadt wissen, solche Studien für sinnvoller halten als Teilnehmer ohne dieses Wissen. Reduziert man zur Beurteilung dieser Frage die Antworten darüber hinaus auf nur denjenigen Kreis der Befragten, die sich selbst eine inhaltliche Kenntnis der Studie über ihre Stadt zubilligen, so zeigt sich, daß mit zunehmendem Wissen der Teilnehmer fast linear auch die Befürwortung weiterer genereller kriminalgeographischer Untersuchungen steigt. Bei der Frage nach dem Sinn künftiger Studien in der eigenen Stadt wird dieser lineare Zusammenhang hingegen unterbrochen.

Befragt nach den Gründen, die evtl. gegen eine künftige Durchführung von kriminalgeographischen Untersuchungen sprechen könnten, geben die befragten Personen zu 47,4 % an, daß derartige Studien zu hohe Kosten verursachen, rund ein Viertel der Teilnehmer äußert ferner mögliche Zweifel an deren Erfolg. Interessant ist dabei, wie sich die Antworten auf die einzelnen Teilnehmerkreise verteilen. Ein zu hoher Kostenfaktor als denkbarer Grund gegen künftige Studien wird mehrheitlich von denjenigen Personen genannt, die weitere Untersuchungen für sinnvoll halten. Stufen die Teilnehmer künftige Studien dagegen als weniger sinnvoll ein, so meinen vorrangig 41,2 % von ihnen, daß man an deren Erfolg zweifeln könnte. Sehen die Befragten nachfolgende Untersuchungen als nicht sinnvoll an, so vertreten sie mit 42,9 % der Antworten vornehmlich die Auffassung, daß die Stadt möglicherweise kein Interesse daran haben könnte. Dennoch hat abschließend betrachtet die Hypothese, daß die Durchführung weiterer kriminalgeographischer Untersuchungen als sinnvoll angesehen wird, auf breiter Basis eine Bestätigung gefunden.

Auch zur Frage der Eignung kriminalgeographischer Studien, praxisnahe Empfehlungen zur Reduzierung von Kriminalitätsbelastung oder Verbrechensfurcht zu geben, sind sich die Befragten überwiegend einig. Obwohl sie in dieser Hinsicht kaum zwischen den Bereichen der objektiven Kriminalität und der subjektiven Viktimisierungsfurcht unterscheiden, sprechen über 60 % von ihnen den Studien eine sehr gute diesbzgl. Eignung zu. Die Gruppe „Polizei, Justiz und Rechtspflege" erreicht in ihrer Einschätzung der Praxistauglichkeit kriminalgeographischer Studien zur Reduzierung der Verbrechensfurcht sogar einen Spitzenwert von über 75 %; bei den Wirtschafts- und Standesvereinigungen beurteilt man dies mit nur 43,2 % wesentlich skeptischer. Eine zurückhaltendere Auffassung im Hinblick der Eignung der Untersuchungen zur Reduzierung der Kriminalitätsbelastung äußern auch die Vertreter der Stadtverwaltung: Bei ihnen halten sich die Einschätzungen, ob kriminalgeographische Untersuchungen für praxisnahe Empfehlungen gut oder weniger geeignet sind, nahezu die Waage. Ein Blick auf die Verteilung der Nennungen in den einzelnen Städten zeigt ebenfalls eine gewisse Varianz im Antwortmuster der befragten Personen. Während in einigen Städten nur rund 40 % der Teilnehmer von einer guten empfehlenden Eignung der kriminalgeographischen Studien ausgehen, wird diese Eigenschaft andernorts mit Werten von über 80 % mehr als doppelt so hoch eingeschätzt.

Betrachtet man die Einschätzung der Teilnehmer zu dieser Frage in Abhängigkeit von der Variablen der Bekanntheit der Studie über ihre eigene Stadt, so stellt sich heraus, daß diejenigen befragten Personen, die zumindest von der Existenz der bisherigen kriminalgeographischen Studie wissen, deren Eignung für die Praxis deutlich höher einschätzen als jene, denen diese Untersuchung unbekannt ist; darüber hinaus wirkt sich eine Kenntnis der vergangenen Studie überaus positiv auf die Entscheidungssicherheit der Teilnehmer aus. Allgemein läßt sich eine hohe Korrelation zwischen den Variablen „zur Reduzierung von Kriminalitätsbelastung geeignet" und „zur Reduzierung von Verbrechensfurcht geeignet" feststellen, die wiederum Rückschlüsse darauf zuläßt, daß die befragten Personen kaum zwischen objektiver Kriminalitätsbelastung und subjektiver Viktimisierungsfurcht differenzieren.

In diesem Zusammenhang ist die Verteilung der Antworten bemerkenswert, die man erhält, wenn man die zugebilligte Eignung kriminalgeographischer Untersuchungen zur Empfehlung kriminalitätsreduzierender Maßnahmen in Abhängigkeit von der Einschätzung der Teilnehmer betrachtet, was in der Vergangenheit generell an städtebaulichen Maßnahmen umgesetzt worden ist. Hierbei zeigt sich, daß gerade diejenigen Befragten, nach deren Ansicht bislang generell keine Maßnahmen auf städtebaulicher Ebene durchgeführt worden sind, den kriminalgeographischen Studien dennoch den höchsten Wirkungsgrad zuschreiben, was evtl. auf eine „antizipierte" Wirksamkeit vom „Hörensagen" schließen läßt.

Die Auffassung, in welchem Umfang derartige Maßnahmen bisher in die Praxis umgesetzt worden sind, spielt im übrigen für die Einschätzung, ob kriminalgeographische Studien zur Empfehlung verbrechensfurchtreduzierender Maßnahmen geeignet sind, nur eine unbedeutende Rolle: Unabhängig vom Grad der in der Vergangenheit durchgeführten Maßnahmen sind sich die befragten Personen mit jeweils über 60 % der Nennungen darüber einig, daß die Untersuchungen eine sehr gute diesbzgl. Eignung aufweisen. Einen Einfluß auf diese Beurteilung hat hingegen die Antwortverteilung zur Frage, ob die Teilnehmer weitere städtebauliche Maßnahmen in ihrer Stadt als notwendig erachten. So nimmt mit einem Anstieg der Forderungshaltung auch die Auffassung zu, daß sich kriminalgeographische Studien sehr gut zu Empfehlungen kriminalitäts- oder verbrechensfurchtreduzierender Maßnahmen eignen. Auffallend ist zudem, daß diese sehr gute Eignung von einem höheren Anteil der Befragten angenommen wird, die weitere kriminalgeographische Studien für nicht sinnvoll halten, als von jenen, welche derartige Untersuchungen nur für „Weniger sinnvoll" halten.

Zusammenfassend hat damit die Annahme, daß kriminalgeographische Untersuchungen geeignet sind, um praxisnahe Empfehlungen zur Reduzierung von Kriminalitätsbelastung oder Verbrechensfurcht zu geben, ungeachtet einzelner „Sondervoten" eine überwiegende Zustimmung gefunden. Als alternative Erkenntnisquellen zur Aufhellung des Zusammenhangs zwischen Stadtstruktur, Kriminalitätsbelastung und Verbrechensfurcht nennen die befragten Personen vorrangig Bürgerbefragungen sowie statistische Analysen und Vergleichsuntersuchungen.

Eine noch deutlichere Position beziehen die Teilnehmer, wenn es um die Beurteilung der Eignung städtebaulicher Maßnahmen zur Reduzierung von Kriminalitätsbelastung oder Verbrechensfurcht geht: Mit über 70 % der Antworten bzgl. der Verbrechensfurcht sowie knapp 80 % bzgl. der Kriminalitätsbelastung gehen die Befragten – bei einem hohen Maß an Entscheidungssicherheit – davon aus, daß städtebauliche Maßnahmen diese Fähigkeit besitzen; auf lokaler Ebene werden teilweise sogar Werte bis zu 100 % erzielt. Es gibt nur eine einzige Nennung, die Veränderungen auf städtebaulicher Ebene jedwede kriminalitätsreduzierende Eignung abspricht. Allgemein zeigt sich bei den Einschätzungen der Befragten ein enger Zusammenhang zwischen den Bereichen der kriminalitätsreduzierenden und der verbrechensfurchtreduzierenden Wirkung städtebaulicher Maßnahmen.

Setzt man die Antworten der befragten Personen zu der Frage, ob bisherige städtebauliche Maßnahmen bei der Reduzierung der Kriminalität erfolgreich waren, in Beziehung zu der ihnen diesbzgl. zugebilligten Eignung, so wird ein entsprechender Zusammenhang offenbar: Mit abnehmender Bewertung des Erfolges, was die Maßnahmen der Vergangenheit anbetrifft, nimmt hinsichtlich der Möglichkeit einer Kriminalitätsreduzierung auch das Vertrauen der Befragten in künftige Erfolge ab. Im Gegensatz hierzu bleibt bei den Teilnehmern der Optimismus im Hinblick auf eine verbrechensfurchtreduzierende Wirkung städtebaulicher Maßnahmen auf konstant hohem Niveau, und zwar unabhängig von der Erfolgsevaluation bisheriger Maßnahmen. Insofern ist hier eine Varianz des Antwortmusters zwischen objektiver Kriminalitätsbelastung und subjektiver Verbrechensfurcht festzustellen.

Einfluß auf die Einschätzung der Teilnehmer, ob städtebauliche Maßnahmen zu einer Reduzierung von Kriminalitätsbelastung oder Verbrechensfurcht beitragen können, haben jedoch die Antworten auf die Frage, wie stark bei den befragten Personen das Bedürfnis nach weiteren Maßnahmen auf städtebaulicher Ebene ausgeprägt ist. Es zeigt sich, daß hinsichtlich einer Reduzierung beider Teilbereiche mit abnehmender Forderung der Befragten nach künftigen Maßnahmen auch ihr Vertrauen in künftige Erfolge beständig abnimmt. Umgekehrt wachsen die Zweifel an der Erfolgstauglichkeit städtebaulicher Maßnahmen, je mehr die Teilnehmer davon überzeugt sind, daß in der Vergangenheit schon genug getan worden ist.

Auswirkungen auf die Beurteilung der Eignung städtebaulicher Maßnahmen zur Reduzierung von Kriminalitätsbelastung oder Verbrechensfurcht hat ferner die Einschätzung der Teilnehmer, ob sie kriminalgeographische Studien als geeignet ansehen, kriminalitäts- oder verbrechensfurchtreduzierenden Empfehlungen in der Praxis zu geben. Billigen die befragten Personen den kriminalgeographischen Untersuchungen eine gute derartige Eignung zu, so ist der Anteil derer, die auch den städtebaulichen Maßnahmen ein hohes Maß an Fähigkeit zur Reduzierung von Kriminalitätsbelastung und Verbrechensfurcht zuschreiben, rund doppelt so hoch; gleichzeitig wächst die Skepsis, was die Eignung städtebaulicher Maßnahmen zur Reduzierung von Verbrechensfurcht betrifft, je weniger die Teilnehmer kriminalgeographische Studien als geeignet für praxisnahe Empfehlungen ansehen. Bei einer Gesamtwürdigung dieser Ergebnisse hat damit die Annahme, daß städtebauliche Maßnahmen als geeignetes Mittel zur Reduzierung von Kriminalitätsbelastung und Verbrechensfurcht angesehen werden, eine überwiegende Bestätigung gefunden.

6. Kapitel:

Integration und Bewertung

Ausgangspunkt der vorliegenden Untersuchung war der Umstand, daß in den letzten 30 Jahren der kriminologischen Forschung in Deutschland als Ergebnis kriminalgeographischer Untersuchungen regelmäßig Forderungen erhoben werden, mit städtebaulichen Maßnahmen Kriminalitätsschwerpunkte zu entschärfen, um sowohl die objektive Kriminalitätsbelastung als auch die subjektive Verbrechensfurcht in der Bevölkerung zu reduzieren[1]. Begründet werden diese Appelle mit der vorgefundenen Kriminalitätsverteilung innerhalb der zumeist städtischen Untersuchungsgebiete. Auch in der internationalen Forschung schreibt man sowohl der stadtplanerischen Gestaltung auf Makroebene[2] (z.B. der Ansiedelung bestimmter Vergnügungslokale) als auch auf der Mikroebene des konkret ausgestalteten Gebäudetypus[3] (z.B. Ein- oder Mehrfamilienhaus, ein- oder mehrstöckige Bauweise) gewisse kriminalitätserhöhende oder kriminalitätsreduzierende Eigenschaften zu. Allerdings haben sich sämtliche bisherigen Untersuchungen auf eine Art „Momentaufnahme" beschränkt; stets wurde ein Untersuchungsgebiet nur über einen befristeten Zeitraum von wenigen Wochen bis hin zu mehreren Monaten untersucht. Am Ergebnis dieser Studien konnte man daher in erster Linie ersehen, wie sich die Kriminalität in einem festumrissenen Gebiet zu einem bestimmten Zeitpunkt verteilt.

Während sich frühere kriminalgeographische Untersuchungen häufig auf eine rein deskriptive Darstellung der gefundenen Ergebnisse beschränkten – was der Kriminalgeographie zuweilen den Vorwurf einer bloßen Kriminalitätsverteilungslehre einbrachte[4] –, greifen gerade jüngere Untersuchungen diese Befunde auf, um durch

---

[1] Siehe beispielsweise die präventiven Vorschläge auf städtebaulicher Ebene bei *Flade/Greiff/Dauwe/Guder*, Die sichere Stadt, 1997, 95 ff.; *Ratsversammlung der Stadt Neumünster*, Kriminalität in Neumünster, 1983, 401 f.; *Rolinski*, Wohnhausarchitektur und Kriminalität, 1980, 212;

[2] Vgl. *Sherman*, Hot Spots of Crime and Criminal Careers of Places, 1995, 45; *Roncek/Maier*, Bars, blocks, and Crimes revisited, 1991, 747; *Eisner*, Das Ende der zivilisierten Stadt?, 1997, 190.

[3] Vgl. *Breitwieser*, Jugenddelinquenz und Stadtstruktur, 1978, 32 f.; *Newman*, Defensible Space, 1972, 53 f.; *Rolinski* (Fn.1), 136.

[4] Vgl. *Kürzinger*, Kriminologie, 1996, 163.

mehr oder minder gezielte Maßnahmen auf städtebaulicher Ebene eine Entschärfung der Kriminalitätsschwerpunkte, der sogenannten „Hot Spots of Crime"[5] zu erreichen. Die Einzelvorschläge erstrecken sich dabei von abstrakt-generellen Gestaltungen (Umbaumöglichkeiten von Häusern zu Nutzungsvariationen[6]) bis hin zu konkreten Empfehlungen der umliegenden Begrünung mit Büschen bei Erdgeschoßwohnungen[7]. Obwohl bis heute in letzter Konsequenz unbekannt ist, welche Auswirkungen einzelne städtebauliche Maßnahmen in kriminalpräventiver Hinsicht haben, so werden immer wieder Stimmen laut, die eine Wirksamkeit solcher Maßnahmen im positiven Sinne unterstellen[8] und die mit der Realisierung von Präventionsmaßnahmen nicht länger zuwarten wollen, bis hierüber empirisch zufriedenstellende Erkenntnisse vorliegen[9].

Dennoch ist der Trend unverkennbar, die Effizienz kriminalpräventiver Maßnahmen überprüfen zu wollen. Allerdings befindet sich dieser Prozeß und die damit verbundene Forderung nach künftigen Evaluationen, die in anderen Bereichen, wie z.B. in der Pharmaindustrie, seit Jahrzehnten an der Tagesordnung sind, heutzutage noch in den Kinderschuhen. So wollte der amerikanische Kongreß erst im Jahre 1996 Rechenschaft darüber abgelegt haben, wie es mit der Wirksamkeit jener drei Milliarden US-Dollar, die in den Vereinigten Staaten jährlich für die Polizei und deren Maßnahmen zur Verbrechensvorbeugung ausgegeben werden, bestellt ist[10]. Es ist daher nur folgerichtig, wenn manche Wissenschaftler in den USA Evaluationen über die Wirksamkeit kriminalpräventiver Maßnahmen fordern[11]. Aber auch in Deutschland haben manche Verfasser kriminalgeographischer Untersuchungen die Notwendigkeit von Replikationsstudien erkannt. So kündigten *Plate/Schwinges/Weiß* bereits in ihrer Ausgangsuntersuchung der Stadt Solingen aus dem Jahre 1985 an, die Effizienz

---

[5] Zum Begriff der „Hot Spots" siehe *Sherman*, Hot Spots of Crime and Criminal Careers of Places, 1995.
[6] *Rolinski* (Fn. 1), 212.
[7] *Flade/Greiff/Dauwe/Guder* (Fn.1), 107.
[8] So im Ergebnis *Frehsee*, Fördert der moderne Städtebau die Kriminalität?, 1982, 275.
[9] *Kube*, Städtebau, Wohnhausarchitektur und Kriminalität, 1982, 86.
[10] Vgl. *Sherman/Gottfredson/MacKenzie/Eck/Reuter/Bushway*, Preventing Crime: What works, What doesn't, What's Promising, 1997; ferner *Füllgrabe*, Der Sherman-Report, 2000, 181 ff.
[11] So auch *Eck*, der eine Analyse der Effizienz einzelner Maßnahmen fordert, wenngleich sich dies durch die parallele Durchführung anderer Lösungsmöglichkeiten als schwierig gestaltet, vgl. *Eck*, Preventing Crime at Places, 1997, 345.

ihrer Konzeption im Rahmen einer zeitlich nachgelagerten Evaluierungsstudie überprüfen zu wollen[12].

Dieser vielfach geäußerte Wunsch ist aus wissenschaftlicher Sicht nur zu verständlich. Wie soll man den Erfolg von angeblich kriminalpräventiven Maßnahmen – hier unter dem Blickwinkel des Städtebaus – bewerten können, ohne durch einen Vergleich der Kriminalitätszahlen vor und nach der durchgeführten Veränderung nachprüfbare Verbesserungen zu belegen? Diese Frage wirft zunächst eine weitere Problemstellung auf, die generell für „Wiederholungen" kriminalgeographischer Untersuchungen von Bedeutung ist: In welchem Umfang können kriminalgeographische Replikationsstudien eigentlich Aufschlüsse über die Effizienz von Maßnahmen auf städtebaulicher Ebene im Untersuchungsgebiet geben – oder: Kann man den Erfolg von durchgeführten städtebaulichen Maßnahmen zur Reduzierung von Kriminalitätsbelastung oder Verbrechensfurcht überhaupt evaluieren?

Feltes hat in einem Beitrag aufgezeigt, daß der Denkapparat des Menschen gerne dem Phänomen der „Reduktion von Komplexität" unterliegt, wobei der Versuch unternommen wird, komplexe Situationen durch möglichst einfache und nachvollziehbare Zusammenhänge und Erklärungen zu interpretieren[13]. Was aber berechtigt uns, die in manchen Städten[14] vorgefundenen Ergebnisse einer Kriminalitätsverteilung unmittelbar auf Faktoren wie Städtebau oder Sozialgefüge zurückzuführen? Dies impliziert den Gedanken, man könne die in einem winzigen Ausschnitt der menschlichen Zivilisation erzielten Erkenntnisse beliebig weit extrapolieren und annehmen, sie müßten über einen Zeitraum von mehreren Jahrzehnten hinweg gleichmäßig gelten. Warum sollte uns die Realität jedoch den Gefallen tun, einfach zu sein und Lösungen zu erlauben, die ein Mathematiker als „elegant" bezeichnen würde? Oder aber ist es die Neigung des Menschen, in seiner natürlichen Umgebung – wozu auch die ihn umgebende städtebauliche Umwelt zählt – mehr Symmetrien und Gesetzmäßigkeiten zu entdecken als es wirklich gibt? Es könnte sich dabei auch um einen nachvollziehbaren Hang handeln, der auf die grundlegenden Aufgaben der Kriminologie zurückzu-

---

[12] *Plate/Schwinges/Weiß*, Strukturen der Kriminalität in Solingen, 1985, 195.
[13] Vgl. *Feltes*, Alltagskriminalität, Verbrechensfurcht und Polizei, 1997, 540.
[14] Oder die sogar in noch kleineren geographischen Untersuchungsgebieten wie einzelnen Wohnblocks erzielten Ergebnisse.

führen ist, das aus kriminalgeographischen Untersuchungen und Erfahrung gewonnene Wissen über kriminogene Faktoren zu ordnen, wobei mehr Ordnung gewöhnlich besser ist als zuwenig.

Diese Überlegungen lassen doch Zweifel am herkömmlichen Verständnis kriminologischer – insbesondere kriminalgeographischer – Theorien aufkommen. Allgemein wird in wissenschaftlichen Fachrichtungen aller Art wie selbstverständlich gefordert, daß eine Theorie, die Gültigkeit beanspruchen will, falls irgendwie möglich durch wissenschaftliche Versuchsreihen gestützt oder belegt sein muß. Ein Experiment muß demnach wiederholbar sein und zu annähernd gleichen Ergebnissen führen. Bereits dieses Postulat ist im Grunde genommen in Wirklichkeit nicht zu erfüllen. Wird eine kriminalgeographische Untersuchung selbst an ein und demselben Ort – evtl. sogar innerhalb des selben Wohnblocks – wiederholt, so findet diese Wiederholung, wenn auch am identischen Untersuchungsobjekt, so doch zu einem anderen Zeitpunkt statt als die vorangegangene Studie. Tatsächlich haben sich jedoch in der Zwischenzeit mehrere Parameter verändern können, so daß die spätere Beobachtung, die das Ergebnis einer früheren bestätigen soll, unter anderen Voraussetzungen durchgeführt wird.

Die kriminologische Forderung nach Wiederholbarkeit kriminalgeographischer Untersuchungen geht sonach stillschweigend davon aus, daß Raum und Zeit in bestimmter Weise gleichförmig oder homogen sind. Nur dann kann nämlich die Veränderung von Zeitpunkt oder Ort der Untersuchung vernachlässigt werden. So wie *Einstein* mit seinen Versuchen aus dem Bereich der experimentellen Astrophysik gezeigt hat, daß Raum und Zeit zwei eng miteinander verknüpfte Faktoren sind, muß auch in Betracht gezogen werden, daß sich die tatsächlichen Voraussetzungen für eine zeitlich nachgelagerte kriminalgeographische Replikationsstudie in der Zwischenzeit ebenfalls verändert haben können. Mit der banal anmutenden Erkenntnis, daß Kriminalität letzten Endes immer vom Menschen ausgeht und nie vom Raum, untersuchen mögliche Folgestudien die räumlichen Verhältnisse eines delinquenzbelasteten Untersuchungsgebiets zu einer anderen Zeit und mit anderen Bewohnern als dies die Ausgangsstudie getan hat. Es könnte daher durchaus sein, daß sowohl *Newman* mit seinen Ergebnissen zum Zusammenhang zwischen „Defensible Space" und Kriminalität in den USA als auch *Rolinski* mit seinen diametral entgegengesetzten Befunden in

Deutschland recht haben, da jede dieser Untersuchungen zu einer anderen Zeit an einem anderen Ort und mit der Exploration eines anderen Bewohnerkreises stattgefunden hat. Es sind daher berechtigte Zweifel angebracht, ob man kriminalgeographische Ergebnisse überhaupt miteinander vergleichen, geschweige denn die Effizienz einzelner veränderter Faktoren durch Replikationsstudien überprüfen kann, wenn es in der Praxis ausgeschlossen zu sein scheint, nach mehreren Jahren auch nur ein kleines Wohnviertel zu finden, in dem noch die identischen Menschen wohnen, deren kriminelles Verhalten man ein zweites Mal untersuchen könnte. Zudem sind auch diese Bewohner nicht in ihrer Entwicklung stehengeblieben, sondern haben sich im Laufe der Zeit verändert. Aus den ehemals delinquenzanfälligen männlichen Jugendlichen und Heranwachsenden können über die Jahre verantwortungsbewußte Familienväter geworden sein, Arbeitslose haben inzwischen wieder eine Beschäftigung gefunden und Personen, die in der früheren Evaluation erwerbstätig waren, haben mittlerweile in die Gruppe der kriminell stets unterrepräsentierten Rentner gewechselt[15].

Vor diesem Hintergrund muß die theoretisch denkbare Möglichkeit, einzelne angeblich kriminalpräventive städtebauliche Maßnahmen im Wohnumfeld auf deren Wirksamkeit überprüfen zu wollen, in letzter Konsequenz als nahezu unmöglich angesehen werden; sie sind einer isolierten Betrachtungsweise ohne gleichzeitige Berücksichtigung weiterer, vor allem personenspezifischer und sozialpsychologischer Variablen schlechterdings nicht zugänglich. Zwar sind in der Theorie versuchsplanerische Designs vorstellbar, die

1. durch die Implementation verschiedener Kontroll- und Experimentalgruppen und entsprechender Zufallszuweisung bzw. Parallelisierung,
2. durch Konstanthaltung wichtiger Umgebungsvariablen sowie
3. durch die Berücksichtigung zahlreicher Kovariaten

---

[15] Vgl. hierzu den vergleichsweise geringen Anteil der Tatverdächtigen in der Altersgruppe „60 Jahre und älter", *Bundeskriminalamt*, Polizeiliche Kriminalstatistik Bundesrepublik Deutschland 1999, 2000, 72.

in der Lage sind, Fehlerquellen zu minimieren. Allerdings wäre der finanzielle Aufwand solcher Untersuchungen derart beträchtlich, daß eine Durchführung aus wirtschaftlichen Gründen mit Sicherheit nicht in Frage käme. So kann unter Zugrundelegung der vorangegangenen Ausführungen im Ergebnis der von *Kaiser* vertretenen Auffassung gefolgt werden, nach welcher „der spezifische Wohn- und Siedlungsstil die Funktionen eines Indikators für Sozialstruktur und Sozialkontrolle" übernimmt[16].

Die kritische Betrachtung von möglichen Replikationsstudien setzt stillschweigend jedoch noch einen weiteren, zeitlich vorgelagerten Punkt voraus. Um die tatsächlichen Auswirkungen von städtebaulichen Maßnahmen auf die Bereiche der Kriminalitätsbelastung oder der Verbrechensfurcht überhaupt aufzeigen zu können, ist es zwingend erforderlich, daß bisherige kriminalgeographische Erkenntnisse einerseits in hinreichendem Maße rezipiert und andererseits die daraus abgeleiteten Forderungen, wie z.B. konkrete bauliche Gestaltungen, in die Praxis umgesetzt worden sind. Dies war der Anlaß für die vorliegende empirische Untersuchung. Bei Durchsicht der kriminalgeographischen Literatur ist erstaunlicherweise festzustellen, daß der für mögliche Folgeevaluationen bedeutsamen Frage, ob und in welchem Umfang städtebauliche Maßnahmen – die zudem auf kriminalgeographischen Empfehlungen beruhen – überhaupt realisiert wurden, bislang noch keine Beachtung geschenkt worden ist. Dabei ist dies die Voraussetzung für viele der in diesem Bereich weiterführenden Arbeiten.

Ein zentrales Ergebnis dieser Untersuchung ist die Tatsache, daß nur rund ein Viertel aller befragten Personen überhaupt weiß, daß ihre Stadt bereits einmal kriminalgeographisch untersucht worden ist. Sicherlich ist hierbei zu berücksichtigen, daß eine ganze Reihe von Untersuchungen bereits geraume Zeit zurückliegt, so daß auch hier der Faktor „Zeit" eine bedeutende Rolle für das Erinnerungsvermögen der Teilnehmer spielt. Dennoch zeigt sich in der vorliegenden Untersuchung, daß das Alter der jeweiligen kriminalgeographischen Studie keinen unmittelbaren Einfluß auf deren Bekanntheitsgrad ausübt. So weisen insbesondere Untersuchungen, die erst fünf Jahre zurückliegen, eine kaum höhere Popularität auf als Studien, die bereits vor über zwanzig Jahren durchgeführt wurden. Insofern hat sich die Annahme, daß der

---

[16] *Kaiser*, Kriminologie, 1996, 254.

zeitliche Aspekt bzgl. der Bekanntheit kriminalgeographischer Untersuchungen der allein ausschlaggebende Faktor sein könnte, nicht bestätigt.

Ein Ergebnis, das einen Bekanntheitsgrad kriminalgeographischer Studien von nur rund einem Viertel der Teilnehmer beinhaltet, wäre überaus akzeptabel, hätte man es im Rahmen einer repräsentativen Bevölkerungsbefragung erzielt. Dies ist jedoch nicht der Fall: Befragt wurden in den untersuchten Kommunen nur solche Personen, von denen man aufgrund ihrer beruflichen Position oder ihrer exponierten Stellung in der Öffentlichkeit zumindest ein durch allgemeines Interesse am kommunalen Geschehen vorhandenes kriminalgeographisches Grundwissen hätte erwarten können. Diese Annahme erwies sich hingegen als falsch. Konnte man früher über die mutmaßliche Kenntnis derartiger Untersuchungen nur spekulieren, so ist deren bescheidener Bekanntheitsgrad nunmehr zur traurigen Gewißheit geworden. Dieses Ergebnis enttäuscht um so mehr, als im Verlauf der Untersuchung offenbar wurde, daß selbst der geringe Kenntnisstand der befragten Personen noch durch vorherige Einarbeitung in die Materie teilweise „geschönt" worden ist.

Bereits bei der Betrachtung der Rücklaufquote zeigt sich, daß nur jeder zweite der angeschriebenen Polizeipräsidenten und Polizeidirektoren geantwortet hat, was nicht gerade für ein vitales Interesse dieses Personenkreises am Gegenstand der Untersuchung spricht. Mangelndes Interesse an dieser Thematik dokumentiert sich ferner durch die Tatsache, daß 50 % der befragten Vertreter der Polizei den persönlich an sie gerichteten Fragebogen nicht selbst beantworteten, sondern diese Aufgabe an Mitarbeiter delegierten. Diese Befunde müssen angesichts der bisherigen (Selbst-)Darstellung von der Institution der Polizei doch überraschen. Darf man dem überaus positiven Bild, das zumindest in der Fachliteratur gemeinhin von der deutschen Polizei gezeichnet wird, Glauben schenken, so ist es gerade sie, die als „Motor der Kriminalprävention"[17] ein ureigenstes Interesse an kriminalpräventiven Fragestellungen haben müßte, da sie bereits von ihrer Aufgabenzuweisung her nicht nur repressiv, sondern – als vornehmste Aufgabe – vor allem präventiv tätig werden soll. Dabei hat die Polizei, die schon vor Jahren warnend die Finger gehoben hat, als es um die

---

[17] So im Ergebnis *Hunsicker*, Erfahrungen mit dem „Ressortübergreifenden Präventionsmodell Osnabrück", 1992, 173.

Ausweitung von Brutstätten der Kriminalität ging, auf dem Sektor des modernen Städtebaues die undankbare Aufgabe, das Produkt einer konzentrierten Fehlplanung zu ernten[18]. In Anbetracht der bei der vorliegenden Untersuchung gezeigten Resonanz, die von erstaunlichem Desinteresse auf Seiten der Polizei geprägt ist, muß die bisherige Vermutung, daß gerade die Polizei ein vitales Interesse an kriminalpräventiven Themen aus dem Bereich der Kriminalgeographie haben könnte, zumindest teilweise revidiert werden.

Während die Polizei auch bei der Frage nach der Kenntnis von der Existenz einer kriminalgeographischen Untersuchung über die eigene Stadt ein ausgesprochen durchschnittliches Ergebnis erzielt, rückt ein anderer Teilnehmerkreis mit seinen Antworten in das Blickfeld der statistischen Auswertung: die Vertreter der Stadtverwaltung. Die im Rahmen dieser Befragtengruppe angeschriebenen Stadtoberhäupter zeigen, was den Rücklauf der an sie adressierten Fragebogen anbelangt, ebenfalls nur ein unterdurchschnittliches Interesse an der vorliegenden Umfrage. Bemerkenswert ist hingegen, daß drei von vier befragten Oberbürgermeistern, Stadtbau- und Planungsdezernenten angeben, sie wüßten von der kriminalgeographischen Studie über ihre Stadt.

Möglicherweise könnte dieses überraschend hohe Ergebnis ein Effekt der vorliegenden Untersuchung selbst sein, welche die Befragten dazu bewogen hat, weitergehende Informationen über die damalige kriminalgeographische Untersuchung einzuholen. Dies belegen die zahlreichen Anrufe im Max-Planck-Institut für ausländisches und internationales Strafrecht, Forschungsgruppe Kriminologie, in denen im Untersuchungszeitraum verstärkt Mitarbeiter von befragten Stadtverwaltungen anriefen, um sich nach der Bezugsquelle der jeweiligen stadtspezifischen Untersuchung zu erkundigen. Insoweit sind durchaus Zweifel angebracht, ob die in der vorliegenden Untersuchung gegebenen Antworten dem originären Kenntnisstand der befragten Personen entsprechen. Obwohl in den geführten Einzelgesprächen stets darauf hingewirkt worden ist, originäre und unverfälschte Antworten der angeschriebenen Personen zu erreichen, ließen die Gesprächspartner doch häufig durchblicken, daß man die Beantwortung des Fragebogens von einer vorherigen Durcharbeit der Untersuchung

---

[18] *Dicke/Halt*, Macht der Städtebau unsere Kinder kriminell?, 1978, 7.

abhängig mache. Vor diesem Hintergrund ist der angeblich außergewöhnlich hohe Kenntnisstand der Vertreter der Stadtverwaltung eventuell doch mit unrichtigen Angaben zu erklären, die über das sonst „blamable" Ergebnis einer genauso stark ausgeprägten Unkenntnis wie bei den anderen Befragten hinwegtäuschen sollen. Eine gleichartige Motivationslage könnte auch die Erklärung dafür sein, daß die befragten Personen aus dem Bereich der Stadtverwaltung mit ihren Einschätzungen häufig ein von den übrigen Teilnehmerkreisen abweichendes Antwortbild liefern: So sind sie der Auffassung, daß kriminalgeographische Studien in der eigenen Stadt nicht mehr sonderlich sinnvoll sind, und auch bei der Frage nach der Durchführung städtebaulicher Maßnahmen sind die städtischen Befragten von ihrer eigenen bisherigen Tätigkeit sehr überzeugt.

Fast beschämend einfach nimmt sich der meistgenannte Vorschlag der Teilnehmer selbst aus, wie man kriminalgeographischen Studien zu einer besseren Verbreitung und Bekanntheit verhelfen könnte. Nahezu die Hälfte aller befragten Personen votiert für die schlichte Bekanntgabe durch Presse, Medien oder Internet; hier scheint insoweit ein bislang schlichtes und unterschätztes Informationsdefizit zu bestehen, das jedoch mit vergleichsweise geringem Aufwand behoben werden könnte. Gerade mit dem neuzeitlichen Kommunikationsmedium des Internets bieten sich vielfältige Möglichkeiten und Wege, auch aktuelle Informationen und Neuerungen schnell und kostengünstig einer Verbreitung zuzuführen. Es ist schlechterdings nicht nachvollziehbar, daß aufgrund mangelnder Bekanntgabe die Ergebnisse kriminalgeographischer Untersuchungen kaum zu denjenigen Entscheidungsträgern auf kommunaler Ebene – sei es im Bereich der Stadtverwaltung, der Politik oder der Polizei – durchdringen, die damit ihre teilweise weitreichenden Entscheidungen auf der Grundlage von unzureichenden Informationen treffen. Wie leicht eine Steigerung des Bekanntheitsgrades in diesem Zusammenhang möglich ist, zeigt ein positiver Nebeneffekt der vorliegenden Untersuchung: Bereits durch die bloße Nachfrage bei Behörden und Institutionen, ob die frühere kriminalgeographische Studie über die eigene Stadt bekannt ist, wurde das Interesse daran und damit die Bekanntheit auf simple Weise gesteigert.

Da die Ergebnisse denkbarer Replikationsstudien nur unter den bereits geäußerten Vorbehalten Aussagekraft besitzen, kommt der vorgelagerten Frage, ob jene städtebaulichen Maßnahmen, die als Ergebnis bisheriger kriminalgeographischer Untersuchungen empfohlen wurden, überhaupt in die Praxis umgesetzt worden sind, eine besondere Bedeutung zu. Obwohl der Kreis der Personen, von denen man zu dieser Problemstellung theoretisch eine Aussage hätte erwarten können, bereits extensiv gezogen wurde, erweist sich die Datenbasis für eine Beantwortung dieser Frage als zu schwach. Nur ein Bruchteil der Teilnehmer vermag also zu beurteilen, ob die „Hausaufgaben" vergangener kriminalgeographischer Arbeiten in Form einer Umsetzung von städtebaulichen Empfehlungen überhaupt gemacht worden sind. Wenn aber bereits auf dieser Ebene der simplen Vergangenheitsbetrachtung eine solch geringe Resonanz nachzuweisen ist, wieso sollten dann noch mehr öffentliche Mittel für die Erstellung künftiger Untersuchungen bereitgestellt werden, wenn nicht einmal die Erkenntnisse bisheriger Studien vollumfänglich rezipiert und praxisgerecht umgesetzt worden sind? Fraglich ist ferner, ob bereits die Durchführung einer kriminalgeographischen Untersuchung alle finanziellen Ressourcen einer Kommune aufgebraucht haben kann, so daß am Ende – ungeachtet der zahlreichen Erkenntnisse – kein Geld mehr für deren Realisierung vorhanden ist. Für diese These spricht die von den Befragten häufig geäußerte Meinung, daß vor allem ein zu hoher Kostenfaktor der Durchführung künftiger kriminalgeographischer Studien entgegenstehen könnte. Es bestehen jedoch auch durchaus einige Verdachtsmomente, daß manche kriminalgeographische Studie mit erheblichem Zeit- und Kostenaufwand erstellt worden ist, dann aber von Seiten der städtischen Verantwortlichen und Entscheidungsträger – ohne daraus Konsequenzen gezogen zu haben – als „heimatverbundenes literarisches Schmuckstück" in die öffentliche Bibliothek eingereiht wird.

Als Nebenbefund dieser empirischen Untersuchung kann ferner gelten, daß die allgemeine kriminologische Erkenntnis des unabhängigen Verhältnisses zwischen objektivem Kriminalitätsrisiko und subjektiver Kriminalitätsfurcht[19] bei den befragten Personen keine Rolle spielte. Die Erkenntnisse der wissenschaftlichen Forschung, nach denen Kriminalitätsfurcht nicht ohne weiteres das tatsächliche Kriminalitätsvolumen widerspiegelt[20], ist damit bei den befragten kommunalen Experten offensichtlich nicht

---

[19] *Schweer/Thies*, Kriminalität und Kriminalitätsfurcht, 2000, 341; ferner *Burgheim/Sterbling*, Kriminalitätsfurcht in Sachsen, 2000, 447.

[20] *Reuband*, Objektive und subjektive Bedrohung durch Kriminalität, 1992, 341.

rezipiert worden. Obwohl bei der Fragestellung der vorliegenden Untersuchung stets zwischen den beiden Teilbereichen „Kriminalitätsbelastung" und „Verbrechensfurcht" unterschieden wurde, so haben die Teilnehmer bis auf wenige und zumeist nur unbedeutende Abweichungen bei der Beantwortung der Fragen zwischen Kriminalitätsbelastung und Verbrechensfurcht nicht differenziert. Man muß daher davon ausgehen, daß kommunale Experten für eine unterschiedliche Beurteilung des kriminologisch unbestrittenen Ungleichgewichts zwischen objektiver Kriminalität und subjektiver Kriminalitätseinschätzung[21] keine Notwendigkeit sehen.

Gleichwohl muß die Zukunft kriminalgeographischer Untersuchungen und städtebaulicher Maßnahmen nicht in einem derart pessimistischen Licht erscheinen, wie es die in der vorliegenden Untersuchung erzielten Ergebnisse teilweise nahelegen. Gewiß schätzen nicht einmal zehn Prozent der befragten Personen den Erfolg bisheriger städtebaulicher Bemühungen zur Reduzierung von Kriminalitätsbelastung oder Verbrechensfurcht als gut ein; je mehr die Teilnehmer aber davon in der Vergangenheit bemerkt haben, desto positiver sind sie diesen gegenüber eingestellt. Generell gilt, daß Personen, die eine eigene Kenntnis von der kriminalgeographischen Untersuchung über ihre Stadt haben, auch künftige Studien befürworten, diesen einen starken Empfehlungscharakter für praxisorientierte Vorschläge zubilligen und darüber hinaus eine positive Grundhaltung gegenüber einem möglichen Erfolg städtebaulicher Maßnahmen haben – ein Grund mehr, die Ergebnisse kriminalgeographischer Untersuchungen nicht als „Wissenschaft für wenige" zu behandeln, sondern sie einer breiten Öffentlichkeit bekannt zu machen. Dieser Befund indiziert den dennoch vorhandenen Optimismus, den zumindest die städtischen Entscheidungsträger und Repräsentanten städtebaulichen Maßnahmen entgegenbringen. Eine positive Einstellung zeigt sich auch in der mehrheitlich vertretenen Auffassung, daß auf städtebaulicher Ebene noch viel zu tun sei.

Solch einer Zuversicht, die fast losgelöst von jeglicher wissenschaftlichen Skepsis und Kritik im Bereich der Zusammenhänge zwischen Stadtstruktur, Kriminalitätsbelastung und Verbrechensfurcht vorhanden ist, sollte auch in Zukunft nicht der Boden

---

[21] Ein Befund, der 1994 auch in der Untersuchung von *Obergfell-Fuchs/Kury* nachgewiesen wurde, vgl. *Obergfell-Fuchs/Kury*, Verbrechensfurcht und kommunale Kriminalprävention, 1995, 66.

entzogen werden. Kriminalgeographische Untersuchungen, deren Erkenntnisse auch tatsächlich in die Praxis umgesetzt werden, bilden nach wie vor die unabdingbare Voraussetzung für kriminalpräventive Maßnahmen auf städtebaulicher Ebene. Selbst wenn die Evaluierung einzelner Maßnahmen nur in engen Grenzen möglich erscheint, so kann bereits die Identifizierung von Kriminalitätsschwerpunkten in einer Stadt eine wichtige Planungsgrundlage für künftige Bauvorhaben darstellen. Dabei könnten „Fortschreibungen" kriminalgeographischer Untersuchungen, wie sie beispielsweise im Bereich der kriminologischen Regionalanalysen schon vereinzelt anzutreffen sind[22], eine wertvolle Hilfestellung bieten[23]. Weitere Ansätze sind derzeit ferner auf der Ebene der Dunkelfeldforschung erkennbar[24]. Insoweit sollten sich sämtliche kommunalen Entscheidungsträger und Repräsentanten aufgefordert fühlen, durch gezielte und sinnvolle Veränderungen in der baulichen Umwelt zum Abbau von Strukturen beizutragen, die Kriminalität und Verbrechensfurcht begünstigen können.

---

[22] Siehe z.B. *Hunsicker/Bruns/Oevermann/Ratermann*, Kriminologische Regionalanalyse Osnabrück 1996/97, 1998, mit der jeweiligen Fortschreibung der Grunddaten für 1997, 1998 und 1999.

[23] So im Ergebnis auch *Kury*, Zur Regionalverteilung der Kriminalität, 1997, 167.

[24] Vgl. *Schwind/Ahlborn/Weiß*, Empirische Kriminalgeographie, 1978, *Schwind/Ahlborn/Weiß*, Dunkelfeldforschung in Bochum 1986/87, 1989 sowie *Schwind/Ahlborn/Weiß*, Kriminalitäts-Phänomene im Langzeitvergleich (1975/86/98) am Beispiel einer deutschen Großstadt (Bochum), in Vorbereitung; siehe dazu auch http://www.ruhr-uni-bochum.de/prof-schwind/Forschung/forschung.html; aufgrund der sehr langen zeitlichen Abstände zwischen den einzelnen Untersuchungen kann jedoch nicht von einer „echten" Längsschnittstudie gesprochen werden.

7. Kapitel:

Zusammenfassung

Die vorliegende Arbeit behandelt die Zusammenhänge zwischen städtebaulichen Strukturen und deren Auswirkungen auf die objektive Kriminalitätsbelastung sowie die subjektiv wahrgenommene Viktimisierungsfurcht in der Bevölkerung. Die Sekundäranalyse von insgesamt dreizehn kriminalgeographischen Studien aus Deutschland dient als Anlaß für die nachfolgende empirische Untersuchung, die u.a. die Fragestellungen behandelt, ob kriminalgeographische Erkenntnisse aus der Vergangenheit heutzutage noch bekannt sind und ob die in diesen Studien vorgeschlagenen städtebaulichen Maßnahmen eine Umsetzung in die Praxis erfahren haben.

Im Kapitel „Stadtstruktur und Kriminalitätsbelastung" wird zunächst ein Überblick über das Wesen und die Ziele der Kriminalgeographie, d.h. die räumliche Beschreibung der Kriminalitätsverteilung zum Zweck der Kriminalitätsbekämpfung, unter Berücksichtigung der historischen Entwicklung gegeben. Dabei werden die zur Erhebung von empirischen Daten verwandten Methoden der Hell- und Dunkelfeldanalyse gegenübergestellt und die ihnen immanenten Problembereiche (z.B. mangelnde Gewichtung von Straftaten, Bewertungsspielräume) aufgeführt. Überblicksartig schließt sich eine Betrachtung der in der Gegenwart anzutreffenden Modelle und Konzepte an, mit denen auf kriminalpräventiver und repressiver Ebene versucht wird, Kontrolle über das sozialtypische Phänomen „Kriminalität" auszuüben. Durchgängig unter dem spezifischen Blickwinkel des Städtebaus werden neben der Darstellung der unterschiedlichen Präventionsebenen sowie der Verteilungsmodelle von Kriminalität auf räumlicher Ebene jene nachfolgenden Konzepte behandelt, die in der heutigen Zeit regelmäßig Anlaß zu gesellschaftlichen und politischen Debatten geben. Ausgehend von den gedanklichen Ansätzen der Theorie der „Broken Windows" über die Einführung kommunaler Präventionsgremien im Rahmen der Kommunalen Kriminalprävention bis hin zum repressiven New Yorker Modell der „Zero Tolerance" werden einzelne Methoden im Feld der Verbrechensvorbeugung diskutiert. Mit einem Überblick über weitere Themen wie das „Community Policing", der Privatisierung von Sicherheit in ihrer städtebaulichen Ausprägung der sogenannten „Gated Communities" sowie der Videoüberwachung werden ferner aktuelle Problemkreise, denen unter diversen Blickwinkeln eine nahezu ununterbrochene Präsenz in den Medien zuteil wird, unter Einbeziehung der hierbei anzutreffenden Kritik dargestellt.

Die kriminalgeographischen Erkenntnisse ausländischer Studien über Maßnahmen auf städtebaulicher Ebene bieten Anlaß für einen Einblick in den Stand der internationalen kriminologischen Forschung, die ihren Schwerpunkt auch heutzutage verstärkt im anglo-amerikanischen Raum hat. Unter Betrachtung der klassischen ausländischen kriminalgeographischen Arbeiten – u.a. von *Newman, Jacobs, Shaw/McKay* und *Poyner* – wird aufgezeigt, daß der Gedanke, durch städtebauliche Maßnahmen präventiven Einfluß auf Kriminalität und Verbrechensfurcht ausüben zu können, bis in die Gegenwart hineinreicht; neuere Evaluationen, wie z.B. der 1996 vom amerikanischen Kongreß in Auftrag gegebene Sherman-Report, belegen dies mit Nachdruck. Wenngleich die Ergebnisse der ausländischen Untersuchungen im einzelnen häufig variieren, so wird dennoch deutlich, daß bestimmten strukturellen Gestaltungsformen auf der Ebene des Städtebaus ein erhöhtes kriminogenes Potential immanent ist, wie beispielsweise ein gesteigertes Kriminalitätsaufkommen bei der Ansiedlung von öffentlichen Vergnügungsstätten.

Die Analyse von dreizehn deutschen kriminalgeographischen Studien seit dem Jahre 1968 zeigt, mit welchen unterschiedlichen Methoden und Ansätzen in Deutschland baulich-räumliche Elemente als Bedingung für das Entstehen von Kriminalität untersucht werden; häufig bleiben diese regional begrenzten Arbeiten jedoch auf rein deskriptivem Niveau und vermögen nicht, sich über den Zustand einer bloßen Kriminalitätsverteilung zu erheben. Wegweisend für die Entwicklung der Kriminalgeographie in Deutschland sollte eine im Jahre 1980 vom Bundeskriminalamt initiierte Untersuchung werden, in der *Rolinski* zeigte, daß zwischen Baustruktur und Kriminalität kein Zusammenhang in der Weise besteht, daß eine spezifische Bauform die Höhe der Kriminalität unmittelbar beeinflußt – ein Ergebnis, das gänzlich diametral zu den in New York gefundenen Ergebnissen von *Newman* stand. Gleichwohl war mit diesem negativen Befund weiteren bundesdeutschen Studien nicht der Boden entzogen: Bereits 1985 stellten *Plate/Schwinges/Weiß* in ihrer Erhebung in der Stadt Solingen nicht nur fest, daß Wohnungs- und Hauseigentum aufgrund der immanenten sozialen Kontrolle der Eigentümer einen kriminalitätsreduzierenden Faktor darstellt, sondern daß die steigende Geschoßzahl von Häusern einen negativen, d.h. ansteigenden Effekt auf die Kriminalität hat.

Allen analysierten kriminalgeographischen Studien war gemein, daß sie den erstrebten monokausalen Zusammenhang zwischen städtebaulichen Strukturen und Kriminalität nicht nachweisen konnten, was angesichts der Komplexität der verschiedenartigen Relationen auch überrascht hätte. So wird allgemein eher auf Faktoren wie eine ungünstige Sozialstruktur der Bewohner oder mangelhafte informelle Sozialkontrolle zurückgegriffen, anstatt die bauliche Umwelt als Grund für Abweichungen in der jeweils vorgefundenen Kriminalität anzusehen. Generell zeigt sich jedoch, daß in Deutschland kein ausreichendes Datenmaterial zur Verfügung steht, um bei den Auswirkungen von bestimmten Bauformen auf die Kriminalität von empirisch gesichertem Wissen sprechen zu können.

Im Kapitel „Stadtstruktur und Verbrechensfurcht" ist die subjektive Furcht der Bürger vor einer möglichen Viktimisierung Gegenstand der Betrachtung, wobei dieses Bedrohtheitsgefühl nach einhelliger Auffassung in der Literatur losgelöst von der tatsächlichen Wahrscheinlichkeit, Opfer einer Straftat zu werden, zu sehen ist: Es besteht Einigkeit darüber, daß es weder lineare noch kausale Beziehungen zwischen der polizeilich registrierten Entwicklung der Kriminalität und der Verbrechensfurcht gibt. Auf städtebaulicher Ebene werden häufig Verbesserungen im Bereich der Straßen- und Gebäudebeleuchtung vorgenommen, ohne daß jedoch empirisch gesicherte Erkenntnisse für die Effizienz solcher Maßnahmen nachgewiesen wären. Auch gehen die Ansichten über die Auswirkungen sogenannter „Signs of Incivility" in Form von Sprühparolen an Häuserwänden oder herumlungernden Drogensüchtigen auseinander. Während diese nach Auffassung mancher Experten allenfalls moderat mit der Kriminalitätsfurcht korrelieren, gehen andere Fachleute davon aus, daß sie nicht nur allgemeine Ängstlichkeit, sondern sogar spezifische Furcht vor Verbrechen hervorrufen können. Im Gegensatz zu den Beziehungen zwischen Stadtstruktur und objektiv vorhandener Kriminalität sind mangels empirischer Evaluationsstudien die denkbaren Zusammenhänge zwischen städtebaulicher Umwelt und Viktimisierungsfurcht noch nicht annähernd erforscht.

Ausgehend von der Tatsache, daß in einer Vielzahl von kriminalgeographischen Abhandlungen präventive Vorschläge zu finden sind, mit welchen städtebaulichen Maßnahmen eine Reduzierung von Kriminalitätsbelastung oder Verbrechensfurcht zu erreichen sei, wird im empirischen Teil der Arbeit anhand von zehn Hypothesen überprüft, in welchem Umfang frühere kriminalgeographische Untersuchungen bei den städtischen Entscheidungsträgern und Repräsentanten noch bekannt sind, ob die auf Grundlage der vorangegangenen Studien empfohlenen städtebaulichen Maßnahmen in die Praxis umgesetzt worden sind und was diese nach Ansicht der befragten Personen tatsächlich bewirkt haben.

Hierzu wurde ein am Max-Planck-Institut für ausländisches und internationales Strafrecht in Freiburg entwickelter Fragebogen an 214 Personen in zwölf bundesdeutschen Städten versandt, die bereits einmal Gegenstand von kriminalgeographischen Untersuchungen waren. In Anbetracht der teilweise speziellen kriminalgeographischen Fragestellungen wurde von einer repräsentativen Bevölkerungsbefragung, die höchstwahrscheinlich kaum verwertbare Resultate erbracht hätte, abgesehen. Bei den Angeschriebenen handelte es sich daher vornehmlich um Personen des öffentlichen Lebens, wie z.B. Oberbürgermeister, Fraktionsvorsitzende von politischen Parteien im Stadtparlament, Präsidenten von Gerichten, Architekten- und Rechsanwaltskammern, etc. Obwohl die allgemeine Rücklaufquote von 64,5 % zufriedenstellend ausgefallen ist, war die Beteiligung der Untersuchungsgebiete in Ostdeutschland überdurchschnittlich schwach ausgeprägt. Während die Vertreter der Staatsanwaltschaft mit einer Antwortquote von 90 % ein auffallend hohes Interesse an der Befragung bekundeten, schenkten die befragten Polizeipräsidenten und Polizeidirektoren mit einem Rücklauf von nur 50 % der Untersuchung eine vergleichsweise geringe Beachtung. Wenngleich der Kreis der angeschriebenen Personen, die aufgrund ihrer beruflichen Position potentiell kriminalgeographische Kenntnisse besitzen könnten, bereits sehr extensiv ausgelegt wurde, war die für die statistische Auswertung und Verrechnung zur Verfügung stehende Anzahl von Antworten häufig zu gering, um auf einer empirisch abgesicherten Datengrundlage Aussagen treffen zu können. Einige Ergebnisse können daher lediglich als tendenzielle Einschätzung der befragten Personen angesehen werden.

Nur 26,1 % aller antwortenden Teilnehmer ist bekannt, daß ihre Stadt in der Vergangenheit bereits einmal Gegenstand einer kriminalgeographischen Studie war; in einigen Städten weiß nicht ein einziger Befragter davon. Bei einer Aufteilung der Antworten auf einzelne Teilnehmerkreise zeigt sich, daß die Vertreter der Stadtverwaltung eine überaus hohe Kenntnis von der kriminalgeographischen Untersuchung angeben, wobei sich im Verlauf der Umfrage der Eindruck ergeben hat, daß dies auf einer gezielten vorhergehenden Informationsbeschaffung beruht. Die Annahme, daß das Alter der früheren zugrundeliegenden Untersuchung einen wesentlichen Einfluß auf den Bekanntheitsgrad haben könnte, hat sich dagegen als verfehlt herausgestellt. Von Bedeutung für die Einschätzung des Bekanntheitsgrades der Studien bei den städtischen Repräsentanten und Entscheidungsträgern ist dagegen die Antwort auf die Frage, ob die Teilnehmer eigene Kenntnis der Untersuchung besitzen oder nicht.

Wie die Ergebnisse der statistischen Auswertung zeigen, unterscheiden die befragten Personen bei ihren Einschätzungen nur gelegentlich und in sehr beschränktem Umfang zwischen der Zielrichtung von städtebaulichen Maßnahmen oder kriminalgeographischen Studien. Bis auf wenige Ausnahmen ist in den Antworten zu den Bereichen der objektiven Kriminalitätsbelastung und der subjektiv wahrgenommenen Verbrechensfurcht kaum eine Differenzierung festzustellen, obwohl das voneinander unabhängige Verhältnis dieser beiden Faktoren in der kriminologischen Forschung zum Standardwissen gehört.

Wenngleich sich die Datenbasis für eine fundierte Beurteilung der Umsetzung städtebaulicher Maßnahmen als zu schwach herausstellt, so ist dennoch der Trend zu erkennen, daß die Vertreter der Stadtverwaltung in einem erheblich höheren Maße annehmen, es sei auf städtebaulicher Ebene viel in der Vergangenheit realisiert worden, als alle anderen Teilnehmerkreise; dieser Befund wird sowohl als Folge einer stadtbezogenen kriminalgeographischen Untersuchung als auch bei einer generellen Betrachtung geäußert. Die übrigen Befragtengruppen geben an, daß wichtigere Projekte und vor allem ein zu hoher Kostenfaktor der Umsetzung städtebaulicher Maßnahmen im Wege stünden. Die Frage, ob deren Realisierung zu einer Reduzierung von Kriminalitätsbelastung oder Verbrechensfurcht geführt haben, kann die überwiegende Mehrheit der Befragten nicht beurteilen. Trotz dieser verhaltenen Erfolgseinschätzung befürwortet jedoch über die Hälfte der Teilnehmer auch weitere Maßnahmen auf städtebaulicher Ebene – mit Ausnahme der Vertreter der Stadtverwaltung, die sich auch gegenüber künftigen kriminalgeographischen Untersuchungen in der eigenen Stadt sehr reserviert zeigen.

Die Beantwortung der Frage, ob die Teilnehmer weitere kriminalgeographische Studien als sinnvoll ansehen, bestimmt unmittelbar ihre Einschätzung der möglichen Gründe, die dem entgegenstehen könnten. Während ein zu hoher Kostenfaktor vor allem von den befragten Personen genannt wird, die künftige Untersuchungen als sinnvoll ansehen, so äußern jene Teilnehmer, die diese als weniger sinnvoll einstufen, vorrangig Zweifel an deren Erfolg. Generell läßt sich zeigen, daß die Befragten den Sinn künftiger kriminalgeographischer Studien um so höher einschätzen, je besser sie die in der Vergangenheit durchgeführte Untersuchung in ihrer eigenen Stadt kennen. Kriminalgeographischen Studien wird ferner ein hohes Maß an Eignung für praxisnahe Empfehlungen zu einer Reduzierung von Kriminalitätsbelastung und Verbrechensfurcht zugebilligt; auch hier zeigt die Kenntnis von der Existenz einer derartigen Untersuchung über die eigene Stadt positive Auswirkungen auf die Einschätzung der befragten Personen. Im übrigen wird diese mutmaßliche Eigenschaft von den befragten Personen desto stärker angenommen, je mehr sie weitere Maßnahmen auf städtebaulicher Ebene für erforderlich halten.

Klare Aussagen treffen die Befragten zur Frage der Erfolgschance von städtebaulichen Maßnahmen zur Kriminalitätsreduzierung: Je öfter die Teilnehmer davon ausgehen, daß diese schon in der Vergangenheit etwas gebracht haben, desto stärker ist auch ihr Glaube an zukünftige Erfolge. Bei der Bewertung der Maßnahmen im Hinblick auf eine Reduzierung der Verbrechensfurcht bewegt sich die optimistische Haltung der befragten Personen dagegen losgelöst von einer bisherigen Erfolgsevaluation auf konstant hohem Niveau. Je weniger die Teilnehmer weitere städtebauliche Maßnahmen für notwendig halten, desto geringer ist ihr Vertrauen in künftige Erfolge. Allgemein gilt, daß Personen, die kriminalgeographische Untersuchungen für nicht sonderlich praxistauglich ansehen, auch nichts von Maßnahmen auf städtebaulicher Ebene als Mittel zur Reduzierung von Kriminalitätsbelastung oder Verbrechensfurcht halten.

Bei der Integration und Bewertung der Ergebnisse werden die bisherigen Forderungen nach kriminalgeographischen Replikationsstudien kritisch auf ihre möglichen Ergebnisse betrachtet; insbesondere wird der gemeinhin vernachlässigte Faktor „Zeit" und die mit ihm einhergehenden Veränderungen im sozialen Nahbereich der räumlich begrenzten Untersuchungsgebiete näher beleuchtet. Hierbei zeigt sich, daß aussagekräftige Evaluationen über die Auswirkungen veränderter Variablen im Bereich des Städtebaus nur im Rahmen eines wirtschaftlich ungeheuer aufwendigen Versuchsaufbaus möglich sind. Darüber hinaus werden die Antworten der in der vorliegenden Umfrage befragten Vertreter der Polizei und der Stadtverwaltung kritisch gewürdigt: Während sich aus den Gesamtumständen der Befragung ein überraschendes Desinteresse der Polizei an dieser kriminalgeographischen Fragestellung gezeigt hat, geben die Einschätzungen der Vertreter der Stadtverwaltung nicht unbedingt ein objektiv richtiges Bild von der wahren Sachlage wieder. Hier ist das Bestreben, das eigene Bild in der Öffentlichkeit möglichst kompetent und positiv darzustellen, unverkennbar.

Kriminalgeographische Studien sehen sich vielfältigen Bedenken ausgesetzt, die sich von Zweifeln über ihren Erfolg bis hin zu finanziellen Besorgnissen erstrecken; dennoch ist die überwiegende Mehrheit der in der vorliegenden Umfrage untersuchten Personen der Auffassung, daß sie auch in Zukunft ihre Daseinsberechtigung haben und künftig fortgesetzt werden sollten. So werden kriminalgeographische Untersuchungen mangels gesichert überlegener Methoden weiterhin eines der wenigen Mittel bleiben, um im präventiven Vorfeld bei der strukturellen Gestaltung von Städten Aufschlüsse über Verteilung und Gründe von vorgefundener Kriminalitätsbelastung und Verbrechensfurcht zu geben. Allerdings sind hierzu künftige Evaluationen – wenngleich ihnen auch nur eine begrenzte Aussagekraft zukommen mag – unverzichtbar.

Executive Summary

This dissertation discusses the correlation between urban design and its effects on crime and the individual's fear of crime. The empirical survey was inspired by a secondary analysis of thirteen studies of the impact of urban planning and design on crime. It will consider, among other things, whether the results of earlier studies are still known and drawn upon today and whether the urban design measures recommended were implemented at the time or are being implemented now.

The chapter „Urban Design and Crime Rate" („Stadtstruktur und Kriminalitätsbelastung") illustrates the features and objectives of geographical criminology, i.e. the examination of regional and geographical crime rates with the objective of reducing crime. In this process, the methods of police crime statistics and victimisation studies are compared and their inherent problems are shown. This is followed by an outline of current approaches to crime prevention and repression that purport control over the phenomenon „Crime". By the focus on the correlation between crime and urban design, this dissertation describes different prevention levels as well as the geographical allocation of crime and the crime prevention models resulting therefrom. Different approaches and models of crime prevention are discussed, from the „Broken Windows Theory" and the establishment of community crime prevention bodies to the New York „Zero Tolerance Model". The outline and evaluation of further current crime prevention models such as „Community Policing", „Video Surveillance" and privatisation of security in the urban shape of „Gated Communities" completes the discussion of crime prevention models that have recently attracted a high level of media and public interest.

The criminological findings of foreign studies on urban design and planning are considered in an overview of the international criminological research, which has been conducted primarily in the English-speaking world. The review of classical foreign studies on criminal geography like those of *Newman, Jacobs, Shaw, McKay* and *Poyner*, demonstrates that the traditional theory of preventing crime and fear of crime by urban design and planning measures is still being followed today, a conclusion clearly substantiated by later surveys like the Sherman-report of 1996. In spite of the often diverging results of foreign studies, it is obvious that certain patterns of urban planning and design, like the establishment of public entertainment facilities, precipitate an increased criminal potential.

The analysis of thirteen German studies on urban design illustrates different methods of and approaches to investigating correlations between urban design and crime. However, all of these surveys were conducted solely on a local level and are limited to the description how common crime is. The 1980-study by *Rolinski*, conducted on behalf of the German Federal Office of Criminal Investigation, was ground-breaking for the development of geographical criminology in Germany. This study denies a direct correlation between architectural design and crime to the extent that a specific type or style of building has an immediate impact on the crime rate – a result, which diametrically contradicts *Newman's* findings in New York. Despite the results of the *Rolinski* study, further surveys were conducted in Germany. As early as 1985, the Solingen study of *Plate, Schwinges* and *Weiß* demonstrates not only that owner-occupied apartments and houses reduce crime because of the inherent social control exercised by the owners, but also that the crime rate increases as the number of stories in the building grows.

None of the analysed crime studies succeeded in substantiating a mono-causal relationship between urban design and crime, an unsurprising result in view of the complexity of different factors and relations. Thus, deviations in crime rates are rather attributed to the negative social structure of the neighbourhood or the lack of informal social control than to urban design. Unfortunately, the available German data provide an inadequate foundation for establishing empirical evidence on the impact of architectural and urban design on crime.

The chapter „Town Structure and Fear of Crime" („Stadtstruktur und Verbrechensfurcht") examines the individual's perception of personal crime risk, which – as generally acknowledged – neither stands in a direct nor in a linear relationship to the objective personal crime risk. Urban planning nowadays often includes the implementation of street-lighting projects, even though the effectiveness of these measures is yet to be supported by empirical surveys. There are also different perceptions of the effects of the so-called „Signs of Incivility" in the form of graffiti or drug addicts hanging around. Whilst some experts see only a weak correlation between signs of incivility and fear of crime, others hold that signs of incivility may result directly in increased fear of crime. In contrast to the correlation between urban design and crime, the potential connection between urban design and fear of crime has yet to be thoroughly researched.

Due to the fact that a number of crime studies already contain proposals on how to reduce crime and fear of crime by urban design, the empirical part of this dissertation examines on the basis of ten hypotheses the degree to which municipal authorities and representatives are aware of the results of earlier crime studies, the extent to which recommended urban design measures have indeed been implemented and the results the implementations have produced.

The Max-Planck-Institute for Foreign and International Criminal Law (Max-Planck-Institut für ausländisches und internationals Strafrecht) in Freiburg, developed a questionnaire to investigate these hypotheses and distributed it to 214 people in twelve German cities in which crime studies had previously been conducted. In view of the specific criminological character of the questionnaire, a demographic survey would have not produced any conclusive results and was consequently not conducted. The great majority of the survey participants are persons in public life, such as mayors, chairmen of local parliamentary groups, presidents of the courts and chairmen of professional associations, such as those of architects and attorneys, etc. Although the overall return of 64,5 % was satisfactory, the participation of East German communities remained far below average. Whereas 90 % of the public prosecutors returned the questionnaires and showed interest in the current study, the chiefs of police took little notice of it: the return rate was no more than 50 %. Despite the fact that the questionnaires were sent to a wide range of people with criminological insight, the return rate is too low to support definite empirical findings. Thus, some results can only be considered as an estimated tendency of the surveyed people.

On average only 26,1 % of the survey participants were aware of the fact that a crime study had previously been conducted in their town; in some of the cities not a single participant knew this. Of all surveyed groups, the municipal authorities were the best informed about previous criminal studies. It should be noted that there is no evident relation between the date of the earlier crime studies and their respective degree of prominence. The results of the statistical analysis show that the surveyed people make little or no distinction between the objectives of urban design and those of crime studies. Hardly any participants distinguish between crime rate and fear of crime in their answers, in spite of the fact that the lack of correlation between these factors is considered to be fundamental criminological knowledge.

Even though the available data does not suffice for a in-depth assessment of the implementation of urban design measures, it is evident that out of all interviewed groups, the municipal authorities most strongly believe in the successful implementation of urban design measures – on a local as well as on a national level. The other surveyed groups are of the opinion that the implementation of urban design is impeded by the cost and more important projects. The large majority of the survey participants is not in the position to evaluate whether the implementation of urban design measures has indeed succeeded in reducing of crime and fear of crime. In spite of this cautious assessment, more than half of the survey participants support urban design measures, with the exception of the municipal authorities, who are also wary of further criminal studies in their respective cities.

The assessment of potential arguments against the carrying out of further crime studies depends on the participants' general attitude towards them. Whereas supporters of crime studies primarily name the cost factor, the opponents doubt the success and value of crime studies. By and large, it can be said that the more the survey participants know about previous crime studies, the stronger is their support for further ones. Geographical crime studies are generally acknowledged as apt means for gaining practical advice on reducing crime and fear of crime; even though knowledge of previous crime studies is also a factor here. The stronger people support urban design measures, the more positive the attitude will be towards crime studies.

The survey participants take definite positions towards the suitability of urban design as a crime-reducing tool: the more the participants think of the success of previous urban design measures, the more strongly they believe in further ones. However, the large majority of the survey participants – regardless of their opinion on previous urban design measures – believes in the appropriateness of urban design measures as a means to reduce fear of crime. The less the survey participants deem further urban design measures to be necessary, the smaller they consider the chances of success of future measures. All in all it can be said those people who reject the practical use of geographical crime studies also deny the effectiveness of urban design measures as a means to reduce crime and fear of crime.

The chapter „Integration and Valuation" („Integration und Bewertung") examines the potential benefits of replicated crime studies with particular focus on the often neglected time factor and the inherent changes in the social structure. This analysis shows that meaningful evaluations of the impact of urban design require tremendously complex and expensive surveys which take a number of factors into consideration. The chapter further analyses answers of the police representatives and the municipal authorities: Whereas the police displayed a surprising disinterest in the survey, the municipal authorities participated but failed to provide accurate statements, possibly to conceal their lack of knowledge.

Crime studies encounter much public criticism ranging from doubts regarding their significance to concerns about their costs. Nevertheless, the majority of the survey participants supports future crime studies. Thus, due to the lack of available and suitable alternatives, geographical crime studies will remain one of the few means of crime prevention in the context of urban planning. It should be noted, however, that the implementation of further surveys is essential, no matter how limited their meaningfulness may be.

Literaturverzeichnis

Abele, A., Stein-Hilbers, M., Alltagswissen, öffentliche Meinung über Kriminalität und soziale Kontrolle. In: KrimJ 1978, 161 – 173

Ahlborn, W., Böker, F., Lehnick, D., Stichprobengrößen bei Opferbefragungen in der Dunkelfeldforschung. Wiesbaden 1999

Albrecht, G., Erkenntnisse der Kriminalgeographie als Grundlage für Kriminalitätsbekämpfung. In: BewHi 1981, 292 – 305

Albrecht, G., Vorläufiges Gutachten zur Kriminalität in Neumünster. In: Kriminalität in Neumünster. Bericht der Enquête-Kommission zur Untersuchung der Ursachen der Kriminalität in Neumünster, hrsg. v. Ratsversammlung der Stadt Neumünster. Neumünster 1983, 23 – 84

Albrecht, G., Kriminalgeographie, Städtebau und Kriminalität. In: Kleines Kriminologisches Wörterbuch, hrsg. v. G. Kaiser u.a. Heidelberg 1993, 226 – 236

Albrecht, H.-J., Zur Sicherheitslage der Kommunen. In: Konzepte Kommunaler Kriminalprävention, hrsg. v. H. Kury. Kriminologische Forschungsberichte aus dem Max-Planck-Institut für ausländisches und internationales Strafrecht, Band 59. Freiburg i. Br. 1997, 147 – 165

Albrecht, H.-J., Anmerkungen zu Entwicklungen in der Kriminalpolitik. In: Festschrift für Alexander Böhm zum 70. Geburtstag am 14. Juni 1999, hrsg. v. W. Feuerhelm u.a. Berlin u.a. 1999, 765 – 788

Albrecht, H.-J., Neue Erscheinungsformen der Kriminalität und Strafprozeßreform in Deutschland. In: Kriminalität, Strafrechtsreform und Strafvollzug in Zeiten des sozialen Umbruchs, hrsg. v. H.-J. Albrecht u.a. Kriminologische Forschungsberichte aus dem Max-Planck-Institut für ausländisches und internationales Strafrecht, Band 86. Freiburg i. Br. 1999, 277 – 316

Albrecht, H.-J., Dünkel, F., Kerner, H.J., Kürzinger, J., Schöch, H., Sessar, K., Villmow, B. (Hrsg.), Internationale Perspektiven in Kriminologie und Strafrecht. Festschrift für Günther Kaiser zum 70. Geburtstag. 2 Bände. Berlin 1998

Albrecht, H.-J., Kürzinger, J. (Hrsg.), Kriminologie in Europa – europäische Kriminologie? Kolloquium aus Anlaß des 65. Geburtstages von Prof. Dr. Dr. h.c. mult. Günther Kaiser. Kriminologische Forschungsberichte aus dem Max-Planck-Institut für ausländisches und internationales Strafrecht, Band 71. Freiburg i. Br. 1994

Allhusen-Siemer, M., Schütte, G., Planung und Umsetzung der Kriminalitätsvorbeugung auf kommunaler Ebene mit dem Instrument der Kriminologischen Regionalanalyse (KRA). In: Kriminalitätslagebilder. Zur Erstellung überregionaler Kriminalitätslagebilder auf der Basis von Kriminologischen Regionalanalysen, hrsg. v. BKA. BKA-Forschungsreihe, Sonderband. Wiesbaden 1992, 245 – 303

Amend, A., Die Kriminalität Deutschlands 1919 – 1932, München 1937

Ammer, A., Kriminalität in Landau. Analyse und (Re)Konstruktion des Kriminalitätsbildes einer Kleinstadt mit hoher Kriminalitätsbelastung. Trier 1990

Arzt, G., Der Ruf nach Recht und Ordnung. Ursachen und Folgen der Kriminalitätsfurcht in den USA und in Deutschland. Reform der Justizreform, Band 4. Tübingen 1976.

Arzt, G., Kriminalitätsbekämpfung durch vorbeugende Sicherung – Ausweg oder Sackgasse? In: Krim 1976, 433 – 435

Bähr, M., Bathsteen, M., Straßenraub in Hamburg. Eine empirische Untersuchung. In: Krim 1992, 221 – 225

Bässmann, J., Polizeiliche Kriminalitätskontrollansätze auf dem Prüfstand – Community Policing und Zero Tolerance auch in Deutschland? In: Festschrift für Horst Herold zum 75. Geburtstag. Das Bundeskriminalamt am Ausgang des 20. Jahrhunderts, hrsg. v. Bundeskriminalamt. Wiesbaden 1998, 269 – 301

Bässmann, J., Vogt, S., Community Policing. Projektbericht des Bundeskriminalamts zu den Erfahrungen in den USA. Wiesbaden 1997

Baier, R., Feltes, T., Kommunale Kriminalprävention. Modelle und bisherige Erfahrungen. In: Krim 1994, 693 – 697

Barr, R., Pease, K., A Place for Every Crime and Every Crime in Its Place. In: Crime, Policing and Place. Essays in Environmental Criminology, hrsg. V. D. Evans u.a. London 1992, 196 – 216

Becker, M., Boers, K., Kurz, P., Kriminalitätsfurcht und Prävention im sozialen Nahbereich. In: Vereint gegen Kriminalität. Wege der kommunalen Kriminalprävention in Deutschland, hrsg. v. E. Kube u.a. Lübeck u.a. 1996, 79 – 110

Behder, M., Die Saison-(Urlaubs-)Kriminalität in Schleswig-Holstein 1972/73. Kiel 1979

Behring, A., Göschl, A., Lustig, S., Zur Praxis einer „Kultur des Hinschauens". Motivationslagen und Handlungsformen von Angehörigen der bayerischen Sicherheitswacht. In: Krim 1996, 49 – 54

Belina, B., „Kriminalität und Raum". Zur Kritik der Kriminalgeographie und zur Produktion des Raums. In: KrimJ 2000, 129 – 147

Bellair, P., Informal Surveillance and Street Crime. A Complex Relationship. In: Criminology 38 (2000), 137 – 169

Bennett, T., Community Crime Prevention in Britain. In: Kommunale Kriminalprävention. Paradigmenwechsel und Wiederentdeckung alter Weisheiten, hrsg. v. T. Trenczek u.a. Bonn 1996, 169 – 183

Beste, H., Zonale Raumkontrolle in Frankfurt am Main im ausgehenden 20. Jahrhundert. In: Unsichere Großstädte?, hrsg. v. M. Dinges u.a. Konstanz 2000, 333 – 353

Bilsky, W., Steigende Kriminalitätsfurcht – Gesichertes Wissen oder Trugschluß? In: KrimJ 1996, 284 – 286

Bilsky, W., Die Bedeutung der Kriminalitätsfurcht in Ost und West. In: Sozialer Umbruch und Kriminalität, hrsg. v. K. Sessar u.a. Hamburger Studien zur Kriminologie, Band 23. Pfaffenweiler 1997

Bilsky, W., Wetzels, P., Mecklenburg, E., Pfeiffer, C., Subjektive Wahrnehmung von Kriminalität und Opfererfahrung. In: Kriminologische Opferforschung. Neue Perspektiven und Erkenntnisse, hrsg. v. G. Kaiser u.a. Teilband II. Verbrechensfurcht und Opferwerdung – Individualopfer und Verarbeitung von Opfererfahrungen. Neue kriminologische Schriftenreihe der Neuen kriminologischen Gesellschaft, Band 102. Heidelberg 1995, 73 – 106

Błachut, J., Kriminalberichterstattung in der polnischen Tagespresse aus empirischer Sicht. In: Kriminalberichterstattung in der Tagespresse, hrsg. v. D. Dölling u.a. Heidelberg 1998, 87 – 140

Blass-Wilhelms, W., Schrifttum zur BKA-Forschungsreihe Band 8. In: GA 1981, 184 – 185

Bleck, S., Die Rechtsstellung des privaten Sicherheitsgewerbes. In: Die Polizei 1994, 42 – 45

Bock, M., Kriminologie. München 1995

Boers, K., Kriminalitätsfurcht. Über den Entstehungszusammenhang und die Folgen eines sozialen Problems. Hamburger Studien zur Kriminologie, Band 12. Pfaffenweiler 1991

Boers, K., Kriminalitätsfurcht. Ein Beitrag zum Verständnis eines sozialen Problems. In: MschrKrim 1993, 65 – 82

Boers, K., Kriminalitätseinstellungen und Opfererfahrungen. In: Kriminologische Opferforschung. Neue Perspektiven und Erkenntnisse, hrsg. v. G. Kaiser u.a. Teilband II. Verbrechensfurcht und Opferwerdung – Individualopfer und Verarbeitung von Opfererfahrungen. Neue kriminologische Schriftenreihe der Neuen kriminologischen Gesellschaft, Band 102. Heidelberg 1995, 3 – 36

Boers, K., Kurz, P., Kriminalitätseinstellungen, soziale Milieus und sozialer Umbruch. In: Sozialer Umbruch und Kriminalität in Deutschland, hrsg. v. K. Boers u.a. Opladen 1997, 187 – 253

Bottoms, A., Review of Defensible Space. In: British Journal of Criminology 14 (1974), 203 – 206

Brandtstädter, J., von Eye, A., Psychologische Prävention. Grundlagen, Programme, Methoden. Bern u.a. 1982

Brantingham, P. J., Brantingham, P. L., Mobility, notoriety and crime: A study in crime patterns of urban nodal points. Journal of Environmental Systems 11, 89 – 99

Breitwieser, U., Jugenddelinquenz und Stadtstruktur. In: Stadtstruktur und Sozialplanung. Beiträge zur empirischen Sozialforschung, hrsg. v. F. Fürstenberg. Linz 1978, 32 – 50

Brenneisen, H., Staack, D., Die Videobildübertragung nach allgemeinem Polizeirecht. Das Kamera-Monitor-Prinzip. In: DuD 1999, 447 – 450

Britton, D., Perceptions of the Work Environment among correctional Officers. Do Race and Sex matter? In: Criminology 35 (1997), 85 – 131

Brown, B., CCTV in Town Centres. Three Case Studies. Crime Detection and Prevention Series Paper 68. London 1995.

Brown, B., Altman, I., Territoriality and Residential Crime. A Conceptual Framework. In: Environmental Criminology. Reissue, hrsg. v. P. Brantingham u.a. Prospect Heights 1981, 55 – 76

Büchler, H., Leineweber, H., Bankraub und technische Prävention. Phänomenologie – Bestand und Auswirkungen der Sicherungstechnik. BKA-Forschungsreihe Band 18. Wiesbaden 1986

Bueß, P., Private Sicherheitsdienste. Zur Tätigkeit freier Unternehmer auf dem Gebiet der öffentlichen Sicherheit und Ordnung. Stuttgart u.a. 1997

Bull, H., Sicherheit für Schleswig-Holstein. Kriminalprävention in überschaubaren Gefilden. In: Krim 1994, 551 – 552

Bundeskriminalamt (Hrsg.), Städtebau und Kriminalität. Internationales Symposium im Bundeskriminalamt v. 11.-13. Dezember 1978. Wiesbaden 1979

Bundeskriminalamt (Hrsg.), Kriminalprävention. Sammlung ausländischer Präventionsprojekte. BKA-Forschungsreihe Band 54. Wiesbaden 2000

Bundeskriminalamt (Hrsg.), Polizeiliche Kriminalstatistik Bundesrepublik Deutschland. Berichtsjahr 1999. Wiesbaden 2000

Burgess, E., The Growth of the City. An Introduction to a Research Project. In: The City, hrsg. v. R. Park u.a. Chicago u.a. 1925, 4. Auflage 1967, 47 – 62

Burghard, W., Auf der Suche nach besseren Wegen. Baden-Württembergs Präventionsstrategien. In: Krim 1993, 103 – 104

Burgheim, J., Sterbling, A., Kriminalitätsfurcht in Sachsen. Ergebnisse empirischer Untersuchungen in Görlitz und Hoyerswerda. In: Krim 2000, 447 – 451

Carter, R., Hill, K., The Criminal's Image of the City. New York u.a. 1979

Clarke, R., „Situational" Crime Prevention. Theory and Practice. In: British Journal of Criminology 20 (1980), 136 – 147

Coleman, A., Utopia on Trial. Vision and Reality in Planned Housing. London 1985

Cook, S., Verbrechensvorbeugung in Städten. Kulturvergleichende Reflexionen. In: Krim 1992, 563 – 568

Dicke, W., Halt, A., Macht der Städtebau unsere Kinder kriminell? Bericht über die Veranstaltung Presse und Polizei. In: Deutsche Polizei 1978, 7.

Dinges, M., Sack, F. (Hrsg.), Unsichere Großstädte? Vom Mittelalter bis zur Postmoderne. Konflikte und Kultur – Historische Perspektiven, Band 3. Konstanz 2000

Dölling, D., Kriminalberichterstattung in der deutschen und polnischen Tagespresse – ein Vergleich. In: Kriminalberichterstattung in der Tagespresse, hrsg. v. D. Dölling u.a. Heidelberg 1998, 141 – 157

Dölling, D., Gössel, K., Waltoś, S. (Hrsg.), Kriminalberichterstattung in der Tagespresse. Rechtliche und kriminologische Probleme. Kriminalistik – Wissenschaft & Praxis, Band 34. Heidelberg 1998

Dörmann, U., Die Aussagekraft wesentlich verbessert. Neugestaltung der Polizeilichen Kriminalstatistik. In: Krim 1983, 182 – 186

Dörmann, U., Dunkelfeldforschung im Dunkeln. Zum Problem der statistikbegleitenden Dunkelfeldforschung: Eine vergleichende Betrachtung. In: Krim 1988, 403 – 405

Dörmann, U., Kube, E., Städtebau und Prävention. In: Präventive Kriminalpolitik. Beiträge zur ressortübergreifenden Kriminalprävention aus Forschung, Praxis und Politik, hrsg. v. H.-D. Schwind u.a. Schriftenreihe des Niedersächsischen Ministeriums der Justiz, Band 1. Heidelberg 1980, 443 – 455

Dreher, G., Kommunale Kriminalprävention – Anliegen, Grundgedanken und Ertrag bisheriger Bemühungen. In: Die Polizei 1996, 173 – 183

Dreher, G., Feltes, T., Notrufe und Funkstreifenwageneinsätze bei der Polizei. Eine empirische Studie in drei Polizeidirektionen in Baden-Württemberg. Empirische Polizeiforschung Band 10. Holzkirchen 1996

Dreher, G., Feltes, T., Gramckow, H., Neue Präventionsprogramme in den USA und in England: Alter Wein in neuen Schläuchen? In: BewHi 1995, 379 – 397

Dreher, G., Kunz, B., Renaissance der klassischen kriminologischen Schule. Die Kriminalitätstheorie der „New Realists" In: Krim 1998, 383 – 390

Eck, J., Preventing Crime at Places. In: Preventing Crime: What Works, What Doesn't, What's Promising. A Report to the United States Congress, hrsg. v. L. Sherman u.a. Washington 1997, 300 – 374

Eckert, R., Willems, H., Wolf, M., Gewaltberichte aus Großbritannien. Vorschläge der in Großbritannien eingesetzten Untersuchungskommission zur Verhinderung oder Begrenzung ethnisch begründeter Konflikte. In: Ursachen, Prävention und Kontrolle von Gewalt. Analysen und Vorschläge der Unabhängigen Regierungskommission zur Verhinderung und Bekämpfung von Gewalt (Gewaltkommission), hrsg. v. H.-D. Schwind u.a. Band III, Sondergutachten. Berlin, 2. Auflage 1994, 5 – 66

Eibach, J., Die Straßen von Frankfurt am Main: Ein gefährliches Pflaster? Sicherheit und Unsicherheit in Großstädten des 18. Jahrhunderts. In: Unsichere Großstädte?, hrsg. v. M. Dinges u.a. Konstanz 2000, 157 – 173

Eisenberg, U., Kriminologie. Köln u.a., 4. Auflage 1995

Eisner, M., Alltägliche Gewalt in Schweizer Städten. Bericht 51 des NFP „Stadt und Verkehr". Zürich 1993.

Eisner, M., Das Ende der zivilisierten Stadt? Die Auswirkungen von Modernisierung und urbaner Krise auf Gewaltdelinquenz. Frankfurt am Main u.a. 1997

v. Elsbergen, G., Die Bundesrepublik Deutschland im Spiegel ihrer Präventionsaktivitäten. In: Europäische Beiträge zu Kriminalität und Prävention 3/1998, 1 – 18

Fangohr, H., Gebäudekonzeption und Kriminalität. Bauforschungsbericht des Bundesministers für Raumordnung, Bauwesen und Städtebau; 2040. Hamburg 1986

Fellenberg, G., Lebensraum Stadt. Stuttgart u.a. 1991

Felson, M., Routine Activities and Crime Prevention in the Developing Metropolis. In: Criminology 25 (1987), 911 – 931

Feltes, T., Verbrechensopfer, Dunkelziffer und Verbrechensfurcht. Opferbefragungen als Grundlage für geeignete Präventionsmaßnahmen und als Alternative zur Polizeilichen Kriminalstatistik. In: BewHi 1987, 411 – 417

Feltes, T., Verhaltenssteuerung durch Prävention – Konsequenzen aus empirisch-kriminologischen Erfahrungen. In: MschrKrim 1993, 341 – 354

Feltes, T. (Hrsg.), Kommunale Kriminalprävention in Baden-Württemberg. Erste Ergebnisse der wissenschaftlichen Begleitung von drei Pilotprojekten. Empirische Polizeiforschung Band 9. Holzkirchen 1995

Feltes, T., Zur Einführung: Kommunale Kriminalprävention und bürgernahe Polizeiarbeit. In: Kommunale Kriminalprävention in Baden-Württemberg, hrsg. v. T. Feltes. Empirische Polizeiforschung Band 9. Holzkirchen 1995, 11 – 29

Feltes, T., Alltagskriminalität, Verbrechensfurcht und Polizei. Bemerkungen zur aktuellen kriminal- und polizeipolitischen Lage in Deutschland. In: Krim 1997, 538 – 547

Feltes, T., Zur Einführung: New York als Modell für eine moderne und effektive Polizeipolitik? In: Das Modell New York: Kriminalprävention durch „Zero Tolerance"?, hrsg. von G. Dreher u.a. Empirische Polizeiforschung Band 12. Holzkirchen, 2. Auflage 1998, 3 – 15

Feltes, T., Ostermann, C., Kriminalberichterstattung, Verbrechensfurcht und Stigmatisierung: Anmerkungen zu den (unterstellten) Folgen von massenmedialen Verbrechensdarstellungen für Täter, Opfer und Bevölkerung. In: MschrKrim 1985, 261 – 268

Flade, A., Greiff, R., Dauwe, E., Guder, R., Die sichere Stadt. Institut Wohnen und Umwelt. Darmstadt, 2. Aufl. 1997

Frehsee, D., Kriminalgeographie – ein Ansatz zu einem natürlicheren Verständnis des gesellschaftlichen Phänomens „Kriminalität". In: Krim 1979, 321 – 327

Frehsee, D., Strukturbedingungen urbaner Kriminalität. Eine Kriminalgeographie der Stadt Kiel unter besonderer Berücksichtigung der Jugendkriminalität. Kriminologische Studien, Band 29. Göttingen 1979

Frehsee, D., Das „Kriminalitätsproblem" im Hochhausquartier. In: BewHi 1981, 319 – 326

Frehsee, D., Fördert der moderne Städtebau die Kriminalität? In: Ist Straffälligkeit vermeidbar? Möglichkeiten der Kriminalprävention, hrsg. v. H. Kury. Bochum 1982, 262 – 295

Frehsee, D., Zusammenfassung der wichtigsten Erhebungsergebnisse. In: Kriminalität in Neumünster. Bericht der Enquête-Kommission zur Untersuchung der Ursachen der Kriminalität in Neumünster, hrsg. v. Ratsversammlung der Stadt Neumünster. Neumünster 1983, 6 – 21

Frehsee, D., Politische Funktionen Kommunaler Kriminalprävention. In: Internationale Perspektiven in Kriminologie und Strafrecht. Festschrift für Günther Kaiser zum 70. Geburtstag, hrsg. v. H.-J. Albrecht u.a. 1. Halbband. Berlin 1998, 739 – 763

Freiberg, K., Die Ökonomisierung der Inneren Sicherheit. Ein paralysierender Prozeß. In: Krim 1999, 362 – 365

Friedrichs, J., Methoden empirischer Sozialforschung. Opladen, 14. Auflage 1990

Füllgrabe, U., Die „Broken-Windows-Theorie". Oder: Wann wirkt die Strategie der Null-Toleranz? In: Krim 2000, 383 – 386

Füllgrabe, U., Der Sherman-Report. Oder: Voraussetzungen für eine erfolgreiche Kriminalprävention. In: Krim 2000, 181 – 186

Galle, J., Untersuchungen über die Kriminalität in der Provinz Schlesien. In: Gerichtssaal 71/1908, 321 – 357 und 72/1909, 42 – 140

Garstka, H., Videoüberwachung: Allheilmittel oder Gift für die Freiheitsrechte? In: DuD 2000, 192 – 193

Geisler, C., Kriminalität, Prävention und Kontrolle. Bericht über die Fachtagung der Neuen Kriminologischen Gesellschaft vom 9. – 11. Oktober 1997 in Halle. In: Mschr Krim 1998, 345 – 353

Glavic, J., Sicherheitsunternehmen als zuverlässiger Partner der Polizei. In: Die Polizei 1994, 36 – 41

Göppinger, H., Kriminologie. München, 5. Auflage 1997

Görgens, B., Kriminalprävention in und mit den Kommunen. In: BewHi 2000, 169 – 180

Gollan, L., Private Sicherheitsdienste in der Risikogesellschaft. Kriminologische Forschungsberichte aus dem Max-Planck-Institut für ausländisches und internationales Strafrecht, Band 87. Freiburg i. Br. 1999

Graham, J., Bennett, T., Strategien der Kriminalprävention in Europa und Nordamerika. Bonn 1997

Gramckow, H., „Community Policing" und Kommunale Kriminalprävention in den USA. In: Kommunale Kriminalprävention. Paradigmenwechsel und Wiederentdeckung alter Weisheiten, hrsg. v. T. Trenczek u.a. Bonn 1996, 184 – 197

Gravier, B., Le Goff, V., Devaud, C., Gewalt im Gefängnis. In: Gewalt in der Schweiz. Studien zu Entwicklung, Wahrnehmung und staatlicher Reaktion, hrsg. v. M. Eisner u.a. Chur u.a. 1998, 265 – 284

Greiner, A., Eine Variante in der Überwachung von Kriminalitätsschwerpunkten. Pilotprojekt „SOS-Videotechnik" in Regensburg. In: Die Polizei 2000, 120.

Grymer, H., Strukturelle Gewalt. Städtische Umwelt und Jugenddelinquenz. In: KrimJ 1981, 4 – 31

Guerry, A., Essai sur la Statistique Morale de la France. Paris 1833

Hack, H., Die Kriminalität zweier badischer Städte. Villingen und Donaueschingen während der Vor- und Nachkriegszeit. Mainz 1954

Haeder, A, Wüst, U., Prenzlauer Berg. Besichtigung einer Legende. Berlin 1994

Händel, K., Arbeitstagung des Bundeskriminalamtes. In: NJW 1998, 886 – 887

Hale, C., Fear of Crime: A Review of the Literature. In: International Review of Victimology, hrsg. v. D. Miers u.a.. Vol. 4, 1996, 79 – 150

Harris, C., Ullman, E., The Nature of Cities. In: Readings in Urban Geography, hrsg. v. H. Mayer u.a. Chicago 1959, 277 – 286

Hassemer, W., „Zero tolerance" – Ein neues Strafkonzept? In: Internationale Perspektiven in Kriminologie und Strafrecht. Festschrift für Günther Kaiser zum 70. Geburtstag, hrsg. v. H.-J. Albrecht u.a. 1. Halbband. Berlin 1998, 793 – 814

Hauf, C.-J., Kriminalitätserfassung und Kriminalitätsnachweis auf polizeilicher Ebene. Eine Problemanalyse. Köln 1991

Hauf, C.-J., Die Aussagekraft der Polizeilichen Kriminalstatistik – ein ausgestandenes Thema? Ein Beitrag zu Kriminalitätserfassung und Kriminalitätsnachweis. In: MschrKrim 1994, 388 – 394

Haurand, G., Sicherheit und Gewaltmonopol. Oder: Inwieweit dürfen staatliche Leistungen wirtschaftlichen Kriterien unterworfen werden? In: Krim 1997, 770 – 780

Hecker, W., Vorbild New York? Zur aktuellen Debatte über eine neue Sicherheits- und Kriminalpolitik. In: KritJ 1997, 395 – 410

Hefendehl, R., Observationen im Spannungsfeld von Prävention und Repression. Oder was von CCTV und längerfristigen Observationen zu halten ist. In: StV 2000, 270 – 277

v. der Heide, F., Können Fallzahlen der PKS vereinbart werden? In: Der Kriminalist 2000, 356.

Heinz, W., Vorläufiges Gutachten für die Enquête-Kommission zur Kriminalität in Neumünster. In: Kriminalität in Neumünster. Bericht der Enquête-Kommission zur Untersuchung der Ursachen der Kriminalität in Neumünster, hrsg. v. Ratsversammlung der Stadt Neumünster. Neumünster 1983, 85 – 180

Heinz, W., Kriminalpolitik, Bürger und Kommune. In: Konzepte Kommunaler Kriminalprävention, hrsg. v. H. Kury. Kriminologische Forschungsberichte aus dem Max-Planck-Institut für ausländisches und internationales Strafrecht, Band 59. Freiburg i. Br. 1997, 1 – 146

Heinz, W., Kriminalprävention auf kommunaler Ebene – ein Überblick. In: Kriminalprävention auf kommunaler Ebene – eine aussichtsreiche „Reform von unten" in der Kriminalpolitik?, hrsg. v. W. Heinz. DVJJ Info 1996. Heidelberg 1997, 11 – 57

Heinz, W., Kriminalprävention auf kommunaler Ebene. Ein Bericht aus dem Pilot- und dem Begleitforschungsprojekt „Kommunale Kriminalprävention in Baden-Württemberg" in Ravensburg/Weingarten. In: Krim 1997, 426 – 432

Helldörfer, H., Nürnberg – Kriminalgeographie einer Großstadt. In: Stadt und Stadtraum, hrsg. v.. Akademie für Raumforschung und Landesplanung. Forschungs- und Sitzungsberichte, Band 97. Hannover 1974, 151 – 169

Hellmer, J., Kriminalgeographie und Verbrechensbekämpfung. In: Der Kriminalist 1974, 99 – 103 und 160 – 164

Hellmer, J., Kriminalitätsatlas der Bundesrepublik Deutschland und West-Berlins. Ein Beitrag zur Kriminalgeographie. Schriftenreihe des Bundeskriminalamtes. Wiesbaden 1972/1 – 3

Hellmer, J., Identitätstheorie und Gemeindekriminalität. Bericht über eine Felduntersuchung. In: ArchKrim 1978, 161. Band, 1 – 19

Helmers, J., Murck, M., Staatliche Schutzpflicht und privates Sicherheitsgewerbe – Gesellschafts- und rechtspolitische Überlegungen. In: Die Polizei 1994, 64 – 70

Hentig, H. von, Der kriminelle Mensch im Kräftespiel von Zeit und Raum. In: Das Verbrechen, hrsg. v. H. v. Hentig. Band 1. Berlin u.a. 1961

Herold, H., Kriminalgeographie – Ermittlung und Untersuchung der Beziehung zwischen Raum und Kriminalität. In: Grundlagen der Kriminalistik, hrsg. v. H. Schäfer. Band 4. Hamburg 1968, 201 – 244

Herold, H., Die Bedeutung der Kriminalgeographie für die polizeiliche Praxis. In: Krim 1977, 289 – 296

Herold, H., Teilnehmerbegrüßung. In: Städtebau und Kriminalität. Internationales Symposium, hrsg. v. BKA. Wiesbaden 1979, 1 – 2

Herriger, N., Stadtstruktur und ortsbezogene Devianztheorien. Zur Analyse der normativen Ökologie administrativer Akteure. In: KrimJ 1985, 186 – 202

Hess, H., New York zieht die Lehren aus den zerbrochenen Fensterscheiben. Eine neue Polizeistrategie zwischen Enthusiasmus und Kritik. In: KrimJ 1996, 179 – 190

Hess, H., Fixing Broken Windows and Bringing Down Crime. Die New Yorker Polizeistrategie der neunziger Jahre. In: KritJ 1999, 32 – 57

Hess, H., Neue Sicherheitspolitik in New York City. In: Unsichere Großstädte?, hrsg. v. M. Dinges u.a. Konstanz 2000, 355 – 380

Hetzer, W., Ökonomisierung der Inneren Sicherheit? Rechtsgüterschutz zwischen Staat und Gewerbe. In: ZRP 2000, 20 – 24

Hobe, K., Darstellung und Auswertung des Berichts der von Alain Peyrefitte geleiteten Kommission „Antworten auf die Gewalt" an den Präsidenten der französischen Republik (1977) sowie Untersuchung über die Auswirkungen des Berichts und die weitere Entwicklung. In: Ursachen, Prävention und Kontrolle von Gewalt. Analysen und Vorschläge der Unabhängigen Regierungskommission zur Verhinderung und Bekämpfung von Gewalt (Gewaltkommission), hrsg. v. H.-D. Schwind u.a. Band III, Sondergutachten. Berlin, 2. Auflage 1994, 67 – 131

Hoffmann, H., Zur Geographie der Kriminalität in Deutschland. Würzburg 1921

Hofmann, F., Kriminalgeographie. In: Kriminologie Lexikon, hrsg. v. H.-J. Kerner. Heidelberg 1991, 180 – 185

Hofmann, F., Kriminalstatistik. In: Kriminologie Lexikon, hrsg. v. H.-J. Kerner. Heidelberg 1991, 203 – 205

Hope, T., Community Crime Prevention. In: Building a Safer Society. Strategic Approaches to Crime Prevention, hrsg. v. M. Tonry u.a. Crime and Justice Vol. 19. Chicago u.a. 1995, 21 – 89

Hoydt, H., The Structure and Growth of Residential Neighborhoods in American Cities. Washington 1939

Hunsicker, E., Erfahrungen mit dem „Ressortübergreifenden Präventionsmodell Osnabrück" (Kommunale Kriminalprävention). In: Die Polizei 1992, 173 – 177

Hunsicker, E., Kriminalitätsverhütung. Kommunale und lokale Basisprävention als Ausformung der Idee „Räte für Verbrechensverhütung". In: Krim 1993, 725 – 729

Hunsicker, E., Vereine zur Förderung der Kriminalprävention. Oder: Gehören gemeinnützige Präventions-Fördervereine auf den Prüfstand? In: Krim 1996, 499 – 501

Hunsicker, E., Es muß ja nicht gleich New York sein. Noch einmal: Das „Osnabrücker Modell" für eine sichere Stadt. In: Krim 1998, 493 – 499

Hunsicker, E., Bruns, B., Oevermann, M. Ratermann, M., Kriminologische Regionalanalyse Osnabrück 1996/97 zum Thema „Mehr Sicherheit für uns in Osnabrück". Osnabrück 1998

Hunsicker, E., Oevermann, M. Ratermann, M., Kriminologische Regionalanalyse Osnabrück 1996/97 zum Thema „Mehr Sicherheit für uns in Osnabrück". Fortschreibung der Grunddaten für 1997. Osnabrück 1998

Hunsicker, E., Oevermann, M. Ratermann, M., Kriminologische Regionalanalyse Osnabrück 1996/97 zum Thema „Mehr Sicherheit für uns in Osnabrück". Fortschreibung der Grunddaten für 1998. Osnabrück 1999

Hunsicker, E., Oevermann, M. Ratermann, M., Kriminologische Regionalanalyse Osnabrück 1996/97 zum Thema „Mehr Sicherheit für uns in Osnabrück". Fortschreibung der Grunddaten für das Jahr 1999. Osnabrück 2000

Ionescu, A., Kriminalberichterstattung in der Tagespresse – Ergebnisse einer Auswertung deutscher Zeitungsartikel. In: Kriminalberichterstattung in der Tagespresse, hrsg. v. D. Dölling u.a. Heidelberg 1998, 45 – 86

Jacob, J., Perspektiven des neuen Datenschutzrechts. Zur Zukunft des Bundesdatenschutzgesetzes. In: DuD 2000, 5 – 11

Jacobs, J., The Death and Life of Great American Cities. London 1962

Jäger, J., Krise der Kriminalpolitik. Proklamationen, Spekulationen, Irritationen. In: Krim 1994, 298 – 302

Jäger, J., Mehr als ein Experiment – Der Rat für Kriminalitätsverhütung in Schleswig-Holstein. Programm, Projekte, Probleme, Perspektiven. In: BewHi 1995, 398 – 408

Jäger, R., Groh, E., Kommunale Kriminalprävention. Ein Beitrag der Sozialwissenschaften. In: Krim 1997, 747 – 752

Janowitz, M., Introduction. In: The City, hrsg. v. R. Park u.a. Chicago u.a. 1925, 4. Auflage 1967, VII – X

Jordan, J., Mensch und bauliche Umwelt aus der Sicht des Städteplaners. In: Städtebau und Kriminalität. Internationales Symposium, hrsg. v. BKA. Wiesbaden 1979, 9 – 17

Josting, I., Soziale Auswirkungen von räumlichen Strukturen. In: Kriminalitätsvorbeugung im öffentlichen Verkehrsraum, hrsg. v. J. Jäger. ILS-Schriften 104. Dortmund 1996, 24 – 25

Kaiser, G., Lösungsvorschläge aus der Sicht der Kriminologie. In: Städtebau und Kriminalität. Internationales Symposium, hrsg. v. BKA. Wiesbaden 1979, 225 – 232

Kaiser, G., Jugendkriminalität. Rechtsbrüche, Rechtsbrecher und Opfersituationen im Jugendalter. Weinheim u.a., 3. Auflage 1982

Kaiser, G., Begriff und Aufgabe der Kriminologie. In: Kriminalität und abweichendes Verhalten, hrsg. v. H. Schneider. Band 1. [Kindlers „Psychologie des 20. Jahrhunderts"] Weinheim u.a. 1983, 37 – 52

Kaiser, G., Die gefährliche Stadt? In: Stadt der Zukunft, hrsg. v. P. Zeller. Zürcher Hochschulforum Band 17. Zürich 1990, 245 – 256

Kaiser, G., Kriminologie. Ein Lehrbuch. Heidelberg, 3. Auflage 1996

Kaiser, G., Brauchen wir in Europa neue Konzepte der Kriminalpolitik? In: ZRP 2000, 151 – 159

Kaiser, G., Kerner, H.-J., Sack, F., Schellhoss, H. (Hrsg.), Kleines Kriminologisches Wörterbuch. Heidelberg, 3. Auflage 1993

Kaminski, G., Mensch und bauliche Umwelt aus der Sicht des Psychologen. In: Städtebau und Kriminalität. Internationales Symposium, hrsg. v. BKA. Wiesbaden 1979, 19 – 25

Kappius, G., Sozialkulturelle Aufbauarbeit (Animation) in Problemgebieten. In: Städtebau und Kriminalität. Internationales Symposium, hrsg. v. BKA. Wiesbaden 1979, 47 – 52

Keim, K.-D., Stadt, Wohnung und Gewalt. In: Städtebau und Kriminalität. Internationales Symposium, hrsg. v. BKA. Wiesbaden 1979, 41 – 46

Keim, K.-D., Stadt und Gewalt. Problemstruktur – Fallstudien – Vorschläge. Berlin 1981

Keller, C., Video-Überwachung: Ein Mittel zur Kriminalprävention. Zum Stand der rechtlichen und taktischen Diskussion in Deutschland. In: Krim 2000, 187 – 191

Kerner, H.-J., Kriminalitätseinschätzung und Innere Sicherheit. Eine Untersuchung über die Beurteilung der Sicherheitslage und über das Sicherheitsgefühl in der Bundesrepublik Deutschland, mit vergleichenden Betrachtungen zur Situation im Ausland. Wiesbaden 1980

Kerner, H.-J., Kriminalitätsverlauf und –struktur in der Bundesrepublik Deutschland. In: Kriminalität und abweichendes Verhalten, hrsg. v. H. Schneider. Band 1. [Kindlers „Psychologie des 20. Jahrhunderts"] Weinheim u.a. 1983, 264 – 275

Kerner, H.-J., Kriminalstatistiken. In: Kriminalität und abweichendes Verhalten, hrsg. v. H. Schneider. Band 1 [Kindlers „Psychologie des 20. Jahrhunderts"] Weinheim u.a. 1983, 252 – 263

Kerner, H.-J. (Hrsg.), Kriminologie. Lexikon. Heidelberg, 4. Auflage 1991

Kerner- H.-J., Kriminalstatistik. In: Kleines Kriminologisches Wörterbuch, hrsg. v. G. Kaiser u.a. Heidelberg 1993, 294 – 301

Kerner, H.-J., Kriminalprävention. Ausgewählte strukturelle Überlegungen. In: Krim 1994, 171 – 178

Kerner, H.-J., Kaiser, G., Kreuzer, A., Pfeiffer, C., Ursachen, Prävention und Kontrolle von Gewalt aus kriminologischer Sicht. Erstgutachten der Unterkommission Kriminologie. In: Ursachen, Prävention und Kontrolle von Gewalt. Analysen und Vorschläge der Unabhängigen Regierungskommission zur Verhinderung und Bekämpfung von Gewalt (Gewaltkommission), hrsg. v. H.-D. Schwind u.a. Band II, Erstgutachten der Unterkommissionen. Berlin, 2. Auflage 1994, 415 – 606

Kerner, R., 11. Internationaler kriminologischer Kongreß in Budapest. Ein Tagungsbericht. In: Krim 1993, 717 – 720

Kniola, F.-J., Kriminalprävention in Stadtteilen mit besonderem Erneuerungsbedarf. Das Konzept der Arbeit Kriminalpräventiver Räte in Nordrhein-Westfalen. In: Kriminalprävention in Stadtteilen mit besonderem Erneuerungsbedarf, hrsg. v. S. Kürpick u.a. Institut für Landes- und Stadtentwicklungsforschung des Landes Nordrhein-Westfalen. ILS-Schriften 124. Dortmund 1997, 12 – 15

Koch, K.-F., Kriminalitätslagebilder. Zur Erstellung überregionaler Kriminalitätslagebilder auf der Basis von Kriminologischen Regionalanalysen. BKA-Forschungsreihe, Sonderband. Wiesbaden 1992

Koch, K.-F., Stock, J., Wagner, L., Ist der Rechtsstaat dem Verbrechen noch gewachsen? Bericht über die Arbeitstagung 1997 des BKA „Neue Freiheiten, neue Risiken, neue Chancen – Aktuelle Kriminalitätsformen und Bekämpfungsansätze" In: Krim 1998, 2 – 11

v. Kodolitsch, P., Grenzen Kommunaler Kriminalprävention. In: Konzepte Kommunaler Kriminalprävention, hrsg. v. H. Kury. Kriminologische Forschungsberichte aus dem Max-Planck-Institut für ausländisches und internationales Strafrecht, Band 59. Freiburg i. Br. 1997, 675 – 688

Koetzsche, H., Straftaten verhüten – aber wie? Aus der Arbeit des schleswig-holsteinischen Rats für Kriminalitätsverhütung. In: Krim 1992, 121 – 124

Kranz, U., Kriminologische Regionalanalyse. In: Dokumentation Verbrechensbekämpfung 1977, LV Rheinland-Pfalz/Saar, hrsg. v. Bund Deutscher Kriminalbeamter. Düsseldorf 1977, 4 – 9

Kreuzer, A., Kriminologische Dunkelfeldforschung. In: NStZ 1994, 10 – 16 und 164 – 168

Kube, E., Städtebau, Architektur und Kriminalität. Bestandsaufnahme und Konsequenzen für die Polizei. In: Deutsche Polizei 10/1978, 17 – 23

Kube, E., Ziele des Symposiums. In: Städtebau und Kriminalität. Internationales Symposium, hrsg. v. BKA. Wiesbaden 1979, 5 – 7

Kube, E., Städtebau, Wohnhausarchitektur und Kriminalität. Prävention statt Reaktion. Kriminalistik – Wissenschaft & Praxis, Band 15. Heidelberg 1982

Kube, E., Systematische Kriminalprävention. Ein strategisches Konzept mit praktischen Beispielen. BKA-Forschungsreihe, Sonderband. Wiesbaden, 2. Auflage 1987

Kube, E., Kriminalitätsverhütung in Wohngebieten durch städtebauliche Maßnahmen. In: ArchKrim 1988, 181. Band, 1 – 11

Kube, E., Städtebauliche Prävention. Ein noch immer vernachlässigtes Aufgabenfeld. In: Krim 1996, 766 – 770

Kube, E., Städtebau als Aspekt kommunaler Kriminalprävention. In: Internationale Perspektiven in Kriminologie und Strafrecht. Festschrift für Günther Kaiser zum 70. Geburtstag, hrsg. v. H.-J. Albrecht u.a. 1. Halbband. Berlin 1998, 847 – 858

Kube, E., Kriminalprävention – konkrete Ansätze für die Praxis. In: Kriminalität, Prävention und Kontrolle, hrsg. v. D. Rössner u.a. Neue kriminologische Schriftenreihe der Neuen Kriminologischen Gesellschaft, Band 104. Heidelberg 1999, 71 – 88

Kube, E., Kriminalprävention und Stadtplanung. In: VerwArch 2000, 280 – 295

Kube, E., Behder, U., Wohnhausarchitektur und Kriminalität. Ein Forschungsprojekt. In: Krim 1981, 123 – 125

Kubon, P., Sichere Städte. Eine Perspektive unter besonderer Berücksichtigung der Belange von Frauen. In: Krim 1996, 555 – 559

Kürzinger, J., Kriminologie. Eine Einführung in die Lehre vom Verbrechen. Stuttgart u.a., 2. Auflage 1996

Kunz, K.-L., Die Verbrechensfurcht als Gegenstand der Kriminologie und als Faktor der Kriminalpolitik. In: MschrKrim 1983, 162 – 174

Kury, H., Der Einfluß der Art der Datenerhebung auf die Ergebnisse von Umfragen – erläutert am Beispiel einer Opferstudie. In: Kriminologische Forschung in den 90er Jahren, hrsg. v. G. Kaiser u.a. Kriminologische Forschungsberichte aus dem Max-Planck-Institut für ausländisches und internationales Strafrecht, Band 66. Freiburg i. Br. 1993, 321 – 410

Kury, H., Zur Bedeutung von Kriminalitätsentwicklung und Viktimisierung für die Verbrechensfurcht. In: Kriminologische Opferforschung. Neue Perspektiven und Erkenntnisse, hrsg. v. G. Kaiser u.a. Teilband II. Verbrechensfurcht und Opferwerdung – Individualopfer und Verarbeitung von Opfererfahrungen. Neue kriminologische Schriftenreihe der Neuen kriminologischen Gesellschaft, Band 102. Heidelberg 1995, 127 – 158

Kury, H. (Hrsg.), Konzepte Kommunaler Kriminalprävention. Sammelband der „Erfurter Tagung". Kriminologische Forschungsberichte aus dem Max-Planck-Institut für ausländisches und internationales Strafrecht, Band 59. Freiburg i. Br. 1997

Kury, H., Zur Regionalverteilung der Kriminalität. In: Konzepte Kommunaler Kriminalprävention, hrsg. v. H. Kury. Kriminologische Forschungsberichte aus dem Max-Planck-Institut für ausländisches und internationales Strafrecht, Band 59. Freiburg i. Br. 1997, 166 – 217

Kury, H., Baumann, U., Das Opfer der Straftat in der deutschen Medienberichterstattung. In: Kriminalberichterstattung in der Tagespresse, hrsg. v. D. Dölling u.a. Heidelberg 1998, 159 – 196

Kury, H., Obergfell-Fuchs, J., Zur Regionalverteilung von Kriminalität. Eine Antwort auf Kritik. In: MschrKrim 1997, 346 – 351

Kury, H., Obergfell-Fuchs, J., Kriminalitätsfurcht in Deutschland. Eine Untersuchung unter besonderer Berücksichtigung der Abhängigkeit des Phänomens vom Alter. In: Krim 1998, 26 – 36

Kury, H., Obergfell-Fuchs, J., Kriminalitätsfurcht und Alter: Ergebnisse aus Ost- und Westdeutschland. In: MschrKrim 1998, 198 – 217

Kury, H., Obergfell-Fuchs, J., Zur Messung der Kriminalitätsbelastung. Polizeiliche Kriminalstatistik (PKS) versus Dunkelfeld-/Opferstudien. In: Krim 1998, 618 – 627

Kury, H., Obergfell-Fuchs, J., Ferdinand, T., Aging and The Fear of Crime: Results from East and West Germany. In: Toward Comparative Law in the 21st Century, hrsg. v. The Institute of Comparative Law in Japan. Tokio 1998, 851 – 917

Kury, H., Obergfell-Fuchs, J., Würger, M., Zur Regionalverteilung der Kriminalität in Deutschland. Ergebnisse des International Crime Survey und der Deutsch-Deutschen Opferstudie 90. In: Krim 1995, 769 – 778

Kyvsgaard, B., Kommunale Kriminalprävention – Erfahrungen aus Dänemark. In: Kommunale Kriminalprävention. Paradigmenwechsel und Wiederentdeckung alter Weisheiten, hrsg. v. T. Trenczek u.a. Bonn 1996, 141 – 153

Langer, P., Kriminalität als Indikator sozialgeographischer Raumstrukturen – dargestellt am Beispiel der Straßenkriminalität in München. Typoskript-Edition Hieronymus Wirtschafts- und Sozialwissenschaften, Band 6. München 1983

La Vigne, N., Visibility and Vigilance. Metro's Situational Approach to Preventing Subway Crime. National Institute of Justice. Washington 1997

Lavrakas, P., Citizen Self-Help and Neighborhood Crime Prevention Policy. In: American Violence and Public Policy. An Update of the National Commission on the Causes and Prevention of Violence, hrsg. v. L. Curtis. New Haven u.a. 1985, 87 – 115

Léauté, J., Kriminalitätsverhütende Stadtplanung und Architektur. Internationaler Vergleich (unter Einbeziehung der Sozialstruktur). Bestandaufnahme und Ausblick in Frankreich. In: Städtebau und Kriminalität. Internationales Symposium, hrsg. v. BKA. Wiesbaden 1979, 155 – 165

Leder, H.-C., Dunkelfeld und Praxisrelevanz. Eine sozialwissenschaftliche Perspektive. In: Krim 1993, 692 – 700

Lee-Sammons, L., Stock, J., Kriminalprävention. Das Konzept des „Community Policing" in den USA. In: Krim 1993, 157 – 162

Legge, I., Deutschland ist nicht Amerika – Bewertung aktueller amerikanischer Polizeistrategien aus wissenschaftlicher Sicht. In: Community Policing. Ergebnisse eines Workshops im Bundeskriminalamt, hrsg. v. Bundeskriminalamt. Wiesbaden 1997, 109 – 119

Legge, I., New York – weder Modell noch Fortschritt? Ein Beitrag zur Rationalisierung der sicherheitspolitischen Debatte um die New Yorker Polizeistrategie. In: Das Modell New York: Kriminalprävention durch „Zero Tolerance"?, hrsg. v. G. Dreher u.a. Empirische Polizeiforschung Band 12. Holzkirchen, 2. Auflage 1998, 102 – 119

Legge, I., Bathsteen, M., Kriminologische Regionalanalyse Hamburg. Band 2. Lokale Sicherheitsdiagnosen für vier Stadtteile, hrsg. v. Landeskriminalamt Hamburg. Hamburg 1996

Legge, I., Bathsteen, M. Harenberg, M., Kriminologische Regionalanalyse Hamburg-Altona. Methodische Grundlagen lokaler Sicherheitsdiagnosen, hrsg. v. Landeskriminalamt Hamburg. Hamburg 1994

Lewkowicz, M. (Hrsg.), Sozialatlas '79. Saarbrücken 1979

Lindner, W., Die „sichere" Stadt zwischen urban control und urbaner Kompetenz. In: Stadt, Jugendkulturen und Kriminalität, hrsg. v. W. Breyvogel. Bonn 1998, 37 – 61

Löschper, G., Gewalt und Medien. In: KrimJ 1998, 242 – 261

Lösel, F., Selg, H., Schneider, U., Müller-Luckmann, E., Ursachen, Prävention und Kontrolle von Gewalt aus psychologischer Sicht. Erstgutachten der Unterkommission Psychologie. In: Ursachen, Prävention und Kontrolle von Gewalt. Analysen und Vorschläge der Unabhängigen Regierungskommission zur Verhinderung und Bekämpfung von Gewalt (Gewaltkommission), hrsg. v. H.-D. Schwind u.a. Band II, Erstgutachten der Unterkommissionen. Berlin, 2. Auflage 1994, 1 – 156

Loyo, H., Das private Sicherheitsgewerbe. Ein Überblick. In: Der Kriminalist 1995, 2 – 5

Luff, J., Kriminologische Regionalanalyse. Beispiel Rosenheim, hrsg. v. Bayerisches Landeskriminalamt. München 1998

Luff, J., Regionalanalysen – Modeerscheinung oder unverzichtbares Planungsinstrument? In: Krim 1998, 776 – 780

Mawby, R., Defensible space. A Theoretical and Empirical Appraisal. In: Urban Studies 1977, 169 – 179

Mayhew, P., Defensible space. The Current Status of a Crime Prevention Theory. In: The Howard Journal of Penology & Crime Prevention 1979, 150 – 159

Mayhew, P., Crime in Public View. Surveillance and Crime Prevention. In: Environmental Criminology. Reissue, hrsg. v. P. Brantingham u.a. Beverly Hills 1981, 119 – 134

Mergen, A., Die Kriminologie. Eine systematische Darstellung. München, 3. Auflage 1995

Merry, S., Defensible Space Undefended. Social Factors in Crime Control Through Environmental Design. In: Urban Affairs Quarterly 16 (1981), 397 – 422

Mokros, R., Kriminalitätsvorbeugung aus der Sicht der Polizeipraxis. In: Kommunale Kriminalitätsvorbeugung und Stadtentwicklung. Anspruch, Möglichkeiten, Praxisbeispiele, hrsg. v. J. Rodemers. ILS-Schriften 132. Dortmund 1998, 28 – 33

Molumby, T., Patterns of Crime in a University Housing Project. In: American Behavioral Scientist 1976 (Vol. 20), 247 – 259

Mücke, E., Lösungsvorschläge aus der Sicht der Stadtplanung. In: Städtebau und Kriminalität. Internationales Symposium, hrsg. v. BKA. Wiesbaden 1979, 189 – 196

Müller, H.-W., Städtebau und Kriminalität. Eine empirische Untersuchung. Weinheim u.a. 1981

Müller, L., Dunkelfeldforschung – ein verläßlicher Indikator der Kriminalität? Darstellung, Analyse und Kritik des internationalen Forschungsstandes. Freiburg i. Br. 1978

Müller, R., Pilotprojekt zur Videoüberwachung von Kriminalitätsschwerpunkten in der Leipziger Innenstadt. In: Die Polizei 1997, 77 – 82

Müller, R., Braun, B., Kriminalität und Kriminalitätsfurcht. Ergebnisse empirischer Untersuchungen in Brandenburg. In: Krim 1993, 623 – 625

Newman, O., Defensible Space. Crime Prevention through Urban Design. New York 1972

Newman, O., Design Guidelines for Creating Defensible Space. Washington 1976.

Nitz, G., „Private Policing" in den Vereinigten Staaten. In: VerwArch 1998, 306 – 336

Norris, C., Armstrong, G., CCTV and the Social Structuring of Surveillance. In: Surveillance of Public Space, hrsg. V. K. Painter u.a. Monsey 1999, 157 – 178

Northoff, R. (Hrsg.), Handbuch der Kriminalprävention. Fortsetzungswerk in Loseblattsammlung. Baden-Baden, 3. Jahrgang 2000

Northoff, R., Füsting, D., Kriminalpräventiver Datendschungel. Trampelpfade und Fallstricke. In: Krim 1996, 107 – 110

Northoff, R., Stroth, A., Kriminalprävention. Eine kleine quantitative und qualitative Analyse zum Datenbestand und zur politischen Verantwortlichkeit. In: Krim 1996, 581 – 588

Nürnberger, T., Videoüberwachung in London – Auch ein Modell für die Großstädte in Deutschland? In: Die Polizei 2000, 230 – 234

Obergfell-Fuchs, J., Ansätze und Strategien Kommunaler Kriminalprävention. Begleitforschung im Pilotprojekt Kommunale Kriminalprävention in Baden-Württemberg anhand der Stadt Freiburg im Breisgau. Freiburg i. Br. 2000

Obergfell-Fuchs, J., Privatisierung von Aufgabenfeldern der Polizei. Eine empirischkriminologische Analyse. BKA-Forschungsreihe Band 51. Wiesbaden 2000

Obergfell-Fuchs, J., Kury, H., Verbrechensfurcht und kommunale Kriminalprävention. Analysen anhand der Bevölkerungsbefragung in den Projektstädten und der bundesweiten repräsentativen Bevölkerungsumfrage. In: Kommunale Kriminalprävention in Baden-Württemberg, hrsg. v. T. Feltes. Empirische Polizeiforschung Band 9. Holzkirchen 1995, 31 – 68

Obergfell-Fuchs, J., Kury, H., Sicherheitsgefühl und Persönlichkeit. In: MschrKrim 1996, 97 – 113

Oberwittler, D., Soziale Probleme, Gewalt- und Jugenddelinquenz in der Stadt. Ansätze einer sozialökologischen Forschung. In: Forschungen zu Kriminalität und Kriminalitätskontrolle am Max-Planck-Institut für ausländisches und internationales Strafrecht in Freiburg i. Br., hrsg. v. H.-J. Albrecht. Kriminologische Forschungsberichte aus dem Max-Planck-Institut für ausländisches und internationales Strafrecht, Band 82. Freiburg i. Br. 1999, 403 – 417

Opp, K., Zur Erklärung delinquenten Verhaltens von Kindern und Jugendlichen. Eine ökologische Analyse der Kinder- und Jugenddelinquenz in Köln und eine Kritik des kriminalökologischen Ansatzes. München 1968

Ortner, H., Pilgram, A., Die New Yorker Polizei – erfolgreich, mißverstanden? Zur Einleitung: Gerüchte von Sicherheit und Ordnung. In: New Yorker „Zero-Tolerance"-Politik, hrsg. v. H. Ortner u.a. Jahrbuch für Rechts- und Kriminalsoziologie 1998. Baden-Baden 1998, 7 – 16

Ostendorf, H., Der Verlauf der Kommissionsarbeit. In: Kriminalität in Neumünster. Bericht der Enquête-Kommission zur Untersuchung der Ursachen der Kriminalität in Neumünster, hrsg. v. Ratsversammlung der Stadt Neumünster. Neumünster 1983, 2 – 5

Ostendorf, H., Von der Repression zur Prävention – rechtliche, kriminologische und gesellschaftsrelevante Aspekte eines Paradigmawechsels. In: Kommunale Kriminalprävention. Paradigmenwechsel und Wiederentdeckung alter Weisheiten, hrsg. v. T. Trenczek u.a. Bonn 1996, 32 – 40

Painter, K., Tilley, N., Surveillance of Public Space. CCTV, Street Lighting and Crime Prevention. Crime Preventions Studies, Vol. 10. Monsey 1999

Park, R., Burgess, E., McKenzie, R., The City. Chicaco u.a. 1925, 4. Auflage 1967

Pflaumer, H., Lösungsvorschläge aus der Sicht des Bundesministeriums für Raumordnung, Bauwesen und Städtebau. In: Städtebau und Kriminalität. Internationales Symposium, hrsg. v. BKA. Wiesbaden 1979, 185 – 188

Phillips, C., A Review of CCTV Evaluations. Crime Reduction Effects and Attitudes towards its Use. In: Surveillance of Public Space, hrsg. V. K. Painter u.a. Monsey 1999, 123 – 155

Pitschas, R., Auf dem Wege zu einem „neuen" Polizeirecht. Vorbeugende Verbrechensbekämpfung durch Sicherheitsnetzwerke. In: Krim 1999, 153 – 159

Pitschas, R., Möglichkeiten der Privatisierung von Aufgabenfeldern der Polizei mit Auswirkungen auf das Sicherheitsgefühl der Bevölkerung. Rechtsgutachten. In: „Neues" Polizeirecht, hrsg. v. R. Pitschas. Speyerer Arbeitshefte 121. Speyer 1999, 251 – 266

Pitschas, R., Polizei und Sicherheitsgewerbe. Rechtsgutachten zu verfassungs- und verwaltungsrechtlichen Aspekten der Aufgabenverteilung zwischen Polizei und privaten Sicherheitsunternehmen. BKA-Forschungsreihe Band 50. Wiesbaden 2000

Plant, J., Personality and the Cultural Pattern. New York 1937

Plate, M., Schwinges, U., Weiß, R., Strukturen der Kriminalität in Solingen. Eine Untersuchung zu Zusammenhängen zwischen baulichen und sozialen Merkmalen und dem Kriminalitätsaufkommen. Sonderband der BKA-Forschungsreihe. Wiesbaden 1985

Pohlmann-Rohr, B., Berücksichtigung von Sicherheitskriterien in der kommunalen Bauplanung. Sichere Stadträume – auch für Frauen. In: Vereint gegen Kriminalität. Wege der kommunalen Kriminalprävention in Deutschland, hrsg. v. E. Kube u.a. Lübeck u.a. 1996, 231 – 259

Porst, R., Thematik oder Incentives? Zur Erhöhung der Rücklaufquoten bei postalischen Befragungen. In: ZUMA-Nachrichten 45, 1999, 72 – 87

Poyner, B., What works in Crime Prevention. An Overview of Evaluations. In: Crime Prevention Studies, hrsg. v. R. Clarke. Vol. 1. Monsey (NY) 1993, 7 – 34

Pyle, G., Spatial and Temporal Aspects of Crime in Cleveland, Ohio. In: American Behavioral Scientist 1970 (Vol. 20), 175 – 197

Quensel, S., Vorläufiges Gutachten zur Kriminalität in Neumünster. In: Kriminalität in Neumünster. Bericht der Enquête-Kommission zur Untersuchung der Ursachen der Kriminalität in Neumünster, hrsg. v. Ratsversammlung der Stadt Neumünster. Neumünster 1983, 223 – 272

Quensel, S., Opfererfahrungen, Verbrechensfurcht und die deutsche Einheit. In: MschrKrim 1994, 62 – 66

Quetelet, A., Sur l´homme et le développement de ses facultés ou essai de physique sociale. Bruxelles 1835 (deutsch: Soziale Physik oder Abhandlung über die Entwicklung der Fähigkeiten des Menschen [1869]. 2 Bände. Jena 1921

Rabl, H., Kriminalberichterstattung aus journalistischer Sicht. In: Kriminalberichterstattung in der Tagespresse, hrsg. v. D. Dölling u.a. Heidelberg 1998, 215 – 253

Ratsversammlung der Stadt Neumünster (Hrsg.), Kriminalität in Neumünster. Bericht der Enquête-Kommission zur Untersuchung der Ursachen der Kriminalität in Neumünster. Neumünster 1983

Rebscher, E., Polizeisysteme in Europa. Ein Blick über nachbarschaftliche Zäune. In: Krim 1993, 215 – 218

Redeker, R., Kriminalgeographie – Ziele, Methoden und Anwendung. Kriminologische und kriminalistische Aspekte. Freiburg i. Br. 1981

Rehm, J., Serray, W., Wohnungseinbruch aus Sicht der Täter. BKA-Forschungsreihe, Sonderband. Wiesbaden 1989

Reuband, K.-H., Objektive und subjektive Bedrohung durch Kriminalität. In: Kölner Zeitschrift für Soziologie und Sozialpsychologie. Heft 2/1992, 341 – 353

Reuband, K.-H., Veränderungen in der Kriminalitätsfurcht der Bundesbürger 1965 – 1993. Eine Bestandsaufnahme empirischer Ergebungen. In: Kriminologische Opferforschung. Neue Perspektiven und Erkenntnisse, hrsg. v. G. Kaiser u.a. Teilband II. Verbrechensfurcht und Opferwerdung – Individualopfer und Verarbeitung von Opfererfahrungen. Neue kriminologische Schriftenreihe der Neuen kriminologischen Gesellschaft, Band 102. Heidelberg 1995, 37 – 53

Reuband, K.-H., Der „Standardindikator" zur Messung der Kriminalitätsfurcht – in „skandalöser Weise" unspezifisch und in der Praxis dennoch brauchbar? In: MschrKrim 2000, 185 – 195

Richter, H. J., Die Strategie schriftlicher Massenbefragungen. Ein verhaltenstheoretischer Beitrag zur Methodenforschung. Bad Harzburg 1970

Riemer, S., Die Großstadt und ihre Kernzellen. In: Materialien zur Siedlungssoziologie, hrsg. v. P. Atteslander. Köln 1974, 154 – 162

Rolinski, K., Städtebau und Kriminalität. In: Passauer Universitätsreden, Heft 2. Passau 1979

Rolinski, K., Kriminalitätsabwehrende Architektur. Vorstellung des geplanten BKA-Projekts. In: Städtebau und Kriminalität. Internationales Symposium, hrsg. v. BKA. Wiesbaden 1979, 177 – 183

Rolinski, K., Wohnhausarchitektur und Kriminalität. BKA-Forschungsreihe Band 13. Wiesbaden 1980

Roncek, D., Lobosco, A., The effect of high schools on crime in their neighborhoods. Social Science Quarterly 64, 598 – 613

Roncek, D., Maier, P., Bars, Blocks, and Crimes revisited. Linking the Theory of Routine Activities to the Empiricism of „Hot Spots". In: Criminology 29 (1991), 725 – 753

Ronneberger, K., Die revanchistische Stadt. Überwachen und Strafen im Zeitalter des Neoliberalismus. In: Unsichere Großstädte?, hrsg. v. M. Dinges u.a. Konstanz 2000, 313 – 332

Roos, J., Wehret den Anfängen. Oder: Steht die „Broken-Windows-Theorie" im Einklang mit der Rechtsordnung? In: Krim 1999, 611 – 615

Rosenbaum, D., Community Crime Prevention. A Review and Synthesis of the Literature. In: Justice Quarterly 5 (1988), 323 – 395

Rupprecht, R., Kriminalstruktur. Theoretische Probleme und praktische Beispiele. In: Krim 1974, 481 – 489

Rupprecht, R., Manipulation der PKS? Eine notwendige Klarstellung zu einem nicht ganz neuen Vorwurf. In: Krim 1989, 581 – 582

Rupprecht, R. (Hrsg.), Polizei-Lexikon. Grundlagen der Kriminalistik Band 30. Heidelberg, 2. Auflage 1995

Rupprecht, R., Recht und Ordnung. Rechtsfragen der Videoüberwachung. In: WIK 3/2000, 27.

Sack, F., Strukturen und Prozesse in einem Delinquenzviertel Kölns. Ein Beitrag zur Kriminalsoziologie. Köln 1969

Sack, F., Dunkelfeld. In: Kleines Kriminologisches Wörterbuch, hrsg. v. G. Kaiser u.a. Heidelberg 1993, 99 – 107

Saeltzer, G., Vorsicht, Videoüberwachung! In: DuD 1997, 462 – 468

Saeltzer, G., Die 13 Irrtümer über Videoüberwachung. In: DuD 2000, 194 – 201

Schäfer, H., Kinder, kauft Kämme... Eine kriminal-prognostische Glosse. In: Krim 1996, 158 – 160

Scharf, W., Mühlenfeld, H.-U., Stockmann, R., Zur Kriminalitätsberichterstattung in der Presse. Oder: Wird Kriminalitätsfurcht medial „gepflegt"? In: Krim 1999, 87 – 94

Schlegel, H., Sicherheit in Städten. Die Lage in der Schweiz. In: Krim 1993, 809 – 812

Schlör, J., Nachts in der großen Stadt. Paris, Berlin, London 1840 – 1930. München u.a. 1991

Schneider, A., Lang, G., Kriminalpräventive Räte – Ausweg oder Irrtum? In: Krim 1996, 283 – 287

Schneider, H., Städteplanung und Baugestaltung. In: Handwörterbuch der Kriminologie, hrsg. v. R. Sieverts u.a. Band 4, Ergänzungsband. Berlin u.a., 2. Auflage 1979, 181 – 197

Schneider, H., Kriminalität, Architektur und Städtebau. In: Kriminalität und abweichendes Verhalten, hrsg. v. H. Schneider. Band 2. [Kindlers „Psychologie des 20. Jahrhunderts"] Weinheim u.a. 1983, 3 – 17

Schneider, H., Verhütung und Kontrolle der Gewalt. Zur Gewalt in der deutschen und in der internationalen kriminologischen und kriminalpolitischen Diskussion. In: JZ 1992, 769 – 777

Schneider, H., Zusammenfassende Darstellung und kritische Auswertung der Arbeit der „National Commission on the Causes and Prevention of Violence" (USA) und Untersuchung über die weitere Entwicklung und die Auswirkungen der Arbeit der U.S. Violence Commission. In: Ursachen, Prävention und Kontrolle von Gewalt. Analysen und Vorschläge der Unabhängigen Regierungskommission zur Verhinderung und Bekämpfung von Gewalt (Gewaltkommission), hrsg. v. H.-D. Schwind u.a. Band III, Sondergutachten. Berlin, 2. Auflage 1994, 155 – 292

Scholand, M., Videoüberwachung und Datenschutz. Nur ein Thema am Rande? In: DuD 2000, 202 – 203

Schreiber, M., Städtebau und Kriminalität. Lösungsansätze aus der Sicht der Polizei. In: Krim 1979, 54 – 59

Schreiber, M., Lösungsvorschläge aus der Sicht der Polizei. In: Städtebau und Kriminalität. Internationales Symposium, hrsg. v. BKA. Wiesbaden 1979, 215 – 223

Schwarzenegger, C., Die Einstellungen der Bevölkerung zur Kriminalität und Verbrechenskontrolle. Ergebnisse einer repräsentativen Befragung der Zürcher Kantonsbevölkerung im internationalen Vergleich. Freiburg i. Br. 1992

Schweer, M., Thies, B., Kriminalität und Kriminalitätsfurcht. Eine empirische Untersuchung zum Kriminalitätserleben in der Bevölkerung. In: Krim 2000, 336 – 342

Schwerhoff, G., Köln im Kreuzverhör: Kriminalität, Herrschaft und Gesellschaft in einer frühneuzeitlichen Stadt. Bonn u.a. 1991

Schwerhoff, G., Insel des Friedens oder Brennpunkt der Gewalt? Die Reichsstadt Köln ca. 1470 – 1620. In: Unsichere Großstädte?, hrsg. v. M. Dinges u.a. Konstanz 2000, 139 – 156

Schwind, H.-D., Kriminalgeographie. In: Handwörterbuch der Kriminologie, hrsg. v. R. Sieverts u.a. Band 4, Ergänzungsband. Berlin u.a., 2. Auflage 1979, 169 – 181

Schwind, H.-D., Dunkelfeldforschung. In: Kriminalität und abweichendes Verhalten, hrsg. v. H. Schneider. Band 1. [Kindlers „Psychologie des 20. Jahrhunderts"] Weinheim u.a. 1983, 213 – 237

Schwind, H.-D., Kriminalgeographie. In: Kriminalität und abweichendes Verhalten, hrsg. v. H. Schneider. Band 1. [Kindlers „Psychologie des 20. Jahrhunderts"] Weinheim u.a. 1983, 238 – 251

Schwind, H.-D., Kriminologie. Eine praxisorientierte Einführung mit Beispielen. Heidelberg, 10. Auflage 2000

Schwind, H.-D., Ahlborn, W., Eger, H.-J., Jany, U., Pudel, V., Weiß, R., Dunkelfeldforschung in Göttingen 1973/74. Eine Opferbefragung zur Aufhellung des Dunkelfeldes und zur Erforschung der Bestimmungsgründe für die Unterlassung von Strafanzeigen. BKA-Forschungsreihe Band 2. Wiesbaden 1975

Schwind, H.-D., Ahlborn, W., Weiß, R. (Hrsg.), Empirische Kriminalgeographie. Bestandsaufnahme und Weiterführung am Beispiel von Bochum. BKA-Forschungsreihe Band 8. Wiesbaden 1978

Schwind, H.-D., Ahlborn, W., Weiß, R., Dunkelfeldforschung in Bochum 1986/87. Eine Replikationsstudie. BKA-Forschungsreihe Band 21. Wiesbaden 1989

Schwind, H.-D., Baumann, J., Schneider, U., Winter, M., Gewalt in der Bundesrepublik Deutschland. Endgutachten der Unabhängigen Regierungskommission zur Verhinderung und Bekämpfung von Gewalt (Gewaltkommission). In: Ursachen, Prävention und Kontrolle von Gewalt. Analysen und Vorschläge der Unabhängigen Regierungskommission zur Verhinderung und Bekämpfung von Gewalt (Gewaltkommission), hrsg. v. H.-D. Schwind u.a. Band I, Endgutachten und Zwischengutachten der Arbeitsgruppen. Berlin 1990, 1 – 285

Schwind, H.-D., Baumann, J. u.a. (Hrsg.), Ursachen, Prävention und Kontrolle von Gewalt. Analysen und Vorschläge der Unabhängigen Regierungskommission zur Verhinderung und Bekämpfung von Gewalt (Gewaltkommission). 4 Bände. Band I Berlin 1990. Band II – IV Berlin, 2. Auflage 1994

Schwind, H.-D., Jany, U., Simon, M., Wohlgemuth, R., Kriminalgeographie. Kriminalitätsatlas Bochum: Beschreibung eines geplanten kriminologischen Forschungsprojektes. In: Krim 1975, 241 – 247

Seibert, K., Die Jugendkriminalität Münchens in den Jahren 1932 und 1935. Leipzig 1937

Seuffert, H., Untersuchungen über die örtliche Verteilung der Verbrechen in Deutschland. Strafrechtliche Abhandlungen Heft 75. Breslau 1906

Shaw, C., Delinquency Areas. A Study of the Geographic Distribution of School Truants, Juvenile Delinquents, and Adult Offenders in Chicago. Ann Arbor 1929

Shaw, C., McKay, H., Juvenile Delinquency and Urban Areas. A Study of Rates of Delinquency in Relation to Differential Characteristics of Local Communities in American Cities. Chicago 1942. Revised Edition, Chicago u.a. 1969

Sherman, L., Hot Spots of Crime and Criminal Careers of Places. In: Crime and Place. Crime Prevention Studies, Vol. 4, hrsg. v. J. Eck u.a. Monsey (NY) 1995, 35 – 52

Sherman, L., Conclusion: The Effectiveness of Local Crime Prevention Funding. In: Preventing Crime: What Works, What Doesn't, What's Promising. A Report to the United States Congress, hrsg. v. L. Sherman u.a. Washington 1997, 532 – 558

Sherman, L., Gartin, P., Buerger, M., Hot Spots of Predatory Crime. Routine Activities and the Criminology of Place. In: Criminology 27 (1989), 27 – 55

Sherman, L, Gottfredson, D., MacKenzie, D., Eck, J., Reuter, P., Bushway, S., Preventing Crime: What works, What doesn't, What's Promising. A Report to the United States Congress. Department of Criminology and Criminal Justice, University of Maryland. Washington 1997

Siemonsen, K., Zauke, G., Sicherheit im öffentlichen Raum. Städtebauliche und planerische Maßnahmen zur Verminderung von Gewalt. Zürich 1991

Skolnick, J., Baylay, D., Theme and Variation in Community Policing. In: Crime and Justice. A Review of Research, hrsg. v. M. Tonry u.a. Chicago u.a. 1988, 1 – 37

Smith, M., Crime Prevention Through Environmental Design in Parking Facilities. National Institute of Justice. Washington 1996

Spelman, W., Once bitten, then what? Cross-sectional and time-course explanations of repeat victimization. British Journal of Criminology 1995, 366 – 383

Spörl, K.-H., Zum Einsatz von Bürgern in einer „Sicherheitswacht". Positives Ergebnis eines dreijährigen Modellversuchs in Bayern. In: Die Polizei 1997, 33 – 36

Stadt Dortmund, Stadt zum Leben. Ein Beitrag zur Verbesserung von Mobilitätschancen für Frauen in öffentlichen Räumen. Dortmund 1991

Stadt Heidelberg, Angsträume in Heidelberg. Das Sicherheitsempfinden von Frauen in ihrer Stadt. Heidelberg 1994

Stadt Köln, Das Sicherheitsgefühl der Kölner Bevölkerung. Ergebnisse der „Leben in Köln"-Umfrage 1995 (Kommunaler Mikrozensus). Köln 1997

Stadt Mannheim, Mannheimer Sozialatlas 1985. Bevölkerung, Wohnen, Infrastruktur und soziale Problemlagen. Mannheim 1987

Stangl, W., „Wien – Sichere Stadt" – Ein bewohnerzentriertes Präventionsprojekt. In: KrimJ 1996, 48 – 68

Steffen, W., Sicherheitswacht Bayern. In: Community Policing. Ergebnisse eines Workshops am 08./09. Juli 1997 im Bundeskriminalamt, hrsg. v. Bundeskriminalamt. Wiesbaden 1997, 65 – 69

Steinhilper, G., Kriminalitätsatlas Bochum. Eine praxisorientierte kriminalgeographische Studie. In: BewHi 1981, 306 – 326

Stephan, E., Die Stuttgarter Opferbefragung. Eine kriminologisch-viktimologische Analyse zur Erforschung des Dunkelfeldes unter besonderer Berücksichtigung der Einstellung der Bevölkerung zur Kriminalität. BKA-Forschungsreihe Band 3. Wiesbaden 1976

Streng, F., Wie weit trägt das broken-windows-Paradigma? Annäherungen an einen aktuellen kriminalpolitischen Ansatz. In: Internationale Perspektiven in Kriminologie und Strafrecht. Festschrift für Günther Kaiser zum 70. Geburtstag, hrsg. v. H.-J. Albrecht u.a. 2. Halbband. Berlin 1998, 921 – 941

Stüllenberg, H., Private Sicherheitsunternehmen und Polizei. Eine Bestandsaufnahme. In: Krim 1995, 596 – 598

Stümper, A., Gemmer, K., Hamacher, H.-W., Salewski, W., Verhinderung und Bekämpfung von Gewalt aus der Sicht der Polizeipraxis. Erstgutachten von Gewalt aus der Sicht der Polizeipraxis. In: Ursachen, Prävention und Kontrolle von Gewalt. Analysen und Vorschläge der Unabhängigen Regierungskommission zur Verhinderung und Bekämpfung von Gewalt (Gewaltkommission), hrsg. v. H.-D. Schwind u.a. Band II, Erstgutachten der Unterkommissionen. Berlin, 2. Auflage 1994, 607 – 753

Taylor, R., Gottfredson, S., Environmental Design, Crime, and Prevention. An Examination of Community Dynamics. In: Communities and Crime, hrsg. v. A. Reiss u.a. Chicago 1986

Taylor, R., Gottfredson, S., Brower, S., Block crime and fear. Defensible Space, local social ties and territorial functioning. In: Journal of Research in Crime and Delinquence. Vol. 21, 1984, 303 – 331

Thienemann, M., Untersuchungen über die Kriminalität in der Provinz Ostpreußen. Halle 1912

Tilley, N., Understanding Car Parks, Crime and CCTV. Evaluation Lessons from Safer Cities. Crime Detection and Prevention Series Paper 42. London 1993.

Tillmanns, L., Probleme der Kriminalberichterstattung in der Arbeit des Deutschen Presserates. In: Kriminalberichterstattung in der Tagespresse, hrsg. v. D. Dölling u.a. Heidelberg 1998, 255 – 321

Trench, S., Oc, T., Tiesdell, S., Safer Cities for Women. Perceived Risks and Planning Measures. In: Town Planning Review. Vol. 63, No. 3 (July), 279 – 296

Trenczek, T., Pfeiffer, H., Kommunale Kriminalprävention – Paradigmenwechsel und Wiederentdeckung alter Weisheiten. In: Kommunale Kriminalprävention. Paradigmenwechsel und Wiederentdeckung alter Weisheiten, hrsg. v. T. Trenczek u.a. Bonn 1996, 11 – 31

Vahlenkamp, W., Kriminalitätsvorbeugung auf kommunaler Ebene. Ergebnisse einer Städteumfrage des Bundeskriminalamtes mit Unterstützung des Deutschen Städtetages. Wiesbaden 1989

Villmow, B., Kaiser, G., Empirisch gesicherte Erkenntnisse über Ursachen der Kriminalität. Eine problemorientierte Sekundäranalyse. In: Verhütung und Bekämpfung der Kriminalität, hrsg. v. Der Regierende Bürgermeister von Berlin. Berlin 1974, Anhang 1 – 143

Vilsmeier, M., Taschler-Polacek, H., Viktimisierungsangst, der „Ruf nach Recht und Ordnung" und allgemeine Ängstlichkeit – eine Umfrage unter älteren Frauen. In: MschrKrim 1991, 174 – 181

Vogt, S., Auswirkungen des Community Policing auf die amerikanische Polizeiorganisation und –kultur. In: Community Policing. Ergebnisse eines Workshops im Bundeskriminalamt, hrsg. v. Bundeskriminalamt. Wiesbaden 1997, 71 – 77

Volkmann, U., Broken Windows, Zero Tolerance und das deutsche Ordnungsrecht. In: NVwZ 1999, 225 – 232

Vormbrock, W., Lösungsvorschläge aus der Sicht der Bauträger. In: Städtebau und Kriminalität. Internationales Symposium, hrsg. v. BKA. Wiesbaden 1979, 203 – 208

Vrij, A., Winkel, W., Characteristics of the built environment and fear of crime. A research note on interventions in unsafe locations. In: Deviant Behavior 1991, 203 – 215

Wälter, H., Pannenbäcker, F., Regionalanalysen – Ein Geschäft voller Überraschungen. Erfahrungen aus der kriminologischen Regionalanalyse Essen. In: Krim 1997, 811 – 818

Wälter, H., Pannenbäcker, F., Rosenkranz, M., Kriminologische Regionalanalyse Essen. Band 1. Zusammenstellung von Daten einer Bürgerbefragung und weitere Daten des städtischen Zusammenlebens mit Bezug zur aktuellen Sicherheitslage in Essen als Grundlage für Präventionsentscheidungen des Kriminalpräventiven Rates in der Stadt Essen, hrsg. v. Polizeipräsidium Essen. Essen 1996

Walker, K., Verbrechensbekämpfung in Großbritannien. Nachahmenswertes Beispiel oder monströse Persönlichkeitsverletzung. In: Krim 1996, 345 – 346

Walter, M., „New York" und „broken windows": Zeit zum Umdenken im Jugendstrafrecht? In: DRiZ 1998, 354 – 360

Walter, M., J.Q. Wilsons „broken windows"-Theorie als Grundlage konzeptioneller Änderungen im Jugendkriminalrecht? In: Festschrift für Alexander Böhm zum 70. Geburtstag am 14. Juni 1999, hrsg. v. W. Feuerhelm u.a. Berlin u.a. 1999, 765 – 788

Walter, P., Kommunale Kriminalprävention aus der Sicht eines Kommunalpolitikers. In: Der Kriminalist 1996, 177 – 180

Webb, B., Laycock, G., Reducing Crime on the London Underground. An Evaluation of three Pilot Projects. Home Office Crime Prevention Unit Paper 30. London 1992

Wehner, B., „Privatpolizeien" – Verlust des staatlichen Gewaltmonopols? In: Krim 1980, 34 – 36

Wehrheim, J., Kontrolle durch Abgrenzung – Gated Communities in den USA. In: KrimJ 2000, 108 – 128.

Weiß, R., Bestandsaufnahme und Sekundäranalyse der Dunkelfeldforschung. Wiesbaden 1997

Westphal, E, Der moderne Städtebau und sein Einfluß auf die Kinder- und Jugendkriminalität. In: Die neue Polizei 1978, 114 – 117

Wetzels, P., Pfeiffer, C., Regionale Unterschiede der Kriminalitätsbelastung in Westdeutschland. Zur Kontroverse um ein Nord-Süd-Gefälle der Kriminalität. In: Mschr Krim 1996, 386 – 405

Wiebe, D., Zur angewandten Kriminalgeographie der Ballungsgebiete – Stadtgeographische Analyse subkultureller Phänomene. In: Tagungsbericht und wissenschaftliche Abhandlungen des 41. Deutschen Geographentages Mainz 1977, hrsg. v. Deutscher Geographentag. Wiesbaden 1978, 207 – 227

Wieken, K., Die schriftliche Befragung. In: Techniken der empirischen Sozialforschung. 4. Band. Erhebungsmethoden: Die Befragung, hrsg. v. J. van Koolwijk u.a. München 1974, 146 – 161

Wilk, L., Die postalische Befragung. In: Die Befragung 1. Der Fragebogen – Die Stichprobe, hrsg. v. K. Holm. Tübingen, 4. Auflage 1991, 187 – 200

Wilson, J., Kelling, G., The police and neighborhood safety: Broken Windows. Dt. Übersetzung: Polizei und Nachbarschaftssicherheit: Zerbrochene Fenster. In: KrimJ 1996, 121 – 137

Wittenberg, R., Cramer, H., Datenanalyse mit SPSS für Windows 95/NT. Handbuch für computerunterstützte Datenanalyse, Band IX. Stuttgart 1998

Wittkämper, G., Was heißt Kriminalprävention in unserer Zeit? In: Der Kriminalist 1996, 536 – 537

Zenthöfer, J., Kommunale Kriminalprävention. Eine Gesamtbetrachtung. Regensburg 1999

Ziercke, J., Begründung einer kommunalen Kriminalprävention am Beispiel Neumünster/Schleswig-Holstein. Bericht einer Enquête-Kommission über Kriminalitätsursachen. In: Der Kriminalist 1984, 110 – 115

Zimbardo, P., A Field Experiment in Auto Shaping. In: Vandalism, hrsg. V. C. Ward. London u.a. 1973, 85 – 90

Anhang I

Fragebogen

01 Ist Ihnen bekannt, daß im Jahr 19.. vom (Durchführende Institution) eine kriminalgeographische Studie über die Stadt XY verfaßt wurde?

    Ja ❑   Nein ❑

02 Falls ja, woher wissen Sie, daß es diese Untersuchung gibt?

⇨ _____

03 Wie gut ist diese Studie nach Ihrer Einschätzung im kommunalpolitischen Bereich (vor allem im Gemeindeparlament) bekannt?

    Gut bekannt ❑ Weniger bekannt ❑ Nicht bekannt ❑ Kann ich nicht beurteilen ❑

04 Wie gut ist diese Studie nach Ihrer Einschätzung bei den städtischen Entscheidungsträgern (Bürgermeister, Polizeipräsidium, Stadtplanungsamt, etc.) bekannt?

    Gut bekannt ❑ Weniger bekannt ❑ Nicht bekannt ❑ Kann ich nicht beurteilen ❑

05 Was müßte Ihrer Ansicht nach getan werden, um den Verbreitungs- und Bekanntheitsgrad einer solchen Untersuchung zu steigern?

⇨ _____

⇨ _____

06 Wie gut kennen Sie selbst die Untersuchung über Ihre Stadt und deren Ergebnisse?

    Sehr gut ❑   Gut ❑   Weniger gut ❑   Gar nicht ❑

07 Wurden in dieser Studie Maßnahmen auf städtebaulicher Ebene empfohlen, <u>um die Kriminalitätsbelastung</u> Ihrer Stadt zu reduzieren?

    Ja ❑   Nein ❑   Kann ich nicht beurteilen ❑

08 Wurden in dieser Studie Maßnahmen auf städtebaulicher Ebene empfohlen, <u>um die Verbrechensfurcht der Bürger</u> Ihrer Stadt zu reduzieren?

    Ja ❑   Nein ❑   Kann ich nicht beurteilen ❑

09 Kennen Sie einzelne konkrete Empfehlungen?

    Ja ❑   Nein ❑

10 Aus welchem(n) Bereich(en) stammt(en) die Ihnen bekannten empfohlenen *städtebaulichen Maßnahmen* zur Reduzierung der Kriminalitätsbelastung? [Mehrfachnennungen sind möglich]

    Grünanlagen und Parks ❑   Beleuchtung ❑   Unterführungen ❑   Gebäudeformen ❑

    Sonstiges ❑ ⇨

⇨ _____

11 Aus welchem(n) Bereich(en) stammt(en) die Ihnen bekannten empfohlenen *städtebaulichen Maßnahmen* zur Reduzierung der Verbrechensfurcht der Bürger? [Mehrfachnennungen sind möglich]

    Grünanlagen und Parks ❑   Beleuchtung ❑   Unterführungen ❑   Gebäudeformen ❑

    Sonstiges ❑ ⇨

⇨ _____

12 Sind nach Ihrer Kenntnis in der Vergangenheit einzelne städtebauliche Maßnahmen *zur Reduzierung der Kriminalitätsbelastung* aufgrund der in der Studie gegebenen Empfehlungen realisiert worden?

    Viel realisiert ❑   Wenig realisiert ❑   Nichts realisiert ❑   Kann ich nicht beurteilen ❑

13 Sind nach Ihrer Kenntnis in der Vergangenheit einzelne städtebauliche Maßnahmen *zur Reduzierung der Verbrechensfurcht der Bürger* aufgrund der in der Studie gegebenen Empfehlungen realisiert worden?

    Viel realisiert ❑   Wenig realisiert ❑   Nichts realisiert ❑   Kann ich nicht beurteilen ❑

14 Falls solche Maßnahmen realisiert worden sind, nennen Sie bitte stichwortartig die wichtigsten. Bitte geben Sie **ausschließlich städtebauliche Maßnahmen an** und vermerken Sie, ob Sie die Maßnahme zur Kriminalitätsreduzierung (K) oder zur Verbrechensfurchtreduzierung (V) zählen!

⇨ _____

⇨ _____

⇨ _____

⇨ _____

15 Falls Ihrer Ansicht nach keine oder nur wenige Maßnahmen aufgrund der in der Studie gegebenen Empfehlungen realisiert worden sind, woran liegt dies nach Ihrer Einschätzung? [Mehrfachnennungen sind möglich]

    Kosten sind zu hoch ❑   Erfolg ist zweifelhaft ❑   Andere Projekte wichtiger ❑   Stadt hat kein Interesse ❑

    Sonstiges ❑ ⇨

⇨ _____

16 Sind nach Ihrer Kenntnis in der Vergangenheit generell städtebauliche Maßnahmen zur Reduzierung der Kriminalitätsbelastung, d.h. unabhängig von der vorliegenden Studie, realisiert worden?

Viel realisiert ❏   Wenig realisiert ❏   Nichts realisiert ❏   Kann ich nicht beurteilen ❏

17 Sind nach Ihrer Kenntnis in der Vergangenheit generell städtebauliche Maßnahmen zur Reduzierung der Verbrechensfurcht der Bürger, d.h. unabhängig von der vorliegenden Studie, realisiert worden?

Viel realisiert ❏   Wenig realisiert ❏   Nichts realisiert ❏   Kann ich nicht beurteilen ❏

18 Falls solche Maßnahmen realisiert worden sind, nennen Sie bitte stichwortartig die wichtigsten. Bitte geben Sie **ausschließlich städtebauliche Maßnahmen an** und vermerken Sie, ob Sie die Maßnahme zur Kriminalitätsreduzierung (K) oder zur Verbrechensfurchtreduzierung (V) zählen!

⇨ _____

⇨ _____

⇨ _____

⇨ _____

19 Falls Ihrer Ansicht nach generell keine oder nur wenige Maßnahmen realisiert worden sind, woran liegt dies nach Ihrer Einschätzung? [Mehrfachnennungen sind möglich]

Kosten sind zu hoch ❏   Erfolg ist zweifelhaft ❏   Andere Projekte wichtiger ❏   Stadt hat kein Interesse ❏

Sonstiges ❏ ⇨ _____

⇨ _____

20 Haben die durchgeführten städtebaulichen Maßnahmen nach Ihrer Einschätzung zu einer Reduzierung der Kriminalitätsbelastung Ihrer Stadt geführt?

Hat viel gebracht ❏   Hat wenig gebracht ❏   Hat nichts gebracht ❏   Kann ich nicht beurteilen ❏

21 Haben die durchgeführten städtebaulichen Maßnahmen nach Ihrer Einschätzung zu einer Reduzierung der Verbrechensfurcht der Bürger Ihrer Stadt geführt?

Hat viel gebracht ❏   Hat wenig gebracht ❏   Hat nichts gebracht ❏   Kann ich nicht beurteilen ❏

22 Müssen *auf städtebaulicher Ebene* nach Ihrer Ansicht weitere Maßnahmen zur Reduzierung der Kriminalitätsbelastung in Ihrer Stadt durchgeführt werden?

Es muß noch viel getan werden ❏   Es ist nur noch wenig zu tun ❏   Es ist schon genug getan worden ❏   Kann ich nicht beurteilen ❏

23 Müssen *auf städtebaulicher Ebene* nach Ihrer Ansicht weitere Maßnahmen zur Reduzierung der Verbrechensfurcht der Bürger Ihrer Stadt durchgeführt werden?

Es muß noch viel getan werden ❏   Es ist nur noch wenig zu tun ❏   Es ist schon genug getan worden ❏   Kann ich nicht beurteilen ❏

24 Halten Sie die Durchführung weiterer kriminalgeographischer Untersuchungen <u>in Ihrer Stadt</u> für sinnvoll?

Ist sinnvoll ❏   Ist weniger sinnvoll ❏   Ist nicht sinnvoll ❏   Kann ich nicht beurteilen ❏

25 Halten Sie die Durchführung weiterer kriminalgeographischer Untersuchungen <u>generell</u> für sinnvoll?

Ist sinnvoll ❏   Ist weniger sinnvoll ❏   Ist nicht sinnvoll ❏   Kann ich nicht beurteilen ❏

26 Sind nach Ihrer Einschätzung kriminalgeographische Untersuchungen ein geeignetes Mittel, praxisnahe Empfehlungen <u>zur Reduzierung der Kriminalitätsbelastung</u> einer Stadt zu geben?

Sind sehr geeignet ❏   Sind weniger geeignet ❏   Sind nicht geeignet ❏   Kann ich nicht beurteilen ❏

27 Sind nach Ihrer Einschätzung kriminalgeographische Untersuchungen ein geeignetes Mittel, praxisnahe Empfehlungen <u>zur Reduzierung der Verbrechensfurcht der Bürger</u> einer Stadt zu geben?

Sind sehr geeignet ❏   Sind weniger geeignet ❏   Sind nicht geeignet ❏   Kann ich nicht beurteilen ❏

28 Welche anderen Maßnahmen gibt es nach Ihrer Ansicht, um Erkenntnisse über den Zusammenhang zwischen Stadtstruktur, Kriminalitätsbelastung und Verbrechensfurcht zu gewinnen?

⇨ _____

⇨ _____

⇨ _____

⇨ _____

29 Welche Gründe könnten nach Ihrer Meinung gegen die Durchführung künftiger kriminalgeographischer Studien sprechen? [Mehrfachnennungen sind möglich]

Kosten sind zu hoch ❏   Erfolg ist zweifelhaft ❏   Es gibt wichtigere Projekte ❏   Bisherige Erkenntnisse sind ausreichend ❏

Sonstiges ❏ ⇨ _____

⇨ _____

30 Sind nach Ihrer Einschätzung *städtebauliche Maßnahmen* generell dazu geeignet, einen reduzierenden Einfluß <u>auf die Kriminalitätsbelastung</u> einer Stadt auszuüben?

Sind gut geeignet ❏   Sind weniger geeignet ❏   Sind nicht geeignet ❏   Kann ich nicht beurteilen ❏

31 Sind nach Ihrer Einschätzung *städtebauliche Maßnahmen* generell dazu geeignet, einen reduzierenden Einfluß <u>auf die Verbrechensfurcht der Bürger</u> einer Stadt auszuüben?

Sind gut geeignet ❏   Sind weniger geeignet ❏   Sind nicht geeignet ❏   Kann ich nicht beurteilen ❏

Anhang II

PROFESSOR Dr. Dr. h.c. mult. GÜNTHER KAISER

em. Direktor des Max-Planck-Instituts
für ausländisches und internationales Strafrecht

D-79100 Freiburg i.Br., 10.03.2000

Max-Planck-Institut
für ausländisches und internationales Strafrecht
Günterstalstraße 73
Telefon (0761) 70 81-1
Durchwahl (0761) 70 81-239
Telefax (0761) 70 81-316
e-mail: j.kaspar@iuscrim.mpg.de
Web: www.iuscrim.mpg.de

Kriminologische Untersuchung über Stadtstruktur und Kriminalität

Sehr geehrter Adressat (persönliche Namensnennung),

im Rahmen eines vom Max-Planck-Institut für ausländisches und internationales Strafrecht in Freiburg (Prof. Dr. G. Kaiser und Prof. Dr. H. Kury) sowie der Hochschule für Polizei in Villingen-Schwenningen (Prof. Dr. Th. Feltes) unterstützten Projektes beschäftige ich mich mit den Zusammenhängen zwischen Stadtstruktur, Kriminalitätsbelastung und Verbrechensfurcht. Im Rahmen dieser Untersuchung soll u.a. anhand einer Expertenbefragung festgestellt werden, ob und in wie weit bekannt ist, daß in der Vergangenheit eine kriminalgeographische Studie über Ihre Stadt in der Absicht angefertigt worden ist, ein allgemeines Bild von der örtlichen Kriminalitätslage wiederzugeben. Darüber hinaus ist für uns von Interesse, wie Sie persönlich zum Problem der Umsetzung kriminalitätsreduzierender Maßnahmen auf städtebaulicher Ebene stehen.

Mit Ihnen werden einige wenige weitere Repräsentanten in Ihrer Stadt gebeten, den beiliegenden Fragebogen zu beantworten. Wir würden uns daher freuen, wenn Sie sich die Zeit nehmen könnten, um diesen in Ruhe auszufüllen.

Wir wären Ihnen sehr verbunden, wenn Sie den ausgefüllten Fragebogen möglichst bis zum 24. März 2000 an die obengenannte Anschrift zurücksenden könnten. Für etwaige Rückfragen steht Ihnen der Unterzeichner jederzeit gerne zur Verfügung.

Mit freundlichen Grüßen und bestem Dank für Ihre Unterstützung

gez.
Th. Kasperzak